Theo Meyer

Das regionalgeschichtliche Phänomen ‚Moordorf‘

Ostfrieslands berüchtigtster Ort
im 18. und 19. Jahrhundert

disserta
Verlag

Meyer, Theo: Das regionalgeschichtliche Phänomen ‚Moordorf'. Ostfrieslands berüchtigtster Ort im 18. und 19. Jahrhundert, Hamburg, disserta Verlag, 2019

Buch-ISBN: 978-3-95935-489-9
PDF-eBook-ISBN: 978-3-95935-490-5
Druck/Herstellung: disserta Verlag, Hamburg, 2019
Covermotiv: © Niedersächsisches Landesarchiv – Standort Aurich
NLA Aurich Rep. 244 A 4283

Bibliografische Information der Deutschen Nationalbibliothek:
Die Deutsche Nationalbibliothek verzeichnet diese Publikation in der Deutschen Nationalbibliografie; detaillierte bibliografische Daten sind im Internet über http://dnb.d-nb.de abrufbar.

© disserta Verlag, Imprint der Bedey Media GmbH
Hermannstal 119k, 22119 Hamburg
http://www.disserta-verlag.de, Hamburg 2019
Printed in Germany

Inhaltsverzeichnis

1. Moordorf – ein regionalgeschichtliches Phänomen

1.1 Ausgangslage und Fragestellung

„So sind die Kolonien zu Eiterbeulen des Landes, zu ergiebigen Pflanzstätten des Verbrechens geworden. Ein großer Theil der Bevölkerung wurde als Vagabund geboren und starb als Vagabund. … Außer wenigen ehrlichen Leuten fand sich eine Menge Gesindels ein, aber nur wenige waren im Stande, sich ein Haus zu bauen und die verheißene Prämie zu erwerben. Elende Hütten von Torf und Rasen, halb in, halb über der Erde, mit einem erbärmlichen Strohdach, kaum einige Schritte im Quadrat, zu schlecht für einen Viehstall, entstiegen dem Boden, in welchem sich die halbnackten Kolonisten behelfen konnten, so lange die Freijahre dauerten."[1]

Dieses sehr harte Urteil über die Moorsiedler Ostfrieslands fällte der Emder Lehrer, Heimatforscher und Schriftsteller Hermann Meier im Jahre 1868. Für die ostfriesische Öffentlichkeit waren die Pioniere der unwirklichen Moor- und Heideflächen in der Region seit dem Beginn der Urbarmachung halb herabwürdigend, halb scherzhaft nur die *„Moorhahntjes"* oder die *„Moorker"*, bettelarme Menschen, die auf ihren sehr kleinen Bauernstellen ein äußerst bescheidenes Dasein fristeten.

Sinnbild für die Moorkolonien in der Region wurde das Dorf Moordorf in der Nähe der ostfriesischen Metropole Aurich. Allein der Dorfname macht unmittelbar klar, dass diese Kommune früher eine Ortschaft in einer Moor- und Heidelandschaft war. Moordorf wurde zum Inbegriff für eine ostfriesische Moorkolonie. Die Gefühle den Moordorfern gegenüber waren und sind bis heute zwiespältig. Moordorf steht immer noch für das Elend und die Not in der Frühzeit der Kolonien. Einerseits wird dabei die Kolonisationsleistung der ersten Siedler durchaus anerkannt, andererseits gibt es weiterhin die vielen Fragen vor allem nach der Herkunft der ersten Erbpächter des Unlandes, die den Ort gründeten. Die Bewohner dieser *„Colonie am schwartzen Wege"* nannte man bereits in der Frühzeit des Dorfes in den alten umliegenden Dorfschaften *„Swarteweger"*, also Menschen vom sogenannten schwarzen Weg, einem uralten Postweg zwischen den Städten Aurich und Norden.

Über kein ostfriesisches Dorf ist sicherlich so viel geschrieben worden wie über dieses Moordorf. Keine Gemeinde in der Region hat in der Vergangenheit die Phantasie der Menschen so sehr beschäftigt. Insbesondere die Vorurteile über die ersten Ansiedler und die Verhältnisse in der Kolonie sind alt und auch noch heute in der Bevölkerung präsent. Die Spekulationen über die Urkolonisten des Ortes wurden von Generation zu Generation weitergegeben. Sie entwickelten sich zu einem regionalgeschichtlichen *„Phänomen Moordorf"*. Je nach der Sichtweise des Einzelnen wird bis heute in weiten Teilen der Region der Standpunkt vertreten, die Moordorfer Moorkolonisten seien keine Ostfriesen, sondern entweder *„Zigeuner"*, preußische *„Invaliden"* oder begnadigte, preußische *„Sträflinge"* gewesen. Andere

---

StAA = Staatsarchiv Aurich (ab 2014: Landesarchiv Niedersachsen, Standort Aurich)
MMA = Archiv des Moormuseums Moordorf
KgVA = Archiv der Kirchengemeinde Victorbur

[1] Hermann Meier, Ostfriesland in Bildern und Skizzen, Land und Volk in Geschichte und Gegenwart, Unveränderter Nachdruck der Ausgabe Leer 1868, Leer 1979, S. 134.

Standpunkte gehen weit darüber hinaus und meinen, dass die Moorkolonisten Ostfrieslands im 18. Jahrhundert grundsätzlich „auswärtige" Personen gewesen seien, die in Ostfriesland eine Heimat suchten.

Fridrich Arends war der Autor, der um 1820 wahrscheinlich die literarische Folie für die bis in die Gegenwart reichenden Vorurteile schuf. Er bezeichnete die Einwohner in einer Ortsbeschreibung u. a. als die „gelben zigeunerartigen halbwilden Geschöpfe."[2] Die Legende von einer „Zigeunersiedlung" in Ostfriesland war praktisch geboren.

Rudolf C. Gittermann nannte die Ansiedler 1842 bereits „Zigeuner" und stellte damit offiziell fest, dass die Ureinwohner der Kolonie keine Ostfriesen waren, sondern landfremde Leute.[3] Es war aber nicht nur von „Zigeunern" als erste Siedler des Dorfes die Rede.

Der ostfriesische Superintendent Elster aus Riepe schrieb 1891 an das Landesdirektorium in Hannover, dass Moordorf von „Deserteuren und allerlei Landstreichern" gegründet worden sei. Deren Lehmhütten bezeichnete er als „Brutstätten der Faulheit, des Diebstahls, der Trunksucht und der Prostitution."[4]

Als früheren Hort von Räuberromantik beschrieb Johannes Kleinpaul die „Zigeunerkolonie aus Friedrichs d. Gr. Zeit" im Jahre 1909. Geradezu fasziniert schien er von Moordorf zu sein. Anscheinend bedauerte er sogar, dass die alten Zeiten des Räubertums in der Ansiedlung vorbei waren.[5]

Der bekannte ostfriesische Volkskundler Wiard Lüpkes schrieb um 1910, dass in der Kolonie „Zigeuner und ein Strafregiment" angesiedelt worden seien. Die Bewohner hatten sich nach seiner Ansicht als „eine Landplage für ganz Ostfriesland" erwiesen.[6]

Zu Anfang des 20. Jahrhunderts bezeichnete Moritz Jahn eine Moordorferin in einem Gedicht als dunkelhäutige Schönheit mit katzenartigen Augen.[7] Bei den Lesern wurde auch in diesem Fall die Assoziation „Zigeunerin" geweckt.

Für Willrath Dreesen waren die Bewohner in einem Roman u. a. „dunkelhaarige Frauen und Mädchen, ...die sich seltsam fremdartig ausnahmen zwischen den hellen Friesenmädchen." Die Haare der Männer waren „schwarz und langsträhnig."[8]

Als die wirtschaftlichen und sozialen Probleme in der Weimarer Zeit sich auch in Moordorf in besonders krasser Weise darboten, wurden die bestehenden Vorurteile nur noch geschürt und verstärkt. In dem Arbeiterdorf entstand darüber hinaus eine regionale Hochburg der KPD. Die zum Teil auch gewalttätigen Auseinander-

[2] Fridrich Arends, Ostfriesland und Jever in geographischer, statistischer und besonders landwirtschaftlicher Hinsicht, Band 1, Emden 1818, S. 407 f. Eine detaillierte Auflistung nahezu aller literarischer Äußerungen und Bemerkungen über Moordorf findet sich bei Andreas Wojak, Moordorf. Dichtungen und Wahrheiten über ein ungewöhnliches Dorf in Ostfriesland, Bremen 1992, S. 19 ff.
[3] Rudolf C. Gittermann, Geographie von Ostfriesland, Emden 1842, S. 41 f.
[4] Zitiert nach Horst Rechenbach, Moordorf. Ein Beitrag zur Siedlungsgeschichte und zur sozialen Frage, Berlin 1940, S. 53 f.
[5] Johannes Kleinpaul, Wanderungen in Ostfriesland, Berlin 1909, S. 155 f.
[6] Wiard Lüpkes, Ostfriesland. Beiträge zur ostfriesischen Heimat- und Volkskunde nach Lichtbildern, o. O. u. J. (um 1910), S. 115 f.
[7] Moritz Jahn, Ulenspegel und Jan Dood – Niederdeutsche Gedichte – Ausgabe mit hochdeutscher Prosaübertragung, Hamburg 1955, S. 32.
[8] Willrath Dreesen, Ebba Hüsing, Reutlingen o. J. (um 1910), S. 28 f.

setzungen zwischen den politischen Gruppen setzten ein. Nicht zuletzt aus diesem Grund blieben die Moordorfer im Gespräch und die Vorurteile über ihr Dorf lebendig.[9] In einem Bericht für eine völkisch-nationalistische Zeitschrift bezeichnete Georg W. Wölflein die Moordorfer 1927 als *„seßhafte Zigeuner"*, die *„eine große rassische Gefahr für das Deutschtum"* bildeten. Moordorf war aus seiner Sicht ein *„Schuttabladeplatz der übelsten Elemente der Menschheit."*[10]

Im November 1934 war in einem Artikel im *„Hannoverschen Anzeiger"* die Rede von *„auffallend funkelnden Schwarzaugen"*, von *„kunterbunten Jahrmarktswagen, wie sie Zigeunerkolonnen mit sich führen."* In dem Zeitungsbericht wurde die Meinung vertreten, dass Friedrich II. *„in den ostfriesischen Mooren ausgediente Unteroffiziere, vornehme Unruhestifter und Zigeuner angesiedelt"* hatte.[11]

Der NS-Funktionär Albert Friehe berichtete 1934 in einer Moordorf-Beschreibung, dass ostfriesische Bauern aus religiösen Gründen in der Kolonie *„Zigeuner"* angesiedelt hatten. Die Bauern hatten es seiner Meinung nach als nicht mit dem Willen des Herrgotts vereinbar gehalten, *„daß diese Zigeuner schmarotzend, arbeitsscheu, bettelnd und stehlend in der Welt umherzogen".*[12]

Eine Wende in der Beurteilung der Moordorfer Bevölkerung schien sich anzubahnen, als Hinrich Schoolmann, ein Heimatforscher, der selbst aus dem Dorf Moordorf stammte, begann, um 1930 Aktenstudien im Staatsarchiv Aurich zu betreiben. Er fand heraus, dass Moordorf keine *„Zigeuneransiedlung"* gewesen war.[13]

Der Reichsnährstandsfunktionär Horst Rechenbach rückte 1940 auch von der *„Zigeunerthese"* ab. Er kam nach einer *„erbbiologischen Bestandsaufnahme"* zu dem Resultat, dass die Moordorfer Urkolonisten asoziale Elemente des eigenen Volkes gewesen waren und ohne Vermögen in der Kolonie ihren Lebensunterhalt gesucht hatten. Er attestierte deren Nachkommen und damit den Moordorfer Einwohnern um 1940 eine *„erbbiologische Minderwertigkeit"* und führte diese *„rassenbiologische Minderwertigkeit"* der Bevölkerung auf die Urahnen der meisten Familien des Ortes zurück. Rechenbach war der Meinung, dass das Erbgut der ersten Siedler in hohem Maße *„minderwertig"* gewesen sei.[14]

Über die umfassende Problematik dieser Untersuchung hat Wojak ausführlich reflektiert.[15] Zu dem Forschungswerk Rechenbachs, das u. a. ein Sammelsurium an Statistiken, Tabellen und Schaubildern darstellt, haben verschiedene Personen und Behörden (Gesundheitsamt, Schulbehörden, Kirchengemeinde, Fürsorgestellen u. a.) beigetragen. Ausdrücklich erwähnt wurden im Vorwort des publizierten Forschungsberichtes von Rechenbach der Heimatforscher Schoolmann, ein Lehrer

---

[9] Ausführlich über die Verhältnisse in der Weimarer Zeit und die Bedeutung der Moordorfer KPD als „rote Hochburg Ostfrieslands" bei Wojak (wie Anm. 2), S. 43 ff.
[10] Georg W. Wölflein, Von den *„Tatern"*, in: Die Sonne, Monatsschrift für nordische Weltanschauung und Lebensgestaltung, Juni 1927, Heft 6, S. 258 f.
[11] Zitiert nach Hinrich Schoolmann, Pioniere der Wildnis. Aus der Geschichte der Kolonie Moordorf, o. O. u. J. (Aurich 1973), S. 87.
[12] Albert Friehe, Was muß der Nationalsozialist von der Vererbung wissen? Frankfurt/Main 1934, S. 65.
[13] Hinrich Schoolmann, War Moordorf ursprünglich eine Zigeunersiedlung?, in: Heimatkunde und Heimatgeschichte, Beilage der Ostfriesischen Nachrichten, 1938, Nr. 4. Über das Leben und Wirken des Heimatforschers Schoolmann ausführlich bei Wojak (wie Anm. 2), S. 152 ff.
[14] Rechenbach (wie Anm. 4), S. 93 f.
[15] Wojak (wie Anm. 2), S. 95 f.

namens Nielsen und ein Herr Hansen. Auf Schoolmanns Recherchen zur geschichtlichen Entwicklung des Ortes hat Rechenbach wahrscheinlich gerne zurückgegriffen. Der Junglehrer Hermann Nielsen hatte sich bereits in seinem Studium mit Rasse- und Erbfragen beschäftigt und wurde in Moordorf im Mai 1935 als Hilfslehrer für etwa sechs Monate beschäftigt. Für die Untersuchung sollte er vier Wochenstunden Unterrichtsbefreiung erhalten. Nielsen verließ Moordorf Ende Oktober 1935. Seine Arbeit wurde von dem Hilfsarbeiter Hansen, der vorher beim Gewerbeaufsichtsamt angestellt war, fortgesetzt. Wojak schlussfolgert, dass die Aufgabe der beiden Herren darin bestand, bei örtlichen Stellen statistisches Material zu sammeln, dass danach von einer Arbeitsgruppe des Reichsnährstandes aufgearbeitet wurde.[16]

Wenn man sich ernsthaft mit der Geschichte dieser Kolonie beschäftigt, erscheint es schlichtweg rätselhaft, wie diese Persönlichkeiten auch in Anbetracht ihrer Qualifikation und der ihnen zur Verfügung stehenden Zeit diese große Aufgabe lösen wollten.[17]

Problematisch ist die folgenreiche Arbeit Rechenbachs darüber hinaus auch deshalb, weil sie nicht quellengestützt ist. Die Aussagen lassen sich nicht nachvollziehen. Da selbst Publikationen über Moordorf aus der Nachkriegszeit keine Quellen nannten[18], wurden in der Vergangenheit mit genauen Quellennennungen versehene Arbeiten über dieses Dorf und seine Entwicklung vielfach als Desiderat empfunden.[19]

Aufgrund der zahlreichen schriftlichen Äußerungen seit den ersten Jahrzehnten des 19. Jahrhunderts war bis dahin in der ostfriesischen Bevölkerung ein Moordorf-Bild entstanden, das bis heute voller Klischees, Halb- und Unwahrheiten steckt.

Vor diesem Hintergrund soll im Folgenden auf der Basis der vorhandenen Quellen die Entwicklung der Kolonie von ihrer Gründung im Jahre 1767 bis zum Ende des 19. Jahrhunderts in Ostfriesland dargestellt und aufgearbeitet sowie ein Eindruck von der tatsächlichen Situation und den Veränderungen im Verlauf von etwa 150 Jahren vermittelt werden. Das geschieht auch unter der Zielsetzung, ein problematisches Geschichtsbild von Moordorf zu klären und gegebenenfalls grundlegend zu korrigieren. Einbezogen werden dabei Entwicklungstendenzen und Gegebenheiten in Nachbarkolonien von Moordorf, um Vergleichsmöglichkeiten zu eröffnen.

---

[16] Ebd., S. 112.

[17] Eine ähnliche Einschätzung traf später auch Hinrich Schoolmann. Er schrieb in einem ersten Manuskript des späteren Buches über Moordorf, dass Nielsen und Hansen, *„als Laien im Handumdrehen, innerhalb weniger Monate, ein Unternehmen zu Ende geführt (haben), bei dem ernsthafte Wissenschaftler in vielleicht jahrelanger mühevoller Kleinarbeit ein treffendes Ergebnis schwerlich hätten erzielen können."* Zitiert nach Wojak (wie Anm. 2), S. 160.

[18] Leider verzichtete auch der Heimatforscher Schoolmann in seiner 1973 veröffentlichen und heute weit verbreiteten Moordorf-Schrift auf genaue Quellenangaben. Schoolmann teilte den Lesern lediglich am Ende seiner Broschüre mit, dass er für seine Forschungen überwiegend Archivalien des Staatsarchivs Aurich, der Kirchengemeinden Victorbur und Moordorf sowie der kommunalen Verwaltungsbehörden verwendete. Schoolmann (wie Anm. 11), S. 95.

[19] Mit der Gründung des Moormuseums Moordorf, eines sozialgeschichtlichen Freilichtmuseums über die Moorbesiedlung und das Leben der Kolonisten, setzten Bemühungen ein, die Geschichte Moordorfs umfassend aufzuarbeiten. Neben der Präsentation und der pädagogischen Arbeit setzte sich deshalb der Trägerverein des Museums auch für das Sammeln und Ordnen sowie für die Auswertung aller vorhandenen Quellen und Unterlagen, die Auskunft über die Entwicklung des Dorfes geben können, ein. Leitfaden für die Besucher des Freilichtmuseums Moordorf, hrsg. vom Vorstand des Vereins Moormuseum Moordorf e. V., Ausgabe 5, 1988, S. 9.

Die Moordorfer Einwohner stellen hinsichtlich der Vorurteile und Ablehnungen, die ihnen von den Menschen in der Region zuteil wurden, die Spitze eines Eisberges dar. Darum erscheint es gerechtfertigt, durch ein genaues Eingehen auf die Besonderheiten der Geschichte dieses Dorfes nach Anhaltspunkten für Erklärungen eines in Ostfriesland einzigartigen regionalgeschichtlichen Phänomens zu suchen. Nach einer kurzen Darstellung der allgemeinen Grundlagen der Moorkolonisation in Ostfriesland wird unter Zugrundelegung der bisherigen Forschungsanstrengungen und der daraus resultierenden Literatur aufgezeigt, wer die ersten Bewohner von Moordorf tatsächlich waren und woher sie kamen. Auf folgende Fragen soll in dem Zusammenhang eine Antwort gesucht werden:

- Wie alt waren die sich ansiedelnden Anbauer?
- Welchen beruflichen Tätigkeiten sind sie vor ihrer Ansiedlung nachgegangen?
- Immer wieder wurde behauptet, dass die erste Siedlergeneration unweigerlich den Tod im Moor finden würde. Es stellt sich daher folgende Frage: Wie lange haben die ersten Siedler tatsächlich unter den bestehenden Existenzbedingungen im Moor überlebt?
- Unter welchen Voraussetzungen wurden Kinder geboren? Welche Kindersterblichkeit lässt sich für Moordorf ausmachen?

Mit dem ersten Untersuchungsschwerpunkt auf die Zeit von 1767 bis zum Ende der ersten preußischen Zeit in Ostfriesland im Jahre 1806 soll zum einen die soziale Lage in der Siedlung im Vordergrund stehen und zum anderen auf die Lebensbedingungen der Siedler ein Hauptaugenmerk gelegt werden. Es schließen sich folgende Fragen an:

- Wie ernährten und kleideten sich die Urkolonisten?
- Wie erbauten sie ihre Hütten und Häuser? Mit welchen Mobilien und Gerätschaften waren ihre Behausungen ausgestattet?
- Wie kennzeichneten sich die landwirtschaftlichen Tätigkeiten und Kolonisationsbemühungen? Inwieweit wurden die Siedler dabei von den staatlichen Stellen gefördert?
- Wie entstand eine soziale Ordnung in der Siedlung? Wie waren die Siedler in die Kirchengemeinden der Umgebung integriert?
- Wie wurden die Bedürftigen der Siedlung unterstützt und versorgt?

Die Ansiedlung von Kolonisten in den wilden Moor- und Heidegebieten von alten Geestdörfern musste unweigerlich den Protest der Alteingesessenen hervorrufen.

- Wie gingen die Bewohner der Nachbardörfer mit den neuen Landkonkurrenten um?
- Wie verhielten sich die zuständigen Behörden in Streitfällen zwischen Siedlern und Alteingesessenen?
- Wie gestaltete sich das Leben der zahlreichen Kinder? Wie boten sich Schule und Unterricht dar?

- Wie lassen sich die für das Dorf Moordorf im 18. Jahrhundert ausgemachten Kennzeichnungen regional und gegebenenfalls überregional einordnen?

In der Beurteilung der preußischen Moorkolonisation in Ostfriesland kam Deeters u. a. zu dem Schluss, dass sich keine Gründe finden lassen, die ihr etwas *„von dem berechtigten Tadel der mangelhaften Ausführung"* nehmen.[20] Als dann die erste preußische Zeit 1806 in der Provinz endete, fiel Ostfriesland innerhalb von weniger als zehn Jahren an verschiedene Herrschaften. Es stellt sich vor dem Hintergrund der Deeterschen Bilanz die Frage, ob sich in der Zeit der Zwischenherrschaften durch die neuen Landesherren andere Lebensbedingungen für die Moordorfer Bevölkerung eröffneten.

Ostfriesland fiel nach dem Wiener Kongress 1815 an das Königreich Hannover. Es gehörte etwas über fünfzig Jahre zu Hannover, bis es 1866 wieder preußisch wurde. Als zweiter Untersuchungsschwerpunkt, der seinen Blick gegebenenfalls auch auf regional bzw. überregional vergleichbare Erscheinungen richten soll, wird hinsichtlich der hannoverschen Zeit insbesondere auf folgende Fragen eine Antwort gesucht:

- Ergaben sich durch den Anschluss an Hannover bessere Aussichten für die Entwicklung der Moorkolonie?
- Welche Änderungen und Neuerungen resultierten für die Kolonisten aus dem Herrschaftswechsel?
- Wie boten sich die ländlichen Verhältnisse in der ersten Hälfte des 19. Jahrhunderts dar?
- Welche Auswirkungen hatte der für diese Zeit kennzeichnende Pauperismus auf das Leben der Landbevölkerung?
- Wie reagierten die staatlichen Stellen auf Bettelei und Hungerkriminalität?
- Welche Stellung und Bedeutung hatten in dieser Zeit Schule und Unterricht für den Kolonistennachwuchs?
- Wie regelte man die Armenversorgung?
- Gab es in der Moordorfer Bevölkerung Bemühungen, als Gewerbetreibende ein Auskommen zu suchen? Wie kennzeichneten sich die Anstrengungen über die landwirtschaftliche Arbeit auf dem eigenen Erbpachtsland hinaus, den Lebensunterhalt zu sichern? Welche Probleme waren damit verbunden?
- Wie war die Vergabe von Erbpachtsländereien usw. in der hannoverschen Zeit geregelt? Gab es rechtliche Veränderungen? Wie wurden die unkultivierten Hochmoorflächen genutzt? In welchem Zustand befanden sich die Ländereien hinsichtlich der Entwässerung? Wie stand es um die Nutzungsmöglichkeiten von Verkehrswegen?

Nach der Reichsgründung 1871 setzten Bemühungen ein, die Verhältnisse in den ostfriesischen Moorkolonien grundlegend zu ändern und zu verbessern. Es soll aufgezeigt werden, zu welchen Ergebnissen Experten der damaligen Zeit in der Beurteilung über die ostfriesischen Moorkolonien kamen und welche Maßnahmen sie hinsichtlich einer Verbesserung der Verhältnisse für nötig hielten. In dem

---

[20] Walter Deeters, Fridericianische Bilanz in Ostfriesland, in: Jahrbuch der Gesellschaft für bildende Kunst und vaterländische Altertümer zu Emden, Band 66, 1986, S. 141.

Zusammenhang sollen insbesondere die sozialen und wirtschaftlichen Verhältnisse in Moordorf nach 1871 detailliert aufgezeigt werden. Abschließend sollen auf der Grundlage der gewonnenen Erkenntnisse über die Entwicklung der Moorkolonie Moordorf folgende Fragen erörtert werden:

- Wie sind die früh entstandenen Unwahrheiten und Vorurteile über die Moorkolonie Moordorf zu erklären? Welche Funktionen erfüllten sie?

1.2 Quellen und Literatur

Für diese Arbeit wurde im großen Maßstab das im Staatsarchiv Aurich vorhandene ungedruckte Quellenmaterial ausgewertet. Die reichlich vorhandenen Akten ermöglichen die Erarbeitung der sozial- und siedlungsgeschichtlichen Verhältnisse in Moordorf. Durch den Schriftverkehr zwischen den Kolonisten, den Alteingesessenen, der Kirchengemeinde Victorbur, der Kriegs- und Domänenkammer, der ostfriesischen Regierung, der Landdrostei, der Ämter u. a. werden Aspekte der Lebensbedingungen und Siedlungsverhältnisse deutlich. Dies gilt für nahezu alle in die Arbeit einbezogenen Bereiche. Die schriftlichen Zeugnisse bestehen aus Gutachten, Bittschriften, Klagen, Anordnungen usw. und lassen ein Bild der verschiedenen Interessen zeichnen.

Die Anträge und Bittbriefe der Siedler bieten einen Überblick über die Situation einzelner Familien in dem Dorf. Die Angaben bezüglich der Erbpachtsparzellen geben Auskunft über deren Größe, Lage und Qualität.

Von Interesse sind die Anträge der Siedler auf Bauhilfen. Die daraus folgenden Entscheidungen der Behörden lassen Rückschlüsse auf die Frage zu, wie die staatlichen Stellen eine Förderung der Kolonisten in den Moorgebieten betrieben. Die Bittbriefe um Bauprämien lassen unter Umständen Erkenntnisse über die Art der frühen Behausungen, über benötigte Baumaterialien und geplante Bauweisen zu.

Von Wert sind die schriftlichen Zeugnisse über die Reaktionen der Behörden auf Klagen der Kolonisten. Es kann dargestellt werden, inwieweit staatliche Stellen die Siedler vor allem in Notzeiten unterstützten.

Schriftliche Stellungnahmen der Alteingesessenen über neue Ansiedler und Dokumente der Kirchengemeinde Victorbur über bedürftige Menschen in dem Nachbardorf Moordorf ermöglichen Aussagen über die Stellung der Moordorfer in der Umgebung ihres Dorfes und die Armenversorgung in der Kolonie.

Die Schreiben, die Moordorfer Schulmeister an die Behörden richteten und zu Stellungnahmen veranlassten, zeigen Phänomene hinsichtlich der Entwicklung der Schulverhältnisse und des Dorflebens in Moordorf auf.

Bei der Frage nach den Entwässerungsproblemen des Hochmoores kann auf Anträge von Siedlern und Gutachten von sachverständigen Behördenvertretern zurückgegriffen werden.

Über die Akten des Staatsarchivs Aurich hinaus geben vor allem Dokumente im Archiv der Kirchengemeinde Victorbur weitere Auskünfte über die Kolonie Moordorf. Es sind hier in erster Linie Quellen von Wert, die Erkenntnisse über die Armenversorgung in der Moorkolonie zulassen.

Des Weiteren findet sich im Archiv des Moormuseums Moordorf ungedrucktes Quellenmaterial, das sich hauptsächlich auf die Schul- und Besitzverhältnisse der Kolonisten bezieht.

In der Literatur sind die Arbeiten von Alfred Hugenberg die maßgebenden Sekundärquellen, die Auskunft über die Moorkolonisation in Ostfriesland geben.[21] Hugenberg hat schon um 1890 sehr umfangreiche Quellenstudien in den amtlichen ostfriesischen Akten vorgenommen.

Johann Conrad Freese veröffentlichte bereits 1789 das Buch *„Ueber die Vehne oder Torfgräbereien."*[22] Freeses Ausführungen hoben besonders darauf ab, die zahlreichen Nutzungsmöglichkeiten des Torfes, der Moräste und Wildnisse aus der Sicht seiner Zeit vorzustellen.

Veröffentlichungen der nach 1869 eingerichteten Moorkommission beinhalten vor allem Sitzungsprotokolle sowie Anträge zu den für notwendig erachteten Maßnahmen zur Abstellung der Notstände in den ostfriesischen Moorkolonien.[23]

Stumpfes Publikation aus dem Jahre 1903 über die neuzeitliche innere Kolonisation schildert diese in ihren verschiedenartigen Formen (preußische Hochmoorkolonisation, private und staatliche Fehnkolonisation u. a.), um einen Gesamtüberblick über die Besiedlung der deutschen Moore zu ermöglichen. Die Arbeit veranlasste ihn zwecks eingehender Materialsammlung zu zahlreichen Reisen in die nordwestdeutschen, holländischen und ostpreußischen Moor- und Heidegebiete. Stumpfe hat in einem Rückblick die historischen Besiedlungsbestrebungen beschrieben. Zur Darlegung der früheren nordwestdeutschen Moorkolonisation benutzte er insbesondere die *„treffliche"* Arbeit von Hugenberg über die Kolonisation im Nordwesten Deutschlands.[24]

Auch Koppelmann weist in seiner Dissertation (1922) über die preußische Kolonisation in Ostfriesland darauf hin, dass er Hugenbergs Arbeit für eine *„eingehende und – soweit ich sehe – sehr zuverlässige Darstellung"* hält.[25] Koppelmann beschreibt u. a. die Entstehung einzelner charakteristischer Kolonien in Ostfriesland. Er konzentriert sich auf drei Vertreter der Haupttypen, auf den großen Landschaftspolder im Kreis Weener, die Fehnkolonie Spetzerfehn und die Moorkolonie Plaggenburg. Seine Wahl, Plaggenburg zu beschreiben, begründet er mit der Herkunft der ersten Siedler, die aus dem Pfälzischen stammten.[26]

Die Arbeit von Korte aus dem Jahre 1932 behandelt in einem der fünf Kapitel die Moorkolonien Ostfrieslands; er geht insbesondere auf ihre Entstehung und Entwicklung von ihrer Gründung bis zur Neuzeit ein. Im Vordergrund stehen dabei die

[21] Alfred Hugenberg, Innere Colonisation im Nordwesten Deutschlands, Straßburg 1891; Hugenbergs Dissertation 'Die Besiedlung der norddeutschen Moore', Hannover 1888, wurde in seinem Hauptwerk als Einleitung (S. 1-38) übernommen.
[22] Johann Conrad Freese, Ueber die Vehne oder Torfgräbereien, Aurich 1789, Nachdruck Leer 1980.
[23] H. Roloff, Die ostfriesischen Moorkolonien, ihr gegenwärtiger Zustand und Vorschläge zu dessen Aufbesserung, Hannover 1870; Sitzungs-Protokolle der von der königlichen Staatsregierung berufenen Commission zur Beratung der zur Hebung der Zustände in den Moorkolonien zu treffenden Einrichtungen, Aurich, o. J. (um 1871).
[24] E. Stumpfe, Die Besiedlung der deutschen Moore mit besonderer Berücksichtigung der Hochmoor- und Fehnkolonisation, Leipzig u. Berlin 1903.
[25] H. Koppelmann, Die friderizianische Kolonisation in Ostfriesland, (Diss.) Münster 1922, S. 1 f.
[26] Ebd., S. 86 f.

landwirtschaftlichen Verhältnisse, so beschreibt er u. a. das Moorbrennen sowie die Bestellungs- und Erntearbeiten recht detailliert.[27]

Westerhoffs Untersuchung von 1936 stellt den kulturlandschaftlichen Werdegang des Ostfriesisch-Oldenburgischen Hochmoorgebietes dar. Er unterscheidet im Wesentlichen vier wirtschaftsgeschichtlich gegebene Phasen des Wandlungsprozesses, die sich in den Übergängen der Naturvegetation zur Kulturvegetation und des siedlungsfeindlichen zum siedlungsfreundlichen Raum dokumentieren. Nach einer 1. Stufe der *„randlichen Moornutzung"* durch Torfgraben folgt nach Westerhoff die 2. Stufe der Fehnkultur. In der 3. Stufe des Wandlungsprozesses geht er auf die für Moordorf typische Moorbrandkultur sowie auf die Geestmoorrandbesiedlung ein. Für den Autor stellt in einer 4. Entwicklungsstufe die moderne deutsche Hochmoorkultur und –besiedlung den Höhepunkt des Wandlungsprozesses dar.[28]

Die allgemeinen Aussagen über die Moorkolonisation und die Verhältnisse in den ostfriesischen Kolonien basieren in dieser Arbeit hauptsächlich auf Hugenbergs Ausführungen. Seine Forschungen kennzeichnen sich durch die gründliche Archivarbeit und werden von anderen Autoren allgemein sehr anerkannt.

Mit der Geschichte Moordorfs und seiner Moorpioniere beschäftigten sich, wenn man von der bereits genannten Literatur absieht, seit der Weimarer Zeit bis heute hauptsächlich Beiträge in den Heimatbeilagen der ostfriesischen Tageszeitungen. Bereits 1925 lieferte eine Heimatbeilage von einem nicht genannten Autor einen Artikel zur Geschichte Moordorfs.[29]

Es ist aber vor allem Hinrich Schoolmann zu nennen, der sich fast sein ganzes Leben lang immer wieder heimatkundlich mit seinem Heimatdorf Moordorf und der Umgebung ernsthaft auseinandersetzte. Schoolmanns Anliegen war es wahrscheinlich um 1930, die vielen Gerüchte über *„sein"* Dorf zu widerlegen und über die tatsächliche Entwicklung der Kolonie aufzuklären. 1930 veröffentlichte er seinen ersten Aufsatz über das Schul-, Armen- und Kirchenwesen.[30] 1938 publizierte der Heimatkundler zwei Beiträge über die Frage, wer die ersten Siedler in dem Ort waren und wie sich die Lebensbedingungen der Urbevölkerung darboten.[31]

Es folgten nach dem 2. Weltkrieg weitere Artikel von Schoolmann und anderen ostfriesischen Heimatkundlern über Aspekte der Ortsgeschichte.[32] Moordorf blieb für

---

[27] Hermann Korte, Die Entwicklung der ostfriesischen Moorkultur unter besonderer Berücksichtigung der landwirtschaftlichen Verhältnisse, Aurich 1930.

[28] August Westerhoff, Das Ostfriesisch-Oldenburgische Hochmoorgebiet, Oldenburg 1936.

[29] S.-V. (Namenskürzel des Verf.), Zur Geschichte Moordorfs, in: Heimatkunde und Heimatgeschichte, Beilage der Ostfriesischen Nachrichten, 1925, Nr. 10.

[30] Hinrich Schoolmann, Vom Schul-, Armen- und Kirchenwesen in der Kolonie Moordorf in der Zeit von 1776 bis 1886, in: Heimatkunde und Heimatgeschichte, Beilage der Ostfriesischen Nachrichten, 1930, Nr. 2 u. 3.

[31] Ders. (wie Anm. 13); Ders., Dokumente von der Armut der ersten Moordorfer Siedler, in: Heimatkunde und Heimatgeschichte, 1938, Nr. 5.

[32] Ders., Die Industrieschule in Moordorf, in: Unser Ostfriesland, Beilage der Ostfriesen-Zeitung, 1955, Nr. 2; G. Engelkes, So lebten früher die *„Swarteweger"*. Die Kolonie Moordorf vor 150 Jahren, in: Der Deichwart, Beilage der Zeitung Rheiderland, 1961, S. 186; Hinrich Schoolmann, Fünfundsiebzig Jahre Kirchengemeinde Moordorf, in: Unser Ostfriesland, Beilage der Ostfriesen-Zeitung, 1962, Nr. 1; Ders., Geschichte des Ortsarmenverbandes Moordorf, in: Unser Ostfriesland, Beilage der Ostfriesen-Zeitung, 1962, Nr. 7; Bernhard Uphoff, Eine alte brockmerländer Gemeindeordnung. Die West- und Ostkeddschaften in Moordorf, in: Der Deichwart, Beilage der Zeitung Rheiderland, 1965, S. 209; Hinrich Schoolmann, Moordorf und die Kirche vor 1886. Über hundert Jahre der Kirchengemeinde Victorbur zugehörig, in: Heimatkunde und Heimatgeschichte, Beilage der Ostfriesischen Nachrichten,

regional- und lokalgeschichtlich interessierte Autoren ein beliebtes Thema. Es waren wahrscheinlich die von den Heimatforschern in den Archiven zu Tage geförderten Geschichten und Randereignisse, die viele Leser fanden.

Über diese heimatkundlichen Beiträge hinaus existiert eine Arbeit aus dem Jahre 1977, die sich von den bisherigen Veröffentlichungen erfreulicherweise ganz abhebt. Es handelt sich um die Prüfungsarbeit eines Lehramtskandidaten, die sich kritisch mit der nationalsozialistischen Machtübernahme und Gleichschaltung in dem Dorf auseinandersetzt.[33]

Schon vor 1980 entstand in der heutigen Gemeinde Südbrookmerland die Idee, die sozial- und siedlungsgeschichtliche Entwicklung des Gemeindeteils Moordorf in Form eines Freilichtmuseums darzustellen. Es wurde 1979 ein Trägerverein gegründet. 1984 konnte das Moormuseum Moordorf eröffnet werden. Mit der Gründung des Museums begannen auch Ansätze, die Geschichte der Moorkolonie wissenschaftlich aufzuarbeiten. Da Schoolmann im Jahre 1973 eine geschlossene heimatkundliche und chronikähnliche Darstellung der Geschichte Moordorfs veröffentlicht hatte, bot dieses Werk zu dem Zeitpunkt einen ersten Überblick über die Entwicklung des Dorfes.[34] Die Arbeit Schoolmanns ist verdienstvoll; bemängelt wurde allerdings, dass seinen Forschungen keine kritische Perspektive zugrunde lag und dass er die Geschichte zu idyllisch dargestellt und *„in vielerlei Hinsicht geglättet"* hat.[35] Als Manko dieser Arbeit wurde darüber hinaus das Fehlen von exakten Quellenangaben empfunden.

Mit der Realisierung des Moormuseumsprojektes kam es zu weiteren Veröffent-lichungen zumeist von Personen, die am Aufbau der Einrichtung maßgeblich Anteil hatten.[36]

1988 wurde Andreas Wojak in dem Museum als wissenschaftlicher Mitarbeiter eingestellt, der sich im Rahmen einer zweijährigen Arbeitsbeschaffungsmaßnahme mit der Geschichte des Dorfes von der Weimarer Zeit bis zu den fünfziger Jahren des 20. Jahrhunderts auseinandersetzte. Die aus der Forschungsarbeit hervor-gegangene Dissertation ist eine sozialgeschichtliche Studie, aus der sich sehr viel über die Genese und die Folgen von Vorurteilen erkennen lässt. Einen inhaltlichen Schwerpunkt bilden die Geschehnisse in der NS-Zeit. Grundlage der Arbeit waren

1966, Nr. 8; Bernhard Uphoff, Plackereien um den Plaggenhau in Moordorf, in: Der Deichwart, Beilage der Zeitung Rheiderland, 1971, S. 8; Habbo Heinrich Herlyn, Die verleumdeten Swarteweger. Ein Landdragonerkorporal als *„Entwicklungshelfer"* in Moordorf, in: Der Deichwart, Beilage der Zeitung Rheiderland, 1980, S. 3; Ders., Mit Pijüntbessems weit über Land. Aus der Gründungsgeschichte von Moordorf, in: Heimatkunde und Heimatgeschichte, Beilage der Ostfriesischen Nachrichten, 1985, Nr. 2.

[33] Ernst Kroker, Die nationalsozialistische Machtübernahme und Gleichschaltung im mittel-ostfriesischen Raum 1932-1934. Dargestellt an den Orten Moordorf und Spetzerfehn, Hausarbeit für die Prüfung für das Lehramt an Realschulen, Bochum 1977.

[34] Schoolmann (wie Anm. 11).

[35] Wojak (wie Anm. 2), S. 162.

[36] Es seien genannt Peter Schallmaier, Moormuseum Moordorf, Eine Idee wird verwirklicht, in: Niedersachsen, Jahrgang 83, 1983, S. 15 f. Schallmaier war von 1979 bis zum Frühjahr 2001 1. Vorsitzender des Trägervereins Moormuseum Moordorf e. V.; Elke Bontjer, Moordorf – Preußens Gloria? Planung am grünen Tisch und deren Folgen, in: Der Deichwart, Beilage der Zeitung Rheiderland, 1988, Nr. 8. Bontjer war mehrere Jahre Vorstandsmitglied des Vereins.

vor allem zahlreiche Gespräche und Interviews mit hauptsächlich älteren Moordorfer Zeitzeugen.[37]

Bereits 1989 bekam der Verfasser dieser Arbeit vom Moormuseumsverein Moordorf e. V. und der Arbeitsverwaltung Emden/Aurich den Auftrag, die Frühgeschichte des Ortes aufzuarbeiten. Aus dieser Tätigkeit gingen zunächst zahlreiche kürzere Beiträge hervor.[38] 1996 konnten die Grundlagenforschungen in Buchform veröffentlicht werden. Die Publikation beinhaltet nahezu sämtliche Aktenvorgänge bzw. den gesamten Moordorf betreffenden Schriftverkehr aus der ersten preußischen Zeit in Ostfriesland bis 1806. Bei dieser Veröffentlichung wurden eingehende Analysen vernachlässigt. Erörterungen fließen lediglich am Rande ein.[39] Ein weiteres Buch des Verfassers zur Geschichte der heutigen Gemeinde Südbrookmerland beinhaltet schwerpunktmäßig Aspekte der Kolonisation in dem Gebiet der Kommune.[40]

Um 1989 begann der damalige Vikar und heutige Pastor der Kirchengemeinde Victorbur, Jürgen Hoogstraat, die Unterlagen des Kirchenarchivs systematisch nach Hinweisen über die Moordorfer Ursiedler durchzusehen. Hoogstraat publizierte zunächst zwei Aufsätze[41] über die Ursiedler, bevor er 1997 seine Forschungsergebnisse geschlossen in Buchform veröffentlichte.[42] Bei der Publikation handelt es sich um eine nominative Kirchenbuchauswertung. Das Buch stellt alle Moordorfer Kolonisten und deren Nachwuchs mit allen in den Kirchenregistern enthaltenen Daten vor. Die Veröffentlichung ist als Arbeitsbuch eine wertvolle Quelle für weitere Forschungen. Insbesondere kann sie für Bevölkerungshistoriker von Nutzen sein.

Im Jahre 2005 veröffentlichte die Upstalsboom-Gesellschaft das Ortssippenbuch der Kirchengemeinde Victorbur. Die sehr verdienstvolle, mehrjährige Arbeit des Verfassers Theodor Voß erfasst alle Familien von den Anfängen der Kirchenbücher in der großen Kirchengemeinde bis 1900. Mit dieser Quelle ist es u. a. möglich geworden, die Herkunft und familiären Wurzeln zahlreicher Moordorfer Ursiedler zu klären.[43]

---

[37] Wojak (wie Anm. 2).

[38] Die Beiträge wurden überwiegend in den Heimatbeilagen der ostfriesischen Tageszeitungen publiziert.

[39] Theo Meyer, Urkolonisten. Die Anfänge der ostfriesischen Moorkolonie Moordorf, Pfaffenweiler 1996.

[40] Ders., Von deren Colonisten Lande. Aus der Geschichte des Südbrookmerlandes, Oldenburg 1998.

[41] Jürgen Hoogstraat, 222 Jahre Moordorf: Woher kamen die ersten Siedler? in: Quellen und Forschungen zur ostfriesischen Familien- und Wappenkunde, hg. von der Ostfriesischen Landschaft, 1989, Nr. 5; Ders., Aus Moordorfer Familienalben, in: Ostfreesland 1992, Kalender für Jedermann, Verlag Soltau-Kurier-Norden.

[42] Ders., Die ersten Siedler von Moordorf 1767-1817. Ein familienkundliches Arbeitsbuch von Jürgen Hoogstraat, Ostfriesische Familienkunde, Heft 12, Aurich 1997.

[43] Voß, Theodor, Die Familien der evangelisch-lutherischen Kirchengemeinde Victorbur (1620-1900), Upstalsboom-Gesellschaft, Aurich 2005. Das Medienzentrum des Landkreises Aurich veröffentlichte 2012 historische Fotografien zur Wohnsituation in Moordorf, die der Moordorfer Lehrer Heinrich Lichtsinn um 1920 in dem Ort gemacht hatte. Medienzentrum Aurich, Moordorf in historischen Fotografien, Aurich 2012. Das Medienzentrum publizierte Jahre später eine Reihe ausgewählter Archivalien und Karten sowie weitere Fotos über Moordorf. Medienzentrum Aurich, Moordorf – Bittbriefe. Ein Leben in Armut, Aurich 2016. Im Rahmen der 250-Jahr-Feier des Ortes Moordorf im Jahre 2017 kam es zur Veröffentlichung einer Chronik mit einigen geschichtlichen Inhalten, aber auch vor allem mit Geschichten, Erzählungen, Sagen, Vereinsannalen und Erinnerungen älterer Einwohner des Dorfes. Christine Günnel, 250 Jahre Moordorff. Geschichte und Geschichten, Moordorf 2017.

2. Die Siedlung Moordorf in der ersten preußischen Zeit

2.1 Allgemeine Grundlagen der Moorkolonisation

Seit alters her war das Torfgraben für die Ostfriesen von Bedeutung. Das Moor stellte die Versorgung mit Brennmaterial sicher. Die Verteilung der Moore über die Mitte der ostfriesischen Halbinsel machte es möglich, dass viele Gemeinden ihren Bedarf aus den benachbarten Mooren stechen konnten. Die umliegenden Dorfschaften ließen auf den weiten Flächen außerdem ihr Vieh weiden. Mit dem organisierten Torfabbau wurde im 17. Jahrhundert mittels der Fehnkultur begonnen. Dies geschah aufgrund privatwirtschaftlicher Initiativen. In den ersten Dezennien nach 1600 wurde der Torf als billiges Heizmaterial für die Städte zum Handelsobjekt. Die landwirtschaftliche Nutzung der abgetorften Flächen stand zunächst nicht im Vordergrund.

Als der preußische Staat nach 1744 anfing, sich in die Eigentumsverhältnisse der Moore einzumischen, war das Engagement zunächst ganz von fiskalischen Motiven bestimmt.

In der zweiten Hälfte des 18. Jahrhunderts rückte die Landwirtschaft immer mehr für die damalige Gesellschaft in das Zentrum des Interesses. Hierfür waren in erster Linie nüchterne ökonomische Überlegungen ausschlaggebend.[44]

Man war außerdem daran interessiert, die Bevölkerungszahlen im Staat zu erhöhen (Peuplierung). Ostfriesland kennzeichnete sich zu der Zeit durch eine verhältnismäßige Überbevölkerung. Es lebten in der ganzen Provinz etwa 33 und in den bewohnten Teilen der Region etwa 50 Personen auf einem Quadratkilometer. Die Nichtnutzung der etwa ein Drittel des Landes ausmachenden Moore und Heiden hatte einen dauernden Ausfall an Staats- und Landeseinkünften zur Folge.[45]

Die Provinz Ostfriesland sandte jährlich eine bedeutende Anzahl Menschen in das Ausland, besonders nach Holland und auf fremdländische Seeschiffe. Durch Eröffnung neuer Erwerbszweige wollte der preußische Staat solchen Gegebenheiten entgegentreten. Diesbezüglich bestand eine Möglichkeit in der Erweiterung landwirtschaftlicher Nahrungsquellen. Damit einen Fortschritt zu veranlassen, bedeutete sowohl dem herrschenden Peuplierungsgedanken mittelbar Genüge tun, als auch den eigentlichen Wohlstand Ostfrieslands zu vermehren. So schien sich die Gründung neuer Bauernwirtschaften auf den durch den Brandfruchtbau[46] erschlossenen Mooren anzubieten.[47]

Den Ansprüchen der staatlichen Stellen auf die Moore stellten die Kommunen eigene Ansprüche gegenüber, indem sie sich auf durch frühere Landesverträge zwischen Fürst und Ständen bestätigte Gewohnheitsrechte beriefen. Sie machten vor allem auf das Hochmoor ein Aneignungsrecht der einzelnen Bauernstellen und Dorfgenossen geltend, das seit alters her als Aufstrecksrecht (Upstrecksrecht) bezeichnet wurde.[48]

---

[44] Achim Leschinsky/Peter Martin Roeder, Schule im historischen Prozeß: zum Wechselverhältnis von institutioneller Erziehung und gesellschaftlicher Entwicklung, Stuttgart 1976, S. 217.
[45] Hugenberg (wie Anm. 21), S. 70.
[46] Über die Anfänge und die Bedeutung des Brandfruchtbaus sowie des Moorbrennens siehe Kap. 2.3.3.
[47] Hugenberg (wie Anm. 21), S. 75 f.
[48] Ebd., S. 48 f. Zu den Grundlagen des Aufstrecksrechts siehe Kap. 2.4.

Die preußischen Behörden erkannten das Aufstrecksrecht nicht an, sondern betrachteten es vielmehr als eine bäuerliche Erfindung. Im Frühjahr 1747 wurden von den Behörden bereits Maßregeln für das Moorbrennen und den Brandfruchtbau verordnet. Gleichzeitig erhob man für die Genehmigung zum Aussäen des Buchweizens auf dem Hochmoor Gebühren.[49]

Wenige Jahre darauf kam die Kriegs- und Domänenkammer zu der Erkenntnis, dass die Streitereien über die Rechtsverhältnisse in den Mooren die Ursache für eine mangelnde Urbarmachung waren. Sie begann sich mehr und mehr als Kolonisatorin zu fühlen und verlangte die Geltendmachung des landesherrlichen Rechtes auf die Heide- und Moorflächen.

Die staatlichen Stellen in Berlin bestätigten die Kammer in dieser Ansicht. Auch sie wollten sich vor allem aus finanziellen Gründen die Verfügung über die unbebauten Gegenden in Ostfriesland sichern. Die Auricher Kammer forderte schließlich um 1750 eine neue Instruktion bzw. andere Rechtsgrundlagen, um ihr Engagement in den Kolonisationsangelegenheiten abzusichern.[50]

Das Ergebnis war der Erlass des Urbarmachungsediktes vom 22. Juli 1765.[51]

Das Edikt stellte fest, dass das Herumtreiben des Viehes auf den Heidefeldern, das willkürliche Plaggenhauen und die eigenmächtige Bestimmung der Feldmarken und Dorfschaftsgrenzen als Eigentumsbeweise und Akte der Besitzergreifung unwirksam waren.[52] Jede Beweiskraft wurde außerdem dem in ostfriesischen Kaufverträgen üblichen Zusatz *„mit Rusch und Busch, Heyden und Weyden und anderen Pertinentzien"* und ähnlichen Formeln genommen. Dagegen sollten *„die grünen Anger und Niedrigungen um und nahe bei den Dörfern, welche im Sommer Grass tragen und zur Waide geschickt sind"*, den Dorfschaften als Eigentum belassen werden.[53]

Die wüsten, unbebauten Heidefelder wurden grundsätzlich als königliches Eigentum angesehen. Daran verblieb den Gemeinden das bisher übliche Nutzungsrecht auf Viehtrift und Plaggenhieb solange, bis die Kammer Kolonisten gefunden hatte, gegen deren Ansiedlung den Gemeinden kein Widerspruchsrecht zustand. Auf Wunsch wurde den Gemeinden ein mäßig großer Heidedistrikt unentgeltlich überlassen. Es bestand in dem Fall aber die Verpflichtung, dieses Terrain aufzuforsten.[54]

Es sollte den Kommunen ebenso ein Stück Heidefeld angewiesen werden, falls die grünen Anger für das Weidebedürfnis der Dörfer ungenügend waren. Dieses Land hatten sie gemeinsam oder nach einer Verteilung an die berechtigten Bauernplätze binnen zehn Jahren unter den Pflug zu nehmen und zu Acker- und Weideland zu kultivieren, um von der Viehtrift auf den Heideflächen unabhängig zu werden.[55]

Kolonisten durften sich auf diesem Land nicht ansetzen. Das Edikt bestimmte weiterhin, dass die Eigentümer von allen Seiten genau begrenzter, unabgegrabener

---

[49] Ebd., S. 53 f.
[50] Ebd., S. 56 f.
[51] Edict wegen Urbarmachung der in Unserm Fürstenthum Ostfriesland und dem Harlinger-Lande befindlichen Wüsteneyn, wobey zugleich die Principia Regulativa festgesetzet werden, nach welchen bey Ausweisung der wüsten Feldern und bey Entscheidung der darüber entstehenden Streitigkeiten zu verfahren, De Dato Berlin den 22. Julii 1765.
[52] Ebd., § 3.
[53] Ebd., § 5.
[54] Ebd., § 7.
[55] Ebd., § 8.

Moore in ihrem Recht zu schützen waren. Jedem vollen Bauernhof, der einen nicht allseitig begrenzten Torfstich besaß, sollte eine Fläche von vier Moordiemat (1 Moordiemat = ca. 1 Hektar; 1 Diemat = ca. 0,56 Hektar) als Eigentum zugemessen werden.[56] Ohne Entrichtung einer Pacht durften die Eigentümer auf den Flächen Buchweizen anbauen.[57]

Dem Landesherrn gehörten alle übrigen Moore, und für die Erlaubnis, auf den Moorflächen Buchweizen anzubauen, musste jährlich ein Stüber[58] pro Tagewerk an die Rentei gezahlt werden. Das Aufstrecksrecht wurde somit aufgehoben. Das Leegmoor (i. S. v. „Tief"moor; abgegrabenes Hochmoor) verblieb demjenigen, der befugt gewesen war, es abzugraben. Die Gebiete, die früher bereits ausgegraben und von den Dorfschaften unkultiviert gelassen waren oder auch in „Dobben" und „Kuhlen" lagen und mit Heide bewachsen waren, gehörten dem Landesherrn, der sie an Kolonisten vergeben konnte.[59]

Zusammenfassend lässt sich sagen, dass durch das Edikt - abgesehen von den Grünweiden in der Nähe der Dörfer - dem Landesherrn das Eigentum an sämtlichen von den Dorfschaftsäckern begrenzten Heiden und Mooren Ostfrieslands zugesprochen wurde. Mit Ausnahme des Torfstiches durch die Hofbesitzer, wofür ihnen eine genau begrenzte Fläche als Eigentum überlassen werden sollte, wurden alle bisher gewohnheitsmäßig ausgeübten Berechtigungen durchweg aufgehoben und ihrer Beweiskraft im Besitz- und Eigentumsstreit beraubt.[60]

Bei der Vergabe der Landzuteilungen an die Kolonisten ging die Kammer von dem Standpunkt aus, dass ein Siedler nur soviel Land bekommen sollte, wovon er nach einigen Freijahren auch die Erbpacht bezahlen konnte. Die Behörde war der Ansicht, dass man in Ostfriesland hauptsächlich darauf achten musste, den einheimischen Familien zu einem Haus zu verhelfen, damit sie das Land nicht verließen. Die Kriegs- und Domänenkammer sah die weitere Existenz der Kolonisten allein dadurch gewährleistet, dass es nur darauf ankam, den „kleinen Mann" zu befähigen, in der Wildnis ein kleines Warfshaus zu bauen. Darauf würde sich die Kultivierung der Wildnisse wie von selbst ergeben, weil die Moorbauern sich ihren Lebensunterhalt zwangsläufig durch den Buchweizenanbau und andere landwirtschaftliche Tätigkeiten verdienen müssten.[61]

2.2 Die erste Siedlergeneration

2.2.1 Zur Herkunft der Ursiedler

Jüngere Publikationen über die Geschichte Moordorfs[62], die sich auf Quellen verschiedener Archive stützen, haben noch einmal ausdrücklich bestätigt, dass die von Geschichtsschreibern des 19. Jahrhunderts verbreitete These, die Moorkolonie Moordorf sei von „Zigeunern" gegründet worden, falsch ist. Bereits 1938 versuchte

---

[56] Ebd., § 10.
[57] Ebd., § 12.
[58] 54 Stüber=1 Reichstaler.
[59] Hugenberg (wie Anm. 21), S. 62 f.
[60] Ebd., S. 63.
[61] Ebd., S. 84 f.
[62] Meyer (wie Anm. 39); Hoogstraat (wie Anm. 42).

der Heimatforscher Hinrich Schoolmann in einem Beitrag für die Heimatbeilage einer Lokalzeitung, dieses Vorurteil in der Bevölkerung zu entkräften.[63] Dies geschah sicherlich vor dem Hintergrund der damaligen NS-Ideologie mit der Propagierung von einer Rassenlehre und *„Blut- und Bodentheorien.“* Selbst der NS-Forscher Rechenbach erkannte einige Jahre später das Forschungsergebnis von Schoolmann an.[64] In der ostfriesischen Bevölkerung ist die *„Zigeuner-These“* jedoch bis heute immer wieder zu hören. Ebenso verhält es sich mit der Behauptung, dass Friedrich der Große in Moordorf eine Strafkompanie siedeln ließ. Auch diese Theorie ist – ebenso wie die *„Zigeuner-Theorie“* – aus den historischen Quellen nicht zu erklären. Nachweisbar ist in Moordorf nie ein Sträfling angesiedelt worden.

Schoolmanns verdienstvolle Ansätze, die Anfänge seines Heimatdorfes wahrheitsgemäß aufzuzeigen und die ostfriesische Bevölkerung über die Entwicklung der verrufenen Kolonie aufzuklären, haben im Grunde nicht geholfen, das Ansehen Moordorfs zu verbessern. Vielmehr ist oft sogar das Gegenteil damit bewirkt worden. Dies erscheint zunächst ungewöhnlich. In Gesprächen mit zahlreichen älteren Einwohnern, die der Verfasser u. a. in einer anderen Forschungssache auch über das Dorf Moordorf und seine Bewohner führte,[65] erwiesen sich die Befragten in der Regel als besondere *„Moordorf-Experten“*. Sie waren fest davon überzeugt, über die Herkunft der ersten Moordorfer genau Bescheid zu wissen, bestätigten letztlich aber nur alte Vorurteile und Legenden. Vorsichtige Hinweise auf Archivstudien des Verfassers wurden rigide und zum Teil aggressiv zurückgewiesen. Ein Versteifen auf die alten Thesen war letztendlich das Ergebnis der Gespräche.

Es ist eine Widersinnigkeit, weiß man doch in weiten Teilen der ostfriesischen Bevölkerung einiges über die Geschichte Moordorfs. Keine Ortsgeschichte in der Region ist sicherlich in Beiträgen für Zeitungen und in der heimatgeschichtlichen Literatur so oft präsentiert worden wie die Entwicklung dieses Dorfes. Viel Wahres und Unwahres wurde an die Menschen herangetragen, so dass sich bei der Flut an Informationen Legenden und Wahrheiten vermischt haben und bei vielen Personen zu unerschütterlichen *„subjektiven Wahrheiten“* geworden sein müssen.[66] Mit der in der Öffentlichkeit immer wieder aufgestellten These, in Moordorf hätten sich Kriegsinvaliden angesiedelt, verhält es sich jedoch anders. 1781 gab es unter den 30 Einwohnern sogar zwei Siedler, die aktiv dem Militärstand angehörten.[67] Die Invaliden bildeten nie die Hauptgruppe der Ursiedler, sondern stellten lediglich eine Randgruppe dar. Von den Behörden wurde bereits in der Gründungsphase des Dorfes bei zahlreichen Gelegenheiten behauptet, in Moordorf hätten sich hauptsächlich (!) alte Soldaten angesiedelt.[68] Die Darstellungen der Behörden über

---

[63] Schoolmann (wie Anm. 13).
[64] Rechenbach (wie Anm. 4), S. 93.
[65] Es handelte sich um Zeitzeugeninterviews über die Geschichte Ostfrieslands in den ersten Nachkriegsjahren. Dazu die Dokumentation Theo Meyer, Ostfriesland 1945-1949. Materialien, erarbeitet im Rahmen des Ausstellungsprojektes: *„Wege aus dem Chaos: Ostfriesland 1945-1949“*, Aurich 1987.
[66] Bei Wojak (wie Anm. 2) wird das Phänomen der *„subjektiven Wahrheiten“* ausführlich erläutert.
[67] StAA Rep. 6, Nr. 2499, Erhebung von 1781 (Mit Schreiben des Rentmeisters an die Kriegs- und Domänenkammer v. 5.7.1781).
[68] Als Beispiele seien genannt StAA Rep. 6, Nr. 2498, Kriegs- und Domänenkammer an die Lokalbeamten v. 26.2.1776 sowie StAA Rep. 26 b, Nr. 1070, Rentmeister Tannen an die Kriegs- und Domänenkammer v. 29.10.1801.

die Bewohner Moordorfs hatten bereits im 18. Jahrhundert das Ziel, die Siedler zu stigmatisieren und sie in die Rolle von arbeitsunfähigen und faulen Personen zu drängen.

Auch Schoolmann relativiert die „Soldaten-Theorie" nicht.[69] Er scheint Aussagen in den Archivquellen eher kritiklos übernommen zu haben.

Tatsächlich befinden sich in den Quellen zahlreiche Anträge von Soldaten, die sich in Moordorf anzusiedeln gedachten. Vielfach wurde in den Bittschreiben etwas zum persönlichen Werdegang und dem Soldatenleben geschildert, um den Anträgen Nachdruck zu verleihen.[70]

Schoolmann führte die antragstellenden Soldaten wie auch andere Bittsteller in seinen Abhandlungen als Ursiedler mit auf, obwohl sie sich tatsächlich nie in Moordorf niederließen. Bei Schoolmann ist festzustellen, dass er grundsätzlich alle Antragsteller als erste Siedler nennt, obwohl sich nur ein Teil der Erbpachts-interessenten wirklich in der Kolonie niederließ. Die Lebensumstände von zwei Erbpachtsinteressenten, die keine Soldaten waren, erscheinen recht abenteuerlich und haben den Heimatforscher Schoolmann vielleicht beeindruckt. Auf der anderen Seite steht die Tatsache, dass diese Familien nie in der Siedlung ansässig geworden sind.[71]

Andere Bittsteller lebten nur sehr kurz in der Kolonie und verließen das Dorf bald wieder. Ein Invalide namens Daniel Mühlbrecht siedelte sich 1770 an.[72]

Mühlbrecht zog bereits wenige Jahre später mit seiner Frau und den Kindern als Train-Knecht in den Bayrischen Erbfolgekrieg, tauchte aber später wieder in Ostfriesland und in der Nähe des Dorfes Moordorf auf. 1781 verstarb er unter freiem Himmel auf dem Weg zwischen Aurich und Moordorf. Wahrscheinlich galt er offiziell immer noch als Einwohner der Kolonie, denn ein Moordorfer erhielt den Auftrag, die Leiche von Mühlbrecht mit seinem Pferdegespann nach Moordorf zu transportieren und zu bestatten. Da dieser sich zunächst weigerte, warf man ihm vor, die Leiche öffentlich und zur Schau liegengelassen zu haben.[73] Aus dem Sterberegister der Kirchengemeinde Victorbur geht hervor, dass der alte Soldat seine letzte Ruhe schließlich in Moordorf fand.[74]

Die Tragik der alten Soldaten wird deutlich. Das Bodenlose ihrer Existenz und die Unfähigkeit sich zu verwurzeln trugen zu ihrer Ablehnung in der Bevölkerung bei. Dieser Invalide war anscheinend zum Vaganten geworden und nach dem Verständnis der damaligen Zeit zum radikalen Antitypen der sesshaften und arbeitsamen Untertanen.[75]

Der schlechte Ruf dieser Menschen musste bald herhalten, um die Missstände in Moordorf zu erklären. Die Soldaten dienten ebenso wie die „Zigeuner" und die

---

[69] Schoolmann (wie Anm. 11), S. 25.
[70] StAA Rep. 6. Nr. 2497, Antragsteller Datema und Weychand an die Kriegs- und Domänenkammer v. 13.1.1772.
[71] Ebd., Protokoll der Kriegs- und Domänenkammer v. 11.10.1771.
[72] Ebd., Antragsteller Mühlbrecht an die Kriegs- und Domänenkammer v. Sommer 1770.
[73] StAA Rep. 26 b, Nr. 364, Protokoll des Amtsgerichts Aurich v. 2.10.1781.
[74] Hoogstraat (wie Anm. 42), S. 184.
[75] Christoph Sachße/Florian Tennstedt (Hg.), Bettler, Gauner und Proleten. Armut und Armenfürsorge in der deutschen Geschichte, Reinbek bei Hamburg 1983, S. 103.

Sträflinge, in der Literatur als Mitglieder eines *„Standes der Standeslosen"*[76] bezeichnet, als willkommene Möglichkeit der Schuldzuweisung.

Wenn auch in jüngeren Publikationen über die Kolonie die Moordorf-Legenden von *„Zigeunern"*, Sträflingen und Veteranen zurückgewiesen wurden, bedeutet dies nicht, dass die Autoren sich von den Gruppierungen distanzieren und diese zurückweisen wollten. Es ging und geht vielmehr um die Frage, wozu die Vorurteile und unwahren Behauptungen über die ersten Ansiedler dienten.

Aber wie hoch waren die Anteile der Ostfriesen, Oldenburger u. a. an der Ursiedlergruppe tatsächlich? Wie groß war der Anteil der Soldaten an der Urbevölkerung? Berücksichtigt man die 48 sich niederlassenden Kolonisten bis 1790 – bis zum vorläufigen Ende der ersten Phase der Kolonisation durch die Kriegs- und Domänenkammer – und lässt die Erbpächter der zweiten Generation, also Kinder/Stiefkinder der ersten Ansiedler, die mittlerweile das Erwachsenenalter erreicht und Moorland angenommen hatten, unberücksichtigt, so siedelten sich 27 Familien aus Ostfriesland, ein Anbauer aus dem Jeverland, sechs Kolonisten aus dem Oldenburgischen, vier Siedler aus dem übrigen Deutschland und zehn ehemalige Soldaten bzw. Soldaten, die noch dem Militärstand angehörten, an (Herkunft: Ostfriesland, verschiedene Gebiete Deutschlands, Schweden). Drei Soldatenfamilien hatten Nachkommen, die sich auf Dauer in Moordorf niederließen.[77]

Hoogstraat kam aufgrund seiner nominativen Kirchenbuchauswertung zu ähnlichen Ergebnissen. Er ermittelte die Herkunft der Kolonisten bis 1817, erfasste also genau die ersten 50 Jahre der Ortsgeschichte. 30 Familien kamen demnach aus dem Nachbarort Victorbur. Vier Anbauer aus dem Nachbarort Walle wurden in der Kolonie ansässig. Sieben Erbpächter ließen sich aus dem Raum Großefehn bzw. aus den Fehngebieten in Moordorf nieder. 17 Kolonisten aus dem übrigen Ostfriesland pachteten Moorland. Acht Familien kamen aus dem Oldenburgischen. Acht auswärtige Siedler siedelten sich auf längere Zeit an, und vier auswärtige Siedler blieben nur kurz. Auf Dauer blieben in Moordorf lediglich drei Soldaten- bzw. Invalidenfamilien. Zehn Veteranen waren es insgesamt, die sich kurz oder länger mit der Kolonisation versuchten.[78]

Auch Hoogstraat kommt zu dem Schluss, dass der größte Teil der Moordorfer Siedler aus Ostfriesland kam, bei den auswärtigen dominierten die Siedler aus dem Oldenburgischen.[79]

Um weitere Gründe für die Armutsverhältnisse aufzuzeigen, wurde bereits in der Gründungsphase der Besiedlung die Behauptung aufgestellt, dass die ersten Siedler keine Erfahrungen mit den Kolonisationsarbeiten, der Landwirtschaft und dem Torfabbau hatten. Diese Behauptung entbehrt jeder Grundlage. Da der größte Teil der Moordorfer Bevölkerung aus den angrenzenden Kommunen Victorbur und Walle und aus den ostfriesischen Fehngebieten stammte, waren diese Anbauer zwangsläufig mit diesen Arbeiten vertraut.

---

[76] Wolfram Fischer, Soziale Unterschichten im Zeitalter der Frühindustrialisierung, in: International Review of Social History 8, 1963, S. 416.
[77] Meyer (wie Anm. 39), S. 288 ff.
[78] Hoogstraat (wie Anm. 42), S. 188.
[79] Ebd.

Über die Siedler aus der ersten Generation, die bis 1790 einen Erbpachtsantrag stellten und die Kolonisationsarbeiten in Moordorf aufnahmen, liegen Angaben über ihre vorherigen Berufe und Tätigkeiten vor. Sie rekrutierten sich im Wesentlichen aus drei Tätigkeitsbereichen. [80]

Berufsangaben der 48 Ansiedler

Arbeiter / Tagelöhner	25
Handwerk / Gewerbe (Schuster, Weber, Krüger, Zimmermann u. ä.)	9
Nicht ermittelt	4
Ehemaliger Soldat / Soldat	10

Die größte Berufsgruppe war die der Arbeiter bzw. Tagelöhner. Die Arbeiter und Tagelöhner waren durchweg Landarbeiter oder saisonal tätige landwirtschaftliche Hilfskräfte. Vordergründig erscheint der Anteil der „Gewerbetreibenden" relativ hoch. Es ist davon auszugehen, dass deren Gewerbe jedoch nicht die Bedeutung zur Bestreitung des Lebensunterhalts für die späteren Ansiedler hatten, die man nach heutigem Verständnis erwarten würde. In der Regel wurden beispielsweise Tätigkeiten wie Schuster (Holzschuhmacher) und Leineweber im Nebenerwerb betrieben. Es waren angelernte Fertigkeiten, die auf dem Lande vielfach mehr schlecht als recht praktiziert wurden.

Welche anderen Erfahrungen brachten diese Menschen vor allem hinsichtlich ihrer Familiengeschichte und -sozialisation mit? Es stellt sich die Frage, wie die Eltern der Urkolonisten von Moordorf ihren Lebensunterhalt bestritten haben.

Die Familienzusammenstellungen von Hoogstraat lassen bei einer genaueren Durchsicht erkennen, dass viele der Vorfahren der Ursiedler Mitglieder von unterbäuerlichen Schichten, Warfsleute, Arbeiter, kleine Gewerbetreibende usw. waren. [81]

Mit dem Dorf Moordorf sind bestimmte Familiennamen seit den Anfängen der Besiedlung eng verbunden. Nachnamen wie Kuhlmann, Schoon, Reck, Meyer oder Wienekamp gelten im Bewusstsein der ostfriesischen Bevölkerung als typische Moordorfer Namen. Es handelt sich bei diesen Familien seit der Gründerzeit der Kolonie bis in die Gegenwart der heutigen Flächengemeinde Südbrookmerland, die sich aus zehn alten Kommunen zusammensetzt, um einige der größten und bekanntesten Sippenverbände des Gebietes.

Im Folgenden sollen diese fünf Familien aus Moordorf vorgestellt und ihren Ursprüngen nachgegangen werden.

Der dritte Urkolonist, der sich noch im Gründungsjahr 1767 in der Kolonie Moordorf niederließ, war Heike Harms Culemann (spätere Schreibweise Kuhlmann). Er wurde Stammvater der Sippe Kuhlmann in Südbrookmerland. Culemann wurde in Hats-

---

[80] Die Berufe sind zusammengestellt nach Angaben in den sogenannten Anbauakten (Staatsarchiv Aurich) und den Victorburer Kirchenbüchern. Hoogstraat (wie Anm. 42). Einige Berufe konnten aufgrund fehlender Angaben nicht ermittelt werden.
[81] Hoogstraat (wie Anm. 42), S. 17 ff.

hausen geboren.[82] Bevor er in Moordorf Kolonist wurde, war Heike (auch als Heyke/ Haike/Haicke oder Hayke Cuhlemann geschrieben) in anderen Orten als Siedler und Arbeiter tätig. Um 1757 findet man ihn aufgrund von Angaben in Kirchenbüchern in Timmel; dort ehelichte er Teelke Jürgens Schoone. Um 1762 wird das Ehepaar in Kirchenunterlagen als „Heuerleute" in Felde (Kirchspiel Holtrop) bezeichnet. 1764 werden die Culemanns als Anwohner in Aurich-Oldendorf erwähnt. Dort wurden dem Paar mehrere Kinder geboren.[83] Vier Söhne gründeten in Moordorf eigene Familien, und acht Enkelsöhne aus der männlichen Linie dieses Uransiedlers hatten eigene Nachkommen in dem Ort.[84]

Heikes Bruder Agge gründete in Victorbur eine Familie.[85]

Die Moordorfer Kolonistensippe Schoon stammte aus Großefehn. Hoogstraat, der die Vorfahren der beiden sich in Moordorf niederlassenden Brüder Borchert Christians Schoone (1769 angesiedelt) und Johann Christians Schoone (1776 angesiedelt) als „weltliche lokale Größen" bezeichnet, führt diese Ansiedler auf Borchert Schone zurück, der im 17. Jahrhundert fürstlicher Vogt in Bagband war.[86] Dessen Sohn Jürgen Gerhard Schoone übernahm das Amt des Vogten in diesem Ort um 1700. Jürgens Sohn Borchert J. Schoone war ein bekannter Fehnmeister und zählte zu den Pionieren der Torfgewinnung.

Ein anderer Sohn des ersten Bagbander Vogten war Christian Schoone, der als Auskündiger in Strackholt ebenso in einem öffentlichen Amt tätig war. Bei den beiden Siedlern von Moordorf handelte es sich um Enkelsöhne dieses Mannes. Der Vater der zwei Urkolonisten, Christian Schoone, war dagegen Arbeiter in Großefehn.[87]

Zahlreiche Nachfahren des oben genannten Vogts von Bagband bilden die bis heute sehr große Fehntjer Familie Schoon/Schoone. Aus der Sippe gingen im Raum Großefehn bekannte Träger dieses Namens vor allem als Gewerbetreibende, aber auch als Lokalpolitiker hervor. Ein Nachfahre wurde in der Region bekannt als Heimatschriftsteller.

Die Nachfahren der beiden Moordorfer Ursiedler Schoon stellen im Raum der Gemeinde Südbrookmerland einen weiteren großen Zweig dieser Sippe dar, die sich hier im Großen und Ganzen als „Arbeiterfamilie" bezeichnen lässt.

Durch die Moordorf-Publikation von Wojak ist vor allem das Schicksal des Johann Schoon (geb. 1871) aus der früheren Kolonie bekannt geworden. Schoon hatte sieben Kinder und versuchte, seinen Lebensunterhalt mit Gespanndiensten zu verdienen. Seine Ehefrau verstarb 1924. Schoon war ein überzeugter Anhänger des Kommunismus und hatte bemerkenswerterweise selbst bei politischen Gegnern aufgrund seiner Ehrlichkeit und Rechtschaffenheit einen guten Leumund. Der Moordorfer Kommunist wurde 1934 als 63jähriger Mann wegen „Vorbereitung zum Hochverrat" zu einer Gefängnisstrafe verurteilt und starb dort noch im gleichen Jahr wahrscheinlich aufgrund von Misshandlungen.[88]

---

[82] Ebd., S. 28.
[83] Ebd. Hoogstraat bezieht sich auf Angaben in den heute vorliegenden Ortssippenbüchern von Timmel, Aurich-Oldendorf und Holtrop.
[84] Ebd., S. 29 f.
[85] Ebd., S. 28.
[86] Ebd., S. 90.
[87] Ebd., S. 91.
[88] Wojak (wie Anm. 2), S. 145 f.

Gerade auch im Hinblick auf die Theorien eines Horst Rechenbach über die Moordorfer Uransiedler mag die Geschichte von Mitgliedern der Sippe Schoon deutlich machen, dass die persönliche Sozialisation und die gesellschaftlichen Rahmenbedingungen den Werdegang eines Individuums, seine politische Gesinnung und sein Bewusstsein entscheidend prägen und dass die Thesen über die erbbiologische Minderwertigkeit von Menschen nichts weiter darstellen als pseudowissenschaftliche Erkenntnisse als Grundlage politischer Propaganda.

Friedrich Reck, der in den amtlichen Unterlagen auch unter den Namen Johann Friedrich Reck und Peter Friedrich Reck auftaucht, ist sicherlich der bekannteste Moordorfer Invalide, der sich in den Anfangsjahren der Kolonie (1771) ansiedelte. Der feste und für Ostfriesland eher ungewöhnliche Familienname führte dazu, dass im Verlaufe der Geschichte die Herkunft seiner Nachkommen von der ostfriesischen Öffentlichkeit schnell und unmittelbar ausgemacht und auf das Dorf Moordorf zurückgeführt werden konnte.

Es dürfte wahrscheinlich auch vielen heutigen Nachfahren dieses Mannes klar sein, dass sie von dem Invaliden und Ursiedler abstammen. Sicherlich sind entsprechende Kenntnisse über die Ursprünge ihrer Sippe in Arbeiterfamilien eher selten, aber hier letztendlich das Ergebnis der Auseinandersetzung mit der Ortsgeschichte Moordorfs.

In den amtlichen Unterlagen finden sich keine Hinweise auf den genauen Herkunftsort dieses Friedrich Reck. Hoogstraat weist darauf hin, dass zur Zeit der Ansiedlung dieses Kolonisten ein Träger dieses Namens als Pedell (Hausmeister) bei der Kriegs- und Domänenkammer in Aurich tätig und eventuell ein Verwandter des Moordorfer Siedlers war.[89]

Vor seiner Ansiedlung war Reck Musketier im Courbierschen Freibataillon in Emden. Dort ehelichte er eine Tochter des in der Hafenstadt als Arbeiter tätigen Harm Harms[90], der wie Reck aus dem Hannoverschen stammte.[91]

Bereits 1774 verkaufte der Siedler sein Moordorfer Kolonat. Der Rentmeister von Halem befürwortete diesen Verkauf, weil man Reck (*der bereits in Moordorf und der Gegend vielen Unfug angerichtet hat*) so loswerde.[92] Aus der Formulierung des Rentmeisters lässt sich erahnen, zu welchen Überlebensstrategien die generell schlecht beleumundeten alten Soldaten neigten. Gesundheitlich oft arg angeschlagen – Reck war bei seiner Eheschließung bereits 47 und bei der Ansiedlung in Moordorf 48 Jahre alt – war ihre Existenz nicht selten auch von Hungerkriminalität geprägt. In der Literatur wurden der Alltag dieser Grenzexistenzen der absolutistischen Gesellschaft und ihre *„Notökonomie"* ausführlich erörtert.[93]

Der Invalide ließ sich nichtsdestotrotz mit Einwilligung der Behörden im Oktober 1774 ein zweites Mal als Kolonist in Moordorf nieder.[94]

Der Victorburer Pastor Hoppe schilderte das Schicksal der Ursiedlerfamilie Reck 1793 mitfühlend.[95]

---

[89] Hoogstraat (wie Anm. 42), S. 178.
[90] Ebd.
[91] StAA (wie Anm. 70), Protokoll der Kriegs- und Domänenkammer v. 5.11.1771.
[92] StAA (wie Anm. 68), Rentmeister von Halem an die Kriegs- und Domänenkammer v. 27.3.1774.
[93] Sachße/Tennstedt (wie Anm. 75), S. 100.
[94] StAA (wie Anm. 68), Kriegs- und Domänenkammer an die Rentei v. 10.10.1774.
[95] StAA Rep. 6, Nr. 2502, Attest von Pastor Hoppe v. 18.11.1793.

Der Anlass für dessen Gutachten bestand darin, dass Recks Ehefrau beim Emder Bürgermeister vorstellig geworden war und um einen Erlaubnisschein zum Betteln an den Türen der Stadt gebeten hatte. Der Bürgermeister hatte die Moordorferin abgewiesen und die Kriegs- und Domänenkammer über die Angelegenheit informiert.[96]

Ein anderes Attest des Moordorfer Schulmeisters spricht die problematische Führung alter Soldaten an. Es lässt ebenso Verständnis und Mitgefühl für die Menschen durchscheinen.[97]

Zur Zeit des Nationalsozialismus wurde bei der Medizinischen Fakultät der Universität Hamburg eine Dissertation eingereicht, die sich vor allem auf die Forschungen Rechenbachs und des Stabsamtes des Reichsbauernführers stützte.[98]

Dem Verfasser war es ein Anliegen, durch eine Charakterisierung der Persönlichkeiten der um 1940 lebenden Nachfahren des Ursiedlers Reck deren erbbiologische Minderwertigkeit aufzuzeigen. Die Recks aus Moordorf wurden entsprechend der rassenideologischen Vorstellungen jener Zeit hinsichtlich ihres eigenen und des sozialen Wertes ihrer Vorfahren einer erbbiologischen Beurteilung unterzogen.[99]

Die Sippe wird demnach durchweg als arbeitsscheu, kriminell und asozial beschrieben. Die Ursache für seine Feststellungen meint der Doktorand u. a. aus der Entstehungsgeschichte Moordorfs ableiten zu können, wobei er sich im Falle des Uransiedlers Recks auf die schriftlichen Angaben in den amtlichen Unterlagen des 18. Jahrhunderts stützt. Den Rassenideologen wurde vor allem vor der Machtergreifung von verschiedenen Seiten entgegengehalten, dass Persönlichkeits- und Verhaltensdefizite vor allem sozialisations- und milieubedingt sind und auf die sozialen und wirtschaftlichen Rahmenbedingungen der Menschen zurückgeführt werden können. Diese Sichtweise weist Balssen vehement zurück. Für ihn ist es aufgrund seiner Ideologie darüber hinaus nur folgerichtig, dass vor 1933 im politischen Leben Moordorfs die marxistischen Parteien die erste Rolle spielten und dass deren *„Hauptstützen und aktivste Kämpfer immer asoziale Elemente waren."*[100]

Als Beweis für seine Thesen mag Balssen gedient haben, dass es auch in der Familie Reck Mitglieder gab, die sich öffentlich für die KPD engagierten. So war es für die damalige Zeit sicherlich recht ungewöhnlich, dass die Moordorferin Eisina Reck (geb. 1902) in den Jahren 1931/1932 als Frau für die KPD Mitglied im Moordorfer Gemeinderat war.[101]

Wie aus den Quellen hervorgeht, war der Ursiedler Friedrich Reck tatsächlich Vater von zwei Söhnen mit dem Vornamen Harm.[102] Der erste Sohn Harm Friedrich Reck wurde von Recks späterer Ehefrau 1770 unehelich in Emden geboren. Der andere

---

[96] Ebd., Bürgermeister und Rat der Stadt Emden an die Kriegs- und Domänenkammer v. 27.11.1793.

[97] Ebd., Attest von Schulmeister Berend Detmers v. 21.11.1793.

[98] Meinhard Balssen, Beitrag zur Frage der Erblichkeit der Asozialität, Dissertationsdruck, Hamburg 1940, S. 5 ff.

[99] Ebd., S. 6.

[100] Ebd.

[101] Wojak (wie Anm. 2), S. 180.

[102] Zahlreiche Quellen bestätigen, dass eine entsprechende Namenswahl vorgenommen wurde: StAA Rep. 236, Beilagebuch Victorbur, S. 505-507; StAA Rep. 15, Nr. 1451, Nachrichten und Erläuterungen über die häuslichen Verhältnisse der zu Moordorf wohnenden Colonisten v. 1822; Hoogstraat (wie Anm. 42), S. 178 u. 181. Es war durchaus üblich, Kindern den Vornamen von bereits verstorbenen Geschwistern noch einmal zu geben, zwei lebende Kinder jedoch mit demselben Vornamen auszustatten, dürfte aber auch für damalige Verhältnisse ungewöhnlich gewesen sein.

Sohn Harm kam als fünftes Kind des Ehepaares 1785 in Moordorf auf die Welt. Bei ihm verzichtete man allerdings auf den zweiten Vornamen Friedrich; er wurde lediglich Harm Reck genannt.[103]

Die Namenswahl muss dazu geführt haben, dass der jüngere Sohn von seinen Mitmenschen mit einem Beinamen[104] ausgestattet wurde. Dieser Harm Reck wurde „Pater" genannt. Die Geschichte zur Herkunft dieses Namens ist ein banales, aber ein recht gutes Beispiel für die Entstehung von Legenden und die Vermischung von historischen Tatsachen und Unwahrheiten. Schoolmann berichtet, dass Harm Reck an den Freiheitskriegen teilnahm, eine Zeit im Lazarett verbringen musste und in einem Brief des Victorburer Geistlichen als „Mein lieber Sohn" angesprochen wurde. Das sprach sich vermutlich herum, und auch eine als Marketenderin tätige thüringische Pastorentochter, Caroline Kampmann, hörte davon. Die „Pastoren-kinder" kamen sich nach Schoolmanns Ausführungen näher, und Harm soll es fertiggebracht haben, dass die junge Frau mit ihm nach Moordorf zog. Sie lebten in der Kolonie zunächst in wilder Ehe und ließen sich nach Harms Scheidung von einer Gesche Wilts 1816 trauen. Harm behielt den Beinamen „Pater", weil er sich nach Schoolmanns Ansicht im Lazarett als Pastorensohn ausgegeben hatte.[105]

Tatsächlich taucht dieser Harm jedoch bereits 1811 in amtlichen Unterlagen, in denen auch sein älterer Bruder Harm Friedrichs Reck aufgeführt ist, unter dem Beinamen „Pater" auf.[106] Er muss also bereits vor seiner Soldatenzeit unter diesem Beinamen in Moordorf und Umgebung bekannt gewesen sein. Darüber hinaus gibt es für den hochdeutschen Begriff Pastor im Plattdeutschen allgemein lediglich die Bezeichnung „Pastor", wobei das „a" fast wie ein „e" gesprochen wird. „Pater" als plattdeutsches Wort wird selten für Pastor gebraucht und bezeichnet vielmehr einen katholischen Geistlichen.[107]

Aufschluss über die mögliche Herkunft des Beinamens liefern Doornkaat-Koolman sowie auch das neuere Wörterbuch von Byl/Brückmann. Hier wird „patern" als plappern/plaudern bzw. laut reden übersetzt.[108] Es handelte sich bei Harm wahrscheinlich um einen redseligen Menschen, der schon früh zu seinem Beinamen kam.

Hoogstraat zitiert in seiner Publikation auch die Schoolmannsche Anekdote von der Entstehung des Namens „Pater". In den Registern seiner Arbeit wird Johanna Carolina Kampmann als Tochter des Johann Heinrich Ludwig Kampmann, Leutnant

---

[103] Die Kinder erhielten in Ostfriesland in der Regel nach dem strengen „patronymischen System" den Vornamen des Vaters als zweiten Vornamen (Zwischenname). So ließ sich die Abstammung eines Menschen erkennen. Die Söhne bekamen des Weiteren meistens den Vornamen ihrer Großväter, weitere Söhne den Namen der Onkel. Siehe dazu Eva Heyken, Sie sammeln Ahnen? Ahnenforschung heute in der Arbeitsgruppe „Familienkunde und Heraldik" bei der Ostfriesischen Landschaft, in: Ostfreesland 1987, Kalender für Jedermann, Verlag Soltau-Kurier Norden, S. 148-151. Die Motive für die zweimalige Wahl des Vornamens Harm in der Familie des Friedrich Reck sind unklar. Möglich ist, dass beide Großväter der zwei Knaben zufällig Harm hießen.

[104] Bei dem sehr häufigen Vorkommen gleicher Familiennamen und ganz gleicher Namen in Moordorf haben die Beinamen den Zweck, Personen zu identifizieren und einem Zweig einer Sippe zuzuordnen. Zum Komplex Beinamen siehe Schoolmann (wie Anm. 11), S. 89 f. sowie Wojak (wie Anm. 2), S. 162.

[105] Schoolmann (wie Anm. 11), S. 91 f.

[106] StAA Rep. 8, Nr. 264, Stand der Kolonie Moordorf v. Juli 1811.

[107] J. ten Doornkaat Koolman, Wörterbuch der ostfriesischen Sprache, Bd. 2, Norden 1882 (Nachdruck Wiesbaden 1965), S. 707.

[108] Ebd.; Jürgen Byl/Elke Brückmann, Ostfriesisches Wörterbuch, Leer 1992, S. 95.

unter dem sächsisch-coburgischen Militär, ausgewiesen.[109] Diese Abstammung dürfte eher wahrscheinlich sein. Demnach war Caroline eine Tochter eines Offiziers und Soldaten, aber keineswegs eine als Marketenderin tätige Pastorentochter. Leider klärt Hoogstraat über den Widerspruch in den Angaben nicht auf.

Der größte Moordorfer und Südbrookmerlander Familienverband ist die Sippe Meyer. 1775 siedelten sich Gerhard (auch als Gerd Meyer oder Johann Gerhard Meyer bezeichnet), Hinrich und Albert Meyer zusammen in Moordorf an.[110] Gerhard Meyer gab als Heimat das Hannoversche an, Hinrich und Albert kamen aus dem Oldenburgischen. Aus den Quellen geht hervor, dass Albert seinen genauen Heimatort mit Elsfleth bezeichnete. Er war verheiratet mit Anna Catharina von Lienen. Die Geschichte von Annas Familie in Elsfleth lässt sich zurückverfolgen bis in das 12. Jahrhundert. Der Name taucht heute noch auf in dem Elsflether Stadtteil Elsfleth-Lienen.

Bei Hinrich und Albert handelte es sich um Brüder[111], Gerhard könnte ein Verwandter gewesen sein. Um 1779 siedelte sich noch ein Jakob Meyer aus dem Oldenburgischen in der Kolonie an.[112] Wahrscheinlich war dieser Jakob Meyer ein Bruder von Hinrich und Albert.[113] Die Meyer hatten große Familien, so dass sich über mehrere Generationen eine außergewöhnlich zahlreiche Nachkommenschaft einstellte.

Gerhard Meyers einziger Sohn Jan Christian wählte in napoleonischer Zeit den Namen Gerdes als Familiennamen für sich und seine Nachkommen, so dass die drei Brüder Albert, Hinrich und Jacob Meyer die Stammväter der vielen Familien Meyer in der heutigen Gemeinde Südbrookmerland sind, die eine gemeinsame Wurzel im Oldenburgischen haben. Der genaue Herkunftsort ist noch nicht bekannt. Die Grafen von Oldenburg vergaben große Teile von Stedingen in der oldenburgischen Wesermarsch nach einer Schlacht bei Altenesch im Jahre 1234 an Pächter, die nach dem sogenannten *„Meierrecht"* angesiedelt wurden und die *„Meierpflichten"* zu erfüllen hatten. Diese Kolonisten nannte man später Meier/Meyer, woraus sich dann auch der Familienname der Vorfahren der drei Moordorfer Ursiedler Meyer entwickelt haben könnte.

Auch um die Herkunft dieser großen Moordorfer Sippe ranken sich einige Anekdoten und Unwahrheiten. An dieser Stelle soll als weiteres Beispiel für die Legendenbildung ein persönliches Erlebnis angeführt werden, das der Verfasser als Schüler einer 7. Schulklasse hatte. Der damalige Klassenlehrer versuchte im Geschichtsunterricht die Herkunft von verschiedenen Familiennamen seiner Schüler aufzuzeigen. Neben eher leicht zu deutenden Namen wie Müller, Schmidt oder Schuster kam

---

[109] Hoogstraat (wie Anm. 42), S. 181.
[110] StAA (wie Anm. 68), Berichte des Rentmeisters an die Kriegs- und Domänenkammer v. 14.12.1775.
[111] Ebd.
[112] Ein Erbpachtsantrag liegt im Falle von Jakob Meyer nicht vor. Er kaufte nach dem Tode des Kolonisten J. J. Weiß (1778) im Jahre 1779 dessen Kolonat. StAA (wie Anm. 67), Rentmeister an die Kriegs- und Domänenkammer v. 13.10.1781. Erst 1781 taucht Meyers Name in den Ansiedlungsakten auf, als er eine Unterstützung beim Hausbau beantragte. Ebd., Meyer an die Kriegs- und Domänenkammer v. 16.2.1781.
[113] Ebd., Lokalbeamte und Rentei an die Kriegs- und Domänenkammer v. 18.10.1781. Die Indizien deuten darauf hin, denn die Brüder Albert und Hinrich Meyer übernahmen eine Bürgschaft für Jakob Meyer.

er auf den Nachnamen Meyer, weil drei Schüler der Klasse diesen Namen trugen und darüber hinaus auch aus Moordorf bzw. umliegenden Dörfern stammten. Der Pädagoge leitete den Namen Meyer von der Bezeichnung Major (ein unterer Offiziersgrad) ab. Allein die Namensähnlichkeit war für ihn dafür ein Indiz; darüber hinaus berichtete er seinen Schülern, dass Friedrich II. seinen alten Offizieren in den Moorgegenden Ostfrieslands Land zur Verfügung gestellt hatte, um sie nach ihrer Militärzeit versorgt zu wissen. Somit war es nach Ansicht des Lehrers nur logisch, dass in der Gemeinde Südbrookmerland viele Bürger den Namen Meyer trugen.

Weil auch in dieser großen Sippe die Namen überwiegend sehr streng nach dem patronymischen System vergeben wurden, lebten oft mehrere Personen zur gleichen Zeit in der Dorfgemeinschaft, bei denen auch die Vor- und Zwischennamen ganz identisch waren. So fand und findet man heute noch bei Mitgliedern dieser Sippe besonders viele Beinamen.

Der Doktorand Meinhard Balssen beschäftigte sich in seiner Arbeit von 1940 neben den Recks besonders mit Mitgliedern der Sippe Meyer, die er als Familienverband als *„am schwersten belastet"* beurteilte, und er wies besonders darauf hin, dass ein Mitglied dieser Sippe früher der KPD-Führer des Orts war und dass zwei weitere Angehörige wegen Hochverrat bzw. Vorbereitung zum Hochverrat verurteilt worden waren.[114]

Bei dem KPD-Führer von Moordorf handelte es sich zweifelsohne um Albert Meyer (geb. 1895), dem Wojak ein eigenes Kapitel in seiner Arbeit widmete. Er hält Meyer neben Hinrich Schoolmann für den *„hervorstechendsten Moordorfer der jüngeren Vergangenheit."*[115] Nach Wojak bildeten die Meyer mit einigen anderen Familien *„den harten Kern der Moordorfer Kommunisten."*[116]

Nach dem Krieg wurde der frühere Kommunistenführer, Landarbeiter und NS-Widerständler Albert Meyer neben anderen Familienmitgliedern und Freunden mehrfach von Historikern zu seiner Lebensgeschichte befragt.[117]

Die Familie Wienekamp stammt aus dem an Moordorf grenzenden Geestdorf Theene. Wie Hoogstraat aufgrund der Kirchenbücher ermittelt hat, waren die väterlichen Vorfahren im Raum Theene und Wiegboldsbur ansässig. Der Name Wienekamp ist nach 1811 von den Mitgliedern der Sippe angenommen worden. Was die Menschen veranlasst hat, diesen Stammnamen zu wählen, ist nicht ganz sicher.[118]

Der zweite Namensteil -kamp deutet jedenfalls auf die Bezeichnung eines abgegrenzten Stück Landes bzw. Flures hin.[119] Unter dem Namen Siebelt Hangen war der Stammvater der Familie der erste Kolonist von Neu-Ekels. Es handelte sich

---

[114] Balssen (wie Anm. 98), S. 9.

[115] Wojak (wie Anm. 2), S. 166.

[116] Ebd., S. 168.

[117] Ebd., S. 166 f.

[118] Vgl. Hoogstraat (wie Anm. 42), S. 71. Der Namenforscher Rudolf Zoder geht davon aus, dass der Name Wienekamp ein Örtlichkeits- oder Flurname ist, den man zu Wie(d)enkamp und Weidenkamp verschliffen hat. *„Kamp"* ist ein eingegrenztes Feldstück bzw. eine Wiese. Weide weist auf den Baum Weide hin. Bei der Weidenwiese handelt es sich also um den Ort, an dem ein Vorfahre der Familie gelebt hat. Der Flur- oder Örtlichkeitsname ist dann wahrscheinlich nach 1800 zum Namen für die ganze Familie gewählt worden.

[119] Byl/Brückmann (wie Anm. 108), S. 63. Die Bezeichnung ist in weiten Teilen Norddeutschlands in diesem Sinne gebräuchlich.

um einen ganz vermögenslosen Ansiedler, dessen Familie unter besonders schweren Lebensbedingungen ihr Schicksal fristen musste.[120] Seine Ehefrau war Antje Christine Roelfs, deren Vorfahren in Wallinghausen ansässig waren. Siebelts Sohn Rolf Siebelts (geb. 1775) führte den Namen Wienekamp später ganz offiziell und siedelte sich um 1810 in Moordorf an, wo er über mehrere Söhne den großen Familienverband Wienekamp begründete.

Siebelt Hangen (Wienekamp) wurde am 28.10.1731 in Theene als ältester Sohn des dortigen Erbeingesessenen und 4tel Heerdbesitzers Hange Siebels (auch Sybens, Seybolds) geboren. Sein Großvater war Syben Janssen, Hausmann (= Vollbauer) und Erbeingesessener in Theene. Selbst sein Urgroßvater ist noch namentlich als Johan Sybens (geboren um 1650) in den Victorburer Kirchenbüchern aufgeführt.

Mitglieder dieses Familienverbandes gehörten in der NS-Zeit zu den verfolgten Familien, weil mehrere Träger des Namens sich in der Weimarer Republik der KPD angeschlossen hatten.[121]

2.2.2 Altersangaben und Lebenserwartungen

Um die Missstände zu erklären, wurde in der ostfriesischen Öffentlichkeit vielfach behauptet, dass die ersten Siedler von Moordorf durchweg alt und kaum noch leistungsfähig waren, als sie ihre Erbpachtsländereien annahmen. Der Heimatforscher Hinrich Schoolmann bezog dies in erster Linie auf die wenigen Soldaten, die sich mit der Kultivierung versuchten.[122]

Die Berichte von den „alten Invaliden" wurden in weiten Kreisen der ostfriesischen Bevölkerung, aber auch von selbsternannten „Moordorf-Kennern" leichtfertig verallgemeinert. Darüber hinaus wurden soziale Missstände in Abrede gestellt oder auf das Fehlverhalten der Menschen zurückgeführt.[123] Differenzierungen und noch weniger Untersuchungen zum Alter der Siedler wurden dagegen nie ernsthaft unternommen.

Gegner dieser Vorurteile beriefen sich später auf andere Quellen und Autoren. Sie behaupteten, dass sich in Moordorf „junge Familien" angesiedelt hätten, um sich eine bäuerliche Existenz aufzubauen. Tatsächlich finden sich für diese These einige Indizien. Bereits in einer Verordnung über Urbarmachungsbestimmungen von 1770 wurde das „Idealprofil" eines Neubauern entworfen. Demnach sollten sich junge, fleißige Leute aus der Region und fremde Arbeiter, die gelegentlich in Ostfriesland beschäftigt waren, um Erbpachtsland bewerben.[124]

---

[120] Ausführlich dazu Meyer (wie Anm. 40), S. 39 f; Theo Meyer, Ekels und Neu-Ekels. Die Gründung zweier Moorkolonien, in: Unser Ostfriesland, Beilage der Ostfriesen-Zeitung, 1994, Nr. 12; Theo Meyer, Wir sodenn mit den Unsrigen verhungern müßten. Probleme der Ekelser Moorbauern im 18. Jahr-hundert, in: Heimatkunde und Heimatgeschichte, Beilage der Ostfriesischen Nachrichten, 1994, Nr. 5. Siehe auch Kap. 2.7.

[121] Wojak (wie Anm. 2), S. 71 u. 169.

[122] Schoolmann (wie Anm. 11), S. 25.

[123] Typische Beispiele finden sich in den ostfriesischen „Heimatbeilagen". Es seien hier genannt Herbert Schubert, Beförderung der allgemeinen Wohlfahrt. Ein gar nicht so unangenehmes Hundeleben zu Friedrichs II. Zeiten, in: Unser Ostfriesland, Beilage der Ostfriesen-Zeitung, 1985, Nr. 3 sowie ein Redaktionskommentar zu einem Beilagenbeitrag: Theo Meyer, Hilferufe aus dem Moor um das Jahr 1790, in: Unser Ostfriesland, Beilage der Ostfriesen-Zeitung, 1991, Nr. 2.

[124] Wöchentliche Ostfriesische Anzeigen und Nachrichten, 1770 (22.1.1770), Nr. 4, S. 46-47.

Hugenberg stellte in dem Zusammenhang fest, dass die Kammer hinsichtlich ihrer Kolonisationspolitik besonders darauf bedacht war, *„den einheimischen jungen Leuten zu einem Hause zu verhelfen, damit sie sich verheiraten könnten und nicht auswanderten."*[125]

Im Folgenden sollen von den ersten Moordorfer Kolonisten verschiedene Lebensdaten und Angaben zur Besiedlung zusammengestellt werden, um zu verlässlichen Aussagen zu kommen.

Es sind die Siedler und deren Ehefrauen berücksichtigt, die sich bis zur vorläufigen Einstellung der Kolonisationstätigkeit im Jahre 1790/91 niederließen. Die Daten wurden auf der Folie des familienkundlich-nominativen Arbeitsbuches von Hoogstraat[126] und der Grundlagenforschungen des Verfassers[127] zusammengetragen.

Kolonist u. Gattin	Geburtsjahr	Ansiedlung im Jahre	Alter bei Ansiedlung	Sterbejahr	Lebensjahre insgesamt	Lebensjahre in Moordorf
Johann H. Neemann u.	um 1730	1767	ca. 37	1805	ca. 75	38
Lehntje Gerdes	1734	w. o.	33	1803	69	36
Gerd Dirks u.	1728	1767	39	1783	55	16
Trientje Frerichs	ca. 1723	w. o.	ca. 44	1812	ca. 89	45
Hayke H. Culemann u.	um 1735	1767	Ca. 32	nach 1803	ca. 68	ca. 36
Teelke Jürgens	1737	w. o.	30	1800	63	33
Otto J. Tholen,	um 1720	1768	ca. 48	1783	ca. 63	15
Taalke Tönjes	um 1720	w. o.	ca. 48	1804	ca. 84	36
Borchert C. Schone u.	1743	1769	26	1803	60	34
Rixte Gerdes	keine Angaben	w. o.	-	1790	-	21
Albert T. Beekmann u.	1717	1769	52	1803	86	34
Ahltje Gerdes	um 1730	w. o.	ca. 39	1809	79	40
Jacob Boyen u.	keine Angaben	1769	-	keine Angaben	-	-
Teelke C. Lübben	keine Angaben	w. o.	-	1817	-	48
Daniel Mühlbrecht	keine Angaben	1770	-	-	-	-
Tjade Ameling, Wwe.	1724	1770	46	1794	70	24
Gerd Folkers u.	1741	1770	29	1809	68	39
Ahltje Christians	keine Angaben	w. o.	-	1800	-	30
Johann Kröger,	keine Angaben	1770	-	-	-	-
Thiebe Wilken	um 1733	w. o.	ca. 37	1810	77	40

[125] Hugenberg (wie Anm. 21), S. 85.
[126] Hoogstraat (wie Anm. 42).
[127] Meyer (wie Anm. 39).

Kolonist u. Gattin	Geburtsjahr	Ansiedlung im Jahre	Alter bei Ansiedlung	Sterbejahr	Lebensjahre insgesamt	Lebensjahre in Moordorf
Casper Daniels u. Anna Isabella Berends	keine Angaben	1771 w. o.	- ca. 39	1778 1801	- ca. 69	7 ca. 30
	um 1732					
Hermann Kayser	keine Angaben	1771	-	-	-	-
Tönjes Becker	keine Angaben	1771	-	-	-	-
Dirk Gerdes u. Gesche Ulferts	1750 um 1749	1771 bzw. 1767 1771	21/17 ca. 22	1827 1829	77 80	60 (2. Generat.) 58
Focke Gayken	keine Angaben	1771	-	-	-	-
Johann Müller u. Cath. M. Müllern	um 1730 1727	1771 w. o.	ca. 41 44	1815 1807	ca. 85 80	44 36
Harm Harms u. Anne E. Wilhelms	um 1715 um 1718	1771 w. o.	ca. 56 ca. 53	1793 1798	ca. 78 ca. 80	22 27
Friedrich Reck u. Maria C. Harms	um 1723 um 1739	1771 w. o.	ca. 48 ca. 32	1793 1833	ca. 70 angeblich 94	22 ca. 62
Johann Cordes Janßen	keine Angaben	1773	-	-	-	-
Johann Peter Weykert u. Helena M. Carels	um 1730 um 1738	1773 w. o.	ca. 43 ca. 35	1800 1780	ca. 70 ca. 42	27 ca. 7
Folptmer Lührs u. Foolke Ulferts	1740 keine Angaben	1773 w. o.	33 -	1782 1776	42 -	9 3
Dirk Hemje	keine Angaben	1773	-	-	-	-
Melchert Amelings u. Geske Gerdes	1734 1744	1773 w. o.	39 29	1807 1835	73 91	34 62
Jacob Tholen u. Etje Janssen	1718 um 1736	1774 w. o.	ca. 56 ca. 38	1776 1796	ca. 58 ca. 60	2 22
Harm Otten	hpts. Hausmann in Victorbur	1774 auch Erb-pächter in M.	-	-	-	-
Wilke Janßen u. Beata Hinrichs	keine Angaben	1774	-	-	-	-
Gerhard Meyer u. Anna Dirks	um 1743 um 1744	1775 w. o.	ca. 32 ca. 31	1786 1815	ca. 43 Ca. 71	11 40
Hinrich H. Meyer u. Anna Maria Harmens	um 1723 keine Angaben	1775 -	ca. 52 -	1803 -	ca. 80 -	28 -

Kolonist u. Gattin	Geburtsjahr	Ansiedlung im Jahre	Alter bei Ansiedlung	Sterbejahr	Lebensjahre insgesamt	Lebensjahre in Moordorf
Albert H. Meyer	um 1730	1775	ca. 45	1815	ca. 85	40
u. Anna C. von Lienen	keine Angaben	w. o.	-	1802	-	27
Carsjen Frerichs	1752	1776	24	1781	29	5
u. Greetje Ulbents	keine Angaben	w. o.	-	-	-	-
Gerd H. Boomfalk u.	1740	1776	36	1790	50	14
Geelke Wilken	1739	w. o.	37	1811	72	35
Johann J. Weiß	um 1725	1776	ca. 51	1778	ca. 53	2
u. Frau (n. gen.)	um 1730	w. o.	ca. 46	1780	ca. 50	4
Johann Schone u.	1733	1776	43	1818	85	42
Maria E. Harms	um 1756 (2. Generation)	1771	15	1812	56	41
Rieke Janßen	keine Angaben	1779	-	-	-	-
Jacob Meyer u.	um 1731	1779	ca. 48	1803	ca. 72	24
Anne Mette	um 1733	w. o.	ca. 46	1801	ca. 68	22
Eilert Meyer (2. Gen.)	keine Angaben	1779, später in Münkeboe	-	-	-	-
Hinrich Garbers	1764	1781	17	1784	20	3
(2. Gen.) u. Elis. H. Meyer (2. G.)	keine Angaben	1775	-	1831	-	56
Jann A. Meyer (2. Gen.) u.	um 1757	1775/1781	ca. 18/24	1824	67	49
Trientje Dirks	keine Angaben	1781		1822	-	41
Christian Meiser	1739	1781	42	1807	68	26
u. Jeltje Frerichs	1735	w. o.	46	1815	80	34
Hinrich Janßen	keine Angaben	1784	-	-	-	-
Jan Conrad Duncker, Wwr.	um 1750	1786	ca. 36	1816	ca. 66	30
Jan Adelmund u. Beeke	um 1732	1786	ca. 54	1818	ca. 86	32
Janssen	keine Angaben	-	-	-	-	-
Johann Rieken u. Hille	um 1765 (2.G.)	1779/1786	ca. 14	1845	ca. 80	66
Beekmann		1769	ca. 4	1825	ca. 60	56
	um 1765 (2. G.)					
Jan Dirks u.	1750	1786	36	1803	53	17
Mettje Gerdes	1756	w. o.	30	1815	59	29

Kolonist u. Gattin	Geburtsjahr	Ansiedlung im Jahre	Alter bei Ansiedlung	Sterbejahr	Lebensjahre insgesamt	Lebensjahre in Moordorf
Reemt Hinrichs	1720	1786	66	1790	70	4
Hinrich Harms u. Taalke Cule-mann (2.G.)	um 1764	1788	ca. 24	1801	37	13
	1764	1767	3	1824	60	57
Conrad Franke	keine Angaben	1788	-	-	-	-
Hans Gönsen	um 1734	1788	ca. 54	1805	71	17

Wie aus den Daten zu ersehen ist, handelte es sich bei den meisten der ersten Siedler nicht um junge Ehepaare. Die meisten Kolonisten befanden sich vielmehr in den „mittleren" Jahren, waren in den dreißiger und vierziger Jahren. Die Angaben der Landannehmer, die sie in ihren Erbpachtsanträgen oder bei verschiedenen Behördenstellen machten, lassen erkennen, dass viele bereits eine lange Phase beruflicher Tätigkeit hinter sich gebracht hatten. Sie gaben ihr „Gewerbe" in den meisten Fällen mit Arbeiter an.[128] Dies bedeutet, dass sie in der Regel als landwirtschaftliche Tagelöhner tätig waren, bevor sie in der Kolonie Moordorf sesshaft wurden. Der Siedler Culemann war beispielsweise bereits vor seiner Niederlassung in Moordorf im Raum Timmel/Hatshausen als Kolonist und Kleinbauer tätig.[129] Ähnlich beschrieben die Kolonisten Gerd Hinrichs Boomfalk[130] und Johann Christians Schone[131] ihre bisherigen beruflichen Tätigkeiten.

Die Annahme von Moorland war eine Chance, vielleicht die letzte Möglichkeit auf eine eigene, kleine bäuerliche Existenz für diese Menschen. Das fortgeschrittene Lebensalter der Siedler hatte den Vorteil, dass sie lebenserfahrener, belastbarer und im Durchhaltevermögen stärker waren als junge Menschen.

Der alte Vorwurf, die schlechten Moordorfer Verhältnisse seien auch das Resultat der Ansiedlung von „alten" Siedlern gewesen, ist unberechtigt. Die sich niederlassenden Siedler hatten auch aufgrund ihres Familienanhangs eine größere Verantwortung für sich und ihre Sippe als junge, kinderlose Ehepaare. Diese Kolonistenfamilien waren eher bereit, Anstrengungen und Entbehrungen auf sich zu nehmen.

Die kleine Gruppe der früheren Soldaten, die sich mit der Kultivierung des Moorlandes versuchte, stellt altersmäßig dagegen eine Ausnahme dar. Diese Siedler waren tatsächlich im Durchschnitt älter als das Gros der Ansiedler. Darüber hinaus waren sie zweifelsohne auch aufgrund ihres bisherigen Lebenslaufes in ihrer Arbeitsfähigkeit eingeschränkt und mit den anfallenden Arbeiten als Moorkolonisten kaum vertraut. Letztendlich verließen die meisten von ihnen nach wenigen Jahren ihre Erbpachtsplätze und zogen wieder davon.

---

[128] Ebd., S. 288 ff.
[129] StAA (wie Anm. 70), Rentmeister an die Kriegs- und Domänenkammer v. 14.11.1767; Hoogstraat (wie Anm. 42), S. 28; Meyer (wie Anm. 39), S. 26; Ders., Die Siedler des Jahres 1767, in: Ostfriesen-Zeitung v. 19.5.1989, S. 27.
[130] StAA (wie Anm. 67), Kolonist Boomfalk an die Kriegs- und Domänenkammer v. 19.12.1777.
[131] Ebd., Kolonist Schone an die Kriegs- und Domänenkammer v. 22.9.1779.

Die Erbpachtsinteressenten entschlossen sich also keineswegs zwecks einer Familiengründung zu der Annahme von unkultiviertem Siedlungsland. Der Begriff Familiengründung, der im Zusammenhang der Niederlassung in der Kolonie immer wieder als Grund für das Interesse der Menschen an dem Moorland fiel, ist völlig fehl am Platz. Die Bezeichnung Familiengründung beschreibt nach heutigem, bürgerlichem Verständnis vielmehr eine bestimmte Lebensphase, die nach der Eheschließung und der Geburt von einem, zwei oder auch drei Kindern abgeschlossen ist, und der andere Phasen im Verlauf der Lebensplanung der Eheleute folgen. Im 18. Jahrhundert gab es diese Phaseneinteilung nicht. Das Zeugen und das Gebären fanden in der Ehe statt, solange es biologisch und gesundheitlich möglich war. Die Siedler Moordorfs brachten in der Regel bereits Nachwuchs mit, als sie sich in der Kolonie niederließen. Weitere Kinder wurden in dem Ort geboren.[132]

Das Lebensalter, das viele Siedler erreichten, erscheint für die damalige Zeit recht hoch zu sein. Es war zweifelsohne von sehr vielen Faktoren abhängig, mit wie vielen Lebensjahren ein Mensch im 18. Jahrhundert im Säuglingsalter, in der Kindheit oder im Alter von 30 oder 40 Jahren noch rechnen konnte. Imhof weist darauf hin, dass der eine Mensch dreißig Jahre lang auf Erden, der andere sechzig, der dritte tatsächlich neunzig Jahre am gleichen Ort und zur selben Zeit leben konnte. Die Mehrzahl der Menschen im 18. Jahrhundert wurde jedoch kaum 30 Jahre alt. Die Hälfte aller Geborener starb bereits im Säuglings- oder Kindesalter. Es gehörte zu den ausgeprägtesten Kennzeichen ihrer Zeit, dass die Existenz immer und überall sehr gefährdet war. Längere Phasen ohne Hunger, Seuchen, Mißernten und Krieg gab es selten.

Es stand den Menschen kaum ein quantitativ stets mehr als ausreichendes und qualitativ zudem hochwertiges Nahrungsangebot für alle und jeden über einen langen Zeitraum zur Verfügung. Bei Mißernten war es nicht das direkte Verhungern, was zu Buche schlug, sondern deren Begleit- und Folgeerscheinungen. Die quantitativ und qualitativ unzureichende und unausgewogene Ernährung über eine längere Zeit hinweg schwächte den Organismus immer wieder empfindlich. Die Folge waren vielfach Hungerkrankheiten.[133]

Es gibt unzählige Aspekte und Facetten möglicher Erklärungen zu unterschiedlichsten Lebenserwartungen. Im Zusammenhang der hier zu erörternden Fragestellungen sollen lediglich allgemeinere Aussagen gemacht werden. Hinsichtlich der Geschichte der ersten Moordorfer Kolonisten ist von Bedeutung, dass nach vorliegenden Untersuchungen von Imhof u. a. die Lebenserwartung von zwanzigjährigen Ostfriesen im Jahre 1760 etwas über 42 Jahre war. Die Unterschiede zwischen männlichen und weiblichen Personen waren sehr geringfügig. Das Sterbealter lag damit etwa bei 62 Jahren.[134]

---

[132] Aus dem familienkundlich-nominativen Arbeitsbuch von Hoogstraat (wie Anm. 42) wird deutlich, dass das Kinderkriegen sich nicht auf eine Periode erstreckte, sondern nahezu ein lebenslanges „Nebenher" darstellte.

[133] Arthur E. Imhof, Lebenserwartungen in Deutschland vom 17. bis zum 19. Jahrhundert, Weinheim 1990, S. 21 ff.

[134] Ebd., S. 212.

Es fällt bei der Durchsicht der Tabelle auf, dass viele der ersten Siedler dieses Lebensalter tatsächlich erreicht haben.[135]

Wie war es möglich, dass diese Menschen relativ lange unter den katastrophalen Lebensbedingungen in der Kolonie überleben konnten, wenn es doch später immer wieder hieß, dass die erste Siedlergeneration aufgrund ihres Kolonistendaseins im Moor früh den Tod fand?

Es ist davon auszugehen, dass die Mehrzahl der Moorsiedler mit einer robusten Gesundheit ausgestattet gewesen ist. Jene mit einem schlechten Gesundheitszustand hätten nicht sehr lange unter den gegebenen Verhältnissen überlebt. Viele Siedlungswillige hatten einen biologisch-genetischen Vorteil, wie groß oder klein er auch gewesen sein mag, vor ihren Zeitgenossen. Wie oben dargestellt, handelte es sich im Wesentlichen um Mitglieder aus der sozialen Unterschicht. Diese Menschen waren bereits vor ihrer Ansiedlung im Moor Lebensbedingungen ausgesetzt gewesen, die sich nicht sehr groß von ihrem Dasein in der Kolonie unterschieden. Sie hatten ihre Geburt, die Säuglings- und Kinderzeit *„überstanden"* und sich biologisch durchgesetzt. Dieser Erklärungsansatz drängt sich auf, ohne Legenden das Wort reden zu wollen.

Neben der Neigung Kolonisten in älterer Literatur zu verdammen und als Gesindel und Tunichtgute darzustellen, tauchen dort auch Beschreibungen von der Konstitution und der *„Art der Kolonisten"* auf, in denen diese gleichsam heroisiert werden. Vor allem Schmoller erweckt diesen Eindruck mit seiner Darstellung verschiedener Kolonistengruppen, die im 17. und 18. Jahrhundert in Preußen einwanderten.[136] Aber auch bei der Vorstellung eines plattdeutsch-hochdeutschen Lesebuches im Moormuseum Moordorf im Jahre 1990 wurden die Kolonisten in den Redebeiträgen u. a. als *„beste Elemente des Volkes"* bezeichnet. Die alten Diffamierungen wurden praktisch umgekehrt; das eine Extrem wurde durch das andere ersetzt. Charakterisierungen und Erklärungsansätze resultieren vielfach aus der Zeit, in der sie unternommen werden, und nicht zuletzt aus dem weltanschaulichen und persönlichen Hintergrund der Menschen, die sich daran versuchen. Überzeichnungen jeder Art sind aber vollkommen fehl am Platz. Sie dienen lediglich einer weiteren Vorurteils- und Legendenbildung.

2.2.3 Geburten, Empfängnis und Kindersterblichkeit

Im Folgenden sollen einige demographische Strukturen aus der Frühgeschichte Moordorfs dargestellt und interpretiert werden. Für die ersten fünfzig Jahre der Kolonie liefert das Arbeitsbuch von Hoogstraat sämtliche Angaben über Geburten, Taufen, Eheschließungen und Sterbefälle, wie sie in den Kirchenbüchern der Gemeinde Victorbur enthalten sind.[137] Eine auf dieser Grundlage angefertigte

---

[135] Dabei bleibt es unberücksichtigt, dass es in den Tauf- und Sterberegistern der Kirchengemeinden zahlreiche kleinere Ungenauigkeiten gibt, die auf die Kirchenbuchführung zurückgehen oder auf falsche Angaben der Siedler beruhen, die vielfach ihr genaues Geburtsdatum oder die Daten ihrer Kinder nicht angeben konnten. In zahlreichen Fällen handelte es sich um ungefähre Angaben.

[136] Gustav Schmoller, Umrisse und Untersuchungen zur Verfassungs-, Verwaltungs- und Wirtschaftsgeschichte besonders des Preußischen Staates im 17. und 18. Jahrhundert, Leipzig 1898, S. 581 ff.

[137] Hoogstraat (wie Anm. 42).

Tabelle dokumentiert die Anzahl der Geburten und das Ausmaß der Säuglings- und Kindersterblichkeit für die einzelnen Jahre von 1767 bis 1817.

Jahr	Geburten insgesamt	Totgeburt/Tod bei der Geburt	Tod bis zum 1. Lebensjahr	Tod zw. 1. und 14. Lebensjahr
1767	0	0	0	0
1768	0	0	0	0
1769	1	0	0	0
1770	0	0	0	0
1771	1	0	0	0
1772	3	0	1	0
1773	4	2	1	0
1774	0	0	0	0
1775	3	0	0	0
1776	8	0	2	0
1777	6	0	3	0
1778	3	0	3	0
1779	9	4	2	1
1780	5	0	1	2(+1)[138]
1781	6	0	1(+1)	0
1782	3	1	0	1
1783	6	1	2	0
1784	5	0	0	0
1785	6	0	3	0
1786	9	0	0	0
1787	4	0	3	1
1788	10	0	2	0
1789	7	0	0	0
1790	5	0	1	0
1791	9	0	0	1
1792	6	1	1	0
1793	8	1	1	1
1794	3	0	0	0
1795	11	2	0	3
1796	11	3	1	0
1797	9	0	0	0
1798	7	0	1	0
1799	9	2	1(+1)	1
1800	13	1	0	1
1801	9	0	3	0
1802	10	0	2	2

[138] Bei den in Klammern aufgeführten Zahlen handelt es sich um Kinder, die nicht in Moordorf geboren worden sind, sondern mit ihren Eltern als Neusiedler in die Kolonie kamen. Bei der Auswertung blieb dies unberücksichtigt, weil die Anzahl sehr gering ist und die früheren Lebensbedingungen sich nicht stark von denen der in der Kolonie Geborenen unterschieden haben.

Jahr	Geburten insgesamt	Totgeburt/Tod bei der Geburt	Tod bis zum 1. Lebensjahr	Tod zw. 1. und 14. Lebensjahr
1803	5	0	2	3
1804	14	0	2	0
1805	9	1	2	0
1806	7	2	0	2
1807	11	0	1(+1)	0
1808	10	1	2	1
1809	12	0	0	0
1810	14	2	1	0
1811	8	0	1	1
1812	9	0	0	1(+1)
1813	10	0	2	0
1814	14	0	2	0
1815	9	0	0	0
1816	12	0	0	0
1817	9	1	1	0
Zeitraum 1767-1817 insges.	353	25	51(+3)	(23+4)

Im Zeitraum von 1767 bis 1817 wurden 353 Kinder geboren. Davon wurden 25 totgeboren oder starben bei der Geburt. 54 Säuglinge erreichten nicht das Lebensalter von zwölf Monaten, und 27 Kinder starben bis zu einem Alter von 14 Jahren. Somit wurden von den 353 Geborenen 106 nicht älter als 14 Jahre. Das sind 30,03 % aller Neugeborenen bis zum Jahre 1817. Damit ist die Säuglings- und Kindersterblichkeit in Moordorf im Vergleich mit mittel- und westeuropäischen Landgemeinden der damaligen Zeit nicht herausragend hoch. Moordorf war nichtsdestotrotz von einer erheblichen Mortalität gekennzeichnet, denn nur um 70 % aller Neugeborenen erreichte ein Alter von 14 Jahren. Sehr hoch fällt die Sterblichkeit am Tage der Geburt sowie bis zu einem Alter von zwölf Monaten aus. Hierfür dürften die zu der Zeit bestehende medizinische Mangelversorgung und die angewendeten Praktiken der Säuglingshygiene und –pflege verantwortlich sein.[139]

Welche Monate bzw. Jahreszeiten wurden von den ersten Moordorfer Kolonisten für Konzeptionen bevorzugt, welche Gründe spielten für die Konzeptionswahl eine Rolle? Bei den aus Hoogstraats Angaben ermittelten 353 Geburten für den Zeitraum von 1767 bis 1817 wurde für 336 Neugeborene das genaue Geburtsdatum angegeben. Diese Geburten verteilen sich wie folgt auf die zwölf Monate des Jahres:

---

[139] Vgl. Ernst Hinrichs/Wilhelm Norden, Demographische Strukturen in zwei oldenburgischen Landgemeinden (1700-1850). Ergebnisse einer nicht-nominativen Kirchenbuchauswertung, in: E. Hinrichs/W. Norden (Hg.), Regionalgeschichte. Probleme und Beispiele, Hildesheim 1980, S. 64 f.

Monat der Geburt	Anzahl der Geburten	Empfängnismonat
Januar	28	April
Februar	36	Mai
März	36	Juni
April	32	Juli
Mai	26	August
Juni	18	September
Juli	23	Oktober
August	22	November
September	20	Dezember
Oktober	35	Januar
November	29	Februar
Dezember	31	März

Die Kurve in einem Schaubild verdeutlicht die monatsspezifischen Geburten- bzw. – um neun Monate versetzt – die Konzeptionshäufigkeiten für Moordorf.

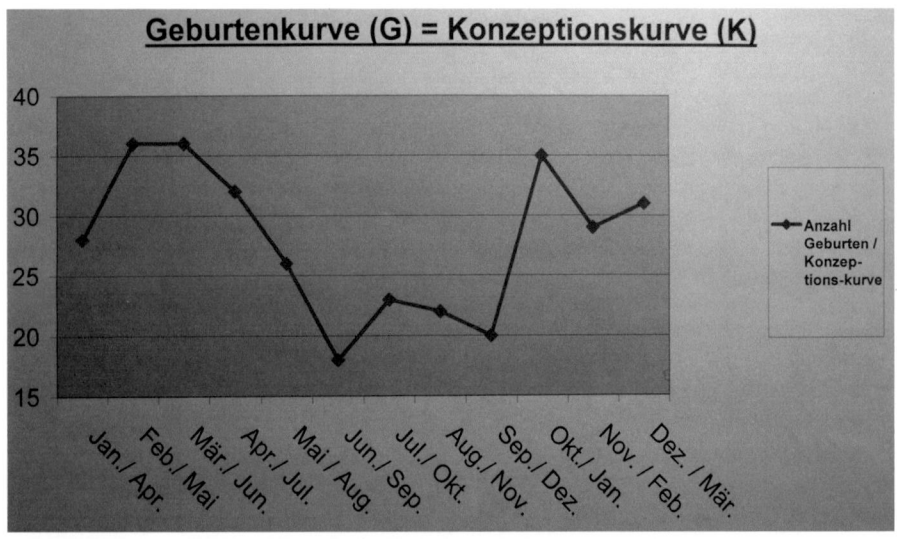

Die bevorzugten Zeugungsmonate waren Januar, Februar, März, April und vor allem die Monate Mai und Juni. Die Konzeptionsgewohnheiten bedeuten, dass die meisten Kinder in Moordorf in dem untersuchten Zeitraum in den Monaten Oktober, November, Dezember, Januar, Februar, März und April geboren wurden.

Eine Interpretation bleibt hypothetisch, weil die Gesamtzahl von 336 Konzeptionen relativ klein ist und sich lediglich über den Zeitraum von 50 Jahren erstreckt. Die Aussagen können bei nachfolgenden Untersuchungen über mentalitätsgeschichtliche Phänomene oder bei Vergleichen mit anderen ostfriesischen Landgemeinden in Marsch, Geest und Moor jedoch von Wert sein. In den Sommermonaten sinkt die Konzeption bis zum September auf den untersten Wert. Bis zum Dezember steigt die

Kurve nicht bedeutend an. Da die Konzeptionskurve in den Sommermonaten stark abfällt, kann daraus geschlossen werden, dass zahlreiche Familienvorsteher in der Erntezeit einer Saisonarbeit als Tagelöhner auf den großen Bauernstellen der Region nachgingen. Die Zeit nach der Ernte bzw. Saisonarbeit steht daher bei Konzeptionen im Vordergrund. Es lässt sich zudem auf einen Zusammenhang zwischen der Anzahl der Konzeptionen und der jeweiligen Arbeitsbelastung im Jahresverlauf schließen. Das Leben war stark von den landwirtschaftlichen Arbeitserfordernissen geprägt. Der Kurvenverlauf für Moordorf ist vergleichbar mit denen anderer deutscher und nichtdeutscher Regionen, in denen die Menschen hauptsächlich von der Landwirtschaft lebten.[140] Ein Hoch bei Konzeptionen ist für Moordorf auch für den Frühsommer (Mai, Juni) festzustellen. Im Frühjahr hatten die Moorbauern ihre Mooräcker durch Hacken oder Eggen durchgearbeitet und für das Brennen vorbereitet. Das Moorbrennen fand vor allem im Mai und in der ersten Hälfte des Juni statt.[141] Im Vergleich zu der Ackervorbereitung stellte es eine weniger anstrengende Arbeit dar. So kann auch hier auf einen Zusammenhang zwischen den harten körperlichen Anstrengungen und der Konzeptionshäufigkeit geschlossen werden. Es darf bei der Kurvenstruktur der Kolonie Moordorf behauptet werden, dass sie typische Konzeptionsgrundmuster landwirtschaftlich geprägter Gesellschaften widerspiegelt.[142]

2.3 Die Lebensverhältnisse

2.3.1 Nahrung und Kleidung

Nahrungsmittel haben unter den materiellen Kulturgütern in vielerlei Hinsicht eine besondere Stellung. Sie sind sehr kurzlebige Güter, im Gegensatz zu anderen Gebrauchselementen wie etwa Häuser, Inventar und handwerkliche Geräte. Speisen und Getränke sind aus Materialien produzierte Güter und abhängig von wirtschaftlichen Voraussetzungen. Sie werden von wirtschaftlichen Schwankungen durchweg betroffen. Die Nahrung reagiert auf ökonomische Veränderungen empfindlich, weil Speisen fast täglich neu zubereitet und oft jeden Tag eingekauft werden müssen. Der Spielraum freier Abwechslung bei der Nahrungszubereitung schwindet in Notzeiten oder bei extremer Armut. Die Menschen müssen in diesen Fällen das essen, was für sie erreichbar ist.[143]
Für die unterbäuerlichen Schichten, Eigentumslosen und Armen des 18. Jahrhunderts bedeutete dies, dass ihnen vom Wirtschaftlichen her ein Spielraum für eine freie Abwechslung ihrer Nahrungsmittel verwehrt war. Daraus ergab sich eine starke Eintönigkeit ihrer Speisen. Ein Grundpfeiler der Ernährung der Moordorfer Einwohner war das *„tägliche Brot"*, das in zahlreichen Gesuchen der Dorfbewohner erbeten wurde und eine existenzielle Bedeutung hatte. Auf dieses Hauptnahrungsmittel Brot konzentrierten sich die Nahrungsbedürfnisse, und das Wohl und Wehe der

---

[140] Ebd., S. 77.
[141] Freese (wie Anm. 22), S. 98 f.
[142] Vgl. Hinrichs/Norden (wie Anm. 139), S. 78.
[143] Günter Wiegelmann, Volkskundliche Studien zum Wandel der Speisen und Mahlzeiten, in: Hans J. Teuteberg/Günter Wiegelmann, Der Wandel der Nahrungsgewohnheiten unter dem Einfluss der Industrialisierung, Göttingen 1972, S. 233 f.

Kolonistenfamilien hing oft davon ab. Ein Schreiben der Kolonisten H. H. Culemann und J. Boyen, das diese im Namen aller Siedler Moordorfs im Jahre 1773 an die Behörden richteten, zeigt die herausragende Stellung des Brotes als Nahrungsmittel auf. Die Siedler berichteten u. a., dass etwa 14 Haushalte in der Moorsiedlung sich nicht imstande sehen würden, ihren Lebensunterhalt selbst zu verdienen. Um nicht auf den Bettelstab angewiesen zu sein, beantragten die Moordorfer ihre Einpfarrung in die Kirchengemeinde Victorbur, um an den dortigen Armenmitteln teilhaben zu können.[144]

Selbst die Lebensmittel, mit denen die Notleidenden im Winter 1784 unterstützt wurden, beschränkten sich, wenn man von den wenigen geldlichen Unterstützungen absieht, auf Brotzuteilungen. Es handelte sich jeweils um grobe Schwarzbrote mit einem Gewicht von zwölf Pfund.[145]

Das weitere Gesuch einer jungen Witwe zeigt, dass das Brot im Mittelpunkt ihrer Ernährungsansprüche stand.[146]

Als Grundnahrungsmittel war darüber hinaus die Kartoffel wichtig. Darauf lassen u. a. die Aussagen in einem Schreiben von 1780 schließen.[147]

Die Kartoffel war allgemein zunächst eine Armen- und Notkost. Diese Frucht hatten vor allem die Bewohner in landwirtschaftlichen Gebieten mit ausreichendem Kornanbau früher verschmäht; jedoch war sie durch schlechte Ernten nach 1770 bald zu großer Beliebtheit gelangt, weil sie die befürchteten Hungersnöte abzuwehren vermochte. Es begann ihre allgemeine Eingliederung in die Mahlzeiten. Da sie in den Gärten und kleinen Ackerstücken der Kolonisten leicht zu ziehen und als Speise fast universell zu verwenden war, bildete sie bei den Siedlern vielfach den Grundbestand ihrer Mahlzeiten.[148] Gegen Ende der ersten preußischen Zeit in Ostfriesland hatte sie sich als Anbaufrucht in den Kolonien fest etabliert.[149]

Der Garten- oder Gemüseacker stand in enger Verbindung mit der Hausstelle der Siedler. Haus und Gemüsegarten bildeten eine Art Einheit. Es wird in den Quellen, hier sind es vor allem die schriftlichen Niederlegungen bei Testamenten und die Beschreibungen in den Hypotheken- und Beilagebüchern, vielfach von der *„Haus- und Gartenstelle"* oder der *„Haus und Gartenstätte"* gesprochen.[150] Der Kolonist J. H. Neemann vermachte seiner verwitweten Schwiegertochter im Jahre 1805 u. a.

---

[144] StAA (wie Anm. 68), Culemann und Boyen an die Kriegs- und Domänenkammer v. 18.2.1773.

[145] StAA Rep. 6, Nr. 2500. In Bittbriefen und behördlichen Schreiben, die aus dem Hungerwinter 1784 vorliegen, ist nur vom Nahrungsmittel Brot die Rede. Andere Nahrungsmittel werden nicht erwähnt.

[146] Ebd., Witwe A. Meyer an die Kriegs- und Domänenkammer v. 1.12.1786.

[147] StAA (wie Anm. 67), Gretje Christians an die Kriegs- und Domänenkammer v. 10.4.1780.

[148] Wiegelmann (wie Anm. 143), S. 236 f.; Hans J. Teuteberg, Studien zur Volksernährung unter sozial- und wirtschaftsgeschichtlichen Aspekten, in: Hans J. Teuteberg/Günter Wiegelmann, Der Wandel der Nahrungsgewohnheiten unter dem Einfluss der Industrialisierung, Göttingen 1972, S. 43.

[149] StAA Rep. 6, Nr. 2503, Kolonist Folkers an die Kriegs- und Domänenkammer v. 6.1.1806. Die Beliebtheit der Kartoffel in den früheren Moorgebieten währte lange. In Gesprächen mit älteren Personen gewinnt man schnell den Eindruck, welche Bedeutung die Frucht hier hatte, der man geradezu Achtung und Respekt entgegenbrachte. Eine Gewährsperson (geb. 1905) berichtete von der Aussage eines alten Moorbauern, der in den Jahren des 1. Weltkrieges in einem Gespräch über die Plagen und Nöte des Alltags bemerkt hatte, dass er keine Sorgen und Ängste verspüren würde, solange sich noch einige Kartoffeln in seinem Keller befänden und das Dach seines Hauses keinen Regen durchließ.

[150] Ausführliche Beschreibungen finden sich bei Meyer (wie Anm. 39), S. 259 ff.

"hinreichenden Garten Grund, so viel sie ordentliche Weise für sich nöthig hat."[151]
Die Nachlassangelegenheiten des Kolonisten A. Meyer zeigen, dass nach der Errichtung einer Behausung auf dem Erbpachtsland sehr bald mit der Anlegung eines Gartens begonnen wurde.[152] Die Kolonisten waren, wie die Beispiele oben deutlich machen, durchweg Selbstversorger. Dieses auf dem Lande dominierende Versorgungsmuster ist sicher eine bedeutende Grundlage für die Erhaltung der ländlichen Speisensysteme bis weit in das 20. Jahrhundert.[153] Dagegen wandelten sich die Speisensysteme in den von der Industrialisierung betroffenen Regionen und durch Verstädterung recht schnell. Der Wandel von Wirtschaft und Arbeit, Gesellschaft und Mentalität hat dort vor allem im 19. Jahrhundert das Essen und Trinken vehement verändert.[154]

Das in den Wohnküchen der Siedler Buchweizengerichte zum Speiseplan gehörten, liegt schon deswegen nahe, weil die Kolonisten in erster Linie Buchweizenanbauer waren. Die bekanntesten Gerichte sind die bis heute im Volksmund oft erwähnten Pfannkuchen aus Buchweizen und Buchweizengrütze, an die sich recht viele ältere Moordorfer aus ihrer Kindheit noch erinnern, weil diese Speisen vielen nicht besonders gut schmeckten. Die Eintönigkeit des Essens und die wenig schmackhafte Nahrung waren typisch. Es ging primär um das Stillen eines Hungergefühls. Teuteberg geht davon aus, dass die individuellen Lust- und Unlustgefühle der Verbraucher im 18. Jahrhundert beim Essen und Trinken keine entscheidende Bedeutung gespielt haben.[155] Die Nahrungsmittel waren in der Regel grob, mangelhaft zubereitet und befriedigten die Sinnesorgane kaum. Während der Verbrauch von Kartoffeln, Hülsenfrüchten und Getreide erst nach 1900 allgemein langsam abnahm[156], spielte er in den Moorkolonien Ostfrieslands auch im 20. Jahrhundert weiterhin eine sehr große Rolle. Daneben waren Steckrüben und verschiedene Kohlsorten in den Kolonien weit verbreitet. Rüben wurden im 18. Jahrhundert wahrscheinlich sogar in größeren Mengen angebaut. Als Moordorfer Kolonisten sich 1782 zu dem Fehlverhalten ihres Schulmeisters äußerten, berichteten sie u. a., dass dieser während der Schulzeit seinen *„Rübenacker"* bearbeitete.[157]

Aus den Gemüsesorten ließen sich vor allem deftige Eintopfgerichte herstellen. Die genannten Früchte gehörten für die älteren Bewohner bis weit in unsere Zeit in einen *„richtigen"* Gemüsegarten.[158]

---

[151] StAA (wie Anm. 102), Beilagebuch Victorbur (S. 1008), Testament von Neemann v. 27.12.1805.
[152] Ebd. (S. 488-490), Nachlassangelegenheiten des Albert Meyer.
[153] Wiegelmann (wie Anm. 143), S. 235.
[154] Thomas Nipperdey, Deutsche Geschichte 1800-1866, Bürgerwelt und starker Staat, München 1983, S. 139.
[155] Teuteberg (wie Anm. 148), S. 88.
[156] Ebd., S. 67.
[157] StAA (wie Anm. 73), Stellungnahme der Moordorfer Siedler zum Dienstverhalten des Schulmeisters v. Dez. 1782. Siehe auch Kap. 2.5.2 dieser Arbeit.
[158] Der Trend in heutiger Zeit, in den kleinen Gemüsegärten moderner Siedlungshäuser vor allem auch exotische Kräuter und Salatpflanzen zu ziehen, löst nicht selten das Unverständnis älterer Menschen hervor. Die Gewährsperson Janna M. (geb. 1906) reagierte auf Erzählungen über die moderne Gartengestaltung mit Erstaunen. Die Garteneinrichtung war für sie eine elementare Lebensangelegenheit. Für Janna M. gehörten in einen Garten zumindest Kartoffeln und Bohnen.

Um 1800 waren in ganz Nordwestdeutschland die Gemüseeintopfgerichte die übliche Hauptspeise. In ihrer Art waren sie sich sehr ähnlich.[159] Die offenen Herdstellen führten zwangsläufig zu dieser Art der Gerichte, weil das getrennte Kochen und Servieren der einzelnen Speisen, das allgemein ein Charakteristikum bürgerlicher Küche darstellt, gar nicht durchführbar war. Die Kochmöglichkeiten beeinflussten die Kochkultur unmittelbar.[160] Hangen hat ausgemacht, dass in den unterbäuerlichen Familien der Umgebung von Moordorf noch nach 1900 die Eintopfgerichte im Vordergrund der Nahrungsmittel standen. Ihre Gewährspersonen berichteten, dass es meistens *„dörstampt Pott", Sopp"* gab und das einzelne Mütter gar nicht *„enkelt eten"* kochen konnten.[161]

Beim Frühstück standen in der Regel Brei und zuweilen Aufgewärmtes vom Vortag auf dem Speiseplan. Daneben spielte Brot bei der Morgenmahlzeit eine große Rolle, wie Wiegelmann für verschiedene Regionen festgestellt hat. Brot konnte unterschiedlich gereicht werden, als Zugabe zu anderen Nährmitteln oder als Zukost zu Brei und besonders zu Milch, wobei das Brot in die warme Milch eingebrockt wurde.[162] Diese Verwendungsart scheint in den früheren Moorgebieten sehr lange allgemein üblich gewesen zu sein.[163]

Bei den hier angestellten Überlegungen wird davon ausgegangen, dass sich die Nahrungsgewohnheiten in den unterbäuerlichen Schichten Ostfrieslands lange gehalten haben und wesentliche Spuren der Ernährungsweisen des 18. Jahrhunderts in weiten Teilen des ostfriesischen Landproletariats noch weit bis in das 20. Jahrhundert eine Rolle gespielt haben. Es muss aber betont werden, dass vor mehr als 200 Jahren oft allein das *„trockene Brot"* ausreichen musste, um die starken Hungergefühle der ersten Kolonisten für eine gewisse Zeit zu stillen. Wie die Quellen eindrucksvoll belegen, stand vielfach sogar nicht einmal *„das tägliche Brot"* den Menschen zur Verfügung.

Moordorfer Kolonisten der ersten preußischen Zeit besaßen vielfach eine magere Kuh (*„elende Kuh"*) oder auch ein oder sogar mehrere Schafe und vor allem Hühner. Die Quellen belegen, dass Erbpachtsinteressenten seit den Anfängen der Besiedlung von Moordorf in der Regel ein *„Hühner- und Eiergeld"* als Abgabe für eine Baugenehmigung anboten.[164] Die Milch der Kühe und Schafe nutzte man; in den schriftlichen Quellen finden sich jedoch keine daraus verarbeiteten Produkte wie etwa Butter und Käse. Später tauchen in den Bauzeichnungen zu Landarbeiterhäusern die als *„Karnhus"* bezeichneten und mit einem Spülstein versehenen Wirtschaftskammern auf. Die plattdeutsche Bezeichnung leitet sich ab vom *„Karnen"*

---

[159] Wiegelmann (wie Anm. 143), S. 317 f.

[160] Ebd., S. 297.

[161] Hedwig Hangen, To mien Kinnertied. Zum Wandel ländlicher Wohn- und Lebensbedingungen von Kindern im 20. Jahrhundert. Untersuchung in einem ostfriesischen Dorf, Leer 1981, S. 44. Ähnlich formulierte es Janna M.: *„Fröher geev dat bloot een Soort eten. Meestens geev dat stampt eten."* (Früher gab es kein getrennt Gekochtes. Meistens gab es Gestampftes [=Eintopf].)

[162] Wiegelmann (wie Anm. 143), S. 307.

[163] Mehrere Gewährspersonen (geb. um 1905) berichteten dem Verfasser, in ihrer Schulzeit überwiegend ein solches Frühstück eingenommen zu haben.

[164] StAA (wie Anm. 70), Kriegs- und Domänenkammer an die Lokalbeamten v. 14.1.1766 sowie Rentmeister an die Kriegs- und Domänenkammer v. 14.11.1767 u. a.

(Butter machen, buttern); in diesen kleinen Räumen wurde die Butter für den Eigenverbrauch in einem mühseligen Verfahren von den Hausfrauen hergestellt.[165]
Auf dem Fleischsektor war das Landproletariat Selbstversorger. Das Hornvieh war jedoch in den seltensten Fällen Schlachtvieh, diente dagegen in erster Linie als Dünger- und Milchlieferant.[166] Teuteberg hat festgestellt, dass die ländlichen Tagelöhner und Landarbeiterfamilien in weiten Teilen Preußens noch um 1850 so gut wie kein Fleisch verzehrten.[167] Dies gilt sicherlich ebenso für die Moordorfer des 18. Jahrhunderts.

Fridrich Arends beschrieb die Verhältnisse der kleinen Geestbauern, Warfsleute und Kolonisten in Ostfriesland aus der Zeit vor 1820, also Lebensbedingungen die im Verlauf der zweiten Hälfte des 18. Jahrhunderts kaum anders gewesen sein dürften. Für die Geestbauern konstatiert er, dass sie sich morgens und abends an Buttermilchbrei (*„Karnmelkbree"*) oder Buchweizengrütze labten und im Winter vor allem Kartoffeln mit Salz aßen. Mittags wurden Bohnen, Erbsen, Rüben, Strunkkohl, Kartoffeln und Pfannkuchen von Buchweizenmehl gegessen.[168] Über die Kolonisten schrieb Arends, dass ihre Kühe nur wenig Milch und Butter gaben und Kartoffeln mit Salz ihre Hauptnahrung ausmachten. Daneben gab es auch bei den Moorbauern häufig Pfannkuchen von Buchweizenmehl sowie als Getränk Tee.[169]
Arends Aussagen bestätigen die weiter oben vor allem in Bittschriften der Siedler erwähnten Lebensverhältnisse.

Das Mittagessen stellte sehr wahrscheinlich im 18. Jahrhundert bei den Kolonisten die Hauptmahlzeit dar, wenn auch Wiegelmann ausgemacht hat, dass es in den letzten Jahrzehnten vor 1800 in Nordwestdeutschland Tendenzen zum Abwerten des Mittagsmahles gegeben hat.[170] Hinsichtlich der Esssitten war es um 1800 bei der Landbevölkerung und bei Unterschichten durchweg üblich, nur den Löffel als Essgerät zu benutzen und damit in die gemeinsame Schüssel (den Ein-Topf) zu langen. Das Essen aus der gemeinsamen Schüssel blieb in den ärmeren Gebieten

---

[165] Museumsleitfaden (wie Anm. 19), S. 19.
[166] StAA (wie Anm. 95), Gerd Folkers an die Kriegs- und Domänenkammer v. 19.1.1791 sowie Hinrich Meyer an die Kriegs- und Domänenkammer v. 8.3.1791. Fleisch war für die Moorbewohner selbst nach 1900 eine seltene Speise. Janna M. berichtete, dass Fleisch in ihren Kinderjahren nur sonntags gegessen wurde. Trotzdem muss das Bedürfnis nach Fleisch groß gewesen sein. Janna M. erzählte, dass um 1940 noch ein Einwohner in Süd-Victorbur, eine unmittelbar an Moordorf grenzende Moorkolonie, gelebt hatte, der das verendete Vieh von Landwirten - wahrscheinlich gegen eine geringe Geldsumme - mit seinem Pferdegespann abholte, um es zu verwerten. Es ist anzunehmen, dass der Mann diese Sitte von seinen Vorvätern übernommen und es in älterer Zeit nicht etwas sehr Unübliches dargestellt hat. Der Süd-Victorburer Einwohner wurde durch seine archaische Nahrungsmittelbeschaffung einerseits stigmatisiert und mit Skepsis bedacht, andererseits erlangte er eine gewisse Bekanntheit.- Dass in Notzeiten auch unreines, stinkendes Fleisch vom Schindanger verwertet wurde, ist u. a. bekannt geworden durch die Verhältnisse und die Not der niederschlesischen Weber in den vierziger Jahren des 19. Jahrhunderts. Florian Tennstedt, Sozialgeschichte der Sozialpolitik in Deutschland, Göttingen 1981, S. 69 f. Janna M. wusste weiter zu berichten, dass es zur Kinderzeit ihres Vaters Jann R. W. (geb. 1866) nicht ungewöhnlich war, dass Jungvögel der Ringeltauben und sogar kleinerer Vögel mit Bindfäden in unmittelbarer Nähe ihrer Nester festgebunden und so am Ausfliegen gehindert wurden. Dort wurden die Vögel von den Alttieren weiter gefüttert und landeten schließlich in die Kochtöpfe der Landbewohner.
[167] Teuteberg (wie Anm. 148), S. 130.
[168] Arends (wie Anm. 2), Band 3, S. 429 f.
[169] Ebd., S. 432 f.
[170] Wiegelmann (wie Anm. 143), S. 277.

Ostfrieslands lange erhalten.[171] Hangen konstatiert diese Esssitten in ihrem Untersuchungsgebiet auch noch für die Zeit nach 1900.[172] Für die Hausfrau ergab sich aus der unkomplizierten Essensgestaltung der Vorteil, dass nach dem Essen oft nur eine Schüssel zu spülen war. Der tägliche Arbeitsaufwand für die Tätigkeiten war sehr reduziert, so dass sich die Frauen auf andere landwirtschaftliche Arbeiten konzentrieren konnten.[173]

Wie Arends oben ausführt, spielte der Teegenuss bereits früh in den Moorkolonien eine wichtige Rolle. Torsten Kaufmann geht davon aus, dass die Moorbauern bei ihrem geringen Viehbestand im Sommer wie im Winter primär auf Wasser als Getränk angewiesen waren. Da nur wenige in der Lage waren, Torfbrunnen oder Zisternen anzulegen, behalf man sich mit Oberflächenwasser aus Gräben und Erdlöchern bzw. mit geschmolzenem Schnee. Allein aus geschmacklichen Gründen machte es Sinn, dem Wasser etwas beizugeben. Die Zubereitungsart von Tee war einfach. Man brauchte keine besonderen Geräte. Daneben waren einfache Teesorten billiger als Kaffee, vor allem waren sie ergiebiger und wirtschaftlicher im Verbrauch. Der Tee wurde im 18. Jahrhundert durchgängig sehr dünn und schlaff genossen.[174]

In den Auflistungen der Mobilien von Moordorfer Kolonisten aus dem 18. Jahrhundert tauchen vielfach Teegeräte und -geschirr auf, die deutlich machen, dass der Genuss von Tee auch in den allerärmsten Haushalten Moordorfs allgemein üblich war. Der Nachlass des Kolonisten Folkerts, dessen Kolonat und Mobilien nach seinem Ableben aufgrund von erhaltenen Armenunterstützungen an die Kirchengemeinde Victorbur fielen, bestand unter anderem aus einem Teetopf, einer Teebüchse sowie kleineren Teeutensilien. Die Kolonistin Casjens hinterließ unter anderem einen Teetopf, einen *„Teesackje"*, eine Teebüchse aus Blech und Kleingeräte für die Teezeremonie.[175]

Gesüßt wurde der Tee von zahlreichen Kolonisten mit braunem Zucker.[176] Der Zuckerkonsum nahm vor allem nach 1800 stark zu;[177] im 18. Jahrhundert hatte dagegen die Honigproduktion in eigenen Bienenkörben eine besondere Stellung.

---

[171] Ebd., S. 297.

[172] Hangen (wie Anm. 161), S. 44. Bestätigt wurden diese Essgegebenheiten von Gewährspersonen des Verfassers. Sie berichteten, dass das Essen aus einem Topf dazu führte, dass ein gewisser *„Futterneid"* bei den Kindern aufkam. Der psychologische Nutzen bestand darin, dass schlechte Esser und kränkelnde Kinder aufgrund der Konkurrenz zum raschen Zugreifen provoziert wurden.

[173] Wiegelmann (wie Anm. 143), S. 298.

[174] Torsten Kaufmann, Un drink`n Koppke Tee. Zur Sozialgeschichte des Teetrinkens in Ostfriesland, hrsg. von der Museumsfachstelle Mobile der Ostfriesischen Landschaft, Aurich 1989, S. 141 f. Die Gegebenheiten der katastrophalen Trinkwasserversorgung gehen aus einem Schreiben des Moordorfer Schulmeisters Hicken aus dem Jahre 1846 hervor. StAA Rep. 26 b, Nr. 365, Hicken an das Amt Aurich v. 8.8.1846. Vgl. Kap. 4.3.3. dieser Arbeit. Kaufmann führt noch weitere Beispiele zu den Trinkwasserproblemen in Ostfriesland nur der ersten Hälfte des 20. Jahrhunderts (!) an, die sich kaum von den Verhältnissen der vorhergehenden Jahrhunderte unterscheiden. Kaufmann, S. 149.

[175] KgVA, Verzeichnis derjenigen, die seit 1782 in der Victorburer Gemeinde zur beständigen Armenpflege aufgenommen wurden und deren Güter der Armenordnung gemäß nach ihrem Tode der Armenkasse zufallen sollen (*„Protocollum oder öffentliches Verzeichnis derjenigen so seit 1782 in der Victorburer Gemeinde, zur beständigen Armenpflege aufgenommen worden und vermöge Königlichen Befehls von da an, hierin als solche verzeichnet stehen, deren Güter der gedruckten Armenordnung gemäß nach ihrem Tode der Armencasse hierselbst zufallen sollen"*).

[176] Kaufmann (wie Anm. 174), S. 142.

[177] Wiegelmann (wie Anm. 143), S. 299.

Freese wies bereits 1789 auf den Nutzen der Moore für die Jagd und die Bienen-zucht hin.[178] Nach dem Jahrhundertwechsel wurde Honig bei steigendem Zucker-angebot allerdings langsam von etwas Normalem zum eher Seltenen.[179]

Welche Lebensmitteleinkäufe wurden nun durch die Kolonisten getätigt? Es standen Tee, Salz, Zucker im Vordergrund, wahrscheinlich auch Öl und Essig sowie kleinere Haushaltsutensilien.[180] Die ersten Moordorfer Kolonisten erwarben ihren Bedarf zunächst im Nachbardorf Victorbur, bevor der Kolonist Jann Rolfs im Jahre 1787 eine Genehmigung zum Hökerhandel (Kleinhandel) erhielt. Ein Jahr später bean-tragte er die Erlaubnis, in Moordorf Brot verkaufen zu dürfen.[181]

Rolfs hatte bereits 1787 die Genehmigung erhalten, in Moordorf alkoholische Getränke verkaufen zu dürfen.[182] Wahrscheinlich hielt sich der Branntweinkonsum, der den Moordorfen vor allem im 19. Jahrhundert in den schriftlichen Quellen vielfach nachgesagt wurde, im 18. Jahrhundert noch in Grenzen. Aus den vorliegenden Archivalien lassen sich keine Rückschlüsse auf einen verstärkten Missbrauch des Schnapses schließen. Teuteberg geht davon aus, dass je schlechter die Ernährung, je größer die Versuchung zum Alkoholkonsum war. Der wärmende *„Fusel"* musste dann ersetzen, was die schlechten Speisen nicht zu leisten vermochten. Im 18. Jahr-hundert war der Branntwein durchaus bekannt, blieb aber oft auf die Gasthäuser beschränkt und war daher nicht tägliches Getränk. Das übermäßige Trinken entwickelte sich bis zum Ende des 18. Jahrhunderts noch nicht zum Volkslaster. Erst nach 1800 wurde es als *„Branntweinpest"* ein Signum des 19. Jahrhunderts.[183]

Ein Schreiben des Moordorfer Schankwirts Sartorius verdeutlicht, dass auch der Bierkonsum in Moordorf im 18. Jahrhundert keine große Rolle spielte.[184]

Das Phänomen des übermäßigen Alkoholtrinkens, das im 19. Jahrhundert vor allem in den Armenregionen konstatiert werden kann, wird von Wiegelmann u. a. darauf zurückgeführt, dass das bestimmende Merkmal der Kost niederer Schichten die Eintönigkeit und der geringe Spielraum ihrer Speisen war; der Mangel und die Not führten anfällige Individuen dazu, in dem Laster Alkohol Trost und Vergessenheit zu suchen. Der Alkoholmissbrauch war nicht Ausdruck einer besonderen Genusssucht,

---

[178] Freese (wie Anm. 22), S. 35 f.

[179] Nipperdey (wie Anm. 154), S. 140.

[180] Wiegelmann (wie Anm. 143), S. 314 f. Die Gewährsperson Janna M. (geb. 1906) äußerte dazu, dass ihre Eltern vor 1920 in erster Linie an Lebensmitteln Tee, Salz, Zucker sowie Mostrich (!) bei den damaligen Kolonialwarenhändlern kauften.

[181] StAA Rep. 6, Nr. 3745, Jann Rolfs an die Kriegs- und Domänenkammer v. 23.4.1788. Vgl. dazu Theo Meyer, Der Armut an die Hand zu gehen. Anfänge des ersten Moordorfer Krämers Jann Rolfs, in: Unser Ostfriesland, Beilage der Ostfriesen-Zeitung, 1990, Nr. 1; Ders. (wie Anm. 39), S. 177 f. Für Rolfs, der sich später den Familiennamen Ebeling zulegte, war mit den erhaltenen Genehmigungen die Basis für den Aufbau eines kleinen Krämerhandels geschaffen. Ortsgeschichtlich interessant ist, dass die Parzelle, von der Rolfs seinen Handel bereits im 18. Jahrhundert aus betrieb, bis um 1990 von direkten Nachfahren des Krämers bewohnt wurde und über viele Jahrzehnte als Standort eines Kolonialwarengeschäfts bzw. einer Gastwirtschaft diente. Auf dem Grundstück an der heutigen Neuen Straße/Ecke Ringkanal in Moordorf befand sich bis ca. 1965 die Gaststätte von Jann Rolfs (Ebelings) Nachkommen Thee (sic!) Ebeling.

[182] Ebd., Kriegs- und Domänenkammer an Jann Rolfs v. 20.4.1787.

[183] Wiegelmann (wie Anm. 143), S. 237.

[184] StAA (wie Anm. 67), Melchert Amelings Sartorius an die Kriegs- und Domänenkammer v. 1.12.1777.

Frivolität und Ausgelassenheit, sondern gerade das Ergebnis der Entbehrungen und der wenigen Vergnügungen, die das Leben den Armen bot.[185]

Wiegelmann führt in seiner Studie eine zeitgenössische Beschreibung über das Verhältnis der niederen Volksklassen Bremens zu ihren Mahlzeiten aus der ersten Hälfte des 19. Jahrhunderts an. Demnach kauften die Menschen, wenn sie etwas Geld in der Tasche hatten, nicht bewusst ihre Lebensmittel ein, sondern gaben es oft leichtfertig wieder aus.[186] Die Darstellung lässt sich sehr wahrscheinlich auf Moordorfer Verhältnisse übertragen. Auch hier griffen zahlreiche Menschen um 1800 nach dem, was vorhanden und billig war und schnell satt machte. Die Ausführungen über die Unterschichten Bremens stehen in engem Zusammenhang mit den Bemerkungen des Heimatschriftstellers Schoolmann über die Mentalität der Moordorfer. Schoolmann zitiert aus einem Schreiben eines Victorburer Waisenrates an das Auricher Vormundschaftsgericht, das dieser wahrscheinlich zum Ende des 19. Jahrhunderts an die Behörde richtete: *„Meine Moordorfer leben echt biblisch, sie sorgen nicht für den anderen Morgen."*[187] Schoolmann setzt dagegen, dass die Bemerkung damals sicherlich nur für einen geringen Teil der Einwohnerschaft zutraf.

Man darf aber davon ausgehen, dass die Eindrücke des Waisenrates nicht ganz falsch waren. Relikte der Mentalität der ärmeren Landbevölkerung des 18. Jahrhunderts waren durchaus noch um 1900 und wahrscheinlich noch weitaus später zu beobachten. Wandlungen in Denkweisen von Menschen in ärmeren Regionen gingen viel langsamer vonstatten als in städtischen oder von der Industrie geprägten Gebieten. Sehr deutlich wird dies in der Beschreibung Schoolmanns über die Lebensphilosophie des bekannten Moordorfer Originals Harm Reck, der um 1900 als Hausierer tätig war. Reck zog es demnach vor, zuerst seinen Durst auf alkoholische Getränke zu stillen, bevor er über den Erwerb seiner nächsten Winterbekleidung nachdachte.[188] Die Einstellung spricht für sich; sie kann allerdings nicht über die sicherlich vorhandenen inneren Nöte dieses Menschen und mancher seiner Leidensgenossen hinwegtäuschen, deren Leben nicht selten von Gleichgültigkeit und Verantwortungslosigkeit sich selbst und anderen gegenüber gekennzeichnet war.

Im Rückblick auf das Ende des 18. Jahrhunderts ist davon auszugehen, dass sich nicht nur die Moordorfer Siedler und die Kolonisten Ostfrieslands, sondern sicherlich ein größerer Teil der auf dem Lande lebenden Unterschicht *„ohne Zweifel in einer Situation bestürzender Hilflosigkeit"* befand.[189]

Neben dem Kampf um das tägliche Brot war ein weiteres bestimmendes Merkmal der Lebensumstände der Moorsiedler der Mangel an Kleidung. In einem Schreiben des ostfriesischen Regierungspräsidenten von Derschau beklagt dieser, dass die

---

[185] Wiegelmann (wie Anm. 143), S. 248 f. Gerade die Erkenntnisse der modernen Tiefenpsychologie haben deutlich gemacht, dass Suchtphänomene vielmehr Ausdruck einer eher mangelnden Genussfähigkeit der Betroffenen sind. Ernst Lürßen, Das Suchtproblem in neuerer psychoanalytischer Sicht, in: Dieter Eicke, Tiefenpsychologie. Kindlers Psychologie des 20. Jahrhunderts, Band 2, Weinheim und Basel 1982, S. 101 ff.
[186] Zitiert nach Wiegelmann (wie Anm. 143), S. 247.
[187] Zitiert nach Schoolmann (wie Anm. 11), S. 79.
[188] Ebd., S. 93 f.
[189] Leschinsky/Roeder (wie Anm. 44), S. 272.

Bedürftigkeit der Moordorfer Einwohner in der Hinsicht *„kaum beschrieben werden"* könne und dass *„die Einwohner großenteils fast nacket"* seien.[190]

Ähnlich äußerte sich der Rentmeister von Halem über drei Familien aus der Siedlung nur wenige Jahre später: *„Die Armut dieser Leute ist sehr groß, so daß sie fast keine Kleider um den Leibe haben, und besonders ihre Kinder ganz nackend gehen, auf ihre Aufführung aber ist so viel man erfahren kann, nichts zu sagen."*[191]

Demnach waren die Bekleidungsumstände der Siedlerfamilien in den ersten Jahren der Kolonie nicht zuletzt vor dem Hintergrund der rauhen Witterungsbedingungen in Ostfriesland schlichtweg unvorstellbar und erwecken den Verdacht, dass die drastischen Zustände etwas übertrieben dargestellt wurden. Welcher Art waren aber die unzureichenden Kleidungstücke der Landproletarier? Wie Ottenjann festgestellt hat, sind kaum Relikte einer männlichen und fraulichen Kleidung der ländlichen Unterschichten des 18. Jahrhunderts aus Nordwest-Niedersachsen erhalten.[192] Krug konstatiert, dass das Problem bei der Beschreibung der Werktagskleidung – wie bei vielen Gegenständen des täglichen Gebrauchs – in der wenig fundierten Quellen-basis liegt. Die Alltagskleidung, vor allem der mittleren und unteren Sozialschichten, wurde kaum beschrieben, und gerade von diesem Sachgut gibt es nur wenig erhaltene Realien. Die Erklärung liegt darin, dass die Kleider dieser Schichten in der Regel bis zum völligen Verschleiß aufgetragen oder umgearbeitet wurden.[193]

Aus den Inventarlisten von Mobilien verstorbener Kolonisten Moordorfs geht hervor, dass die Menschen lediglich die Kleidungsstücke besaßen, die sie zum Zeitpunkt ihres Ablebens an sich trugen.[194]

Die Ausstattung mit Kleidung war auch nach 1800 sogar in Gebieten, wo den Menschen Fabrikarbeit geboten wurde, ähnlich dürftig. Sie rangierte auf dem unteren Minimum. Es fehlte selbst dort an Leinwand, Leibwäsche und deren notwendigem Wechsel. Die Arbeiter trugen oft ihre feuchten, verschwitzten und schmutzigen Hemden über Wochen auf dem Leib.[195]

Es können daher lediglich einige allgemeine Angaben zur Kleidung gemacht werden. Der einfache Mann hatte im 18. Jahrhundert oft nur ein gröberes Leinenhemd, das auf der bloßen Haut getragen wurde, an. Unter engen Culotten (Kniebundhosen) gab es kaum Unterbeinkleider, höchstens in Form einer Fütterung. Koch-Mertens führt dazu zeitgenössische Beschreibungen an, die ein Licht werfen auf die Hygiene.

„... Hosen eine unreinliche Tracht, weil sie mit Leinwand, Barchent (Baumwollflanell) oder gegerbtem Hammelsfell gefüttert waren, welches Futter ebenso lang als die Hose dauern mußte, und das von allen Arten Ausdünstungen geschwängert war."[196]

Die Ansprüche hinsichtlich der Körperpflege- und reinlichkeit der damaligen Zeit differierten sehr stark von den Vorstellungen über Sauberkeit des modernen Menschen unserer Zeit. Selbst die Personen in höheren Sozialschichten und

---

[190] StAA (wie Anm. 68), Regierungspräsident von Derschau an die ostfriesischen Landstände v. 16.5.1776.

[191] StAA (wie Anm. 67), Rentmeister von Halem an die Kriegs- und Domänenkammer v. 14.3.1778.

[192] Helmut Ottenjann, Bauernhäuser-Bauernstuben-Bauerngärten-Bauernkleidung in Nordwest-Niedersachsen, Verlag Museumsdorf Cloppenburg 1989, S. 38.

[193] Annette Krug, Kleidung im Lingener Land 1815-1914, Münster 1998, S. 49.

[194] Hoogstraat (wie Anm. 42), S. 129, S. 195 u. S. 196.

[195] Tennstedt (wie Anm. 166), S. 61.

[196] Zitiert nach Wiebke Koch-Mertens, Der Mensch und seine Kleider. Die Kulturgeschichte der Mode bis 1900, Düsseldorf/Zürich 2000, S. 313.

besseren Verhältnissen kennzeichneten sich vielfach durch einen starken Körper- und Kleidergeruch.

Auch nach 1800 bewahrte die *„Großvater-Generation"* des nordwestlichen Niedersachsens in der Frisur den langen Haarschnitt, wie er gegen Ende des 18. Jahrhunderts in den ländlichen Gegenden üblich war. Man trug auch hier weiterhin die traditionelle Kniebundhose.[197]

Wie Krug für das Lingener Land festgestellt hat, trugen die älteren Männer, um sich vor der Kälte zu schützen, einen unter dem Hemd getragenen Brustharnisch aus Schaffell. Ähnliches ist ebenso für Ostfriesland möglich. Hier war bis weit in das 20. Jahrhundert der sogenannte *„Bostrock"* auf dem Lande gebräuchlich, ein gestricktes schafwollenes Unterkleid.

Wenn die finanziellen Möglichkeiten eine Anschaffung erlaubten, trugen Männer des einfachen Volkes zu Hemd und Kniebundhose einen weiten Mantel in Capeform.[198]

Bei der Kopfbedeckung dominierte im ganzen 18. Jahrhundert der Dreispitz, wobei Männer in Deutschland den Dreispitz mit abgerundeten vorderen Ecken bevorzugten.[199] Man kann aber davon ausgehen, dass nur wenige Moordorfer eine entsprechende Kopfbedeckung getragen haben.

Wenn man im Sommer nicht barfuß ging, so dienten Holzschuhe als Fußbekleidung.[200] Grobe Holzpantinen waren zu der Zeit nahezu europaweit das typische Schuhwerk der Bauern.[201]

Zur Bekleidungssituation von Moordorfer Frauen gehen nur ganz wenige Hinweise unter anderem aus einem Gesuch aus dem Jahre 1780 hervor, in dem um ein Hemd und ein Kleid gebeten wird.[202]

Frauen des einfachen Volkes trugen in der Regel lange stark gesteifte Leinenröcke.[203] Krug stellte für das Emsland fest, dass die Werktagskleidung der Frauen und Mädchen im Allgemeinen im Sommer aus Leinen oder Kattun (leinwandbindiges Gewebe aus Baumwolle), sowie im Winter aus Wollstoff bestand.[204] Man darf von ähnlichen Gegebenheiten in Ostfriesland ausgehen.

Unterwäsche in Form von Beinkleidern blieb vor allem älteren Frauen vorbehalten. Das Fehlen einer Unterhose im heutigen Sinn bis in das 19. Jahrhundert hatte für die Frauen, besonders die der Unterschicht, eine durchaus praktische Begründung, da man so ohne große Umstände seine Notdurft verrichten konnte. Kein Bürger nahm ernsthaft daran Anstoß.[205]

Die Bekleidungssituation bei den ländlichen Unterschichten verschlechterte sich dann weiter dramatisch, wenn Hungersnöte oder Schicksalsschläge die Menschen zwangen, ihre wenigen Kleider verkaufen zu müssen, um Brot zum Stillen des Hungers und zum bloßen Überleben davon anschaffen zu können.[206]

---

[197] Ottenjann (wie Anm. 192), S. 38.
[198] Koch-Mertens (wie Anm. 196), S. 316.
[199] Ebd., S. 318.
[200] Krug (wie Anm. 193), S. 55.
[201] Koch-Mertens (wie Anm. 196), S. 351.
[202] StAA (wie Anm. 67), Gretje Christians an die Kriegs- und Domänenkammer v. 10.4.1780.
[203] Koch-Mertens (wie Anm. 196), S. 321.
[204] Krug (wie Anm. 193), S. 49.
[205] Koch-Mertens (wie Anm. 196), S. 321.
[206] StAA Rep. 6, Nr. 2501, Anna Dirks an die Kriegs- und Domänenkammer v. Januar 1787.

Teuteberg führt vor Augen, dass noch zu Beginn des 20. Jahrhunderts, also etwa vor zwei bis drei Generationen, 40 bis 70 % und in früheren Zeiten wahrscheinlich noch mehr der Einnahmen einer Familie vor allem für Speise und Trank bei den unteren Bevölkerungsschichten ausgegeben werden mussten. Erst danach spielten die Aufwendungen für Kleider, Wohnung u. a. eine Rolle.[207]

2.3.2 Bauen und Wohnen

Die Hoffnung auf eine Landstelle und ein Haus auf eigenem Grund und Boden lockte Siedlerfamilien, die in anderen ostfriesischen Dörfern und auswärtigen Gegenden der dortigen Überbevölkerung zu entfliehen suchten, in die Moorkolonien. Die Lebensperspektiven der Unterschichten in der absolutistischen Gesellschaft waren stark eingeschränkt. Man muss sich vor Augen führen, dass die nicht-sesshafte Armut im 18. Jahrhundert in Preußen einen Anteil von etwa vier Prozent erreichte. Wer am Heimatort keine Arbeit und kein Auskommen mehr fand, sah unter Umständen in der Annahme einer Moorstelle eine Chance auf Lohn und Brot sowie auf eine gewisse Lebenssicherheit.[208]

War den Erbpachtsinteressenten ein Kolonat zugewiesen, so galt es, ein Haus zu bauen. Am 12. Januar 1770 wurde für das Urbarmachungsverfahren eine Verordnung erlassen, die u. a. Bestimmungen beinhaltete, die den Kolonisten den Bau von bescheidenen Häusern erleichtern sollten. Den Anbauern wurden Bauhilfsgelder in Aussicht gestellt.[209]

Wie dort zu ersehen ist, wurden den Siedlungswilligen Bauhilfen ohne jegliche Bedingungen zugesagt. Die Gelder stellten für die in der Regel mittellosen Siedlungswilligen eine große Hilfe dar. Sie ermöglichten den Bau eines bescheidenen Hauses. Diejenigen Kolonisten, die sich auf gekauftem oder eigenem Boden ansiedelten, waren von der Prämie ausgeschlossen.[210] Für die Siedler Moordorfs trafen die Voraussetzungen für die Bauhilfe fast alle zu. Für viele Familien waren allein diese Gelder Anlass genug, sich in der Moor- und Heidewildnis Ostfrieslands niederzulassen, nicht um sie für den Unterhalt ihrer Familien zu verwenden, wie man ihnen zum Teil später unterstellte, sondern als finanzielle Basis zum Kauf von Holz und anderen Baumaterialien. Bald wurde die Auszahlung der Prämie jedoch an die Bedingung geknüpft, die fertiggestellten Häuser müssten den vierfachen Wert der Prämie haben.[211]

Damit hatten die Kolonisten eigentlich gar keine Möglichkeit mehr, in den Besitz der Gelder zu gelangen, weil die von ihnen erbauten Behausungen den vorgeschriebenen Wert in den meisten Fällen nicht annähernd erreichten. Ohne die Bauprämien konnten die Siedler in der Regel auch keine Kredite bei den

---

[207] Teuteberg (wie Anm. 148), S. 87.

[208] Vgl. Herbert Aagard/Rolf-Jürgen Gleitsmann, Soziale Unterschichten und Randgruppen, in: Jürgen Ziechmann, Panorama der friderizianischen Zeit. Friedrich der Große und seine Epoche, Bremen 1985, S. 556.

[209] Wöchentl. Ostfr. Anzeigen und Nachrichten (wie Anm. 124), S. 46-47.

[210] Hugenberg (wie Anm. 21), S. 86.

[211] Eine entsprechende Anweisung wurde noch in den siebziger Jahren des 18. Jahrhunderts erlassen. StAA (wie Anm. 67), Rentmeister von Halem an die Kriegs- und Domänenkammer v. 13.1.1778.

Holzhändlern und Zimmerleuten bekommen. Dieses für die Siedler unannehmbare Verfahren in der Praxis der Prämienzuteilung führte, wie aus den Akten zu ersehen ist, immer wieder zu Gesuchen und Beschwerden der Moorbauern. Es ist Schoolmann und Stumpfe durchaus in ihrer Meinung beizupflichten, dass die Kammer mit dem Versprechen auf Bauprämien anscheinend Siedler in die abgelegenen Moorgegenden locken wollte und die Gelder dann doch nicht zahlte, weil den Neusiedlern die Mittel zum Hausbau nach vorgeschriebenem Wert fehlten.[212]

Welche materiellen und persönlichen Mühen der Hausbau machte, wird erkennbar bei der Ansiedlung des Kolonisten Culemann, der sich 1767, also drei Jahre vor Inkraftsetzung des „Publicandums", in Moordorf niederließ.[213]

Culemann durfte sein altes Haus, das in der Ortschaft Holtrop stand, abbrechen und es bei Übernahme der darauf bestehenden Steuerlast zu seinem Kolonat nach Moordorf transportieren lassen und dort wieder aufrichten.[214]

In den ersten Jahren der Besiedlung von Moordorf sind wahrscheinlich mehreren mittellosen Neusiedlern Bauhilfsgelder ausgezahlt worden. Ein Schreiben der ersten beiden Moordorfer Siedler Neemann und Dirks, worin diese berichten, dass ihnen nur die Hälfte der Bauprämie ausgezahlt worden war, andere Siedler jedoch das ganze Quantum der Prämie erhalten sollten, lässt diese Vermutung zu.[215] Zum Beginn der Besiedlung wurden den Siedlern die Gelder zur Verfügung gestellt, ohne dass diese Auszahlungen aufgrund von offiziellen Genehmigungsschreiben in den Anbauakten zur Kolonie Moordorf belegt sind. Gelegentlich tauchen in Quellen jedoch Hinweise auf, dass in den Moordorfer Anfangsjahren Baugelder geflossen sind. So erhielt der Invalide Reck 1770 die volle Prämie für ausländische Ansiedler. 1774 war er gewillt, sein Kolonat an einen anderen Erbpachtsinteressenten zu verkaufen. Die Kriegs- und Domänenkammer gab dem früheren Soldaten dazu die Genehmigung, machte ihn aber bei der Gelegenheit darauf aufmerksam, dass Reck bei einer erneuten Ansiedlung nicht noch einmal eine Bauprämie erhalten würde.[216]

Siedler, die die Baugelder zweckentsprechend verwandten, erstanden für das Geld in erster Linie Holz, Stroh für das Dach und Baunägel.[217] Das „Stapelwerk" (Gerüst eines ostfriesischen Bauernhofes) sollte auf jeden Fall aus Eichenholz bestehen. Man bemühte sich, seine Behausung so gut wie möglich auszustatten.[218]

Gelegentlich wurden die Annahme von Erbpachtsland und die Aussicht auf eine Bauprämie nahezu als letzte Chance zum Aufbau einer Existenz angesehen.

Der aus einer Dorfschaft bei Aurich stammende Moordorfer Siedler Boomfalk bewarb sich im Dezember 1777 ohne Erfolg um die Gelder.[219] Boomfalk griff wenige Jahre später zu ungewöhnlichen Mitteln, um an seine Bauprämie zu gelangen. Er drang in

---

[212] Schoolmann (wie Anm. 11), S. 29 f; Stumpfe (wie Anm. 24), S. 76.

[213] StAA (wie Anm. 70), Rentmeister an die Kriegs- und Domänenkammer v. 14.11.1767.

[214] Ebd., Kriegs- und Domänenkammer an die Rentei v. 20.12.1767.

[215] StAA (wie Anm. 68), Neemann und Dirks an die Kriegs- und Domänenkammer v. 20.10.1774.

[216] Ebd., Kriegs- und Domänenkammer an die Rentei v. 1. April 1774. Bereits wenige Monate später stellte Reck einen erneuten Erbpachtsantrag, der auch genehmigt wurde. Die Bauhilfe blieb ihm bei seiner zweiten Ansiedlung verwehrt. Ebd., Kriegs- und Domänenkammer an die Rentei v. 10.10.1774.

[217] StAA (wie Anm. 67), Kolonist Gerd Folkers an die Kriegs- und Domänenkammer v. 1.6.1781.

[218] Ebd., Kolonist Boomfalk an die Kriegs- und Domänenkammer v. 16.7.1781.

[219] Ebd., Kolonist Boomfalk an die Kriegs- und Domänenkammer v. 19.12.1777.

das Haus eines Kriegsrates ein und nötigte diesen, für ihn ein Bittschreiben zu verfassen.[220]

Obwohl das Haus später lediglich auf einen Wert von 50 Reichstalern taxiert wurde, ließen die Bemühungen Boomfalks die Behörden anscheinend nicht unberührt. Man bewilligte ihm zumindest die Hälfte der Bauprämie von 12 ½ Reichstalern, weil Rentmeister Tannen den Antragsteller für fleißig hielt. Der Lokalbeamte hielt den Siedler für einen Mann, der die Unterstützung aufgrund seiner Einstellung und seiner Arbeitswilligkeit verdiente.[221] In dem Fall von Boomfalk ging die Kammer von dem Vergabeverfahren mit der strengen Taxierung der Behausungen ab.

Ähnlich viel Erfolg in ihren Bemühungen um den Erhalt der Bauhilfsgelder hatten drei aus dem Oldenburgischen stammende Familien. Auch sie kämpften mit Nachdruck um die Prämie, weil sie aufgrund ihrer schlechten Vermögensverhältnisse den Hausbau nicht vornehmen konnten. Die Siedler wollten im Fall einer Ablehnung ihres gemeinsam gestellten Antrags die Provinz Ostfriesland verlassen und brachten diese Absicht sehr deutlich zum Ausdruck.[222]

Die Kammer wollte die Kolonisten ungern ziehen lassen. Um sich Klarheit zu verschaffen, wurde eine Stellungnahme vom Ministerium des preußischen Etatsministers von Schulenburg erbeten.[223]

Das Ministerium entschied sich für die Bewilligung der Gelder, da eine Ablehnung die zukünftige Ansiedelung von Kolonisten in der Gegend erschwerte. Die Verweigerung der Hilfe konnte sich besonders hinsichtlich der Ansiedlung von auswärtigen Personen als nachteilig erweisen. Die richtigen Argumente, wahrscheinlich eher unbewusst in dem Bittschreiben der drei Familien vorgebracht, hatten in dem Fall Erfolg.[224] Die Behörden hielten konsequent an dem Ziel einer umfassenden Besied-lung der ostfriesischen Moorgebiete fest und nahmen dafür im oben dargestellten Fall die Auszahlung von 120 Reichstalern in Kauf.

Dagegen scheiterten die Bemühungen des Siedlers Neemann, der von 1782 bis 1786 noch viermal Anträge auf den Erhalt der zweiten Hälfte der Prämie stellte. In seinem vierten Antrag griff der hartnäckige Erbpächter wahrscheinlich sogar zu einer Notlüge, um seinen Forderungen Nachdruck zu verleihen. Er bezeichnete sich als auswärtigen und fremden Siedler und erklärte, im Hannoverschen geboren zu sein.[225] Dagegen hat Hoogstraat ausgemacht, dass Neemann seit Ende der fünfziger Jahre des 18. Jahrhunderts in Victorbur ansässig war. Seine Eltern hatten in Upende gewohnt. Allerdings waren diese dort wahrscheinlich im ersten Drittel des 18. Jahrhunderts mit ihren drei Kindern zugezogen. Ein Zuzugsdatum sowie der Herkunftsort der Familie sind in den vorhandenen Unterlagen nicht angegeben.[226] Die Kammer lehnte den Antrag ab.[227]

---

[220] Ebd., Kriegsrat Rothwald an die Kriegs- und Domänenkammer v. 9.3.1781.

[221] Ebd., Tannen an die Kriegs- und Domänenkammer v. 27.8.1781.

[222] Ebd., Kriegs- und Domänenkammer an den Rentmeister von Halem v. 22.2.1778.

[223] Ebd., Kriegs- und Domänenkammer an das Ministerium des preußischen Etatsministers von Schulenburg v. 25.3.1778.

[224] Ebd., Ministerium des Etatsministers von Schulenburg an die Kriegs- und Domänenkammer v. 7.4.1778.

[225] StAA (wie Anm. 145), Neemann an die Kriegs- und Domänenkammer v. 20.11.1786.

[226] Hoogstraat (wie Anm. 42), S. 17.

[227] StAA (wie Anm. 145), Dekret für Neemann v. 24.11.1786.

Der Siedler Neemann gehörte damals sicherlich zu den Moordorfern, deren landwirtschaftliche Stelle lebensfähig war. Sein Haus war vom Amtsvogt auf einen Wert von 100 Reichstalern taxiert worden,[228] so dass ihm die Prämie nach den Vergabebestimmungen eigentlich zukam. Darüber hinaus war er ein Kolonist, der seine Erbpacht regelmäßig und unaufgefordert bezahlte.[229] Trotzdem war auch den Behörden klar, dass Neemann die Prämie nur deswegen beantragte, um sein Haus vergrößern und verbessern zu können. Wirklich nötig hatte er die Prämie nicht, denn es ging ihm als etablierten Moordorfer nicht mehr um den ersten Bau eines Hauses, den viele andere Siedler aus eigener Kraft bei ihrer Ansiedlung nicht realisieren konnten.

Mit dem Bau der Hütten und Lehmhäuser am alten Post- und Heerweg zwischen den Dörfern Victorbur und Walle entstand nach und nach eine Siedlung mit Reihendorfcharakter. Der Postweg diente als Hauptpassage; die Siedler bauten daran auf schmalen Landstellen eng nebeneinander ihre Behausungen.[230] Die Kammer hatte bestimmt, dass die Erbpachtsparzellen nur sehr schmal am Weg ausgewiesen wurden, sich aber nach hinten ins Hochmoor lang hinausstrecken sollten.[231] So konnten möglichst viele Kolonisten angesetzt werden.

Die Behausungen, die sich die meisten der ersten Siedler in der Anfangszeit auf ihren Erbpachtsstellen errichteten, waren mit den einfachsten Mitteln gebaut. Dazu gehörten Materialien, die man auf dem Moorland vorfand und somit unmittelbar zur Verfügung standen, ohne dass finanzielle Belastungen in Kauf genommen werden mussten. Es waren Plaggen und Soden, aus denen überwiegend die Wände geschichtet werden konnten. Als Plaggen bezeichnete man rechteckige Stücke aus der obersten Schicht des Heidefeldes. Soden waren sorgfältig gestochene Torfstücke.[232]

Die Behausung des Kolonisten Hemje wurde 1776 als *„elende Hütte von Torf und Stroh"* bezeichnet;[233] das Haus des Siedlers Folkers war 1778 *„bloß von Torf und Soden aufgerichtet."*[234]

Versehen waren diese Hütten oft mit einem Schutzdach aus Heide, Bentgras und Torfsoden. Den Siedlern waren aufgrund der fehlenden finanziellen Mittel enge Grenzen gesetzt. Deswegen griff man notgedrungen auf die in unmittelbarer Nähe vorhandenen Baustoffe wie Torfsoden, Bäume, Strauchwerk, Heide und Gras zurück und fand einen Baustil, der den auf dem Hochmoor bestehenden Voraussetzungen gerecht wurde.[235] In den Hütten war es kalt, feucht und dunkel. Der Raum konnte durch ein offenes Feuer kaum warm gehalten werden, füllte ihn aber mit Rauch, der

---

[228] Ebd., Neemann an die Kriegs- und Domänenkammer v. 16.3.1784.

[229] Ebd.

[230] StAA Rep. 244, A 4283 (Karte von 1802).

[231] StAA (wie Anm. 70), Kriegs- und Domänenkammer an die Rentei v. 14.1.1766.

[232] Museumsleitfaden (wie Anm. 19), S. 14; Freese (wie Anm. 22), S. 153 wies 1789 auf die Verwendung des Torfs als Baumaterial in den Moorkolonien hin: *„Geringe Leute in den Mohrgegenden erbauen ihre Häuser und Hütten davon, und nuzzen den Torf statt der ihnen fehlenden Steine, wie ich schon vorhin bei den Heidecolonisten erwehnet habe."*

[233] StAA (wie Anm. 68), Rentmeister von Halem an die Kriegs- und Domänenkammer v. Januar 1776.

[234] StAA (wie Anm. 67), Rentmeister von Halem an die Kriegs- und Domänenkammer v. 13.1.1778.

[235] Vgl. Helga Bratz, Die Gründung und Entwicklung des Rhauderfehns, hrsg. von der Museumsfachstelle Mobile der Ostfriesischen Landschaft in Aurich, Aurich 1989, S. 23.

schlecht abzog und den Bewohnern in den Augen brannte. Die Behausungen boten nur eine primitive Lagerstatt.

In verschiedenen Quellen über die Anfänge der Kolonie Moordorf ist noch von einem weiteren Hüttentypus die Rede, die sogenannte Erdhöhle. Noch um 1848 muss es solche Hütten in den Moorgegenden gegeben haben, denn sie wurden von Hinrich Janßen Sundermann, dem Heseler Lehrer und bedeutendsten Geist in der ostfriesischen Lehrerschaft in den Revolutionsjahren, in einem Schreiben über die traurigen Zustände in den Kolonien erwähnt.[236]

Ein weiterer Hinweis auf diesen Hüttentypus findet sich in den *„Ostfriesischen Mannigfaltigkeiten"*, eine Wochenschrift, vom 21. November 1785.[237] Was in der Schrift sehr gelobt wird, war in Wirklichkeit Ausdruck höchster Not und unsagbar menschenunwürdiger Wohnbedingungen.

Weiterhin lassen Beschreibungen von Freese auf das Vorhandensein dieser Erdhöhlen schließen.[238]

Der Volkskundler Wiard Lüpkes berichtete um 1900 von der Machart solcher Hütten, die eine Vorstellung von einer Erdhöhle vermittelt.

„Früher machte man zu einer Hütte nur ein 5 m langes, 4 m breites Loch mit senkrechten Seiten 1 m tief in das freie Hochmoor, setzte vier Pfähle an die Ecken, verband sie 1 – 1 ½ m hoch über der Erde mit jungen Baumstämmen ... . Ein Schilfdach kam obenauf, die Seitenwände wurden mit Torfsoden oder Lehm zwischen Stakenwerk (Waltermüren) ausgefüllt – und die Behausung war fertig. Der Rauch suchte sich einen beliebigen Ausweg."[239]

Viele Siedler trachteten danach, diese Unterkünfte möglichst bald zu verlassen, um zumindest ein Lehmhaus zu bewohnen. Die ersten auf dem Hochmoor errichteten Häuser waren nicht viel mehr als Hütten. Die Bezeichnungen Lehmhaus und Lehmhütte werden daher oft synonym verwendet.

Für viele Kolonistengenerationen war die strohgedeckte Lehmhütte die einzig erschwingliche Behausung. Moordorf war um 1900 noch weitgehend ein Hüttendorf und gelangte deswegen weit über Ostfriesland hinaus zu einiger Bekanntheit. Das Besondere an den Lehmhütten waren die gewalterten Mauern. Dazu benötigte man gut durchgeweichten Lehm sowie ein paar Ballen Stroh. Die Ansiedler zogen sich aus dem Stroh einen etwa 100 Zentimeter langen, nicht zu dicken Strang heraus und legten ihn in den Lehmbrei. Mit beiden Händen musste der Lehm in das Strohbündel verarbeitet werden. Schließlich wurde der Strang an einem Ende aufgenommen und unter ständigem Drehen vorsichtig aus dem Lehmbrei herausgezogen. Auf diese Weise entstand ein wurstähnliches Gebilde, das in das Stangengerüst der Hütte eingewunden wurde. Das Gerüst einer Wand bestand aus zwei Ständern und dem darauf liegenden Balken. Zwischen den Ständern befand sich das dünne

---

[236] Zitiert nach Jann Berghaus, Ostfriesland und das Jahr 1848 sowie Goethe und Ostfriesland, Zwei Vorträge von J. Berghaus, Schriften der Ostfriesischen Landschaft zu Aurich, Heft 1, Aurich 1949, S. 4.
[237] Ostfriesische Mannigfaltigkeiten, eine Wochenschrift (21.11.1785), Aurich 1785. Frdl. Hinweis von Stefan Pötzsch, Staatsarchiv Aurich.
[238] Freese (wie Anm. 22), S. 128.
[239] Lüpkes (wie Anm. 6), S. 116. Auf dem Freilichtgelände des Moormuseums Moordorf, wo die Wohn- und Lebensbedingungen der Kolonisten recht authentisch wiedergegeben sind, findet sich der Behausungstypus *„Erdhöhle/Erdhütte"* leider nicht.

Stangenholz. Zwischen diese Stangen wurden die Stroh-Lehm-Würste eingewunden (gewaltert). Durch das Aufeinanderschichten vieler solcher Lagen entstand nach und nach eine fertige Wand. Für die nötige Härte und Stabilität sorgten später Sonne und Wind.[240]

Die Lehmhäuser waren nicht groß. Sie hatten oft nur einen Raum, selten eine zweite Kammer. In der Wohnküche, wo sich das Leben der Familie abspielte, brannte ein offenes Feuer. Es diente zum Kochen, zum Heizen und manchmal auch als Beleuchtung. In der Wand waren üblicherweise zwei Butzen (Alkoven, Wandbetten) eingelassen. In der einen schliefen die Eltern oft gemeinsam mit dem jüngsten Kind. Die anderen Geschwister teilten sich die zweite Butze. Die Enge hatte den Vorteil, dass die Menschen sich gegenseitig wärmen konnten.[241]

Lüpkes beschrieb die Zustände in einer Lehmhütte kurz nach 1900; die Verhältnisse dürften aber mehr als 100 Jahre früher nicht wesentlich anders gewesen sein.

„Die Haustür ist zugleich Stubentür; ein Tritt führt hinab in das einzige für alle Bewohner der Hütte – vielleicht auch noch für etliche Tiere – bestimmte Zimmer. Ueber schwelendem Torffeuer auf ebener Erde hängt an einer eisernen Kette ein Wasserkessel. An der einen Seite des Gemachs sind in Bettschränken (Butzen) die Lagerstätten für die zahlreichen Familienmitglieder; im Notfall müssen fünf Kinder unter dieselbe Decke, einige ans Fußende. Küchen- und Hausgeräte stehen auf Börten an den Wänden."[242]

Als Kolonistenhäuser bezeichnete man später einen anderen Gebäudetypus. Guterhaltene Lehmhütten wurden vielfach mit Backsteinen ummauert, die die Bewohner der Moorsiedlungen aus abgebrochenen Häusern gewannen. Auch das Dach wurde oft mit Ried gedeckt und später sogar mit handgeformten Tonpfannen. Die Art des Hauses war allerdings mit der einer Lehmhütte identisch.[243]

Auf dem Freilichtgelände des Moormuseums Moordorf befindet sich über Soden- und Plaggenhütten, Lehmhütten und Kolonistenhäuser hinaus noch der Typus des Landarbeiterhauses, dessen wesentliche Baumaterialien Backsteine, Rundhölzer, handgeformte Tonpfannen und Ried waren. Auch diese Häuser bestanden nur aus dem Wohntrakt, in dem sich die recht große Wohnküche mit den Butzen und dem offenen Herdfeuer befanden, und dem Scheunentrakt, in dem die Tiere, der Brenntorf, Viehfutter und Arbeitsgeräte untergebracht waren. Im Scheunentrakt befand sich auch das *„Karnhus"*, in dem die Butter hergestellt wurde.[244] Wahrscheinlich hatte im 18. Jahrhundert bereits das Haus des Siedlers Sartorius eine Machart und ein Aussehen wie die späteren Landarbeiterhäuser. Es war das Wirtshaus der Kolonie, in dem Zusammenkünfte von Gemeindemitgliedern stattfanden. Aus der Erhebung von 1781 ist ersichtlich, dass es sich damals um das einzige Steinhaus der Siedlung handelte.[245]

Im 18. Jahrhundert hat es alle beschriebenen Typen von Moorbehausungen zeitgleich gegeben. Schoolmanns Annahme, dass die Plaggen- und Sodenhütten früh aus der Kolonie verschwanden, durch Lehmhäuser ersetzt wurden und nur in

---

[240] Museumsleitfaden (wie Anm. 19), S. 16.
[241] Bratz (wie Anm. 235), S. 8 a im Anhang der Arbeit von Bratz.
[242] Lüpkes (wie Anm. 6), S. 116.
[243] Museumsleitfaden (wie Anm. 19), S. 18.
[244] Ebd., S. 18 f.
[245] StAA (wie Anm. 67), Tabellarische Erhebung vom Sommer 1781.

der Anfangs- oder Übergangszeit den Siedlern eine Bleibe boten,[246] ist zurückzuweisen. Es gab nicht wenige Mitglieder der ersten Siedlergeneration, die ihr ganzes Leben in den sehr primitiven Behausungen zubringen mussten, so z. B. der Siedler W. Janßen, der zudem kein Mobiliar und kein Vieh besaß.[247] Dagegen bestand beispielsweise das Haus von H. A. Meyer 1795 bereits aus einer Küche und einer Kammer.[248] Bei der von ihm genannten Küche handelte es sich um die Wohnküche mit Butzen, wo die ganze Familie sich aufhielt. Der von Meyer als Kammer bezeichnete Raum war vielfach ein weiteres Zimmer mit Bettstellen, das von der Familie als Schlafraum genutzt wurde oder gegebenenfalls für eine bestimmte Zeit vermietet werden konnte. Da ihm das *„Dach-Stroh zum Decken auf der Scheune"* fehlte,[249] kann davon ausgegangen werden, dass in der Regel die Dächer der qualitativ besseren Behausungen um 1800 mit Stroh gedeckt wurden.

1754 hatte der preußische Staat die Feuersozietät der Städte und Flecken in Ostfriesland gegründet. Es handelte sich um eine Feuerversicherung der Häuser, und der Staat verfolgte den Zweck, vom Brand betroffene Hauseigentümer durch umlageweisen Ersatz der Schäden sicherzustellen. Die Landstände gründeten wegen der guten Erfahrungen, die man in den Städten schon bald mit der Versicherung gemacht hatte, bereits 1767 die Feuersozietät für das platte Land. Die städtische Feuersozietät blieb *„staatlich"*, während die Landsozietät dem Administrationskollegium der Ostfriesischen Landschaft unterstellt wurde.[250]

Da zehn Jahre später von den Häusern in Moordorf nur sehr wenige in dem Grundstücksverzeichnis der Feuersozietät eingetragen waren, wurden diese im November 1777 alle taxiert und in das Kataster übertragen.[251] Wahrscheinlich wurden viele der einfachen Kolonistenhäuser auf dem platten Lande mit 100 Reichstalern in der Brandkasse versichert.[252]

Die ersten Kolonisten waren kaum mit Mobiliar ausgestattet. In den Quellen findet sich darüber manchmal die Bemerkung, dass einige Moordorfer aufgrund ihrer Armut *„im Mobiliar kaum pfändbar"* waren.[253] Andererseits erhält man aus den Inventarlisten einzelner Siedler Hinweise, wie die Hütten und Lehmhäuser von Einwohnern, die durch kirchliche Armenmittel unterstützt worden waren, mit Möbeln und Gerätschaften bestückt waren. Ein Kolonist hinterließ u. a. ein Oberbett, mehrere Stühle, ein paar Gardinen, eine große und eine kleine eiserne Kiste, die Herdkette, eine Zange, eine Spindel, einen kleinen Schrank, wenige Kochutensilien und fünf Löffel, zwei Eimer sowie mehrere Gerätschaften für die Teezeremonie.[254] Die

---

[246] Schoolmann (wie Anm. 11), S. 68.

[247] StAA (wie Anm. 95), Rentmeister Tannen an die Kriegs- und Domänenkammer v. 16.5.1803.

[248] Ebd., Meyer an die Kriegs- und Domänenkammer v. 3.1.1795.

[249] Ebd.

[250] Heinz Ramm, Jeder Eigenthümer taxiret selbst sein Haus. 225 Jahre Ostfriesische Landschaftliche Brandkasse, in: Heimatkunde und Heimatgeschichte, Beilage der Ostfriesischen Nachrichten, 1980, Nr. 1 u. 2; Peter Zylmann, Zweihundertjahrfeier Ostfriesische Landschaftliche Brandkasse. Ein Nachwort, in: Ostfriesland. Zeitschrift für Kultur, Wirtschaft und Verkehr, Leer 1954, Nr. 3, S. 17 f., dort: Festansprache von Brandkassendirektor Dr. Hinrichs am 15.9.1954.

[251] StAA (wie Anm. 67), Kriegs- und Domänenkammer an die Lokalbeamten v. 11.9.1777.

[252] StAA (wie Anm. 206), Kolonist Harms an die Kriegs- und Domänenkammer v. Juli 1788; Fridrich Arends, Erdbeschreibung des Fürstenthums Ostfriesland und des Harlingerlandes, Emden 1824, S. 36.

[253] StAA (wie Anm. 67), Rentmeister Tannen an die Kriegs- und Domänenkammer v. 18.9.1780.

[254] KgVA (wie Anm. 175); Hoogstraat (wie Anm. 42), S. 195 f.

Siedlerin Casjens besaß u. a. ein Oberbett, ein paar alte Gardinen, einen Lehnstuhl und drei andere Stühle, einen kleinen Tisch, eine Spindel, eine Haspel, einen eisernen Topf, eine Zange, die Herdkette, vier zinnerne Löffel, einen kleinen Spiegel, einen Vogelkorb, ein Gesangbuch, eine Bibel und andere alte Bücher, ein paar Hecheln sowie verschiedene Teeutensilien.[255]

Die oben dargestellten Wohnverhältnisse decken sich weitgehend mit den von Tennstedt allgemein für ganz Deutschland beschriebenen Lebens- und Wohnumständen der kleinbäuerlichen Proletarier auf dem Lande um 1800.[256]

Moordorf und die ostfriesischen Kolonien stellten von daher keine Besonderheit dar; andererseits wurden die Lebens- und Wohnumstände der Moordorfer vor allem in Ostfriesland selbst immer wieder als besonders eigentümlich hervorgehoben, was auch zur Konstituierung des *„regionalgeschichtlichen Phänomens Moordorf"* beitrug. Nicht zuletzt die sich nach 1900 im Handel befindlichen Post- und Ansichtskarten mit den *„Moordorfer Hütten"* förderten die Tendenz, das Dorf Moordorf im Bewusstsein der auswärtigen Kurgäste und der Ostfriesen zur alleinigen Hochburg der Armut in der Region zu machen.

2.3.3 Arbeiten und Wirtschaften

Mit dem Erlassen des Urbarmachungsedikts verbanden die staatlichen Stellen die Hoffnung, neue bäuerliche Stellen zu gründen, die auf zunächst zügig zu kultivierenden Moor- und Heideflächen landwirtschaftliche Nahrungsquellen wie Vieh- und Ackerwirtschaft aufwiesen. Der Brandfruchtbau sollte lediglich in der Anfangsphase zur Erschließung der Moore dienen. Man wollte die Siedler befähigen, in der Wildnis ein kleines Bauernhäuschen zu errichten und ging davon aus, dass die Kultivierung des Landes quasi von selbst erfolgen würde, weil die Kolonisten ihren Lebensunterhalt dadurch langfristig erwirtschafteten.[257]

Aus einer Bekanntmachung des Amtes Aurich, das die Ausweisung des Gebietes zwischen Walle und Victorbur als Siedlungsland im Jahre 1766 öffentlich machte, geht hervor, wie die Behörden sich die Nutzung des Bauernlandes nach der Urbarmachung vorstellten. Demnach wurde Ackerbau als zukünftige Bewirtschaftungsform der Ländereien favorisiert.[258]

Der Buchweizenanbau lockte – neben den in Aussicht gestellten Bauprämien – Siedler ins Moor. Das auch als Moorbrandkultur bezeichnete Kultivierungsverfahren auf dem Hochmoor war in der Durchführung recht einfach. Man hackte im Spätherbst die oberste Erdschicht auf, zündete diese im Frühjahr an und säte nach dem Erlöschen des Feuers in die noch warme Asche, die als Dünger genutzt wurde, den Buchweizen.[259] Er brachte, wenn vor allem die Witterungsbedingungen gut waren, so reiche Erträge, dass vielfach die Kultivierung der eigentlichen Erbpachtsflächen vernachlässigt wurde.[260]

---

[255] Ebd.
[256] Tennstedt (wie Anm. 166), S. 50 f.
[257] Zitiert nach Stumpfe (wie Anm. 24), S. 76; Hugenberg (wie Anm. 21), S. 87.
[258] StAA (wie Anm. 70), Publicandum für das Amt Aurich v. 18.2.1766.
[259] Museumsleitfaden (wie Anm. 19), S. 23.
[260] Hugenberg (wie Anm. 21), S. 95.

Die Bedeutung des Buchweizenanbaus in Moordorf lässt sich aus den sogenannten Anbauakten, die über diese Kolonie vorliegen, deutlich ersehen. Bereits 1774 musste sich der Siedler Culemann mit einem Einwohner aus dem Nachbarort Extum wegen der Nutzung eines Stückes Hochmoor zum Buchweizenanbau auseinandersetzen. Aus Culemanns Schreiben, worin er die Behörden um Hilfe bittet, geht hervor, dass der Alteingesessene aus Extum einzelne Bestimmungen des Urbarmachungsedikts nicht anerkennen wollte. Culemann berief sich dagegen auf das Edikt und machte deutlich, dass er als Siedler ohne den Buchweizenanbau auf den Hochmoorflächen nicht mit seiner großen Familie existieren konnte.[261]

Im Jahre 1779 erließ der preußische König ein neues Edikt über das Verfahren bei der Moorbrandkultur in Ostfriesland. Man hatte die Erfahrung machen müssen, dass Heide- und Moorflächen oft ohne Genehmigung abgebrannt worden waren. Die Brände hatten vielfach großen Schaden angerichtet, weil man die Kontrolle über sie verloren hatte und landwirtschaftliche Nutzflächen von dem Feuer zerstört worden waren.[262] Sollte Heide zum Buchweizenanbau abgebrannt werden, musste es im Frühjahr so zeitig wie möglich geschehen, damit danach, wenn das Land durchgehackt worden war, die umgehackten Erdstücke bald gebrannt werden konnten. Mit dem letzten Maitag sollte alles Heidebrennen abgeschlossen sein. Sonderregelungen waren vorgesehen, falls die Witterungsbedingungen diese notwendig machten. Wurde jedoch nach dem 15. Juni noch gebrannt, hatten die Kedden als Ortsvertreter dies zu melden und die Brandverursacher anzuzeigen. Das oft beobachtete Verfahren, dass Kolonisten sich bald diesen, bald jenen Distrikt zum Buchweizenanbau willkürlich aussuchten, wurde bei Androhung einer Geldstrafe von zehn, 20 bis 25 Reichstalern oder einer angemessenen Körperzüchtigung untersagt.

Es mussten sich daher die Eingesessenen, die Äcker- oder Tagewerke zum Buchweizenanbau durch Abbrennen der Heide vorbereiten wollten, im Herbst oder zum Jahresanfang bei der Rentei melden und ein von ihnen ausgewähltes Landstück beantragen. Nach der Zuweisung hatten sie das Terrain mit einem Graben von drei Fuß Breite und zwei Fuß Tiefe zu umgeben. Das Moor durfte angezündet werden, wenn das Heidekraut in einer Breite von 20 Fuß rund um das Landstück von dem Graben an gerechnet abgeschlagen war. Die Behörden hatten die Erfahrung gemacht, dass Feuer bei unkontrolliertem Abbrennen weit um sich griffen und vielfältigen Schaden anrichteten. Daher sollte das Heidebrennen nach 1779 nur noch in Gegenwart vieler Personen stattfinden. Vor allem bei Sturm oder falls sich Häuser in der Nähe der Brandfläche befanden, mussten auch nach dem Abbrennen noch eine Zeit lang Wachen aufgestellt werden. Im Unterlassungsfall drohten hohe Strafen.[263]

Über die Anbauflächen für Buchweizen liegen aus der ersten preußischen Zeit keine genauen Zahlen vor. Um 1820 betrug die mit Buchweizen bestellte Fläche auf Sandböden in Ostfriesland 9.700 Diemat. Die mit Roggen bestellte Fläche war dagegen 18.100 Diemat groß. Auf dem Hochmoor wurden zu der Zeit 4.000 Diemat

---

[261] StAA Rep. 6, Nr. 3076, Hayke Harms Culemann an die Kriegs- und Domänenkammer v. 3.1.1774.
[262] Wöchentliche Ostfriesische Anzeigen und Nachrichten, Nr. 39 v. 27.9.1779, Edikt wider das Heidebrennen im Fürstentum Ostfriesland v. 11.5.1779, S. 725.
[263] Ebd.

mit Buchweizen bebaut. Die Zahlen verdeutlichen die Bedeutung des Buchweizenanbaus in Ostfriesland.[264]

Die Kolonisten betrieben diese Art einer Moorbauernwirtschaft wahrscheinlich so
lange es eben ging. Nach einigen Jahren war der Boden allerdings ausgezehrt; dann
ließ man die Flächen, nachdem sie noch eine Zeit lang als Viehweide gedient hatten,
mehrere Jahrzehnte ungenutzt liegen.[265] Diese Art des Wirtschaftens musste
Probleme nach sich ziehen, denn die Moorflächen waren in dem Gebiet zwischen
den alten Dörfern Victorbur, Walle und Extum begrenzt. Es stellt sich die Frage,
warum beispielsweise bäuerliche Viehwirtschaften in Moordorf und vielen anderen
Moorsiedlungen zurückblieben. Es fehlte einerseits an gutem Weideland, das Vieh
lief auf der Suche nach Futter weit auf den Heideflächen herum, und damit ging auch
der wertvolle Dünger verloren. Durch die fehlende Düngung blieben die eigentlichen
Kulturflächen der Siedler mangelhaft.[266] Die Kolonisten Müller und Beekmann
berichteten 1775 von entsprechenden Problemen.[267]

Daneben setzten Viehseuchen den Kolonisten stark zu. Diese kosteten Ostfriesland,
als sie in den Jahren zwischen 1769 und 1771 zweimal und im Jahre 1774 einmal
wüteten, 127.000 Stück Rindvieh.[268]

1786 bestätigten drei Einwohner von Moordorf die Angaben des Moordorfers
Culemann über seine erlittenen Viehverluste. Das Attest des damaligen
Schulmeisters sowie des Schankwirts Sartorius und des Siedlers Boyen führen das
Ausmaß der Seuchen vor Augen. Demnach hatte Culemann zwischen 1780 und
1782 acht Kühe verloren und zwischen 1783 und 1785 zwei Pferde.[269]

In einem Bericht an das Departement des Etatsministers von Schulenburg in Berlin
ging die Kriegs- und Domänenkammer 1780 auf die dramatischen Auswirkungen von
Viehkrankheiten für die Kolonisten ein.[270]

Wie verheerend sich neben den regelmäßig auftretenden Viehseuchen auch
Misswuchs auswirken konnte, ist aus einem Schreiben des Moordorfer Schankwirts
Sartorius zu ersehen.

Das Verzeichnis listet die erlittenen Verluste in dem dort angegebenen Zeitraum
zwischen 1781 und 1783 auf und nennt drei Hauptprobleme der Kolonisten: die
ungünstigen Witterungsbedingungen, die bestehenden Entwässerungsschwierig-
keiten in den Moorgebieten sowie Viehseuchen.[271]

Darüber hinaus hatten in der angegebenen Zeit Brände sein Haus nahezu zerstört.
Der Moordorfer hatte insgesamt einen Schaden im Wert von mehr als 425
Reichstalern erlitten. Sartorius bat die Behörden um einen Vorschuss von 25

---

[264] Gerd Saathoff, Und der Himmel verdunkelte sich. Buchweizenanbau spielte in den Moorgebieten
Ostfrieslands früher eine bedeutende Rolle, in: Heimatkunde und Heimatgeschichte, Beilage der
Ostfriesischen Nachrichten, 1977, Nr. 9.
[265] Hugenberg (wie Anm. 21), S. 89.
[266] Ebd., S. 76 f.
[267] StAA (wie Anm. 68), Johann Müller und Albert Beekmann an die Kriegs- und Domänenkammer v.
16.12.1775.
[268] Hugenberg (wie Anm. 21), S. 78.
[269] StAA (wie Anm. 145), Attest der Einwohner Detmers, Sartorius und Boyen v. 27.1.1786.
[270] StAA (wie Anm. 67), Kriegs- und Domänenkammer an das Departement des Etatsministers v.
Schulenburg v. 30.3.1781.
[271] StAA (wie Anm. 145), Verzeichnis von Melchert Amelings Sartorius v. 24.12.1783.

Reichstalern zur Anschaffung von Saatkorn. Er wollte mit seinem Eigentum bis zur Rückzahlung des Geldes haften.[272]

Für die Moorbewohner war es generell schwierig, für die Viehhaltung im Winter das nötige Heu zu bekommen. Bereits früh erkannten die Behörden, dass es bei der Viehwirtschaft der Moorkolonisten nicht so sehr auf die Sommerweide ankam, sondern auf die Frage, wie sie ihr Vieh überwintern lassen konnten. Die Siedler waren in der misslichen Lage, sich ihr Heu von weitem mühsam zusammenholen zu müssen.[273]

Der Viehbestand in der Kolonie Moordorf geht aus einer Erhebung, die 1781 durchgeführt wurde, hervor.[274] Auf allen 29 Siedlerstellen und dem Schulland befanden sich insgesamt zehn Pferde, 29 Kühe und 14 Stück Jungvieh, sechs Schafe sowie neun Ziegen. Schweine wurden nicht erwähnt. Das Rindvieh verteilte sich auf 19 Siedlerstellen.

Verteilung des Rindviehs auf die Moorbauernstellen:

Anzahl des Rindviehs (Kühe u. Jungvieh)	Anzahl der Landstellen
1	6
2	6
3	4
4	2
5	1

Die zehn Pferde in der Siedlung verteilten sich auf fünf Moorbauern, die jeweils zwei Tiere besaßen. Die Urkolonisten waren in der Regel bestrebt, möglichst Hornvieh und auch Pferde zu halten. Wie an anderer Stelle dargestellt wurde,[275] deckten besonders die Milchkühe einen Teil des täglichen Nahrungsbedarfs ab. Vor allem waren die Halter der Milchkühe in der Lage, selbst Butter herzustellen. Die Schafhaltung war in der Siedlung eher verpönt. Schafe wurden oft als Weidekonkurrenten der Kühe und Pferde angesehen.

Der Kolonist Otten hatte bereits seit einiger Zeit Schafe gehalten, was von den übrigen Siedlern geduldet worden war, als die Kommune ihm 1795 das Recht auf das Weiden der Schafe absprechen lassen wollte und Klage gegen ihn erhob. Er brachte das Argument vor, ohne die Schafe nicht auf seinem Kolonat existieren zu können, weil seine Landflächen qualitativ schlecht waren und durch den Schafmist gedüngt werden mussten. Otten hegte die Absicht, zukünftig sogar 14 Schafe zu halten.[276]

Die Genehmigung zum Halten weiterer Schafe wurde verweigert. Moordorf hatte bereits 84 Stück Hornvieh, das sich jährlich vermehrte. Für diesen Viehbestand war um 1790 von der Urbarmachungskommission eine genaue Grenze zur benachbarten

---

[272] Ebd., Sartorius an die Kriegs- und Domänenkammer v. 12.3.1784.
[273] Hugenberg (wie Anm. 21), S. 80 f.
[274] StAA (wie Anm. 67), Tabellarische Erhebung zur Situation Moordorfs v. 1781.
[275] Vgl. Kap. 2.3.1. dieser Arbeit.
[276] StAA (wie Anm. 95), Kolonist Otten an die Kriegs- und Domänenkammer v. 1.5.1795.

Gemeindeweide des Ortes Walle festgelegt worden. Der vorhandene Moordorfer Weidedistrikt wies nicht die Größe auf, um außer Hornvieh und Pferde noch Schafe zu ernähren, zumal sich die Weidegebiete durch eine moorige Beschaffenheit kennzeichneten. Darüber hinaus war das Halten von Schafen zur Kultivierung von Erbpachtsländereien nicht notwendig.[277]

Die in der tabellarischen Erhebung von 1781 vermerkten Angaben verdeutlichen weitere soziale und wirtschaftliche Gegebenheiten in der ersten preußischen Zeit. Es wurden 30 Familien erfasst, 29 Kolonistenhaushalte und eine Schulmeisterfamilie. Von den 29 Kolonisten wurden 22 Bewohner Arbeiter genannt; darüber hinaus gab es zwei Soldaten, zwei Schuster, einen Uhrmacher, einen Leineweber und einen Krüger. Die Gesamtfläche der 29 Kolonate betrug etwa 68 Hektar. Ein Besitz davon hatte ca. 14 Hektar, die übrigen ½ bis vier Hektar. Die meisten Kolonate hatten eine Größe zwischen ein und zwei Hektar. Von der Gesamterbpachtsfläche waren 65 % kultiviert. Bei allen damaligen Siedlern gab man deren Schulden an. 24 Bewohner hatten zusammen 1775 Gulden Schulden, je Familie etwa 80 Gulden. Unter den 26 sogenannten Häusern war ein Steinhaus, das des Krügers. Bei den anderen 25 Häusern handelte es sich mit sehr großer Wahrscheinlichkeit um Lehmhäuser. Drei Behausungen wurden als Hütten bezeichnet; es dürfte sich um Plaggen-, Erd- oder Sodenhütten gehandelt haben. Nach damaligem Verständnis waren von 24 Wohnlichkeiten elf „wohnbar", acht „eben wohnbar", vier „schlecht" und eine „ganz schlecht". Die Gesamteinwohnerzahl betrug 155 Personen, davon waren 28 verheiratete Kolonisten mit ihren Frauen sowie ein Witwer und eine Kolonistenwitwe. 29 Familien hatten Nachkommen, 56 Söhne und 40 Töchter. Demnach hatte jede Familie 1781 im Durchschnitt etwa drei Kinder.[278]

Vielfach wurden den ostfriesischen Kolonisten Torfstiche zugewiesen, wofür sie in der Regel eine Torfheuer bezahlten. Oft suchten sie sich auch ohne eine offizielle Genehmigung eine Stelle zum Torfstechen, um für den Eigenverbrauch nach Brennmaterial zu graben. [279] Der Torfverkauf als Nebenerwerbszweig zahlreicher Kolonisten der Region spielte in Moordorf vermutlich keine sehr starke Rolle. Die vorliegenden Quellen über diese Kolonie deuten wenig darauf hin, obwohl die Lokalbeamten in einem Gutachten von 1787 neben dem Buchweizenanbau auch das Torfgraben als wesentliche Arbeiten in der Moorkolonie nannten.[280] Es fehlte den meisten Kolonisten an Fuhrwerken, denn die Wege zu den Ortschaften und Städten, wo der Torf hätte verkauft werden können, waren zu weit und beschwerlich, so dass sich die Mühen nicht rentierten.[281]

Die in vielerlei Hinsicht bestehenden Transportprobleme der Kolonisten wurden durchaus von Behördenvertretern gesehen. Die Lokalbeamten regten 1781 an, die Kolonisten immer wieder zu ermuntern, Ochsen bei der Ackerarbeit und für ihre Fuhrwerke zu verwenden.[282] In den Fehnkolonien konnten die Kanäle als Wasserwege zum Transport des Torfs genutzt werden. Die Schwierigkeiten für die Moorkolonisten hinsichtlich des Transports vom Erzeuger zum Konsumenten waren

---

[277] Ebd., Rentmeister Tannen an die Kriegs- und Domänenkammer v. 15.5.1795.
[278] StAA (wie Anm. 67), Tabellarische Erhebung zu Moordorf von 1781.
[279] Hugenberg (wie Anm. 21), S. 90.
[280] StAA (wie Anm. 206), Lokalbeamte an die Kriegs- und Domänenkammer v. 24.10.1787.
[281] Hugenberg (wie Anm. 21), S. 95.
[282] StAA (wie Anm. 67), Beamte und Rentei an die Kriegs- und Domänenkammer v. 14.6.1781.

dagegen vehement, weil feste und stets passierbare Landverbindungen in der Nähe der Moorsiedlungen so gut wie nicht vorhanden waren.

Der Tagelohn spielte für Moordorf eine größere Rolle. Zahlreiche Siedler verdingten sich vor allem in den Erntemonaten bei Marsch- und auch Geestbauern als Landarbeiter, um ihren Familien einen Nebenverdienst zu sichern.[283]

Eine große Bedeutung hatte sicherlich das Spinnen, das vor allem von Kolonistenfrauen betrieben wurde. Der Siedler Folkers bat die Behörden vor allem deswegen im Jahre 1784 um eine Unterstützung, weil seine Frau, die durch das Spinnen den Lebensunterhalt verdient hatte, als Arbeitskraft ausgefallen war.[284]

Spinnen, vor allem im Winter, sah auch die Kriegs- und Domänenkammer als wesentlichen Nebenverdienst der Kolonisten an.[285]

Die Lokalbeamten machten 1781 den Vorschlag, den Moordorfern, die über einen Mangel an Arbeitsmöglichkeiten klagten, Flachs zum Spinnen oder Garn zum Netzstricken für die Heringsfischerei zu geben.[286] Es blieb lediglich bei Vorschlägen. In der Praxis tat sich von Seiten der Behörden nichts, woraus eine Verbesserung der Situation der Moorkolonisten hervorgegangen wäre.

Wie oben dargestellt, spielten die Nebenverdienste der Frauen und auch Kinder zum Unterhalt der Familien eine große Rolle. Sie waren Bestandteile eines Familieneinkommens. Diese Tatsache galt überregional. Handarbeitende Schichten waren im 18. Jahrhundert darauf angewiesen, dass mehr als eine Person pro Familie ein Einkommen erzielte. Frauen- und Kinderarbeit war auch im 19. Jahrhundert noch die Regel. Der Familienvater als Alleinernährer ist vielmehr ein Leitbild der bürgerlichen Familie aus der oberen Mittelschicht.[287]

Die Witwe des Siedlers Dirks berichtete 1784, dass vier ihrer sieben Kinder bereits durch Arbeiten etwas zum Lebensunterhalt beitragen konnten.[288]

Ältere Kinder aus den Moorgegenden traten in der Regel früh in den Dienst von Bauern der Marsch und Geest. Sie wurden als Knechte und Mägde beschäftigt und hatten sich ihren Lebensunterhalt selbst zu verdienen. Kleinere Kinder versuchten durch Betteln etwas zum Familieneinkommen beizutragen.

Die allgemeine „Arbeitsverfassung" war nach dem Modell der vorindustriellen Welt eine „Familienarbeitsverfassung", da möglichst viele Mitglieder der Unterschichtsfamilien mit einem Verdienst zum Lebensunterhalt beitragen mussten.[289] Von dieser Notwendigkeit gingen auch die Behörden aus. Rentmeister Tannen berichtete 1803 über die Kolonistenfamilie Janßen, dass neben dem Familienvorsteher auch die Ehefrau und das Kind wenig Bereitschaft zeigten, sich den Lebensunterhalt zu verdienen.[290]

Die Arbeitsgelegenheiten für die Unterschichten waren allgemein unsicher. Nipperdey weist für eine Beschreibung der Zustände den Begriff Arbeitslosigkeit

---

[283] Arends (wie Anm. 2), S. 403 f.

[284] StAA (wie Anm. 145), Kolonist Folkers an die Kriegs- und Domänenkammer v. 25.3.1784.

[285] Hugenberg (wie Anm. 21), S. 90 f.

[286] StAA (wie Anm. 67), Lokalbeamte an die Kriegs- und Domänenkammer v. 12.5.1781.

[287] Wolfram Fischer, Armut in der Geschichte, Erscheinungsformen und Lösungsversuche der „Sozialen Frage" in Europa seit dem Mittelalter, Göttingen 1982, S. 70.

[288] StAA (wie Anm. 145), Witwe Dirks an die Kriegs- und Domänenkammer v. Februar 1784.

[289] Nipperdey (wie Anm. 154), S. 226.

[290] StAA (wie Anm. 95), Rentmeister Tannen an die Kriegs- und Domänenkammer v. 16.5.1803.

zurück, sondern spricht von *„unsteter Beschäftigung"* oder *„chronischer Unter-beschäftigung"*. Neben der Unsicherheit von Arbeit und Einkommen litten die Menschen unter der Unsicherheit allgemeiner und individueller Krisen; hier sind besonders Krankheiten und Tod der Familienvorstände zu nennen, aber auch das Alter der Menschen.[291]

Ersparnisse waren in der Regel nicht vorhanden. Die Unterschichten lebten mehrheitlich von der Hand in den Mund und waren angesichts ihrer Zahl, die nach 1800 immer mehr anwuchs, Krisendrohungen sehr stark ausgesetzt. Vor allem in der Stadt, aber auch auf dem Lande, wurden viele sozial heimatlos und entwurzelt.

Der Kolonist Frerichs war 1781 gestorben und hatte eine Witwe und fünf kleine Kinder hinterlassen. In einer längeren Hungerperiode um 1784 wurde es für die Kolonistin unmöglich, ihren Nachwuchs zu ernähren. Sie spielte in der Situation mit dem Gedanken, ihre Kinder zu verlassen.[292]

Die Behörden beschrieben solche Bittsteller oft als demoralisiert und psychisch verlottert, aber die Unsicherheit und die schwindende Aussicht, dass sich ein Aufbäumen gegen das Schicksal lohnte, führten allgemein zu einem In-den-Tag-hinein-leben, zu einer Schwächung jeglicher Lebensplanung, Arbeitsmoral und Disziplin.[293] Was Nipperdey für die Situation der Unterschichten und auch des Industrieproletariats beschreibt, findet sich bestätigt in den Inhalten der Quellen zur Kolonie Moordorf.

In den vorhandenen Unterlagen finden sich kaum Hinweise über das Ausmaß gegenseitiger Hilfeleistungen zwischen den ersten Kolonisten Moordorfs. Diese war sicherlich in besonderem Maße erforderlich bei der Torfgräberei, wobei sich im sogenannten Handstichverfahren vier oder fünf Kolonisten zusammenschlossen (*„Plog"* genannt). Jedes Mitglied hatte dabei einen genau festgelegten Arbeitsvor-gang zu verrichten.[294]

Auf der anderen Seite finden sich Belege für nicht wenige Konflikte zwischen einzelnen Dorfbewohnern oder Dorfteilen (*„Keddschaften"*). Streitigkeiten über Landflächen zum Buchweizenanbau konnten sich zwischen Siedlern ergeben, wenn sie sich in ihren landwirtschaftlichen Möglichkeiten und Rechten beschnitten sahen. Da die Existenz der meisten Familien vom Buchweizenanbau abhing, scheuten sie sich nicht, an die Behörden heranzutreten und ihre Konkurrenten gegebenenfalls zu verklagen.[295]

Zu einem aufwendigen Prozeß zwischen den beiden Moordorfer Keddschaften kam es 1792. Die Auseinandersetzung resultierte aus der Verpflichtung der Siedler, die von ihnen benutzten Wege instand zu halten. Keine der Keddschaften fühlte sich für die Wegeinstandsetzungen verantwortlich.[296]

Die Kolonisten waren weit davon entfernt, sich solidarisch zu verhalten und etwa in staatlichen Stellen oder Behördenvertretern einen Konfliktgegner zu sehen, denen man durch ein solidarisches Vorgehen möglicherweise bessere Lebensbedingungen

---

[291] StAA (wie Anm. 145), Kolonist Gerd Meyer an die Kriegs- und Domänenkammer v. Februar 1784.
[292] Ebd., Casjen Frerichs Witwe an die Kriegs- und Domänenkammer v. Februar 1784.
[293] Nipperdey (wie Anm. 154), S. 226.
[294] Bratz (wie Anm. 235), S. 13 f.
[295] StAA (wie Anm. 261), Kolonist Willm Melcherts an die Kriegs- und Domänenkammer v. 2.3.1797.
[296] StAA Rep. 5, Nr. 2660, Akten in Sachen der Westkeddschaft gegen die Ostkeddschaft v. Nov. 1792 bis Nov. 1793.

hätte abringen können. Der Kampf jeder einzelnen Familie um die nackte Existenz ließ diese Solidarität wahrscheinlich gar nicht erst aufkommen.

Trotz aller Mühen der einzelnen Mitglieder in den Kolonistenfamilien war es ihnen in den meisten Fällen nicht möglich, ihre Erbpachten und andere Abgaben zu entrichten. Man musste vielen Siedlern die Erbpacht oder das Hausgeld erlassen. Über diese Remissionen wurden jährliche Tabellen nach Hofe gesandt. Eine Folge davon war, dass 1791 die ostfriesische Moorkolonisation für einige Jahre einen Abschluss fand, weil für das dauernde Bestehen der Erbpächter nicht gesorgt werden konnte.[297]

Die Siedlerehepaare waren in der Regel gemeinsame Besitzer der Kolonate.[298] In den meisten Fällen wurden die Kolonate nach dem Ableben der Eltern vor allem auf männliche Nachkommen übertragen, was oft zu einer Teilung der Landstellen führte.[299] Als Bauernstellen wurden die Erbpachtsländereien dadurch natürlich noch lebensunfähiger. Nichtsdestotrotz entwickelte sich von Seiten der Siedler ein starkes inneres Verhältnis zu ihrem Grund und Boden. Viele Kolonate in Moordorf blieben oft über Generationen in der Hand eines Familienverbandes.[300]

2.3.4 Dorfobrigkeit und Kirchenzugehörigkeit

Im Jahre 1776 hielt es die Ostfriesische Regierung für notwendig, sich um eine Verbesserung der allgemeinen Ordnung in der neuen Siedlung Moordorf zu bemühen. Sie schlug u. a. vor, für die Kolonie eine Dorfobrigkeit bzw. mehrere Bauernrichter zu bestimmen, die vor allem das Betteln bekämpfen, den Schulbesuch überwachen und kriminelle Delikte eindämmen sollten.[301]

Es wurde zudem die Anlegung eines Friedhofes in der Kolonie vorgeschlagen, weil die Siedler auf dem Kirchhof der Gemeinde Victorbur keine Grabstätten zur Verfügung hatten. Es fehlte den Moordorfern auch an Pferden, um die Leichen gegebenenfalls dorthin transportieren zu können.[302]

Die Kammer hielt die beschriebenen Verhältnisse, über die sich zu der Zeit bereits die Kirchengemeinde Victorbur klagend geäußert hatte, für übertrieben. Nach ihrer Meinung war es allgemein bekannt, dass in neuen Kolonien, die sich in der Regel aus mittellosen Personen zusammensetzten, nicht sofort die beste Ordnung und Ökonomie herrschte.[303]

Trotzdem war sie gewillt, in Moordorf zwei Schüttemeister einzusetzen und diese mit Instruktionen zu versehen, um über das ökonomische und moralische Betragen der

---

[297] Hugenberg (wie Anm. 21), S. 97 f.
[298] Eine Durchsicht der Beilage- und Hypothekenbücher (StAA Rep. 236, Beilagebuch Victorbur und Rep. 237, Hypothekenbuch Nr. 91) zeigt dies auf. In dem Grundlagenwerk des Verfassers (wie Anm. 39), S. 259-277, werden die Nachlässe von sieben Siedlerfamilien ausführlich vorgestellt. In fünf der willkürlich ausgewählten Nachlassangelegenheiten waren Ehemann und Ehefrau als gemeinsame Besitzer in den Büchern vermerkt.
[299] Ebd.
[300] Ebd.
[301] StAA (wie Anm. 68), Regierungspräsident v. Derschau an die Kriegs- und Domänenkammer v.16.2.1776.
[302] Ebd.
[303] Ebd., Kriegs- und Domänenkammer an das Konsistorium v. 22.2.1776.

Kolonisten zu wachen.[304] Die Lokalbeamten sollten zwei geeignete Personen aus dem Ort vorschlagen.[305]

Schüttemeister gab es bereits in Ostfriesland im 16. Jahrhundert. Erste literarische Erwähnungen liegen für Emden aus dem Jahre 1511 vor. Sie waren wahrscheinlich bereits damals für die in alten Rechtssatzungen vorgeschriebenen Aufgaben der öffentlichen Ordnung und Sicherheit zuständig. Später wurden sie immer mehr eine Art kommunale Amtsträger.[306]

Im 18. Jahrhundert traten innerhalb der dörflichen Kommunalverwaltung Ostfrieslands infolge Fehlens klarer Rechtsnormen über Stellung und Tätigkeit der Gemeindeorgane starke Differenzierungen ein. Die Kammer forderte die Ämter im Sommer 1792 auf, zur Klärung der Gewohnheitsrechte die Schüttemeister, Kedden und Bauerrichter anzuweisen, die in ihrem Bereich geltenden Gewohnheitsrechte anzugeben.[307] Gegenüber dem Departement von Schulenburg in Berlin, das die Einsetzung der Moordorfer Kedden im Jahre 1776 bewilligen musste, spielte die Kammer die katastrophalen Zustände in der Kolonie Moordorf herunter. Sie beschrieb die Bewohner als Mitglieder *„aus allerlei zusammengebrachtem in- und ausländischem Volke, abgedankten Soldaten und dergleichen, denen es an Vermögen, an Fleiß und mehrenteils auch an guten Sitten"* fehle.[308]

Die Lokalbeamten schlugen bald darauf die Siedler Neemann und Beekmann als erste Schüttemeister der Moorkolonie vor. Sie beabsichtigten die Moordorfer gleich für drei Jahre zu dem Amt zu verpflichten, weil sie Probleme hinsichtlich der Etablierung einer Dorfobrigkeit befürchteten, denn diese erfordere geeignete Leute, an denen es in der Kolonie nach ihren Einschätzungen noch mangele.[309]

Neemann und Beekmann bekamen als neue Kedden eine schriftliche Instruktion.[310] Die Kammer wollte auf genaue Anweisungen nicht verzichten. Sie befürchtete, dass bei einer mündlichen Ernennung und Belehrung die Aufgaben bald in Vergessenheit gerieten und andere Siedler die Autorität der Bauernrichter leichter in Frage stellen würden.[311]

Die Instruktion, die neben den Kedden auch allen anderen Einwohnern der Kolonie erläutert wurde, bestand aus elf Anweisungen.[312]

---

[304] Ebd.

[305] Ebd., Kriegs- und Domänenkammer an die Lokalbeamten v. 26.2.1776.

[306] Georg-Christoph von Unruh, Sorge für äußere und innere Sicherheit. Der Schüttmeister – in Ostfriesland einst ein wichtiger kommunaler Funktionsträger, in: Unser Ostfriesland, Beilage der Ostfriesen-Zeitung, 1996, Nr. 23.

[307] Ders., Beiträge zur Entwicklung der Gemeindeverwaltung, in: Unser Ostfriesland, Beilage der Ostfriesen-Zeitung, 1962, Nr. 15. Die ostfriesische Kommunalverfassung mit Bauermeistern und Schüttemeistern als ihre Organe endete 1810, als Holland mit Ostfriesland zu Frankreich kam und französisches Verwaltungsrecht eingeführt wurde. G.-C. von Unruh (wie oben), Nr. 16.

[308] StAA (wie Anm. 68), Kriegs- und Domänenkammer an das Departement von Schulenburg v. 27.2.1776

[309] Ebd., Lokalbeamte an die Kriegs- und Domänenkammer v. 9.3.1776.

[310] Ebd., Kriegs- und Domänenkammer an das Konsistorium v. 26.3.1776.

[311] Ebd., Kriegs- und Domänenkammer an die Lokalbeamten v. 12.4.1776.

[312] StAA (wie Anm. 67), Instruktion für die Moordorfer Kedden v. September 1777.

1. Die Kolonie stellte eine eigene Gemeinde dar und erhielt die Rechte einer Gemeinde der Provinz Ostfriesland.
2. Die Einwohner hatten sich den Pflichten und Lasten einer üblichen Gemeinde zu unterwerfen.
3. Die Kedden waren Repräsentanten und Aufseher der Gemeinde.
4. Die Kedden hatten auf die Befolgung der ihnen zukommenden Verordnungen zu dringen und bei entsprechenden Anlässen die Gemeindemitglieder zusammenzurufen. Wenn ihren Verfügungen nicht Folge geleistet wurde, mussten sie mit Geldstrafen gegen die Widerständigen vorgehen oder diese, wenn sie nicht pfändbar waren, dem Amtsgericht zur leiblichen Züchtigung zuführen.
5. Das Schul- und Armenwesen stand unter Aufsicht der Kedden.
6. Die Kedden mussten darauf achten, dass zur Verbesserung der Ernährung die Ländereien bearbeitet wurden.
7. Hauptsächlich musste darauf geachtet werden, dass die Kinder regelmäßig zur Schule gingen. Außerhalb des Unterrichts hatten die Kinder in den Häusern oder auf den Feldern mitzuarbeiten. Die Eltern waren dahingehend in die Verantwortung zu ziehen.
8. Da von den Häusern nur wenige gegen Feuer versichert waren, sollten bis zum Herbst 1777 alle taxiert und in das Kataster der Sozietät eingetragen werden.
9. Ohne Erlaubnis der Kammer durfte sich keine fremde Familie niederlassen oder von den Siedlern auf Dauer beherbergt werden. Falls sich unbekannte und verdächtige Personen ohne einen Erlaubnisschein des Amtsgerichts oder der Rentei in Moordorf aufhielten, mussten die Kedden sie von dort weisen oder den staatlichen Stellen melden.
10. Alle Siedler sollten zu Wegearbeiten herangezogen werden und entsprechende Anweisungen erhalten.
11. Die ersten beiden Kedden wurden für drei Jahre in ihr Amt eingesetzt. Wenn sich die Dorfobrigkeiten etabliert hatten, sollten jährlich zwei neue Schüttemeister bestellt werden.-

Den Anweisungen nach hatten die Kedden eine beachtliche exekutive Gewalt in der Kolonie. Sie waren eine Art Hilfspolizisten, die die staatlichen Stellen aus den Reihen der Dorfbewohner rekrutierten. Die Kedden nahmen ihr Amt in der Regel ungern wahr, da sie selbst Mitglieder der Dorfgemeinschaft waren und durch ihr Amt in eine Außenseiterposition gedrängt wurden. Sie waren einerseits ihren Verwandten, Nachbarn und Bekannten in der Siedlung verpflichtet, andererseits standen sie bei den Behörden in der Pflicht. Dieser Pflicht konnten sie sich kaum entziehen, was bei Denunziationen und Anzeigen sehr unangenehme Folgen nach sich ziehen musste.
Die kirchliche Zugehörigkeit der neuen Siedlung war in den Anfangsjahren nicht genau geklärt. Nach den Inhalten des Urbarmachungsedikts sollte eine neue Kolonie zu der Kirche eingepfarrt werden, die der Siedlung am nächsten lag.[313]

---

[313] Urbarmachungsedikt (wie Anm. 51), § 15.

1770 ließ ein Moordorfer Siedlerehepaar die neugeborene Tochter durch den Pastor in Victorbur taufen. Prediger Wolken vermerkte zu dieser Amtshandlung, dass er die Taufe nach einer ersten Verweigerung auf Bitten des Auricher Pastors Brawe vorgenommen hatte.[314] 1772 wurde ein Verstorbener aus Moordorf heimlich und ohne Genehmigung auf dem Victorburer Friedhof beerdigt. Erst im Jahre 1777 wurden den Moordorfern Plätze in der Kirche von Victorbur zugewiesen und der dortige Pastor durch das Konsistorium angewiesen, sich der Einwohner der Kolonie anzunehmen.[315] 1779 trafen sich im Amtsgericht von Aurich die Kirchenvorsteher aus Victorbur sowie die beiden Kedden von Moordorf. Es ging um die Einpfarrung der neuen Kolonie nach Victorbur. Die Victorburer wurden angewiesen, den Moordorfern bei Beerdigungen und Taufen das gleiche Recht wie den Besitzern von neuen Warfsstellen in den alten Gemeinden zukommen zu lassen. Diese bezahlten für eine Leichenrede und für den Taufakt eine geringe Gebühr, von den jährlichen Kirchenabgaben waren sie jedoch befreit. Die Siedler von Moordorf sollten sich bis zum Erhalt anderer Regelungen mit dieser Anweisung zufrieden geben.[316]

Bereits im November des Jahres kam es zu Unstimmigkeiten zwischen einigen Kolonisten und dem Pastor von Victorbur. Die Kolonisten klagten, zu hohe Gebühren für die kirchliche Versorgung entrichten zu müssen.[317]

Regierungspräsident von Derschau bestimmte zum Jahresende 1779, dass man von dem bisherigen Verfahren bezüglich der Kirchengebühren abgehen wollte. Siedler von Moordorf, die etwas vermögender waren, sollten dem Pastor die gewöhnlichen jährlichen Abgaben entrichten. Arme Kolonisten waren dagegen nicht übermäßig zu fordern. Es war nach der formellen Einpfarrung von Moordorf nach Victorbur nötig geworden, die jährlichen Kirchengebühren (Michaelisgefälle), die die Pastoren von den ihren Gemeinden zugewiesenen Personen erhielten, genau zu bestimmen. Pastor Kirchhefer hatte sich dahingehend geäußert, dass er mit dem Geld zufrieden sein wollte, das die Pastoren auf den Fehnen von den dortigen Kolonisten bekamen und das für jeden Haushalt sechs Groschen betrug. Die Gelder wurden gewöhnlich von den Kedden einmal im Jahr eingesammelt und den Predigern in einer Summe abgeliefert.[318] In der Folge wurde hinsichtlich der Kirchenabgaben der Moordorfer nach dieser Regelung verfahren, obwohl die Moordorfer sich zu stark von den Abgaben belastet fühlten und es vorgezogen hätten, lediglich die Gebühren für Taufen und Beerdigungen zu entrichten.[319]

Im März 1780 waren die ersten beiden Kedden der Kolonie die vorgesehenen drei Jahre tätig gewesen und hatten anschließend sogar noch ein weiteres Jahr das Amt ausgeübt. Zwei Nachfolger wurden bestimmt. Die beiden ersten Moordorfer Kedden beantragten eine Versicherung, dass sie aufgrund ihrer langen Dienstzeit zukünftig und zeitlebens von ihrem Amt befreit sein würden.[320] Die Kammer sicherte den

---

[314] Schoolmann (wie Anm. 11), S. 62.
[315] Ebd.
[316] StAA (wie Anm. 67), Protokoll betr. Einpfarrung von Moordorf im Amtsgericht Aurich v. 14.10.1779.
[317] Ebd., Kolonist Culemann u. a. an die Kriegs- und Domänenkammer v. 23.11.1779.
[318] Ebd., Regierungspräsident von Derschau an die Kriegs- und Domänenkammer v. 29.12.1779.
[319] StAA (wie Anm. 73), 15 Kolonistenfamilien an das Amtsgericht Aurich v. 10.3.1780.
[320] Ebd., Lokalbeamte an die Kriegs- und Domänenkammer v. 17.3.1780.

beiden abgedankten Kedden die Befreiung auf Lebenszeit nicht zu, denn sie wollte bei Bedarf auf die beiden Siedler zurückkommen können.[321]

Nach 1780 waren die Schüttemeister und auch andere Einwohner der Kolonie verpflichtet, aus ihren Reihen eine Nachtwache zu stellen und regelmäßig zu patrouillieren. Im Mai 1782 baten sie, von dieser unangenehmen Verpflichtung befreit zu werden. Sie klagten über den Wachdienst, weil er ihnen die Kraft für ihre landwirtschaftlichen Arbeiten über Tag raubte.[322]

Die Kriegs- und Domänenkammer wies den Antrag mit der Begründung zurück, dass die Bittsteller bei entsprechenden polizeilichen Tätigkeiten *„nachbarlich konkurrieren"* müssten, weil ihre jeweilige Sicherheit davon abhing.[323]

Das gegenseitige Beobachten und Kontrollieren wurde zur Methode der Beaufsichtigung der Dorfbewohner. Es führte dazu, dass jedes Entstehen von Solidarität zwischen den Kolonisten bereits im Ansatz unterbunden werden konnte. Andererseits wurde wahrscheinlich ein Klima des Misstrauens und der Feindseligkeit in der Kommune erzeugt.

Im Januar 1787 beschwerten sich mehrere Kolonisten unter Federführung des Einwohners Neemann über den Siedler Boyen und andere. Es ging um die Rückerstattung von gepfändeten Gütern der Beschwerdeführer. Das Beschwerde-schreiben ist wahrscheinlich von Neemann persönlich angefertigt worden. Er war als Moorbauer im Schreiben sehr ungeübt. Daher ist der Inhalt der Quelle schwer verständlich.

Die Hintergründe, die zu der in dem Text angesprochenen Pfändung geführt haben, lassen sich an Hand der Akten nicht mehr erhellen. Es ist aber davon auszugehen, dass Boyen zur Zeit der Pfändung als Kedde eingesetzt und damit nach der Instruktion über Rechte und Pflichten der Schüttemeister befugt war, exekutive Gewalt in der Kolonie auszuüben. Das Beschwerdeschreiben berichtet von exzessartig anmutenden Geschehnissen. Demnach ließen Boyen und andere regelmäßig die Bewohner der Kolonie zusammenrufen, um von ihnen Geld zu fordern bzw. Gegenstände zu pfänden. Dabei drohten die Männer mit Gewalt und versetzten Teile des Dorfes in Angst und Schrecken. Anschließend wurde nach den Beobachtungen Neemanns im Schulhaus des Ortes ein Teil des Geldes zum Verzehr von Alkohol verwendet.[324] Der Brief war unterzeichnet von Neemann und den Einwohnern Janßen, Meiser und einer Witwe Meyer.

Der Bericht, den die Lokalbeamten zu dieser Angelegenheit bei der Kriegs- und Domänenkammer abzuliefern hatten, ist im vorliegenden Aktenbestand nicht vorhanden. Es ist möglich, dass er mündlich erfolgte und daher nicht aktenmäßig erfasst wurde. Das Beschwerdeschreiben macht deutlich, dass die Siedler in entsprechenden Situationen der Willkür bestimmter Dorfobrigkeiten ausgesetzt waren. Es zeigt einmal mehr, dass die Kolonisten keine Solidargemeinschaft bildeten. Obwohl die Bewohner des Ortes gemeinsam einer großen sozialen Not ausgesetzt waren, gab es oft Auseinandersetzungen zwischen einzelnen Siedlern

---

[321] Ebd., Kriegs- und Domänenkammer an die Lokalbeamten v. 23.3.1780.

[322] StAA (wie Anm. 145), Kolonisten von Moordorf an die Kriegs- und Domänenkammer v. 24.5.1782.

[323] Ebd., Kriegs- und Domänenkammer an die Kolonisten v. 18.6.1782.

[324] StAA (wie Anm. 206), Kolonist Neemann u. a. an die Kriegs- und Domänenkammer v. 13.1.1787.

oder Kolonistengruppen. Es konstituierten sich im Verlauf der ersten preußischen Zeit keine festen Interessengruppen o. ä.

Bei der oben dargestellten Angelegenheit ist bemerkenswert, dass sich ein von den Behörden gut beleumundeter und existenzfähiger Kolonist wie Neemann mit dem früheren Soldaten Janßen und dem aus Paderborn stammenden Siedler Meiser sowie einer sehr notleidenden Witwe solidarisierte und sich mit diesen über den von den Behörden an verschiedenen Stellen als *„qualifiziert"* bezeichneten Kolonisten Boyen beschwerte.

2.3.5 Die Versorgung der Armen

Im Urbarmachungsedikt von 1765 war unter § 15 die Versorgungsfrage bedürftiger Moorkolonisten geregelt. Als Folge der Einpfarrung von Kolonien ergab sich, dass die Kolonisten im Falle der Bedürftigkeit in den Genuss der Armenmittel ihrer Kirchengemeinden kamen. Wenn die zuständigen Armenkassen dadurch zu sehr beansprucht wurden, mussten benachbarte Gemeinden den Armenkassen aushelfen.[325]

Daran wird ein Widerspruch der Kammerpolitik in der Kolonisationsangelegenheit deutlich. Sie hatte bereits im Vorfeld die Unrentabilität der Kolonien mit einkalkuliert; sie verlangte aber dennoch von den Kolonisten eine Erbpacht und machte sich für den Fall etwaiger Misserfolge von ihrer Verantwortung frei, indem sie die vielleicht entstehenden Armenlasten den Nachbargemeinden aufbürdete.[326] Die rigorose Ansiedlungspolitik der Kammer fragte einerseits nicht nach der Lebensfähigkeit der Siedlerstellen auf den Moorböden, andererseits auch nicht nach den möglichen Konsequenzen für die alten Gemeinden in den Geestrandgebieten.[327]

Bereits 1773 setzten Klagen der Kolonisten darüber ein, dass sie nicht nach Victorbur eingepfarrt waren und an der dortigen Armenversorgung nicht teilhaben konnten. Da nach Ansicht der Moordorfer zu der Zeit etwa vierzehn Familien aus der erst sechs Jahre alten Moorkolonie nicht imstande waren, sich den Unterhalt selbst zu verdienen, bemühten sie sich um eine Beihilfe aus der Armenkasse einer benachbarten Gemeinde oder zumindest um die Ausstellung von Bettelpässen für ihre Kinder.[328]

Vier Jahre später erwogen die Lokalbeamten die Gründung einer besonderen Armenanstalt für Moordorf und machten dem Konsistorium in Aurich dazu einige Vorschläge.[329]

Regierungspräsident von Derschau stand 1776 auf dem Standpunkt, dass man die Kirchengemeinde Victorbur nicht mit der Verpflegung der Moordorfer Armen belasten

---

[325] Urbarmachungsedikt (wie Anm. 51). Die Versorgung von Armen war in Ostfriesland grundsätzlich mit der Armenverordnung vom 4. Dezember 1759 durch Friedrich II. geregelt worden, weil *„in dem Fürstenthum Ostfriesland und dem Harlingerlande das Betteln in den Städten und auf dem platten Lande außerordentlich überhand genommen habe…"* (Ebd.). Dort war die Einrichtung von Armenkassen in jeder Stadt, in allen Flecken und allen Kirchspielen, falls dies noch nicht geschehen war, angeordnet worden.
[326] Hugenberg (wie Anm. 21), S. 82.
[327] Stumpfe (wie Anm. 24), S. 77 f.
[328] StAA (wie Anm. 68), Kolonisten Culemann und Boyen an die Kriegs- und Domänenkammer v. 18.2.1773.
[329] Ebd., Lokalbeamte an die Kriegs- und Domänenkammer v. 9.3.1776.

dürfe. Er bat die Ostfriesischen Landstände um einen Beistand für Moordorf und wies darauf hin, dass neben der Mildtätigkeit, die den Kolonisten zuteil wurde, auch die umliegenden Dörfer und besonders die Bewohner von Victorbur eine große Erleichterung erfahren würden.[330]

Bis in die sechziger Jahre hinein hatten die Armenvorsteher der Kirchengemeinde Victorbur nur wenige Ortsarme in Victorbur, Uthwerdum und Theene zu unterstützen. Diese wurden sogar reichlich versorgt, da die Armenkasse bis dahin mit guten Einkünften rechnen konnte.[331]

Die Lokalbeamten unterbreiteten der Kammer noch zum Jahresende 1776 weitreichende Vorschläge für die Armenversorgung Moordorfs. Der königliche Hof sollte als erste Grundlage für eine dortige Armenkasse eine höhere Geldsumme zur Verfügung stellen und die Ostfriesische Landschaft dieser Kasse jährlich einen Zuschuss zukommen lassen. Darüber hinaus wurde an eine Haus- und Kirchenkollekte für die Kolonie gedacht, die sich über das ganze Königreich Preußen erstrecken sollte.[332]

Die Kammer wies alle Pläne, weil kein entsprechender Fonds vorhanden war, zurück. Die Kammerräte scheuten die Verantwortung und Initiative, vor allem aber wollten sie keine Kosten übernehmen. Sie schlugen den Lokalbeamten vor, den Moordorfer Kedden zu raten, sich an das Administrationskollegium zu wenden, um eine Beihilfe zu bekommen. Beim Konsistorium sollten sie gegebenenfalls die Erlaubnis zu einer Sammlung an dem Moordorfer Heer- und Postweg beantragen.[333]

Die Diskussionen um den Umgang mit den Moordorfer Armen führten zu keinem Ergebnis. In ihrer Sorge um die Zukunft ihrer Kolonie wandten sich die Kedden der Siedlung 1780 an das Departement des Etatsministers von Schulenburg in Berlin. Sie hatten immer wieder die Erfahrung machen müssen, dass sich die Armenvögte des Kirchspiels Victorbur der Siedler nicht annahmen, weil diese keine Armenbeiträge bezahlen konnten. Die Kedden wussten, dass der Armenfonds in Victorbur generell zu klein war, um die vielen Bedürftigen der Kirchengemeinde zu versorgen. Sie sahen die Lösung ihrer dörflichen Probleme in der Durchführung einer generellen Haus- und Kirchenkollekte im ganzen preußischen Königreich.[334]

Das Departement von Schulenburg forderte lediglich die Kammer auf, wirksame Mittel zu überdenken, wie man den sehr armen Kolonisten Unterstützung und Verdienstmöglichkeiten verschaffen konnte, damit die Familien nicht betteln mussten und zumindest notdürftig bestehen konnten.[335]

Da sich keine Abhilfe abzeichnete, beklagten sich die Moordorfer zum Jahresanfang 1781, dass sie immer wieder von einer Stelle an die nächste verwiesen wurden, sich jedoch keine Lösung abzeichnete.[336]

---

[330] Ebd., Regierungspräsident von Derschau an die Landstände v. 16.5.1776.

[331] Jürgen Hoogstraat, Geschehen zu Victorbur. Eine ostfriesische Kirchengeschichte, Aurich 2000, S. 55. Hoogstraat beschreibt den großen Umbruch, den die Kirchengemeinde Victorbur durch die umfassende Besiedlung ihrer Moorgebiete zu verkraften hatte.

[332] StAA (wie Anm. 67), Lokalbeamte an die Kriegs- und Domänenkammer v. 13.12.1776.

[333] Ebd., Kriegs- und Domänenkammer an die Lokalbeamten v. 19.9.1777.

[334] Ebd., Moordorfer Kedden an das Departement von Schulenburg v. 21.4.1780.

[335] Ebd., Departement von Schulenburg an die Kriegs- und Domänenkammer v. 23.5.1780.

[336] Ebd., Moordorfer Kedden an die Kriegs- und Domänenkammer v. 7.1.1781.

Es wurden den Moordorfer Siedlern kurz darauf einige Kirchengebühren erlassen, die aber nur eine unwesentliche Erleichterung darstellten.[337]

Die Lokalbeamten wollten die Erbpachten wenigstens für einige Jahre etwas verringern, weil die Art des Landes und die Mühen, die für die Kultivierung aufgebracht werden mussten, diesen Schritt ratsam erscheinen ließen. Der Rentmeister machte täglich die Erfahrung, dass die Kolonisten mit Recht ihre Unfähigkeit zum Ausdruck brachten, die Abgaben bezahlen zu können.[338]

Mit diesem Vorschlag traf man wahrscheinlich einen wunden Punkt bei den Kammerräten, die den Vorschlag ohne Begründung umgehend zurückwiesen.[339]

Die Lokalbeamten, die die Situation der Moordorfer vor Ort sehr objektiv einschätzen konnten, gaben sich mit dieser Ablehnung nicht zufrieden. Es folgten von ihnen weitere Versuche, auf die katastrophalen Verhältnisse in der Moorkolonie positiv einzuwirken.[340]

Sie hielten es unbedingt für notwendig, durch Mittel einer eigenen Armenkasse in der Kolonie jene Siedler zu unterstützen, die ihren Unterhalt aufgrund von Krankheiten oder hohem Alter nicht selbst verdienen konnten. Alle anderen, die mangelhaft beschäftigt waren, wollte man mit Flachs zum Spinnen oder Garn zum Netzestricken für die Emder Fischer in Lohn und Brot bringen. Die Kolonisten konnten in der Regel keinen Kredit bei Geldgebern erhalten, um Vieh und Ackergeräte zu erstehen. Die Beamten hielten es daher für sinnvoll, wenn der Hof ein Kapital von 1000 Reichstalern als Hilfe für die Siedlung bewilligen würde. Dieses Geld sollte in kleinen Summen zu 10, 20 oder 30 Reichstalern an die Kolonisten verliehen werden. Darüber hinaus waren genaue Bedingungen festzulegen, um dem Verlust des Kapitals entgegenzuwirken.[341]

Nach vielen Überlegungen hatte man die Gelder schon halbwegs verteilt, ohne sie überhaupt zu besitzen. Letztlich wurden aber alle Vorschläge abgewiegelt.[342] Der Hof zog es zu keiner Zeit wirklich in Erwägung, für die Moordorfer 1000 Reichstaler zur Verfügung zu stellen. Gravierende Probleme stellten sich ab 1781 bis etwa 1786 für die Moorkolonisten ein, als es einige Jahre zu starken Missernten kam.[343]

In einem Abschnitt aus dem Bericht der Kammer zur Lage der Kolonisten in dem Dorf Plaggenburg bei Aurich vom Januar 1782 hieß es u. a. über Moordorf, dass die Kolonie „größtenteils gleichmäßig ausgehungert" und der Öffentlichkeit eine Last sei. Man hielt es für eine Pflicht, auch für die Moordorfer um Unterstützung zu bitten.[344]

Als die dortigen Kolonisten zum Winteranfang 1783 wiederum bei der Kammer vorstellig wurden, um die Bereitstellung von Armenmitteln aus Victorbur zu erwirken, erklärten die Kammerherren, dass es ihnen nicht zustehen würde, über die Armenmittel der Victorburer zu disponieren und die dortige Kirchengemeinde aufgrund der Anträge der Siedler zu belästigen. Man versuchte die Moordorfer zu

[337] Ebd., Konsistorium an die Kriegs- und Domänenkammer v. 7.2.1781.
[338] Ebd., Lokalbeamte an die Kriegs- und Domänenkammer v. 14.2.1781.
[339] Ebd., Kriegs- und Domänenkammer an die Lokalbeamten v. 23.2.1781.
[340] Ebd., Lokalbeamte an die Kriegs- und Domänenkammer v. 13.3.1781.
[341] Ebd., Lokalbeamte an die Kriegs- und Domänenkammer v. 12.5.1781.
[342] Ebd., Kriegs- und Domänenkammer an die Lokalbeamten v. 21.5.1781.
[343] H. F. W. Perizonius, Geschichte Ostfrieslands, Bd. 4, Weener 1869, S. 133 f. Siehe auch Theo Meyer, Hungerjahre in Ostfriesland, in: Heim und Herd, Beilage des Ostfriesischen Kuriers, 1991, S. 8.
[344] StAA (wie Anm. 145), Bericht der Kriegs- und Domänenkammer über die Kolonie Plaggenburg bei Aurich v. 14.1.1782.

beruhigen, in dem die Kammer darauf hinwies, dass sie wirksame Mittel für eine Verbesserung der Situation in der Kolonie überdenken wollte. Lapidar und oberflächlich verlangte sie gleichzeitig, dass die Siedler mehr Betriebsamkeit und Fleiß an den Tag legen und ihre Kinder zur Schule und zur Arbeit anhalten sollten.[345] Im Winter des Jahres 1784 wurden von Seiten der Kolonisten zahlreiche Bittbriefe auf allgemeine Unterstützungen an die Kammer geschrieben. Sie werden vor dem Hintergrund des harten Winters verständlich und vermitteln ein Bild von den erschütternden Verhältnissen in zahlreichen Familien der Siedlung.[346] Es stellt sich die Frage, inwieweit dieses offenkundige Elend zu Hilfsleistungen der staatlichen Stellen führte. Aus den Quellen geht dazu hervor, dass im Januar 1784 der Moordorfer Bittsteller W. Janßen einen Reichstaler erhielt. Anfang Februar wies die Kammer einen Bäcker an, Janßen zusätzlich zwei 12 Pfund-Brote auszuhändigen.[347] Etwa zur gleichen Zeit war in Berlin entschieden worden, dass für jede Person in Plaggenburg und auch in Moordorf ein Reichstaler zum Lebensunterhalt zur Verfügung gestellt werden sollte.[348] Am 9. Februar 1784 wurden sechs Familien in der Kolonie jeweils zwei Brote à zwölf Pfund im Wert von zwölf Stübern pro Brot zugebilligt. Der Gesamtwert der gelieferten Lebensmittel belief sich auf 2 Reichstaler und 18 Schaf.[349]

Nach einem Verzeichnis vom 21. Februar 1784 befanden sich zu der Zeit in Moordorf 23 notleidende Familien. 106 Menschen waren davon betroffen.[350]

Zu dem Zeitpunkt erhielten 14 Familien von Rentmeister Tannen eine Beihilfe. Die Geldanteile für die einzelnen Haushalte lassen vermuten, dass für jede Person zunächst ½ Reichstaler ausgezahlt wurde.[351] Umrechnungen machen deutlich, dass von dieser Geldsumme zu dem Zeitpunkt lediglich etwa drei Roggenbrote à acht Pfund gekauft werden konnten.[352] Für eine kinderreiche Familie fiel die Unterstützung daher kaum ins Gewicht.

Die Quellen lassen vermuten, dass der Hof von dem Vorhaben abgerückt war, für jede Person einen Reichstaler zur Verfügung zu stellen. Später stand wahrscheinlich eine Gesamtsumme von 150 Reichstalern zur Verfügung, die von dem Auricher Rentmeister sinnvoll zu verteilen war.[353]

Die Kammer überließ es dem Rentmeister, ob nachfolgende Bittschreiben von notleidenden Einzelpersonen um geringfügige Geldsummen genehmigt werden sollten.[354]

Wenig später waren von den 150 Reichstalern, nachdem die Plaggenburger und Moordorfer Kolonisten die ihnen zugebilligten Hilfen ausgezahlt bekommen hatten,

---

[345] Ebd., Kriegs- und Domänenkammer an die Moordorfer Kolonisten v. 22.12.1783.
[346] Ebd., Bittbriefe aus dem Hungerwinter 1784.
[347] Ebd. Vermerk der Kriegs- und Domänenkammer v. 3.2.1784.
[348] Ebd., Bewilligungsschreiben aus Berlin an die Kriegs- und Domänenkammer v. 3.2.1784
[349] Ebd., Liste der Empfänger und Brotmengen v. 10.2.1784.
[350] Ebd., Verzeichnis von Moorvogt Thiele v. 21.2.1784.
[351] Ebd., Liste der Empfänger und ausgegebenen Gelder (o. D.).
[352] Nach den Waren- und Preislisten der Wöchentlichen Ostfriesischen Anzeigen und Nachrichten, Nr. 10 vom 8.3.1784 kostete ein grobes Roggenbrot von acht Pfund z. B. in Esens 8 ½ Stüber; 8 ½ Stüber = 85 Witten; ½ Reichstaler = 270 Witten.
[353] StAA (wie Anm. 145), Vermerk der Kriegs- und Domänenkammer v. 6.3.1784.
[354] Ebd., Kriegs- und Domänenkammer an den Rentmeister v. 3.3.1784.

noch 29 ½ Reichstaler übrig. Der Rentmeister erwog es, diese Restsumme unter die übrigen Kolonien des Amtes Aurich an äußerst bedürftige Personen zu verteilen.[355] Die Kammer wies diesen Plan jedoch barsch zurück und setzte fest, dass alle Bittsteller abgewiesen werden sollten. Weitere Bittschreiben wurden den Notleidenden streng untersagt.[356]

Ein Verzeichnis von Moorvogt Thiele verdeutlicht, dass vielfach Arbeitslosigkeit die Ursache für die Bedürftigkeit der Moordorfer war.[357]

Die Kammer sah die Arbeitsmöglichkeiten der Menschen weitaus günstiger an als der Bedienstete des Amtes Aurich. Die Kriegs- und Domänenräte waren der Ansicht, dass die Bittsteller in Anbetracht des beginnenden Frühlings problemlos Arbeit finden könnten.[358]

Thiele, der oft mit dem Elend der Moordorfer konfrontiert war, versuchte die Siedler im April 1784 doch weiter zu unterstützen. Da die Probleme kein Ende fanden und der Hunger der Menschen nach seinen Beobachtungen auch im Frühjahr noch größer geworden war, beantragte er zum wiederholten Male eine Beihilfe für die Kolonisten.[359]

Dieses Schreiben machte anscheinend doch endlich Eindruck auf die Kammerherren, denn es wurden den Hilfsbedürftigen, die bisher erst ½ Reichstaler erhalten hatten, noch einmal ¼ Reichstaler ausgezahlt.[360]

Aus den Quellen ist zu ersehen, dass sich in den sogenannten Hungerjahren Diebstähle und andere Formen von Kleinkriminalität verstärkten.[361] Die Menschen wussten sich in der prekären Lage nicht anders zu helfen, als durch Mundraub und ähnliche Aktionen ihre elementaren Lebensbedürfnisse zu befriedigen.

Für die Kolonie Moordorf geht aus den Anbauakten ein entsprechender Fall hervor, der später immer wieder in der Moordorf-Literatur zitiert wurde. Entsprechend der Sichtweise der jeweiligen Autoren wurden die dort beteiligten Kolonisten entweder als edle Räuber oder auch als „erbbiologisch-minderwertige" Kriminelle beschrieben.[362]

Am 15. April 1785 wurden die Moordorfer Boyen, Culemann und Neemann persönlich bei der Kammer vorstellig. Sie hatten bei einer Nachtwache drei Kolonisten nicht zu Hause angetroffen. Diese Personen wurden von ihnen verdächtigt, nächtliche Diebstähle zu begehen. Morgens waren die drei Männer wieder nach Hause gekommen und bedrohten die Patrouillengänger mit Gewalt, falls diese die nächtliche Abwesenheit bei den Behörden melden würden. Die Moordorfer wandten sich jedoch trotz der Einschüchterungsversuche an die Behörden.[363]

---

[355] Ebd., Rentmeister Tannen an die Kriegs- und Domänenkammer v. 6.3.1784.

[356] Ebd., Vermerk der Kriegs- und Domänenkammer v. 8.3.1784.

[357] Ebd., Verzeichnis von Moorvogt Thiele v. 4.3.1784.

[358] Ebd., Kriegs- und Domänenkammer an die Kolonisten von Moordorf v. 19.3.1784.

[359] Ebd., Moorvogt Thiele an die Kriegs- und Domänenkammer v. 2.4.1784.

[360] Ebd., Vermerk der Kriegs- und Domänenkammer v. 7.4.1784.

[361] StAA (wie Anm. 206), Lokalbeamte an die Kriegs- und Domänenkammer v. 24.10.1787.

[362] Bei Schoolmann (wie Anm. 11), S. 79 f. und Wojak (wie Anm. 2), S. 19 f. werden entsprechende Interpretationen aus der umfangreichen Moordorf-Literatur zitiert.

[363] StAA (wie Anm. 145), Vermerk der Kriegs- und Domänenkammer v. 15.4.1785.

Rentmeister Tannen verhörte die verdächtigen Männer zu den Geschehnissen. Diese Untersuchung sollte diskret erfolgen, um die Situation nicht eskalieren zu lassen.[364]

Es geht aus den Quellen nicht hervor, welche Vergehen die drei Kolonisten sich zu schulden kommen ließen. Im September 1785 konnte jedoch eine Untersuchung abgeschlossen werden, die scheinbar in Zusammenhang mit den Anschuldigungen gegen die drei Familienväter aus Moordorf steht. Demnach standen zahlreiche Kolonisten aus Moordorf in Verdacht, nächtliche Diebestouren zu unternehmen. Dabei wurden anscheinend Hündinnen mitgeführt, um die Wach- und Hofhunde von Bauern der umliegenden Gegend abzulenken, so dass die nächtlichen Diebstähle still vonstatten gehen konnten.[365] Alle Hündinnen in der Kolonie Moordorf wurden schließlich *„abgeschafft"*.[366]

Der beschriebene Diebstahlsfall wird vor dem Hintergrund der Hungerjahre von 1782 bis 1786 erklärbar. Hunger und Not ließen einzelne Familien zeitweise in die Elendskriminalität abdriften. Rechenbach erklärte die Täter entsprechend der nationalsozialistischen Propaganda später zu asozialen Elementen.[367] Da Nachfahren der oben erwähnten drei Verdächtigen, die alle zu einem Familienverband gehörten, vor 1933 den Stamm der Kommunistischen Partei darstellten[368] und mit einem entsprechenden Stigma behaftet waren, setzte sich für den NS-Autor offensichtlich eine Kette der Verwirrungen und Untaten dieser Menschen bis in die Weimarer Republik fort. Die These von der erbbiologischen Minderwertigkeit, die man anhand der Diebstähle von 1785 scheinbar nachweisen konnte, fand sich aufgrund seiner Sichtweise 1933 in der kommunistischen Gesinnung dieser Moordorfer bestätigt.

Beim genauen Aktenstudium erkennt man, dass sich die Übergriffe und Diebstähle nicht nur auf ein Dorf oder bestimmte Sippen konzentrierten. In den vorhandenen Unterlagen über die Kolonie Moordorf klagten die Behörden im Zeitraum zwischen 1782 bis 1786 verstärkt über Diebstähle und Übergriffe aus den Heide- und Moorkolonien. Im Gegensatz zu den NS-Forschern führten die Behörden damals bereits die Diebstähle sowie die vielen Bittbriefe auf die Missernten und vor allem den schlechten Buchweizenwuchs in den Kolonien zurück.[369]

Rechenbach führte die Vorgänge in völliger Unkenntnis der Geschichte der sozialen Verhältnisse Ostfrieslands am Ende des 18. Jahrhunderts oder bei deren bewusster Ignorierung als Beweis für eine *„arbeitsscheue"* und minderwertige Grundhaltung der Ursiedler auf.[370]

Über diese speziellen Moordorfer Verhältnisse hinaus bleibt zur besseren Einordnung der Phänomene zu berücksichtigen, dass überregional in der traditionellen Ständegesellschaft des 18. Jahrhunderts Mitglieder der sozialen Unterschichten

---

[364] Ebd., Kriegs- und Domänenkammer an die Lokalbeamten v. 21.4.1785.

[365] Ebd., Lokalbeamte an die Kriegs- und Domänenkammer v. 10.9.1785.

[366] Ebd., Vermerk der Kriegs- und Domänenkammer v. 16.9.1785.

[367] Rechenbach (wie Anm. 4), S. 63 ff.

[368] Wojak (wie Anm. 2), S. 166 f.

[369] StAA (wie Anm. 206), Lokalbeamte an die Kriegs- und Domänenkammer v. 24.10.1787.

[370] Rechenbach (wie Anm. 4), S. 63 ff. Vgl. Theo Meyer, Das geschichtliche Phänomen „*Moordorf*". Versuch einer Klärung und grundlegenden Korrektur, in: Unser Ostfriesland, Beilage der Ostfriesen-Zeitung, 1994, Nr. 6.

generell sehr schnell in die Schicht der Diebe und Vagabunden abgleiten konnten und dadurch zum Objekt strafrechtlicher Verfolgung durch die Obrigkeit wurden. Die „Notökonomie" dieser Menschen konnte sie schnell zu Bettlern, Gelegenheitsdieben und sogar zu gewalttätigen Räubern machen. Vagantenkarrieren waren im immer enger werdenden Nahrungsspielraum des 18. Jahrhunderts das Los vieler.[371]

Die „randständischen" Schichten lebten in der Regel von der Hand in den Mund. Sie standen den Wechselfällen des Lebens (Missernten, Krankheit, Arbeitslosigkeit usw.) weitgehend ohne Reserven gegenüber. Viele konnten sich vielleicht noch eine kurze Zeit mit Diebstählen, Bettelei oder Prostitution am Leben erhalten, doch damit entfernten sie sich nur noch weiter von bürgerlichen Moralvorstellungen und wurden Objekte staatlicher Strafverfolgung.[372]

In dem Zusammenhang liegt eine Quelle über den Moordorfer Kolonisten D. Hemje vor, der 1773 aus dem Oldenburgischen nach Moordorf gekommen war. Die Quelle verdeutlicht die Situation dieser Leute, die zu Hause keine Arbeit und kein Auskommen mehr gefunden hatten, sich auf die Wanderschaft begaben und in der Annahme von Moorland eine Existenzhoffnung hegten. Nach der Landannahme und dem Bau einer Hütte wurde Hemje im Amt Friedeburg bei einem Diebstahl ertappt. Er wurde mit seiner Frau, die in dem Schreiben als Hure bezeichnet wird, inhaftiert. Auf Grund dieses Falles sollten in der Kolonie keine Personen mehr angesiedelt werden, die nicht einen Taufbrief bzw. Trauschein vorlegen konnten. Darüber hinaus war von den Ansiedlungswilligen ein Gutachten über ihre bisherige Lebensführung vorzulegen.[373]

Im Frühjahr 1787 beschwerten sich die Victorburer Kirchenvorsteher bei Hofe über die Verpflichtung zur Versorgung der Armen der nach Victorbur eingepfarrten Moordorfer. Die Akten zur Einpfarrung der Siedlung führten den Stellen in Berlin die früheren Überlegungen der Verantwortlichen vor Augen. Das Amtsgericht hatte sich um 1775 ganz von dem Inhalt des § 15 des Urbarmachungsedikts leiten lassen. Die Regierung hatte darüber hinaus aber festgesetzt, dass im Falle der Überbeanspruchung der Victorburer Armenkasse durch Moordorfer auch benachbarte Gemeinden der Armenverordnung nach aushelfen mussten.

Aufgrund der folgenden Anfrage aus Berlin schlug die Regierung in Aurich vor, es bei den getroffenen Arrangements zu belassen und die Victorburer abzuweisen.[374]

Die Kammer sprach zum wiederholten Male die Durchführung einer allgemeinen Hauskollekte oder die Einrichtung eines Fonds von 1000 Reichstalern an, gab aber zu bedenken, dass daraufhin auch andere Kolonien Ostfrieslands eine ähnliche Kollekte fordern könnten.[375]

Wenig später traf die Anfrage aus Berlin in Aurich ein, wer für die Gründung der Kolonien Moordorf und Plaggenburg, die in verschiedenen Gutachten der Kammer als von Anfang an schlecht eingerichtete und aus armseligem Gesindel sich konstituierende Ortschaften beschrieben worden waren, verantwortlich zu machen sei. Darüber hinaus erklärte das Ministerium, dass es bei den bisherigen Regelungen

---

[371] Sachße/Tennstedt (wie Anm. 75), S. 100.
[372] Aagard/Gleitsmann (wie Anm. 208), S. 559.
[373] StAA (wie Anm. 68), Rentmeister v. Halem an die Kriegs- und Domänenkammer v. Januar 1776.
[374] StAA (wie Anm. 206), Ostfriesische Regierung an das Departement v. Mauschwitz v. 8.3.1787.
[375] Ebd., Kriegs- und Domänenkammer an das Departement v. Mauschwitz v. 7.2.1788.

und dem eventuellen Beitritt mehrerer Gemeinden zur Versorgung der Moordorfer Armen bleiben sollte, bis man wirksame Mittel zur Verbesserung der Situation der Kolonisten finden würde.[376]

Auf das Schreiben reagierte die Kammer nicht. Es entsteht der Eindruck, dass das Ministerium mit der Aufforderung, verantwortliche Personen zu nennen, weitere Auseinandersetzungen um eine vernünftige Regelung der Armenangelegenheiten für die Kolonien abwiegeln wollte. Die konsequente Lösung der Probleme hätte hohe Investitionen nach sich gezogen. Die Auricher Kammer reagierte prompt entsprechend. Sie trat nicht wieder in der Angelegenheit an die Oberbehörde in Berlin heran.

Weitere Anfragen, Gutachten und Pläne innerhalb der ostfriesischen Stellen folgten, ohne dass konkret in der Sache etwas geschah. Im Herbst 1790 teilte Kammerpräsident von Colomb der Kirchengemeinde Victorbur mit, dass Anträge auf Unterstützungen ihrer Armenkasse durch benachbarte Gemeinden endgültig abgelehnt werden müssten. Er gab zu, keine Mittel und Wege zu kennen, wie man den Victorburern in ihrer Angelegenheit helfen konnte.[377]

In dem harten Winter 1794/95 entschied die Kammer angesichts der steigenden Preise, die bedürftigsten Moordorfer mit einer einmaligen Auszahlung von insgesamt 20 Reichstalern zu unterstützen.[378]

Es waren einmal mehr die harten Witterungsbedingungen die Ursache der Notsituation. Dazu kam der Umstand, dass im Winter 1794 französische Truppen in die Niederlande vorgestoßen und Teile der zurückgeworfenen englischen und hannoverschen Verbände nach Ostfriesland geflüchtet waren.[379]

Die Leistungen der Armenkasse Victorbur bestanden damals gewöhnlich darin, das Kostgeld und die Hausmiete für bestimmte Personen zu übernehmen. In anderen Fällen mussten Löhne für Schneider und Schuster bezahlt werden, wenn diese Hemden für Bedürftige genäht und Schuhwerk repariert hatten. Eine andere Ausgabe bestand in der Begleichung von Rechnungen für Winkelwaren, Leinen und Weberlohn. Einzelnen Armen wurde Torf geliefert. Bei den Armenverwaltern der Victorburer Kirchengemeinde trafen dann Rechnungen der Torfgräber und Fuhrleute ein. Über die Tätigkeiten und Ausgaben wurde genau Buch geführt. In besonderen Notlagen ließen die Armenverwalter Bittstellern Lebensmittel liefern. Den Bäckern und Krämern wurde dafür ein sogenanntes Brot- und Buttergeld ausgezahlt.[380]

Ein weiterer großer Posten bestand in der Zahlung des Schulgeldes an die Lehrer der Gemeinde, wenn in deren Klassen Kinder zahlungsunfähiger Eltern unterrichtet wurden. Der dritte Ausgabeposten war die Übernahme von Besoldungen. Für Beerdigungen von Armen erhielt der Prediger einen Betrag, und auch der Schulmeister bekam ein Salär, weil er das sogenannte Totenlaken der Gemeinde

---

[376] Ebd., Departement von Mauschwitz an die Kriegs- und Domänenkammer v. 26.2.1788.

[377] Ebd., Kriegs- und Domänenkammer an die Kirchengemeinde Victorbur v. 22.9.1790.

[378] StAA (wie Anm. 95), Kriegs- und Domänenkammer an das Departement von Heinitz v. 9.3.1795. Nach den Waren- und Preislisten der Wöchentlichen Ostfriesischen Anzeigen und Nachrichten (Nr. 10 v. 7.3.1791) kostete ein achteinhalb Pfund schweres Roggenbrot z. B. im März 1791 sieben Stüber; im März 1795 war der Preis auf zwölf Stüber und siebeneinhalb Witten angestiegen. Wöchentliche Ostfriesische Anzeigen und Nachrichten, Nr. 10 v. 9.3.1795.

[379] Schmidt, Heinrich, Politische Geschichte Ostfrieslands (Ostfriesland im Schutze des Deiches, Band 5), Leer 1975, S. 359.

[380] KgVA, Armenrechnungsbuch 1716-1770, Armenrechnungen von Mai 1768 bis Mai 1769.

verwahrte und bei Beerdigungen zur Verfügung stellte.[381] Bei Beerdigungen armer Personen bestand vielfach eine zusätzliche Ausgabe in der Übernahme der Kosten des Sarges sowie von anderen Hilfen bei Bestattungen.[382]

Bereits zu Anfang der achtziger Jahre des 18. Jahrhunderts setzte sich vermutlich immer mehr die Praxis durch, Kolonate gegen Übernahme des Unterhalts an die Armenkasse in Victorbur zu übertragen.[383] Hiervon waren besonders arbeitsunfähige, betagte Siedler oder kinderlose Alte betroffen. In den Unterlagen der Kirchengemeinde Victorbur sind Inventarien von Mobilien betroffener Personen aufgeführt.[384] Die Habseligkeiten dieser Kolonisten vermitteln einen sehr konkreten Eindruck von ihrer Lebensart. Der Ausdruck Armut, der abhängig von individuellen Vorstellungen einmal dies, einmal jenes beinhalten kann, erhält an dieser Stelle sein Gesicht. So werden beispielsweise an Mobilien des J. C. Schoone aufgeführt:

I. An Bettzeug: 1 gutes Oberbett aus Leinen, 1 Unterbett und 2 Laken, 2 Kissen und dafür 2 Bezüge, 1 großer Bettkasten, 1 Stück von einem Laken, 1 kleiner Bettkasten, 1 paar Gardinen, 1 Schornstein-Verkleidung.
II. An Kleidung: Totenhemden für beide alte Leute und ein Totenlaken, an Kleidungsstücken weiter nichts als sie an sich trugen.
III. An Mobilien: 1 Anrichte oder Brotschrank, 1 weiterer Schrank, 1 Kiste, 1 Tisch, 4 Stühle, 1 Spindel, 1 Torfspaten, 1 Herdkette, 2 Zangen, 1 Torfkorb, 4 zinnerne Löffel, 2 eiserne Töpfe, 1 Teekessel, 2 Teebüchsen, 1 Lampe, 1 Waschbottich, 1 Eimer, 5 Flaschen, 2 steinerne Teetöpfe, Teegeschirr, 1 Hammer, 4 steinerne Teller, 2 steinerne Töpfe, 1 eiserne Pfanne für Pfannkuchen, 1 Hangeisen, einige kleine steinerne Gefäße.[385]

An Habseligkeiten der Witwe des Kolonisten J. Kröger werden lediglich genannt:

1 Oberbett, 1 Laken, 2 Hemden, einige Kleidungsstücke, die sie an sich trug, 1 Spindel.[386]

---

[381] Ebd. Es war Sitte, den Sarg vor dem Niederlassen in das Grab und bei den Worten des Pastors mit dem Totenlaken abzudecken. Frdl. Hinweis von Pastor Jürgen Hoogstraat. Wahrscheinlich übernahm der für die Verwaltung des Lakens zuständige Schullehrer in Victorbur auch die Reinigung des Tuchs.

[382] Ebd.

[383] KgVA (wie Anm. 175).

[384] Ebd., Das Verzeichnis umfasst Inventarien von sechs Moordorfern sowie den Besitz der Witwe des Hausmannes Harm Otten, der zwar ein Kolonat in Moordorf bewirtschaftete, ansonsten aber Einwohner und Landwirt in Victorbur war. Es fehlen überhaupt zeitliche Angaben, und es drängt sich der Verdacht auf, dass das Verzeichnis unvollständig ist bzw. nicht zu Ende geführt wurde. Zu Anfang der Liste ist vermerkt, dass seit 1783 ein Einwohner aus Uthwerdum sowie ein geistig behinderter Mann völlig auf der Armenkasse unterhalten werden und dass nach deren Tode der Nachlass an die Armenkasse Victorbur fallen sollte. Seinen Wert erhält das Verzeichnis hauptsächlich dadurch, dass die Mobilien der Moordorfer und der Hausmannswitwe detailliert aufgeführt sind.

[385] Ebd., S. 59.

[386] Ebd., S. 61.

Das Moordorfer Ehepaar J. Müller besaß bei Übernahme des Unterhalts durch die Victorburer Gemeinde:

I. An Bettzeug: Weiter nichts als ein Laken,
II. An Kleidungsstücken: Nichts weiter als sie am Leibe trugen,
III. An Mobilien: 1 stehender Brotschrank, 1 Hängeschrank, 1 kleiner Tisch, 1 Spindel, 2 Stühle, 1 eiserner Topf, 1 Teekessel, 1 eiserne Pfanne für Pfannkuchen, 1 Salztonne, 1 Eimer, 1 alte Haspel, 3 Löffel, 2 steinerne Teller und Töpfe,1 Zange, 1 steinerner Teetopf nebst Teegeschirr.[387]

Diesen drei Beispielen für Erscheinungsformen von Armut in der Moordorfer Kolonie um 1800 sollen die Mobilien der Hausmannswitwe T. Bohlen gegenübergestellt werden. Da der Ehemann 1799 starb,[388] handelt es sich um ein Inventarium, das sicherlich nach 1800 angefertigt wurde. Bohlen besaß demnach:

I. An Hausgeräten: 1 Kleiderschrank, 1 Kiste, 2 kleine Tische, 1 Hängeschrank, 1 Pfanne für Pfannkuchen, 1 eiserner Topf, 1 Wassereimer, 2 Stühle, 1 Teetisch, 1 paar Gardinen nebst dazugehöriger Stange, 1 Tellerrackje (-gestell), 1 steinerne Pfanne, 1 Löffelbrett,
II. An zinnernem Gut: 1 Krug, 1 Schenkkessel, 3 zinnerne Teller, 8 Löffel, 1 Teetopf, 1 Teekessel,
III. An Steingut: Teegeschirr aus Porzellan, 3 Blumentöpfe, 1 Teebüchse aus Blech, 2 steinerne Teller, 1 Glas, 1 kleiner Löffel aus Blech, 1 Flasche, 1 weißer steinerner Topf, 1 Spiegel, 2 blaue Teller, 1 Waschbottich,
IV. An Kleidungsstücken und Bettzeug: 1 Oberbett aus Baumwolle, 1 altes Unterbett, 3 Kissen, 4 alte Bettlaken, 3 alte Hemden, 1 rotgestreifter Rock, 1 schwarzer („*lakerner*") Rock, 2 weitere Röcke aus anderem Stoff, 1 schwarze Trachtenjacke, 1 schwarze Kattunenschürze, 1 blaue Wollschürze, 2 weiße Tücher, ein weiteres Tuch, ein Sahnegefäß, 2 Unterständer, 4 Mützen, 1 holländische Mütze, 1 paar Ärmel,
V. An Gold und Silber: 1 paar goldene Stifte, 20 silberne Knöpfe in einem Brusttuch, 2 paar Handschuhknöpfe, 1 Frauenhut mit kleinem Silberschmuck,
VI. An Büchern: 1 ostfriesisches Gesangbuch, ein „*vornehmes*" Gesangbuch, 1 altes Gebetsbuch, ein weiteres christliches Buch.[389]

Eine gewisse Wohn- und Lebenskultur wird aus dem Besitztum der Geestbauern-witwe deutlich. Es gab Sachen, die das Leben und Wohnen verschönern sollten. Im Haushalt der Witwe befanden sich Dinge, die über das zum Überleben Notwendige recht weit hinausgingen. Im Gegensatz dazu kennzeichnen sich die Habseligkeiten der Moordorfer dadurch, dass sie kaum das existentiell Nötige beinhalteten.

---

[387] Ebd.
[388] Hoogstraat (wie Anm. 42), S. 61.
[389] KgVA (wie Anm. 175), S. 70 f.

2.4 Konflikte zwischen Neusiedlern und Alteingesessenen

Bereits vor dem Beginn der systematischen Moorkolonisation war der Torf das wesentliche Brennmaterial des holzarmen Ostfrieslands. Die den Mooren anliegenden Bauern und Landbesitzer hatten ihre bislang nur zum Hausbedarf dienenden Torfgräbereien oftmals immer mehr ausgedehnt und ließen durch gedungene Torfstecher Moor abgraben, um den Brenntorf im Wege des Handels gegen guten Gewinn abzusetzen. Nach Erlass des Urbarmachungsedikts von 1765 begannen mit der Ansetzung von Kolonisten zugleich die Konflikte zwischen den Interessensgruppen, die sich Rechte an den Mooren sichern wollten.[390]

Aus der jungen Kolonie Moordorf beschwerte sich bereits im Sommer des Jahres 1775 die Ehefrau eines Kolonisten vor allem über Einwohner aus dem alten Nachbarort Victorbur, die nach ihrer Meinung wahllos ihren Torf am Heer- und Postweg zwischen Walle und Moordorf gruben. Verschiedene Alteingesessene aus Victorbur als auch Siedler aus Moordorf hatten dort in der ersten Jahreshälfte zwischen den Häusern und Erbpachtsländereien der Moorkolonisten über 100 Fuder (1 Fuder=20 Zentner) Torf gegraben. Dadurch waren in den Landflächen viele Vertiefungen entstanden und das Land zum künftigen Anbau von Kolonisten fast unbrauchbar gemacht worden. Das Vieh der Siedler lief zudem Gefahr, in die Vertiefungen zu geraten.[391]

Die Kammer reagierte umgehend auf die Beschwerde. Sie befürchtete Beeinträchtigungen hinsichtlich der Kolonisation des Gebietes und ihrer Bemühungen um die Ansetzung möglichst vieler Kolonisten. Das nicht genehmigte Torfgraben in Moordorf wurde strikt verboten.[392]

1785 kam es zwischen einem Kolonisten, der ein bestimmtes Terrain in der Kolonie beanspruchte, und zwei Alteingesessenen, die alte Besitzansprüche auf das Land geltend machten, zu Streitereien und Rechtsunsicherheiten. Das Terrain befand sich an der Ostseite des Post- und Heerweges und erstreckte sich von dem Weg an bis zu den Moorparzellen eines Victorburer Einwohners und eines Engerhafer Hofbesitzers. Der Siedler wollte lediglich das Gebiet am Weg pachten, das aus Sandgrund bestand und mit Heidekraut bewachsen war. Die Alteingesessenen behaupteten dagegen, dass das Moor ihnen ganz bis zum Postweg gehöre. In der Breite war das Areal durch die vom Moor bis zum Heerweg gehenden Grenzgräben bestimmt. Über das beantragte Siedlungsland führte ein weiterer Weg zu dem Hochmoor der Alteingesessenen. Diese schätzten es als problematisch ein, wenn sich ein Kolonist in der unmittelbaren Nähe ihres Landes ansiedelte.[393]

Die Alteingesessenen legten einen Kaufbrief von 1740 vor, der verdeutlichen sollte, dass das betreffende Hoch- und Leegmoor sich bis an den Postweg erstreckte. Der Kaufbrief erhellte jedoch nicht, ob der Besitz der Alteingesessenen tatsächlich bis an diesen Weg reichte.[394] Dies erkannte auch die Urbarmachungskommission, die mit

---

[390] Hugenberg (wie Anm. 21), S. 47 f.
[391] StAA (wie Anm. 68), Ehefrau des Hermann Kaiser an die Kriegs- und Domänenkammer v. 26.6.1775.
[392] Ebd., Kriegs- und Domänenkammer an die Rentei v. 19.7.1775.
[393] StAA (wie Anm. 145), Protokoll zur Besichtigung des Terrains v. 16.4.1785.
[394] Ebd., Aktennotiz von Rentmeister Tannen v. 13.5.1785.

der Angelegenheit betraut wurde und die in der Sache eine Entscheidung treffen musste.[395]

Die Urbarmachungskommission war 1770 eingerichtet worden, um bei Auseinandersetzungen in Urbarmachungsangelegenheiten zwischen Alteingesessenen, Kolonisten und Kommunen Entscheidungen zu fällen. Sie bestand aus zwei Mitgliedern der Kammer und zwei Vertretern der ostfriesischen Regierung. Die Kommission erließ am 12. April 1770 eine Instruktion für das Verfahren in Urbarmachungssachen. Nach deren Bestimmungen sollten die Ausweisungen von Moor- und Heidegebieten durch die Lokalbeamten vorgenommen werden. Ergaben sich dabei Streitigkeiten, die nicht beizulegen waren, musste eine Untersuchung vorgenommen und ein Protokoll sowie ein Gutachten an die Urbarmachungskommission geleitet werden. Konnte die Kommission einen gütlichen Vergleich nicht zustande bringen, sollte sie unter Zuziehung der widersprechenden Parteien die Ländereien inspizieren und vor Ort entscheiden, ob die Sache sich zum Prozess eignete, d. h. ob ein nach dem Urbarmachungsedikt zulässiger Eigentumsstreit vorlag. Ergab sich hierüber eine Meinungsverschiedenheit zwischen den Vertretern von Regierung und Kammer, sollte die erstere den Ausschlag geben. Für den Fall der Zulassung des Prozessweges wurden besondere Vorschriften zur Abkürzung des Verfahrens gegeben. Die erste Instanz wurde gebildet durch die beiden Senate der Regierung, die zweite durch ein Tribunal in Berlin. Bei allen anderen Konflikten entschied die Kommission allein nach Augenschein und wirtschaftlicher Untersuchung. Durch die Instruktion wurde die Möglichkeit gegeben, das Urbarmachungsedikt praktisch anzuwenden.[396]

Die Urbarmachungskommission entschloß sich im vorliegenden Fall für eine Vergabe des Terrains als Siedlungsland. Sie entschied so,

1. weil das Gebiet reiner Heidegrund war, also der nur von einem verkauften Morast handelnde Kaufbrief auf dieses Stück Heidefeld keinen Bezug nahm.
2. weil Privatpersonen kein Recht hatten, über solche Heidefelder besondere Verfügungen zu treffen.
3. weil es nicht sicher war, dass mit einem in dem Kaufvertrag von 1740 erwähnten Weg der Heerweg gemeint war. Vielmehr konnten damit auch andere Grenzen angegeben worden sein.
4. weil man bei den übrigen Kolonaten in der Moordorfer Gegend ähnliche Gegebenheiten vorgefunden hatte, denn Hochmoor schloss sich dort überall an, ohne dass Proteste daraus hervorgegangen waren.[397]

In einer ähnlich gelagerten Erbpachtsangelegenheit vom Sommer 1786 kam es zu langwierigen Streitigkeiten. Proteste wurden erhoben von der Witwe eines Landwirtes aus Uthwerdum, von der Victorburer Pastorei und einem Pächter eines Amtmannes aus Hage. Die Personen gaben an, dass ihnen das zur Erbpacht

---

[395] Ebd., Protokoll der Urbarmachungskommission v. 8.7.1786.

[396] Hugenberg (wie Anm. 21), S. 66 f.; Siehe auch Theo Meyer, Unklare Nutzrechte der Wildnisse und Moräste. Aus der Arbeit der preußischen Urbarmachungskommission im 18. Jh., in: Unser Ostfriesland, Beilage der Ostfriesen-Zeitung, 1992, Nr. 5.

[397] StAA (wie Anm. 145), Protokoll der Urbarmachungskommission v. 8.7.1786.

vorgesehene Leegmoor vor ihren Hochmoorländereien bis zum Postweg gehöre. Sie benutzten das Leegmoor zum Plaggenhauen. Die Beschwerdeführer wollten die Ansiedlung von Kolonisten vor ihren Torfgräbereien nicht zulassen und befürchteten, ähnlich wie die Alteingesessenen im oben beschriebenen Fall, dass der Torf ruiniert oder gestohlen werde.[398]

Dieses Argument war berechtigt. Die Ansetzung von Kolonisten vor den Torfmooren brachte deren Besitzern tatsächlich Nachteile, weil der gestochene Torf dem Überlaufen des Viehes ausgesetzt war und von den Tieren oft unbrauchbar zertrampelt wurde. Wegen der Nähe von siedelnden Menschen war es nicht selten, dass Diebe das Brennmaterial in nächtlichen Aktionen abtransportierten.[399]

Pastor Hoppe, als Vertreter der Victorburer Kirchengemeinde, berief sich auf eine Rechtsentscheidung vom 16. Juli 1766, in der man sich gegen die Ansiedlung von Kolonisten auf das zur Disposition stehende Gebiet ausgesprochen hatte.[400] Das Reskript konnte er allerdings nicht vorlegen und die Zweitschrift wurde später auch nicht in der königlichen Registratur aufgefunden.[401]

Die Urbarmachungskommission entschied sich letztendlich für die Freigabe des Landes zur Besiedelung, weil unter anderem

1. das Terrain nahe am Heerweg reines Heidefeld darstellte,
2. es weiter östlich aus Leegmoor bestehen würde, es aber nicht sicher war, ob die Beschwerdeführer den Obergrund wirklich abgegraben hatten. Nach dem Urbarmachungsedikt standen solche ausgekuhlten Leegmoorflächen dem Landesherren zur Disposition zu.
3. das Plaggenhauen und sonstige willkürliche Benutzungsarten nach dem Edikt weder ein Anrecht stabilisierten, noch die Rechte des Landesherren einschränkten.
4. eine Grenzberichtigung zu dem Terrain vom 6. Mai 1766 sich nur auf die Breite des Grund und Bodens bezog. In anderen Fragestellungen zu der damaligen Angelegenheit hatten die Parteien sich das Aufstrecksrecht vorbehalten. Nach dem Edikt war dies jedoch für die aktuelle Untersuchung unerheblich. Die Regelungen waren darüber hinaus lediglich von Privatpersonen und Grenznachbarn zustande gekommen, keineswegs waren jedoch staatliche Stellen zugezogen worden,
5. das von den Widerspruchsführern angeführte Dekret vom 16. Juli 1766 sich nur auf private Arrangements bezog,
6. die Beschwerdeführer keine Resolution vorzeigen konnten, wonach früher von dem Terrain Kolonisten abgewiesen worden waren.[402]

Im Jahre 1788 reichte ein Oberamtmann aus Hage seinen schriftlichen Protest gegen eine Vererbpachtung von einem Vormoor am Moordorfer Heerweg ein. Das von dem Beamten verfasste Schreiben macht u. a. deutlich, welches Urteil der

---

[398] Ebd., Lokalbeamte an die Kriegs- und Domänenkammer v. 16.6.1786.
[399] StAA (wie Anm. 206), Lokalbeamte an die Kriegs- und Domänenkammer v. 22.1.1789.
[400] StAA (wie Anm. 145), Lokalbeamte an die Kriegs- und Domänenkammer v. 16.6.1786.
[401] Ebd., Rentmeister Tannen an die Kriegs- und Domänenkammer v. 24.7.1786.
[402] Ebd., Dekret der Urbarmachungskommission v. 28.10.1786.

alteingesessene Ostfriese bereits über den Siedlungsinteressenten Goes, es handelte es sich um einen aus Nürnberg stammenden Schneidergesellen, gefällt hatte. Goes wird in dem Schreiben als dahergelaufener Bettler bezeichnet. Der Inhalt der Beschwerde lässt Rückschlüsse darauf zu, wie stark die Bewohner der alten Dörfer die Siedler mit Antipathien bedachten.[403]

Für die Lokalbeamten stellte sich die Sachlage ganz anders dar. Ohne eine genaue Besichtigung der Verhältnisse vor Ort und ohne eine Zuziehung der Interessenten erörterten sie die Einzelheiten lediglich aufgrund ihrer bisherigen Kenntnisse über die allgemeinen örtlichen Gegebenheiten.[404]

Die Kammer entschied, dass Kettler nach den Ausführungen des Edikts keinen Anspruch auf das Land stellen konnte. Nach den dortigen Bestimmungen sollten nur die Eigentümer genau begrenzter unabgegrabener Moore ihren Besitz behalten und jeder vollen Bauernstelle lediglich vier Moordiemat verbleiben.[405]

Die Entscheidung ist von dem Oberamtmann nach Lage der Akten akzeptiert worden. Jedenfalls wurde gegen den Beschluss kein Widerspruch eingelegt.

Es macht den Anschein, dass es der Kammer immer nur darauf ankam, bei geplanten Ansetzungen von Kolonisten etwaige Einwände der alten Gemeinen möglichst problemlos zurückweisen zu können.[406] Das Urbarmachungsedikt gab ihr seit 1765 die rechtlichen Möglichkeiten. Schon vor Erlass des Edikts hatte die Behörde in Kolonisationssachen mehrfach neue Rechtsbestimmungen gefordert, die es ihren Lokalkommissionen erleichtern sollten, Ausweisungen von Moorländereien vorzunehmen, ohne dass mit späteren Prozessen gerechnet werden musste. Sie befürchtete seit den Anfängen der ostfriesischen Moorkolonisation in den fünfziger und frühen sechziger Jahren des 18. Jahrhunderts, dass zu erwartende Beschwerden und Prozesse von Alteingesessenen Siedlungsinteressenten abschrecken und in andere Gegenden ziehen lassen würden.[407]

Um 1790 wurden die Klagen der alten Gemeinden gegen das Edikt intensiver. Die ostfriesischen Stände begannen sich zu regen und das Edikt zu bekämpfen. Sie bezogen sich auf die alten rechtlichen Bedenken, die die Ostfriesen gegen die vom Staat an den Heiden und Mooren beanspruchten Rechte bereits früher geltend gemacht hatten.[408] Es waren die sogenannten Akkorde, die u. a. das Aufstreckrecht der Hofbesitzer und Dorfgenossen an den unzugänglichen Hochmooren umfassten. Die Stände waren nach wie vor der Ansicht, dass jeder Dorfgenosse einen Anspruch auf einen Torfstich am Rande des Moores und in der Regel hinter seinem Hofland unter geradliniger Verlängerung der beiden seitlichen Grenzen hatte. Wenn die Aufstreckung auf einen Fluss, See oder ein Heidefeld stieß, endete das Aufstrecksrecht des Landbesitzers. Wenn mehrere Aufstreckungen durch Abgrabung eines Morastes von beiden Seiten oder durch das seitliche Zusammentreffen der Aufstrecklinien ineinanderliefen, war entscheidend, wie schnell das Gebiet mit

---

[403] StAA (wie Anm. 206), Kettler an die Kriegs- und Domänenkammer v. 6.12.1788. Siehe auch Theo Meyer, Mein herzliches Bitten und Flehen. Die Moorkolonie Moordorf im Jahr 1789, in: Heimatkunde und Heimatgeschichte, Beilage der Ostfriesischen Nachrichten, 1990, Nr. 6.

[404] Ebd., Lokalbeamte an die Kriegs- und Domänenkammer v. 22.1.1789.

[405] Ebd., Kriegs- und Domänenkammer an die Lokalbeamten v. 3.2.1789.

[406] Hugenberg (wie Anm. 21), S. 65.

[407] Ebd., S. 59.

[408] Ebd., S. 191.

Gräben versehen und abgegraben wurde. Damit konnte man die Ansprüche des Konkurrenten ausschließen; das Aufstrecksrecht führte in der Praxis jedoch zu vielfältigen Streitereien.

Des Weiteren beriefen die Stände sich vor dem Hintergrund der Akkorde auf frühere zwischen den Dorfmarken aufgestellte Grenzpfähle oder auf Ausdrücke in alten Kaufbriefen, die die vermeintlichen Rechte der Alteingesessenen untermauern sollten.[409]

Den Ständen wurde zunächst eine Revision des Urbarmachungsedikts in Aussicht gestellt, jedoch wies man entschieden ein Zurückkommen auf das Aufstrecksrecht zurück. Die königlichen Stellen versprachen, dass Alteingesessenen rechtliche Schritte gegen den Fiskus gestattet werden sollten, wenn sie sich in ihrem Eigentum an den Mooren und Heiden eingeschränkt und benachteiligt wähnten. Weiterhin wurde der Kammer 1791 befohlen, die Kolonisationstätigkeit zunächst einzustellen. Diese wurde aber schon in den nächsten Jahren wieder aufgenommen, wenn es sich bei den geplanten Ansetzungen von Siedlern um Fälle handelte, wo keine Widerstände der Alteingesessenen zu erwarten waren und den Siedlungswilligen genügend eigene Mittel zum Bau eines Hauses zur Verfügung standen. Die frühe Wiederaufnahme der Kolonisationstätigkeit der Auricher Kammer ist ein Indiz dafür, dass die Kammerbeamten ihre alten Ansichten und ihren früheren Kolonisationseifer zu stark verinnerlicht hatten, um sich nach 1791 plötzlich davon loszumachen.[410]

In Moordorf beschwerten sich 1803 drei Kolonisten über zwei Hausmänner aus Victorbur und Engerhafe. Die Beschwerdeführer benutzten ein vor dem Hochmoor der Alteingesessenen sich befindendes Leegmoor als Weideland, das die Beklagten aber als ihr Privateigentum ansahen und selbst nutzen wollten. Das Terrain war bisher von den Alteingesessenen zum Torfgraben und Plaggenhauen benutzt worden.[411]

Die Lokalbeamten befürchteten in diesem Fall eine zunehmende Kultivierung von Leegmoorflächen durch anliegende Hochmoorbesitzer. Es blieb nicht genügend Weideland für die Kolonisten, weil nur noch die staatlichen Leegmoorflächen in dem Moordorfer Gebiet und die nach Walle sich hinziehenden Heideflächen für die Kolonisten als Viehweide zur Verfügung standen. Moordorf bestand im Jahre 1803 bereits aus 61 Haushaltungen mit einem Viehbestand von 114 Tieren.[412]

Die Kammer stützte sich ganz auf die Inhalte des Urbarmachungsedikts. Demnach hatte keiner ein Recht an nicht bereits kultivierten Leegmoorflächen, wenn sie nicht zu Ländereien gehörten, die in klaren Grenzen lagen oder den Eingesessenen nach den Regelungen des Edikts zugewiesen worden waren.[413] Die Behörde hielt es für angebracht, den Hausleuten die Nutzung der Leegmoore zu untersagen.[414]

Die Bauern wandten sich bei der nächsten Landrechnungsversammlung hilfesuchend an die Stände, die ihr Administrationskollegium mit der Untersuchung des Falles betrauten.[415] Dem Kollegium wurden zahlreiche Gutachten und Unterlagen

---

[409] Ebd., S. 48 f.

[410] Ebd., S. 191 f.

[411] StAA (wie Anm. 95), Protokoll des Rentmeisters zur Befragung der Beteiligten v. 26.1.1803.

[412] Ebd., Rentmeister Tannen an die Kriegs- und Domänenkammer v. 14.2.1803.

[413] Ebd., Kriegs- und Domänenkammer an die Lokalbeamten v. 19.2.1803.

[414] Ebd.

[415] Ebd., Administrationskollegium an die Kriegs- und Domänenkammer v. 3.6.1803.

von verschiedenen Hausmännern aus Engerhafe und Victorbur sowie von Nachbarn der Alteingesessenen und anderen Zeugen, bei denen es sich u. a. um frühere Landarbeiter und Torfgräber der Bauern handelte, vorgelegt.[416]

Es gab für das Kollegium zehn Aspekte, die die Besitzansprüche der Hausleute als berechtigt auswiesen.[417]

1. Sehr beweiskräftig erschien dem Kollegium, dass u. a. die Hausleute und ihre Vorfahren das Hoch- und Leegmoor seit mehr als 50 Jahren besaßen, zum Torfgraben nutzten und das Leegmoor zum Transport des Torfs und zum Plaggen-hauen verwendeten.

2. Nach der Beurteilung des Kollegiums erkannten die Kolonisten das Eigentum der Hausleute an dem Hoch- und Leegmoor und dessen Nutzung durch diese an.

3. Die Kolonisten hatten zugegeben, offiziell kein Weiderecht auf dem Leegmoor zu haben.

4. Im § 79 des Osterhusischen Akkords[418] hieß es, dass Eigentümer, die ihre Moore zum Teil oder ganz ausgegraben hatten, im Besitz dieser Flächen verblieben, unabhängig davon, ob der Untergrund aus Land oder Wasser bestehen würde.[419]

5. Begrenzungen und Gräben machten deutlich, dass die Ländereien zum Besitz der Hausleute aus Engerhafe und Victorbur gehörten. Vor allem die zahlreichen Zeugenaussagen bestätigten die Besitzansprüche als rechtens.

6. Das Urbarmachungsedikt sagte nicht aus, dass die Leegmoore oder der Untergrund abgegrabener Torfmoore den Privateigentümern abgenommen und den Moorsiedlern zugewiesen werden sollten. Entsprechende Verordnungen entsprachen generell nicht dem Osterhusischen Akkord. Auf den vorliegenden Fall war eine solche Regelung viel weniger anzuwenden, weil die betreffenden Hausleute ihre Leegmoore beständig genutzt und niemals anderen zur Verfügung gestellt hatten.

7. Die Hausleute hatten aufgrund ihrer Absicht, die Leegmoore zum Hafer-, Roggen- und Buchweizenanbau kultivieren zu wollen, größere Anrechte auf das Terrain als Kolonisten, die ihr Vieh auf dem Land weiden lassen wollten. Die Pläne der Hofbesitzer entsprachen somit der landesherrlichen Intention, wüste Flächen urbar zu machen. Die Beweidung mit Vieh bewirkte das Gegenteil, weil die Felder eher zerstört, der Torf auf dem Hochmoor zertreten und umgestoßen wurde. Weiterhin verdienten die Hausleute den Vorzug vor den Moordörfern, da sie Abgaben an die Rentei, Landschaft, Deich- und

---

[416] Ebd., Schriftliche Zeugenaussagen v. Frühjahr 1803.

[417] Ebd., Administrationskollegium an die Kriegs- und Domänenkammer v. 3.6.1803. Im Folgenden ebd.

[418] Beim Osterhusischen Akkord von 1611 handelte es sich um einen allgemeinen „Landesvertrag", auf den die Verfassung der öffentlichen Verhältnisse Ostfrieslands bis weit in das 18. Jahrhundert gründete. In ihm wurden alte Verträge, Konkordate und Beschlüsse weitgehend bestätigt. Er führte zur Steigerung ständischer Macht und Autorität und relativierte die landesherrliche Gewalt. Schmidt (wie Anm. 379), S. 248.

[419] StAA (wie Anm. 95), Administrationskollegium an die Kriegs- und Domänenkammer v. 3.6.1803.

Sielverbände zum Zweck des Unterhalts für das Land entrichteten, letztere jedoch dazu nichts beitrugen.

8. Die Ansicht der Kolonisten, die Viehweide unbedingt zu benötigen, ließ sich ebenso nicht als Begründung für ein Nutzungsrecht geltend machen.

9. Aussagen der Lokalbeamten, dass niemand ein Recht an unkultivierten Leegmooren hatte und die Bestimmungen des Urbarmachungsedikts bis zu seiner beabsichtigten Revision nicht aufgehoben werden sollten, jedoch der Buchweizenanbau und sonstige Kultivierungsarbeiten der Hausleute so lange ruhen mussten, bis eine Revision abgeschlossen war, konnten nicht als berechtigt angesehen werden. Das Kollegium schlug vielmehr vor, bis zum Inkrafttreten neuer Bestimmungen keinen Gebrauch von Inhalten des Edikts zum Nachteil der Besitzer von privaten Leegmooren zu machen.

10. Die bisher vorliegenden Behördenbescheide in ähnlichen Fällen behinderten aufgrund ihrer Inhalte eine Kultivierung des Landes eher als sie im Sinne landesherrlicher Absichten zu fördern.

Das Administrationskollegium bat die Kammer aufgrund der dargelegten Sachverhalte, die Entscheidung gegen die alteingesessenen Hausmänner aufzuheben. In dem Gutachten wurden die Kolonisten u. a. als Faulenzer und Bettler bezeichnet, die von ihren Mitmenschen als große Belastung empfunden wurden.[420]

Die Kammer reagierte verwundert auf das Engagement des Kollegiums für die alteingesessenen Hausleute. Die alten Akkorde waren nach Ansicht der Kammer nur noch dann verbindlich, wenn ihnen nicht neuere Verordnungen oder etwa Landtagsresolutionen von 1790 und 1792 entgegenstanden und alte Übereinkommen dadurch abgeändert worden waren. Vor allem die Landtagsresolution von 1792 besagte hinsichtlich des Aufstrecksrechts und des Urbarmachungsedikts ausdrücklich, dass das Edikt von 1765 und das Publikandum von 1770 keineswegs völlig aufgehoben waren, sondern dass die Inhalte der Resolution lediglich zur Verbesserung des Edikts beitragen sollten.[421]

Daher galt das Edikt bis zu seiner generellen Abänderung als Entscheidungsquelle in allen strittigen Punkten, so auch in Eigentumsfragen von Leegmooren. Nur in den Fällen, wenn Moorbesitzer beweisen konnten, dass ihre Hochmoore nach allen Seiten klare Grenzen aufwiesen oder man die betreffenden Leegmoore bereits vor Inkrafttreten des Edikts kultiviert hatte, sprach das Edikt Moorbesitzern das Eigentum und den freien Gebrauch der zu den Hochmooren gehörenden Leegmoore zu. Die Kammer wies die Behauptung der Hausleute, dass sie sich im Eigentum der Leegmoore befinden würden, zurück. Die Tatsache, dass sie dort Plaggen gestochen und Torf gegraben hatten, ließen die Eigentumsansprüche nicht zu. Dass die Leegmoore zeitweise mit dem Vieh von Kolonisten beweidet worden waren, sprach nach Meinung der Kammer für den Beweis, dass das Terrain keineswegs in kultiviertem Zustand war.

Völlig unbegreiflich war der Kammer, wie durch vorgelegte Skizzen und Atteste das Eigentumsrecht bewiesen werden sollte, da die Unterlagen sich nur auf den Besitz der Hochmoore bezogen, ein Eigentumsrecht an den Leegmooren aber nicht deutlich

---

[420] Ebd.
[421] Ebd., Kammer an das Administrationskollegium v. 6.7.1803 und im Folgenden ebd.

machten. Dieses Argument der Kammer ist aber sehr zweifelhaft, denn aus den schriftlichen Aussagen der Zeugen geht hervor, dass sich vor allem die beiden Hausleute aus Engerhafe seit jeher im Besitz des Hoch- und Leegmoores befanden.[422]

Die Kammer führte noch weitere Argumente auf, die allerdings für eine Erhellung der Angelegenheit unerheblich sind. Die Behörde erwartete von dem Administrations-kollegium der Landschaft, dass sie die Hausleute ebenfalls abwies. Das Kollegium zog sich von seinem Engagement für die alteingesessenen Bauern zurück. Wahrscheinlich erkannten die Mitglieder des Gremiums schnell, dass weitere Bemühungen an der rigiden Haltung der Kammer scheitern würden. Die Kammer sah keine Veranlassung, sich mit dem Kollegium zu arrangieren. Weitere Versuche der Hausleute, ihre Besitzansprüche doch noch geltend zu machen, unterblieben.[423]

Der Ausgang der Streitsache zeigt, dass die Kammer auch nach 1800 selbst bei Einfluss- und Parteinahme des Administrationskollegiums der Landstände noch konsequent ihre Kolonisationspolitik auf Grundlage des Urbarmachungsedikts verfolgte.

Die oben dargelegten Konfliktfälle machen deutlich, dass die behördlichen Entschei-dungen alle zugunsten von Siedlungswilligen oder bereits etablierten Kolonisten fielen. Das Vorgehen der Kammer hinsichtlich ihrer Urbarmachungsintentionen kennzeichnete sich durch Rigidität, wobei sie sich einerseits um althergebrachte Rechte von Alteingesessenen wenig scherte und andererseits das wirtschaftliche Bestehen der Kolonate und die Existenzmöglichkeiten der von ihr angesetzten Menschen vielfach ignorierte.

2.5 Die Schulverhältnisse

2.5.1 Die Errichtung der Moorschule

Die Initiativen zur Konstituierung eines Schulwesens in Moordorf gingen von dem Präsidenten der Ostfriesischen Regierung, Christoph Friedrich von Derschau, aus. Ihm waren Vorschläge der Kirchengemeinde Victorbur und des dortigen Pastors Wolcken vorgelegt worden, die diese hinsichtlich einer Verbesserung der sozialen Situation in Moordorf gemacht hatten. Die Überlegungen der Victorburer beinhalteten Fragen zur künftigen schulischen Versorgung der Kolonistenkinder. 1776 lebten in der Kolonie mehr als 50 schulpflichtige Kinder, und von Derschau hielt den Bau eines eigenen Dorfschulhauses und die Einstellung eines Schulmeisters für äußerst wichtig. Ohne eine Aufsicht und ohne Unterricht streunten diese Kinder täglich in der Landschaft herum und bettelten in den Dörfern und auf den umliegenden Höfen. Da keiner der Kolonisten so vermögend war, das Schulgeld zu bezahlen, sollte der neue Lehrer zumindest einen Schulacker zur eigenen Verwendung erhalten.[424]

Das Elementarschulwesen Preußens basierte ökonomisch fast ganz auf die Zahlung von Schulgeld, das besonders auf dem Lande von einer oft armen und mit hohen

---

[422] Ebd., Schriftliche Zeugenaussagen v. Frühjahr 1803.

[423] Ebd., Hausleute an die Kriegs- und Domänenkammer v. 21.7.1803.

[424] StAA (wie Anm. 68), Regierungspräsident von Derschau an die Kriegs- und Domänenkammer v. 16.2.1776; Vgl. zur Schulentwicklung Moordorfs auch Meyer (wie Anm. 39), S. 52 f.

Abgaben belasteten Bevölkerung erbracht werden musste. Die Tatsache, dass es bis zum Ende des 18. Jahrhunderts nicht möglich war, einen einheitlichen Schulgeldsatz in allen Provinzen Preußens durchzusetzen, dokumentiert, wie wenig die Bevölkerung bereit und in der Lage war, zusätzlich zu anderen, drückenden Lasten auch diese noch zu tragen.[425]

Schon 1755 führte das Konsistorium in Aurich den schlechten Zustand des ostfriesischen Dorfschulwesens im Wesentlichen auf die geringe Bezahlung der Schulmeister zurück. Das Konsistorium bemühte sich während der gesamten preußischen Zeit um eine Erhöhung der Lehrereinkünfte. Bei vielen sich bietenden Gelegenheiten zeigte es die Notlage ostfriesischer Schulmeister auf, ohne in Berlin auf eine Bereitschaft zu stoßen, in dieser Sache initiativ zu werden.[426]

In Moordorf durchzog die Schulgeldfrage die Schulgeschichte von ihren Anfängen bis zum Ende der hannoverschen Herrschaft in Ostfriesland im Jahre 1866. Das Schulgeld bildete in der Regel einen Teil der Lehrerbesoldung. In Ostfriesland änderte sich an den im Jahre 1804 verordneten Schulgeldsätzen bis 1888 kaum etwas. Die Schulgeldzahlungen für mittellose Familien übernahmen in der Regel die für sie zuständigen Armenverwaltungen.[427]

Der Regierungspräsident in Aurich sprach sich dafür aus, den Moordorfern einen Schulacker in einer Größe von etwa vier Diemat lastenfrei zur Verfügung zu stellen und ihn von den Dorfbewohnern beackern zu lassen.[428] Die Kolonie bestand am Jahresanfang 1776 aus 25 Häusern und Hütten.[429]

Unter diesen Voraussetzungen genehmigte das Departement von Schulenburg in Berlin den Bau des Schulhauses in Moordorf im März 1776. Der Neubau sollte möglichst in der Mitte der Kolonie erfolgen, um den Schulweg für alle Kinder so kurz wie möglich zu halten.[430] Pastor Wolcken aus Victorbur legte einen Bauplan mit einer Berechnung der Kosten vor.

Die Kammer hegte jedoch Zweifel darüber, ob man die Baugelder zusammenbringen würde. Sie bot an, 25 Reichstaler als Bauhilfe zur Verfügung zu stellen, wenn das Haus fertig sei und mindestens den Wert von 100 Reichstalern ausmachte.[431]

Die staatlichen Stellen zeigten sich besonders in Grenzprovinzen Preußens durch Förderung von Schulen bemüht, diese Einrichtungen als Instrument ihrer „Prussianisierungspolitik" zu nutzen. Das Interesse in Berlin an einer Befriedungs- und Integrationspolitik in dem 1744 dazu gewonnenem und vom Kernland weit entlegenem Ostfriesland war groß.[432] Die Durchführung einer generellen Haus-

[425] Leschinsky/Roeder (wie Anm. 44), S. 106.

[426] Sybille Brüggemann, Landschullehrer in Ostfriesland und Harlingerland in der ersten preußischen Zeit (1744-1806), Köln/Wien 1988 (Studien und Dokumentationen zur deutschen Bildungsgeschichte, Bd. 38), S. 101 f.

[427] Brigitte Müller, Dorfschule im 19. Jahrhundert. Arle in Ostfriesland, Oldenburg 1994, S. 155 f.; Siehe auch Theo Meyer, Wir sodenn mit den Unsrigen verhungern müssten (wie Anm. 120) sowie Theo Meyer, Schulalltag in Moorkolonien. Beispiele aus dem 19. Jahrhundert: Rechtsupweg und Leezdorf, in: Heim und Herd, Beilage des Ostfriesischen Kuriers, Nr. 11/1996.

[428] StAA (wie Anm. 68), Regierungspräsident von Derschau an die Kriegs- und Domänenkammer v. 16.2.1776.

[429] Ebd., Kriegs- und Domänenkammer an das Departement von Schulenburg v. 22.2.1776.

[430] Ebd., Kriegs- und Domänenkammer an den Auricher Rentmeister v. 25.3.1776.

[431] Ebd., Kriegs- und Domänenkammer an das Konsistorium v. 7. 5.1776.

[432] Leschinsky/Roeder (wie Anm. 44), S. 80 f.

kollekte zur teilweisen Finanzierung des Neubaus in Moordorf lehnte die Kammer ab, da sie das Objekt nicht für bedeutend genug hielt. Die Kammer hatte Anweisungen bekommen, sich hinsichtlich der Vergabe entsprechender Genehmigungen zurückzuhalten, weil in den zurückliegenden Jahren viele Sammlungen durchgeführt worden waren. Sie hatten sich als eine große Belastung für die Bevölkerung erwiesen. Entsprechend wenige Gelder waren daher zusammengekommen.[433]

Zu einer Förderung des Schulprojekts in Moordorf sahen sich die ostfriesischen Landstände veranlasst. Das Administrationskollegium stellte eine Summe von 100 Reichstalern zur Verfügung. Regierungspräsident von Derschau hatte sich zunächst gescheut, die Landstände mit derartigen Ausgaben zu belasten, sich dann aber doch bei der Ostfriesischen Landschaft für das Vorhaben eingesetzt, weil nach seiner Einschätzung keine andere neue Gemeinde in Ostfriesland vor allem in Hinsicht der Konstituierung eines Schulwesens so sehr bedürftig sei wie Moordorf.[434]

Die Ostfriesische Landschaft tat sich zu jener Zeit oftmals als Förderin der Bildung in Ostfriesland hervor. Die Landstände, die vom Geiste der Aufklärung erfasst waren, verschlossen sich in der Regel nicht, wenn Bitten um Hilfe und Unterstützung zur Hebung von Bildung oder Kultur an sie herangetragen wurden.[435]

Im November 1776 wurde eine geeignete Parzelle als Standort der Schule gefunden. Die Vermessung konnte durchgeführt werden, nachdem sich die Kolonisten von Moordorf einverstanden erklärt hatten, das Terrain als Schulland anzunehmen. Das vier Diemat große Moorland wurde der Siedlung vom Amtsgericht Aurich unter der Bedingung zugewiesen, dass die Moordorfer zur Sicherstellung des Unterhalts ihres Schulmeisters von dem zum Schulgrundstück gehörenden Acker mindestens zwei Diemat pflügten, zur Einsaat vorbereiteten sowie die Entwässerungsgräben reinigten. Die Arbeiten sollten bereits im Frühjahr 1777 beginnen, damit der Lehrer noch in dem Jahr eine Ernte einfahren konnte.

Eine vom Konsistorium genehmigte Bauzeichnung lag mittlerweile vor, so dass die Beamten des Amtsgerichts Aurich mit Zuziehung der Schüttemeister von Moordorf die erforderlichen Baumaterialien anschafften.[436]

Die Bedingungen der Landannahme fanden jedoch beim Konsistorium keine Zustimmung. Regierungspräsident von Derschau verwies auf die Tatsache, dass die Moordorfer Eingesessenen das gewöhnliche Schulgeld nicht entrichten konnten, und sie daher nicht nur den lastenfrei zur Verfügung gestellten Schulacker urbar machen, sondern auch zwei Diemat alljährlich zur völligen Einsaat vorbereiten sollten. Als eine Zulage sollte der Lehrer aus einer noch zu errichtenden Schulkasse für jedes Kind jährlich einen Gulden empfangen. Damit kam der Schulmeister auf etwa 45 Gulden, wovon jedoch kein Erzieher leben konnte, wenn nicht die jährliche Ackervorbereitung des Schullandes durch die Siedler hinzukam. Die Arbeit an dem Acker betrug für jeden Familienvorsteher jährlich etwa zwei Arbeitstage. Die Erklärung der Moordorfer, lediglich die ersten zwei Jahre das Land urbar machen zu wollen und dafür zwei bis drei Jahre Frist zu bekommen, war für von Derschau unakzeptabel.[437]

[433] StAA (wie Anm. 68), Kriegs- und Domänenkammer an das Konsistorium v. 14.6.1776.

[434] Ebd., Konsistorium an das Administrationskollegium v. 16.5.1776.

[435] Siehe dazu Harm Wiemann, Die Ostfriesische Landschaft als Förderin der Bildung in Ostfriesland, in: Ostfriesland. Zeitschrift für Kultur, Wirtschaft und Verkehr, Leer 1960, Nr. 1.

[436] StAA (wie Anm. 73), Regierungspräsident von Derschau an Amtmann Jhering v. 6.12.1776.

[437] Ebd., Regierungspräsident von Derschau an das Amtsgericht Aurich v. 3.3.1777.

Den Bemühungen, die Einkünfte von Schulmeistern in Ostfriesland zu Lasten der Gemeinden zu verbessern, wurde von den betreffenden Kommunen in der Regel deutlicher Widerstand entgegengebracht. Abhängig von den lokalen Verhältnissen kam der Sicherung oder Vergrößerung des Schullandes vielfach eine besondere Bedeutung zu. Die Nutzung von Ländereien hatte sich als eine relativ stabile Einnahmequelle erwiesen.[438]

Die Siedler von Moordorf konnten sich nicht dazu entschließen, die jährliche Bearbeitung der Parzelle zuzusichern. Sie boten schließlich sogar an, das Schulgeld für ihre schulpflichtigen Kinder bezahlen zu wollen.[439] Die Gründe für die Ablehnung der jährlichen Landbestellung durch die Kolonisten gehen aus den Quellen nicht hervor. Das Angebot, anstatt der Landarbeit lieber das Geld zu entrichten, verwundert angesichts der Armut der Siedler. Es ist zu vermuten, dass die Siedler vor der Kolonisationsarbeit auf dem Schulland zurückschreckten. Es befanden sich nahezu alle Moordorfer Ländereien in einem schlechten Zustand, vor allem war nirgends die Entwässerung der landwirtschaftlichen Flächen gesichert. Darüber hinaus hatten die Siedler täglich die schwere Aufgabe der Moorkultivierung ihrer eigenen Kolonate vor Augen, die ihnen oft selbst als unlösbar erschien.

Die Moordorfer fanden sich schließlich bereit, einen Schulmeister unter den Bedingungen, dass sie ihm die vier Diemat große Schulstelle in drei Jahren urbar machten und für jedes Kind einen Gulden an jährlichem Schulgeld bezahlten, anzunehmen. Dabei gingen sie von einer finanziellen Unterstützung durch das Konsistorium aus.[440]

Im Sommer 1777 befand sich das Schulgebäude im Bau. Die Kolonisten hatten einen Schulmeister gefunden, der ihren Vorstellungen entsprach, und der bereit war, das Schulvorhaben in der armseligen Siedlung zu realisieren. Es handelte sich um Berend Detmers aus Victorbur.[441] Detmers war in dem nicht weit von der Kolonie entfernten Dorf Upende aufgewachsen. Er stammte aus einer Tagelöhnerfamilie. Nach seiner Heirat mit einer Eingesessenen aus Victorbur lebte er zunächst im Haushalt der Schwiegereltern. In den Registern der Kirchengemeinde Victorbur wurde er bei seiner Trauung 1752 als Arbeitsknecht bezeichnet. Nach diesen Quellen hatte Detmers auch Besatzungen von Schiffen angehört. Später gab er seinen Beruf mit Böttcher an.[442]

Grundlage für die Beurteilung von charakterlichen Eigenschaften der Bewerber auf Schulstellen bildeten in erster Linie die Leumundszeugnisse, die die Bewerber vorlegten. Oft wurden diese von den Pastoren der Gemeinden ausgestellt, in denen die Bewerber bisher gelebt hatten. Der Aussagewert war eher gering. Tatsächlich stellten diese Gutachten oft ein Gefälligkeitsdokument dar, dessen Aussagen sich eher an den Erwartungen der Einstellungsstellen als an den wirklichen Verhältnissen orientierten.[443]

---

[438] Brüggemann (wie Anm. 426), S. 103 f.
[439] StAA (wie Anm. 73), Vermerk von Amtmann Jhering v. 26.3.1777.
[440] Ebd., Vermerk von Amtmann Jhering v. 18.4.1777.
[441] Ebd.
[442] Hoogstraat (wie Anm. 42), S. 43 f.
[443] Brüggemann (wie Anm. 426), S. 207 f.

Das Konsistorium war schließlich einverstanden, dass der Moordorfer Schulkasse angesichts des Unvermögens der Einwohner insgesamt 45 Gulden zur Verfügung gestellt wurden. Dieser Betrag setzte sich aus drei Posten zusammen.

1. Aus der Strandkasse zahlte das Konsistorium dem Lehrer jährlich sieben Reichstaler und sechs Schaf.
2. Die Kriegs- und Domänenkammer zahlte Detmers jährlich aus derselben Kasse vier Reichstaler und zwölf Schaf.
3. Aus Kollektengeldern wurden der Schulkasse 100 Reichstaler als ein dauerndes Kapital geschenkt; dieses Geld legte man zu jährlichen Zinsen von 5 % fest. Die Zinsen flossen dem Lehrer zu.

Die drei Posten ergaben die Summe von 45 Gulden bzw. 16 Reichstalern und 18 Schaf, die man dem Lehrer jährlich im Mai auszahlte.[444]

In Ostfriesland unterhielten die Gemeinden ihre Lehrer seit jeher selbst. Beihilfen für einzelne Schulmeister aus öffentlichen Mitteln hatten aber hier eine lange Tradition. Bereits in fürstlicher Zeit wurden diese Zuwendungen als Sozialleistungen ausgezahlt, die besonders bedürftigen Schulmeistern zugute kamen, die jedoch nicht als Entgelt für die Lehrertätigkeit angesehen wurden. Die Beiträge entnahm man gewöhnlich der sogenannten Strandkasse, die in der Preußenzeit offiziell „Armen-Strand-Casse" genannt wurde. Ursprünglich diente sie zur Unterstützung armer Einwohner, unabhängig von deren Stand oder Amt. Sie wurde später vorwiegend dazu benutzt, Schulmeister zu unterstützen, weil diese Personen oft bedürftig und mittellos waren. In Einzelfällen, wie hier im Falle des Moordorfer Lehrers, wurden kontinuierliche Beihilfen auch per Verordnung bewilligt, wenn die Schulstellen äußerst dürftig dotiert waren. Die regelmäßigen Zahlungen machte man vielfach von angemessenen Eigenleistungen der Gemeinden abhängig.[445]

Das jährliche Gehalt war kärglich; am Ende der Regierungszeit Friedrich II. erreichte beispielsweise nicht einmal die übergroße Mehrheit der Lehrer in Ostpreußen in ihrer Versorgung eine Norm von 33 Reichstalern, die für diesen Landesteil bereits 1734 als unbedingt erforderlich angesehen worden war. Der Dorfschulmeister jener Tage bewegte sich einkommensmäßig noch weit unter dem Lebensstandard von Handwerkern und Bauernfamilien.[446]

Im Spätsommer 1777 standen die von der Kammer zugesagten Bauhilfsgelder zur Verfügung.[447] Nachdem das Schulhaus so weit fertiggestellt war, dass es seiner Bestimmung übergeben werden konnte, überreichten die Schüttemeister dem Konsistorium die Belege über sämtliche Baukosten. Die Rechnungen ergaben zusammen eine Summe von 125 Reichstalern, fünf Schaf und zweieinhalb Witten.[448]

Am 27. August 1777 wurde Detmers formell als Schulmeister der Moordorfer Kinder bestellt und die Ernennung ausgesprochen. Vorher hatte er bereits bei

[444] StAA (wie Anm. 67), Konsistorium an die Kriegs- und Domänenkammer v. 27.8.1777.
[445] Brüggemann (wie Anm. 426), S. 111 f.
[446] Leschinsky/Roeder (wie Anm. 44), S. 99.
[447] StAA (wie Anm. 67), Kriegs- und Domänenkammer an das Konsistorium u. an die Strandkasse v. 5.9.1777.
[448] StAA (wie Anm. 73), Regierungspräsident von Derschau an Amtmann Jhering v. 8.10.1777.

Superintendent Reershemius, der als Schulinspektor fungierte, eine Prüfung erfolgreich abgelegt.[449]

2.5.2 Konflikte zwischen Schulmeister und Elternschaft

Den Siedlern von Moordorf war die Notwendigkeit des regelmäßigen Schulbesuchs ihrer Kinder wenig klar. Zu massiv stellte sich der Kampf um das tägliche Brot als Grundproblem ihrer Existenz in den Vordergrund. Im Herbst des Jahres 1782 sah sich Schulmeister Detmers gezwungen, sich deswegen an die Behörden zu wenden. Sein Schreiben verdeutlicht die schwierige Situation des Erziehers, die vorrangig davon gekennzeichnet war, dass die Eltern nicht konsequent für den Schulbesuch ihres Nachwuchses sorgten. Detmers ging es hauptsächlich um den Schulbesuch der Kinder, die zur Arbeit oder zur Bettelei noch nicht fähig waren. Für die anderen schulpflichtigen Heranwachsenden, die sich mit Arbeiten oder Betteln betätigten, zeigte er sogar Verständnis.[450]

Der Moorvogt sagte in allen Kolonistenbehausungen an, dass die Behörden die Verfehlungen der Siedler mit Geldzahlungen und Körperzüchtigungen bestrafen wollten, falls sie den Schulbesuch ihrer schulfähigen Kinder nicht konsequent in die Wege leiteten. Um die Wichtigkeit dieser Angelegenheit zu unterstreichen, wurden die Eltern gleich zu einer Zahlung von Gerichtsgebühren aufgefordert.[451]

Der Moorvogt suchte 21 Familien auf, die sich allerdings weigerten, die Gebühren zu entrichten.[452] Die Sache verlief wahrscheinlich im Sande. Weitere Akten liegen zu der Angelegenheit nicht vor. Man ließ manchmal Gnade vor Recht ergehen, weil jede Geldstrafe gleich eine große Belastung für die Familien darstellte und hinsichtlich des eigentlichen Zwecks doch nur sehr wenig erreicht wurde.

Im Dezember 1782 wiederholte der Schulmeister seine Klagen über den mangelnden Schulbesuch vor allem im Sommer sowie den schlechten Zustand des Schulgebäudes und -raumes. Es waren keine Bänke und Tische in dem Schulraum vorhanden. Die Siedler hatten diese behelfsmäßig teilweise aus Moorsoden gefertigt. Dies macht deutlicht, wie schwierig es gewesen sein muss, eine Lernatmosphäre in der Behausung zu schaffen.[453]

Wieder äußerte Detmers zum Teil Verständnis für die Kinder, die seine Einrichtung nicht aufsuchten. Wenn man diese Probleme mit der Situation in anderen Landesteilen, etwa Westpreußen, vergleicht, ist festzustellen, dass diese Angelegenheiten nicht spezifisch ostfriesische waren. Noch 1784 besuchten in manchen Bezirken Westpreußens weniger als ein Prozent der Kinder die Winterschule; die Realisierung der Sommerschule stellte sich kaum mehr als eine Illusion dar.[454]

Mit einer Reihe von Verwaltungsmaßnahmen wurde in preußischer Zeit versucht, die Sommerschule nach und nach durchzusetzen. Das für die ganze Monarchie geltende

---

[449] StAA (wie Anm. 67), Konsistorium an die Kriegs- und Domänenkammer v. 27.8.1777.

[450] StAA (wie Anm. 73), Schulmeister Detmers an das Amtsgericht Aurich v. 21.11.1782.

[451] Ebd., Amtmann Jhering an Moorvogt Thiele v. 7.11.1782.

[452] Ebd., Moorvogt Thiele an Amtmann Jhering v. 2.12.1782.

[453] Ebd., Schulmeister Detmers an Amtmann Jhering v. 10.12.1782.

[454] Leschinsky/Roeder (wie Anm. 44), S. 101. Die Autoren gehen davon aus, dass sich für alle Landesteile Preußens, wenn dort Schulen bestanden, der Schulbesuch offenbar meist auf die viermonatige Winterschule beschränkte.

Generallandschulreglement von 1763 machte die Sommerschule für alle Schulpflichtigen verbindlich. Nach dem Gesetz sollte die Schule selbst in der Erntezeit ohne Unterbrechungen stattfinden.[455]

Es bestand eine Verpflichtung der Moordorfer Kolonisten bzw. der Schüler, die Schule mit Heizmaterial zu versorgen und den Schulraum vor Unterrichtsbeginn vorzuheizen. Dies konnte nur sinnvoll geregelt werden, wenn die Kinder alle zur gleichen Zeit Torf mit zur Schule brachten. Im Winter besuchten etwa acht bis zwölf Kinder die Schule. Dann kam nicht so viel Torf zusammen, dass die Kinder es im Unterrichtsraum warm genug hatten. Manchmal war der mitgebrachte Torf so nass, dass das Feuer erlosch.[456]

Das fehlende Engagement der Elternschaft, die zugesagten Arbeiten auf dem Schulland zu verrichten, zwang den Schulmeister, selbst regelmäßig auf dem Feld zu arbeiten. Da er verpflichtet war, seiner Unterrichtsobliegenheit nachzukommen, wenn die Eltern ihm mehr als acht Kinder zum Lernen schickten, bedeutete dies, nicht für den eigenen Lebensunterhalt auf dem Schulland arbeiten zu können. Er beanspruchte für seine Lehrtätigkeit die entsprechende Entlohnung und machte allen kund, dass er bei der Sicherstellung bestimmter Voraussetzungen sehr wohl in der Lage war, einen guten Unterricht durchzuführen.[457]

Die Stellen der kleinen Dorf- oder Nebenschulen in den ärmeren Gegenden wurden im 18. Jahrhundert in der Regel mit Existenzen besetzt, die nie ein Lehrerseminar besucht hatten. Nicht wenige frühere Handwerker und Gesellen wählten die Schulmeistertätigkeit zum Broterwerb, weil sie für ihre eigentlichen Berufe zu krank oder aus anderen Gründen untauglich geworden waren. Interesse an der Erziehung der ihnen anvertrauten Menschen, den dieser Beruf im höchsten Maße erforderte, war selten vorhanden. Ihre Befähigung zu dem Amt hatten sie meistens mehr schlecht als recht nachgewiesen.

Zahlreiche dieser Leute lebten in den dunklen Unterrichtsräumen ihre Aggressionen und primitiven Wesenseigenschaften aus. Die Psychoanalytikerin Alice Miller hat die Auswirkungen dieser alten Erziehungseinrichtungen vor allem auf die Kinder beschrieben und darüber hinaus festgestellt, dass viele Erzieher aus dieser Pädagogik einen Gewinn für ihre verborgensten, uneingestandenen Bedürfnisse zogen.[458]

Wenn noch bis in die Anfänge des 19. Jahrhunderts z. B. in Preußen Handwerksgesellen, alternden Bediensteten sowie Militärinvaliden Elementarschulen als Versorgungsstellen übertragen wurden und sich auch sittlich wenig zuverlässige Leute als Schulmeister verdingten,[459] dann lässt sich erahnen, welche Szenen sich in den Schulbauten abgespielt haben können. Die Versuche Preußens, im 18. Jahrhundert etwa Kriegsinvaliden generell dadurch zu versorgen, dass sie Schulmeisterstellen übernahmen, wurde in Ostfriesland nicht übernommen.[460]

Heftige Klagen und sogar Proteste gegen Schulgeldforderungen gab es seitens der Bevölkerung trotz vieler Androhungen von scharfen Strafen in allen Gebieten Preußens. In der Schwierigkeit, die Schulpflicht (in erster Linie die Sommerschule)

[455] Brüggemann (wie Anm. 426), S. 270.
[456] StAA (wie Anm. 73), Detmers an Amtmann Jhering v. 10.12.1782.
[457] Ebd.
[458] Alice Miller, Am Anfang war Erziehung, Frankfurt am Main 1980, S. 17 f.
[459] Leschinsky/Roeder (wie Anm. 44), S. 146.
[460] Brüggemann (wie Anm. 426), S. 207.

und das einheitliche Schulgeld durchzusetzen, drückte sich einerseits die materielle Notlage der Eltern aus. In der Regel war die Landbevölkerung Preußens auf die Mitarbeit ihrer Kinder in der Landwirtschaft oder auf deren sonstigen Verdienst angewiesen. Das eher niedrige Schulgeld war für sie fast nicht erschwinglich. Andererseits bestand besonders auf dem Lande ein verbreitetes Desinteresse an Schulen und den durch sie vermittelten Fähigkeiten. Für die Landbevölkerung muss es schwierig gewesen sein, überhaupt Sympathie für die Einrichtungen zu entwickeln. Mit der Schulbildung war für die armen Landleute nicht die mindeste Aussicht verbunden, die drückende ökonomische und rechtliche Lage zu verbessern. Die Schulpflicht bedeutete in allen Landesteilen den Entzug dringend benötigter Arbeitskräfte.[461]

Die Eltern der Moordorfer Kinder schätzten die Situation der Schulverhältnisse in ihrer Kolonie ganz anders ein als ihr Lehrer und sahen die Probleme im ganz unkorrekten Verhalten des Erziehers begründet. Sie kritisierten, dass der Schulmeister seinen Unterricht vernachlässigte, weil er es vorzog, auf dem Schulacker zu arbeiten.[462]

Der Lehrer war für die Moorbauern nicht mehr als eine Belastung. Ihre Kinder hatten zunächst durch Feldarbeiten und andere Tätigkeiten sowie durch Bettelei für die Befriedigung der elementaren Lebensbedürfnisse zu sorgen. Dies war existentiell vonnöten. Der Sinn des Schulbesuchs war den meisten Kolonisten und ihrem Nachwuchs ganz unklar.

Wenn es im 18. Jahrhundert gelang, Kinder den Landschulen zuzuführen, waren oft aus unerheblichen oder nichtigen Ursachen ausgesprochene Vorwürfe und Beleidigungen gegen Lehrer nicht selten. Diese Verhaltensweisen lassen auf die Ablehnung und den Hass schließen, den viele Eltern gegenüber den Schulen empfanden. Die Schulpflicht nahm ihnen einen Freiraum und füllte diesen mit einer unqualifizierten Veranstaltung bei nicht selten einfältig-verschlagenen Schulmeistern, deren „Schulehalten" den Namen Unterricht nach heutigen Kriterien nicht verdiente.[463]

Im Februar des Jahres 1783 wurden der Schulmeister und ein Kedde des Ortes zum Amtsgericht Aurich zitiert, um die schwierigen Schulverhältnisse zu erörtern.[464]

Dabei kam heraus, dass ausstehende Schulgeldzahlungen in ihrer Siedlung nur durch Pfändungen eingetrieben werden konnten. Der Schulmeister hatte die Rechnungen der ausstehenden Gelder beim Amtsgericht einzureichen.[465]

In den Quellen finden sich drei Tabellen über die Schulversäumnisse Moordorfer Kinder in den Monaten Dezember 1782, Januar 1783 und Februar 1783. Es sind die Namen von 30 Kindern aufgeführt. Mittels Strichlisten wurde das Fehlen der Kinder registriert. Demnach waren die Versäumnisse im Januar 1783 besonders hoch. Auf jedes Kind kommen in dem Wintermonat durchschnittlich etwa 15 versäumte Schultage. Im Dezember des Vorjahres ergeben sich für jedes Kind durchschnittlich sechs Fehltage. Im Februar 1783 ist eine Verbesserung des Schulbesuchs zu

---

[461] Ebd., S. 107 f.

[462] StAA (wie Anm. 73), Stellungnahme der Moordorfer Siedler vom Dez. 1782.

[463] Gerhardt Petrat, Schulunterricht: seine Sozialgeschichte 1750-1850, München 1979, S. 288.

[464] StAA (wie Anm. 73), Amtmann Jhering an Detmers und Dirks v. 23.12.1782.

[465] Ebd., Protokoll von Amtmann Jhering v. 8.2.1783.

verzeichnen. Für jedes Kind lassen sich etwa vier Fehltage ermitteln.[466] Es ist anzunehmen, dass bessere Wetterverhältnisse hierfür den Ausschlag gegeben haben.

Man darf davon ausgehen, dass die in Preußen angeordnete Schulpflicht noch am Ende des 18. Jahrhunderts, d. h. am Ende einer Epoche hoher Machtentfaltung dieses Staates und seiner Regenten, keineswegs allgemein durchgesetzt war.[467] Die Schulverhältnisse in Moordorf geben dafür einen deutlichen Beweis.

Insgesamt blieb die Schulsituation in den folgenden Jahren weiter angespannt. Detmers sah sich immer wieder einem unregelmäßigen Schulbesuch ausgesetzt. Da er seinen Lebensunterhalt nicht allein von seinem Lehrerlohn bestreiten konnte, suchte er hauptsächlich im Buchweizenanbau einen Zuverdienst. Die Lage der damaligen Schulmeister ist nicht zu verkennen. Da sie in ihrem Lebensstandard zum Teil unter dem von Tagelöhnern standen, konnten sie nur mit Hilfe von Nebenverdiensten das für den Unterhalt einer Familie notwendige Geld zusammenbringen.[468]

Im Spätherbst des Jahres 1788 war Detmers Situation äußerst desolat. Zahlreiche Kinder erbettelten ihr Brot für sich und für alle Familienmitglieder. Auch der Schullehrer wurde in dem Jahr ein Opfer der Missernten und sah sich gezwungen, Bettelbriefe an die Behörden zu richten.[469]

Die Kolonisten entschieden sich im Sommer 1789 für die Beantragung eines lastenfreien Moorstückes, um dort für den Schulmeister und für den Schulbedarf Torf graben zu können.[470] Die Siedler hatten ein Einsehen, für die Feuerung des Schulhauses mit Sorge tragen zu müssen. Ihnen wurde ein Distrikt staatlichen Landes hinter der Schule zugewiesen.[471]

2.5.3 Die Gestaltung des Schullebens

An den ostfriesischen Elementarschulen richteten sich die Unterrichtsinhalte in der ersten Preußenzeit nach den gesetzlichen Bestimmungen des *„General-Land-Schul-Reglements"* vom 12. August 1763.[472] Dieses Reglement konstituierte Schule und Unterricht als Staatsaufgabe und stellte die Lehrer und Schüler unter die Aufsicht der Kirche. Die 1766 in Kraft tretende *„Inspektionsordnung für das Fürstentum Ostfriesland und Harlingerland"* sollte einerseits das Elementarschulwesen fördern, andererseits beinhaltete sie Regelungen zu einer strengeren Kontrolle der Schulen. Das *„Preußische Allgemeine Landrecht"* von 1794 schuf nähere Schulaufsichtsbestimmungen, insbesondere die Definition des staatlichen Charakters der Elementarschulen.[473]

Im Generallandschulreglement war vorgesehen, dass die Kinder im Winter vormittags und nachmittags jeweils drei Stunden Unterricht haben sollten. Die

---

[466] Ebd., Strichlisten von Schulmeister Detmers.
[467] Leschinsky/Roeder (wie Anm. 44), S. 106.
[468] Ebd., S. 99.
[469] StAA (wie Anm. 206), Schulmeister Detmers an die Kriegs- und Domänenkammer v. 21.11.1788.
[470] Ebd., Konsistorium an die Kriegs- und Domänenkammer v. 27.8.1789.
[471] Ebd., Lokalbeamte an die Kriegs- und Domänenkammer v. 2.10.1789.
[472] Müller (wie Anm. 427), S. 157.
[473] Ebd., S. 67 f.

Nachmittage am Sonntag und Mittwoch waren unterrichtsfrei. Das Reglement empfahl den Unterricht vormittags von acht bis elf und nachmittags von 13 bis 16 Uhr durchzuführen. Während der Sommerzeit sollte entweder vormittags oder nachmittags schulfrei sein.[474] Detmers unterrichtete seine Schulkinder im Winter von morgens neun bis mittags zwölf Uhr und nachmittags von 13 bis 16 Uhr.

Nach dem Generallandschulreglement war der Schulbesuch für Heranwachsende zwischen dem 5. und 14. Lebensjahr vorgesehen. Beherrschender Schulinhalt waren der Katechismus und einige darüber hinausgehende Kenntnisse der Grundlagen des Christentums. An zweiter Stelle in der Rangfolge der Schulziele stand eine Erziehung zur Disziplin, d. h. hauptsächlich eine Erziehung zur Achtung vor der Autorität der Eltern und der Obrigkeit. Der § 22 im Generallandschul-reglement widmete sich ganz dem Thema *„Disziplin"*. Sie sollte den *„Eigensinn"* der Kinder brechen, weil *„Eigenliebe als Quelle aller Sünden"* angesehen wurde.[475] Die größte Sorge bereiteten Erziehern seit jeher dieser sogenannte Eigensinn, der Trotz und die Heftigkeit kindlicher Gefühlsäußerungen. Darum wurde immer wieder darauf hingewiesen, dass mit der Erziehung zum Gehorsam nicht früh genug begonnen werden konnte. Ziel dieser Pädagogik waren die Sicherung der Ansprüche der Erzieher und weiterer Autoritäten.[476]

Bei den Lernzielen stand das Lesen an oberster Stelle, danach folgte das Schreiben. Vom Rechnen war nur am Rande die Rede. Unterrichtsgegenstände, die im Zusammenhang mit der Lebenswelt und wirtschaftlichen Tätigkeit der Bevölkerung standen, fehlten ganz.[477]

Nach einem vorliegenden Moordorfer *„Schul-Catalogus"* führte der Schulmeister im Sommer 1783 den Unterricht insgesamt lediglich sieben Wochen durch, weil nur sehr wenige Kinder das Schulhaus aufsuchten.[478] Die im Mai 1765 herausgegebene Verordnung über die Schulkataloge sollte den Konsistorien Aufschluss über die inneren und äußeren Verhältnisse an den einzelnen Schulen geben. Aufgrund der Pflicht, die Angaben sehr präzise zu machen, dienten sie primär der Kontrolle. In der Inspektionsordnung von 1766 waren noch genauere Instruktionen über das Ausfüllen der Kataloge aufgeführt, um Nachweise zu liefern, ob die Schulmeister im Sinne der Bestimmungen der Inspektionsordnung lebten und wirkten.[479]

In der Inspektionsordnung wurden die lutherischen Kirchengemeinden in acht und die reformierten in sieben Inspektionsbereiche unterteilt. Ausgewählte Pastoren aus den 15 Bezirken wurden zu Schulinspektoren ernannt, denen die einzelnen Ortsgeistlichen unterstanden.[480] Die Ortsgeistlichen waren unmittelbare Vorgesetzte der Schulmeister. Sie besuchten, prüften und berieten die Dorflehrer während und

---

[474] Brüggemann (wie Anm. 426), S. 274.

[475] Leschinsky/Roeder (wie Anm. 44), S. 70 f. Die Autoren vermuten, dass die Hohenzollern den Schülern in den Elementarschulen jene Pflichtgefühle und jene Disziplin einpflanzen wollten, die einerseits ein Abgleiten in Kriminalität verhinderten und andererseits der wirtschaftlichen Verwertung der Arbeitskraft dienlich waren (S. 117).

[476] Miller (wie Anm. 458), S. 25.

[477] Leschinsky/Roeder (wie Anm. 44), S. 72. Die Autoren sehen in der Unterlassung einen Hinwies, dass die *„Masse der Landbevölkerung nicht als Subjekt wirtschaftlicher Entwicklung, sondern als Objekt der fürstlichen Wirtschaftspolitik gesehen"* wurde.

[478] MMA, Schulkatalog der Moordorfer Schule von Ostern 1783 bis Ostern 1784.

[479] Müller (wie Anm. 427), S. 71.

[480] Ebd., S. 77 f.; Brüggemann (wie Anm. 426), S. 67 f.

außerhalb des Unterrichts. Gegebenenfalls wurden die Schulmeister von ihnen auch streng zurechtgewiesen.[481]

Die Schulmeister, die die Schulkataloge führten, machten nicht nur die Fehlzeiten der Kinder aktenkundig, sondern prangerten auch die Versäumnisse der Eltern an. Wenn der Ortsgeistliche sie zu gegebener Zeit deswegen rügte, richtete sich der anschließende Ärger ganz gegen den Dorflehrer, der das Ausfüllen der Kataloge als staatliche Anordnung bewerkstelligen musste. Den Schulmeistern wurden also innerhalb der Gemeinden Kontrollfunktionen zugewiesen, was ihre Stellung im sozialen Gefüge der Dörfer eher noch verschlechterte.[482]

Fast alle Siedler Moordorfs behielten in den arbeitsintensiven Sommermonaten ihre Kinder für Feldarbeiten zu Hause. Diese Tatsache galt für die meisten Landschulen. Die Lehrer konnten im Frühjahr und vor allem im Sommer nur mit einer Teilbesetzung ihrer Klassen rechnen, weil die Kinder auf den Feldern und Äckern oder bei der Ernte mitarbeiten mussten.[483]

Die Angaben über die Anzahl der schulpflichtigen Moordorfer Kinder in den Jahren 1782 bis 1786 differieren in den Quellen. Nach den Informationen des Victorburer Pastors gab es im Jahre 1784 24 schulpflichtige Kinder in der Siedlung, 1783 waren 22 Schüler in seinen Unterlagen registriert worden. Der Pastor bezweifelte die Richtigkeit seiner eigenen Unterlagen, da Moorvogt Thiele im November 1783 eine Einwohnerliste angefertigt hatte, die über 151 Personen auswies. Aufgrund dieser Quelle war der Pastor überzeugt, dass es mehr Kinder in der Kolonie geben müsse. Der Prediger ging davon aus, dass nur wenige Siedler die Notwendigkeit des Schulbesuchs anerkannten. Zu den vorgesehenen sonntäglichen Veranstaltungen der Kirchengemeinde für Kinder und Erwachsene fanden sich in der Regel keine Kinder ein. Nur der Schulmeister und wenige andere Gläubige waren dabei anwesend. Zu den Aufgaben des Victorburer Pastors gehörte es, regelmäßige Unterrichtsbesuche in Moordorf vorzunehmen. Im Rahmen der Schulstunden erteilte er den Kindern Religionsunterricht. Er war dabei zu der Erkenntnis gekommen, dass es hinsichtlich der gar nicht in die Schule gehenden Kinder überhaupt keine sinnvollen Maßnahmen gab. Ermahnungen fruchteten bei den meisten Schülern nicht.[484]

Die unmittelbare Abhängigkeit der Schulmeister von den Geistlichen minderte die soziale Stellung der Lehrer in der Regel in den Augen der Dorfbewohner, und ihr Ansehen bei den Eltern der schulpflichtigen Kinder litt erheblich unter den Gegebenheiten.[485]

Es gab gegensätzliche Meinungen über die Tüchtigkeit, den Lebenswandel, den Fleiß und die Amtsführung des Schulmeisters Detmers. Dieser versicherte immer wieder, gerne und fleißig unterrichten zu wollen, wenn nur die Kinder zur Schule kommen würden. In ihrem Zorn über den Erzieher behaupteten einige Dorfbewohner, dass Detmers sich nicht richtig um die Kinder kümmerte.[486]

---

[481] Brüggemann (wie Anm. 426), S. 327 f.
[482] Ebd.
[483] Müller (wie Anm. 427), S. 154.
[484] MMA (wie Anm. 478).
[485] Leschinsky/Roeder (wie Anm. 44), S. 148.
[486] MMA (wie Anm. 478).

Die Gründe für die Probleme, die das Schulleben insgesamt so negativ beeinflussten, sah der Pastor in erster Linie in der großen Armut der Moordorfer. Schulmeister Detmers, der die Stelle im Alter von bereits 53 Jahren angenommen hatte, betrieb auch in Moordorf nebenbei sein erlerntes Böttcherhandwerk.[487]

Wie aus den Ausführungen des Schulkatalogs hervorgeht, verwarnte Schulinspektor Reershemius Berend Detmers 1784 besonders scharf. Dieser hatte kurz vor Ostern 1784 einige Kinder nicht unterrichten wollen, weil ihm die Anzahl der Schüler zu gering war.[488]

Auf Anregung des Superintendenten fand in der Kolonie im Sommer 1789 eine Zusammenkunft der Siedler im Wirtshaus des Ortes statt. Dort wurden alle schulpflichtigen Kinder protokolliert und eine offizielle Schulversäumnisliste in dem Dorf eingeführt, um dem Bemühen um eine Verbesserung des Schulbesuchs Nachdruck zu verleihen. Die Siedler erklärten sich einverstanden, dass im Sommer vier ganze Tage mit Ausnahme des Freitags und Samstags und im Winter fünf ganze Tage mit Ausnahme des Samstags der Unterricht durchgeführt wurde. Sie boten an, jährlich zehn Fuder Torf von dem dazu erhaltenen Moorstück beim Schulhaus abzuliefern. Das Konsistorium schenkte den Moordorfer Schülern Schulbücher und fünf Reichstaler für die Anschaffung bzw. Reparatur von Tischen und Bänken im Unterrichtsraum.

Trotz dieser etwas besseren Voraussetzungen blieb der Schulbesuch auch in den folgenden Jahren ungenügend. Detmers blieb bis zu seinem Tode im Jahre 1801 Lehrer in der Kolonie.[489]

Schulmeister arbeiteten in der Regel ungeachtet ihrer Altersgebrechen bis ins hohe Alter hinein. Allgemein wurde arbeitsunfähigen Lehrern und auch Pädagogen im Ruhestand ein Anspruch auf eine Versorgung im Prinzip nie bestritten; jedoch konnten ihre Angehörigen keine Unterhaltsansprüche geltend machen, weil sich die Fürsorge des preußischen Staates auf sie nicht erstreckte.[490]

2.5.4 Der Neubau der Schule

Das Konsistorium vergab die Stelle im Jahre 1801 an Johann Peter Bruns aus Egels. Die dem verstorbenen Lehrer Detmers zugeflossene Summe aus den Strandkassengeldern sollte auch Bruns ausgezahlt werden.[491] Durch seine Verpflichtung änderten sich die Mängel des dortigen Schulwesens nicht. Nach zeitgenössischen Berichten boten viele Landschulen in Preußen auch am Ende des 18. Jahrhunderts noch *„das Bild vollständiger Verwahrlosung, und zwar im Hinblick auf den Schulraum ebenso wie hinsichtlich der Person des Lehrers."*[492]

Das alte Schulhaus genügte den Ansprüchen schon lange nicht mehr. Vor allem der Fußboden war fast unbegehbar und das Gebäude an sich sehr unfachmännisch konstruiert.[493] Es verwundert allerdings nicht, dass das Schulhaus nach mehr als 25

---

[487] Hoogstraat (wie Anm. 42), S. 44.
[488] MMA (wie Anm. 478).
[489] Schoolmann (wie Anm. 11), S. 46.
[490] Brüggemann (wie Anm. 426), S. 320 f.
[491] StAA Rep. 6, Nr. 5483, Konsistorium an die Kriegs- und Domänenkammer v. 17.5.1802.
[492] Leschinsky/Roeder (wie Anm. 44), S. 122.
[493] StAA (wie Anm. 491), Culemann an die Kriegs- und Domänenkammer v. 11.5.1803.

Jahren abgängig war, gingen die staatlichen Stellen doch von vornherein bei Schulbauten davon aus, dass diese sich allgemein lediglich durch eine Haltbarkeit von wenigen Jahrzehnten auszeichneten. Entsprechend eingeschränkt fielen auch die staatlichen Zuschüsse bei Reparaturen und Neubauten aus.[494]

Um ein wohnbares Schulgebäude zu errichten, waren etwa 500 Gulden notwendig, die die Moordorfer aus eigener Kraft nicht aufbringen konnten. Finanzielle Hilfen von auswärts waren daher notwendig. Pastor Hoppe beurteilte besonders die Schulstube als so eng, dass sie alle schulfähigen Kinder nicht unterbringen konnte.[495]

Landbaumeister Franzius, der das alte Gebäude 1803 inspizierte, konnte nicht aufrecht unter der niedrigen Decke des Hauses gehen. Der Fußboden aus Lehm war naß und rutschig.[496]

Nach seinen Berechnungen waren etwa 9.000 neue Backsteine zu einem Preis von 108 Reichstalern für den Bau notwendig. Zur Realisierung seiner Baupläne brauchte man überdies noch 14 Baumstämme von 18 bis 24 Fuß (1 Fuß, preuß. = 0,31 Meter) Länge zum Ständer- und Balkenwerk.[497]

Die Kammer hatte angesichts der zu erwartenden Schwierigkeiten, alle nötigen Baugelder zusammenzubekommen, Bedenken, die Baupläne mit der Finanzierung der Backsteine zu unterstützen. Sie erklärte sich aber bereit, die erforderlichen Baumstämme unentgeltlich zur Verfügung zu stellen. Große Zweifel hegte sie, eine Haus- und Kirchenkollekte für die Moorkolonie durchzuführen, denn es hatten zu der Zeit bereits mehrere andere Gemeinden eine derartige Kollekte beantragt. Zu dem Zeitpunkt ließ die Landschaft verlauten, dass sie den Schulbau nur mit 50 Reichstalern unterstützen wollte.[498]

Die damaligen Moordorfer Bauernrichter erklärten sich außerstande, ohne höhere Unterstützungsleistungen ein gutes Schulhaus zu errichten.[499]

Im Oktober 1803 lag den Behörden der Kostenvoranschlag eines fähigen Zimmermanns vor. Landbaumeister Franzius änderte einige Details an dem Bauplan, unter anderem sollten die Mauern des Scheunentrakts gewaltert werden, weil sich dadurch 3.000 Steine einsparen ließen. Ebenso ließen sich beim Bau des Vordergiebels und bei der Stärke der Seitenmauern Steine einsparen. Der Landbaumeister beurteilte das vorgesehene Dach des Hauses als viel zu flach und zu niedrig, um mit Stroh gedeckt werden zu können. Bei einer derart flachen Bedachung mit Stroh konnte das Regenwasser eindringen und sich der Schnee im Winter zu leicht zwischen das Stroh setzen. Dadurch kam es zu einer baldigen Vermoderung des Daches. Es war so weit zu erhöhen, dass es in der Spitze einen rechten Winkel bildete.[500]

Die Kammer plante zu dem Zeitpunkt bereits eine Unterstützung des Bauprojekts durch den preußischen Staat in Höhe von etwa 75 Reichstalern mit ein, wahrte aber zu dem Zeitpunkt noch Stillschweigen über die mögliche Finanzierungsquelle. Sie beabsichtigte, die nach Fertigstellung der Schule verbleibenden Restschulden der

---

[494] Leschinsky/Roeder (wie Anm. 44), S. 96.

[495] StAA (wie Anm. 491), Pastor Hoppe an die Kriegs- und Domänenkammer v. 12.5.1803.

[496] StAA (wie Anm. 73), Franzius an die Kriegs- und Domänenkammer v. 17.6.1803.

[497] StAA (wie Anm. 491), Franzius an das Amtsgericht Aurich v. 17.6.1803.

[498] Ebd., Kriegs- und Domänenkammer an Beamte und Rentei v. 12.8.1803.

[499] Ebd., Protokoll des Amtsgerichts v. 13.9.1803.

[500] StAA (wie Anm. 73), Franzius an die Kriegs- und Domänenkammer v. 22.10.1803.

Baukosten nach dem Verhältnis der Vermögen und dem Wert ihrer Grundstücke auf die Moordorfer Einwohner zu verteilen.[501] Obwohl die Finanzierung noch nicht ganz gesichert war, begann der Neubau im Frühjahr 1804.[502]

Als Schulmeister Bruns die Schule am Jahresbeginn 1804 unerwartet und plötzlich verließ, wurde wieder Unruhe im Schulleben der Kolonie verursacht. Allerdings konnte im März des Jahres ein neuer Lehrer, Johann Hinrich Heuland, als Nachfolger gefunden werden. Der neue Lehrer von Moordorf wurde zu den alten Bedingungen dieser Stelle angenommen.[503]

Die Bauarbeiten am Schulhaus waren öffentlich vergeben worden.[504]

In der Bevölkerung wuchsen mit dem Beginn der Arbeiten die Hoffnungen, dass sich das Schulleben in der Siedlung verbessern würde und die Straßenbettelei und das Herumziehen vieler Kinder Moordorfs durch die umliegenden Ortschaften ein Ende hätte.[505]

Die Rentei machte die Schulaufseher dafür verantwortlich, dass die Kinder zukünftig während der Schulzeit nicht bettelten und von ihren Eltern zum Besuch der Schule angehalten wurden.[506]

Nach Fertigstellung des Hauses bestanden die Schwierigkeiten der Bezahlung der Baukosten nach wie vor. Pastor Hoppe bezahlte von den 50 Reichstalern der Landschaft in erster Linie die Arbeitslöhne der Bauhandwerker. Bis dato wollte sich von den Kolonisten keiner an den Zahlungsverpflichtungen beteiligen. Die Siedler sollten bereits um Michaelis 1804 verschiedene Materialien (Fenster, Mauersteine u. a.) bezahlen. Es gelang allerdings nicht, das Geld zusammenzubekommen. Pastor Hoppe schlug vor, die von den Siedlern aufzubringenden Baugelder in drei Raten abzahlen zu lassen, um den Moordorfern das Abtragen der Schulden zu erleichtern.[507] Im April 1805 fand eine Besprechung zwischen den Moordorfer Bauernrichtern, den dortigen Schulaufsehern, mehreren Vertretern der beiden Moordorfer Keddschaften, dem Schulmeister Heuland und den Vertretern des Amtsgerichts in Aurich statt. Man kam zu dem Entschluss, dass die fehlenden Baugelder mittels Exekution beigetrieben werden müssten, falls die Kolonisten ihre zur Zahlung festgelegten Fristen nicht einhielten.[508]

Im Departement Westphal in Berlin bewilligte man die bereits von der Kammer einkalkulierte Beihilfe von 75 Reichstalern.[509]

Das neue Schulhaus bestand aus zwei Gebäudeteilen. Im Wohntrakt befanden sich der Unterrichtsraum, die Wohnküche, eine Stube, drei Bettstellen sowie eine Milchtenne; im Scheunentrakt waren ein Kuhstall und ein Schweinestall. Durch einen quer durch das Haus verlaufenden Gang wurden der Wohn- und der Scheunentrakt voneinander getrennt. Zu beiden Seiten der den Schulraum und die Wohnküche

---

[501] Ebd., Kriegs- und Domänenkammer an Beamte und Rentei v. 24.11.1803.
[502] StAA (wie Anm. 491), Designation der Forstverwaltung v. 19.4.1804.
[503] Ebd., Konsistorium an die Kriegs- und Domänenkammer v. 15.31804.
[504] StAA (wie Anm. 73), Konditionen zum Schulbau v. 21.6.1804.
[505] StAA (wie Anm. 95), Konsistorium an Kriegs- und Domänenkammer v. 5.7.1804.
[506] Ebd., Kriegs- und Domänenkammer an Beamte und Rentei v. 14.7.1804.
[507] StAA (wie Anm. 73), Pastor Hoppe an das Amtsgericht Aurich v. 10.12.1804.
[508] Ebd., Protokoll der Besprechung vom 24.4.1805.
[509] StAA (wie Anm. 491), Departement Westphal an die Kriegs- und Domänenkammer v. 5.9.1805.

trennenden Wand in der Mitte des Wohntrakts hatte man zwei Feuerstellen vorgesehen.[510] Alle Angaben gehen aus einer vorliegenden Bauzeichnung hervor.[511] Die Maße des Schulhauses fallen nach den damaligen Schulgegebenheiten recht großzügig aus. Die Notwendigkeit, die Größe der Schulstube mit etwa 30 qm anzusetzen, lässt auf die große Zahl der schulpflichtigen Kinder schließen. Die Wohnküche der Schulmeisterfamilie war mit ca. 24 m² ausgesprochen geräumig. Ebenso ist der große Scheunentrakt auffällig, der aber nur einen relativ kleinen Kuh- und Schweinestall aufweist. Aus der Zeichnung geht die Nutzungsweise der Restfläche im Scheunentrakt nicht hervor. Wahrscheinlich wurden in der Scheune vor allem Wintervorräte für das Vieh sowie land- und gartenwirtschaftliche Geräte gelagert.

Für die damalige Zeit waren die gewalterten Wände im Scheunentrakt bautypisch. Als eher fortschrittlich ist die Errichtung der Mauern mit Backsteinen im Wohntrakt einzuordnen. Keine Besonderheit stellt das Strohdach des neuen Gebäudes dar. Um die Jahrhundertwende waren die Behausungen in den Moorkolonien Ostfrieslands in der Regel mit Stroh gedeckt, wenn man von Plaggen- und Sodendächern der entsprechenden Hütten absieht.

Nach Pastor Hoppes dienstlichen Aufzeichnungen war die Kolonie Moordorf zu damaliger Zeit 169,25 Diemat groß. Nach seinen Berechnungen kam auf jede Siedlerfamilie ein zu zahlender Anteil von 49 Stüber pro Diemat Landes. Nach Abzug der verschiedenen Beihilfen war eine Summe von ca. 65 Reichstalern von den Kolonisten abzutragen. Die Gesamtbaukosten beliefen sich auf ca. 211 Reichstaler, von denen die staatlichen Stellen in Berlin 75 Reichstaler und die Landschaft 50 Reichstaler zur Verfügung stellten. Durch den Verkauf von Altholz hatte man 21 Reichstaler einnehmen können.[512]

Zur Finanzierung des Gebäudes wurden die Kolonisten mit herangezogen, obwohl es ihnen schon schwer fiel, die jährlichen Erbpachtslasten zu tragen. Die Siedler finanzierten etwa 1/3 der Gesamtsumme für das Schulhaus. Wenn man den von Pastor Hoppe errechneten Anteil einer Kolonistenfamilie von 49 Stüber pro Diemat zugrundelegt, beträgt diese Verpflichtung fast das Doppelte der jährlich im Durchschnitt zu zahlenden Erbpacht von 13 Schaf und zehn Witten (=27 Stüber) pro Diemat. Trotz der Beihilfen durch den Staat und die Landschaft stellte diese Summe für die meisten Siedler eine sehr hohe Belastung dar. Die Umstände der Finanzierung stützen Untersuchungsergebnisse, die besagen, dass die materielle Last des gesamtpreußischen Schulwesens im Wesentlichen von der unmittelbar beteiligten Bevölkerung getragen wurde.[513]

---

[510] Ebd., Bauzeichnung von Franzius, o. J.

[511] Die Fenster und die Seitentür sind sehr wahrscheinlich nicht maßstabsgerecht in der Zeichnung wiedergegeben, da die Maße außergewöhnlich hoch ausfallen.

[512] StAA (wie Anm. 73), Amtsgericht Aurich an die Kriegs- und Domänenkammer v. 20.6.1805.

[513] Leschinsky/Roeder (wie Anm. 44), S. 119.

2.6 Die Entwässerung der Kolonate

Dem Siedlungsgelände des späteren Moordorfs fehlte als Moorgebiet jegliche Entwässerungsmöglichkeit. Nur Jäger und wenige Torfgräber trauten sich wahrscheinlich auf diese Flächen, die sonst von Menschen gemieden wurden.[514]
Die fehlende Entwässerung des sich den Kolonisten so darbietenden Terrains gab schon sehr bald den Anlass zu Klagen der ersten dortigen Siedler. Ein Moorkolonist klagte bereits 1773, dass sein Land ganz niedrig liegen würde und deswegen oft überschwemmt war.[515]
Man gewinnt den Eindruck, als hätte dieser Siedler das Land völlig überhastet und ohne jede kritische Beurteilung seiner Beschaffenheit als Kolonat angenommen. Dieses Verhalten lässt vielleicht Rückschlüsse auf die mangelnden Kulturkenntnisse des Erbpächters zu. Es kann aber auch als das unüberlegte Ergreifen einer Chance auf den Erhalt von eigenem Landbesitz gedeutet werden.
Die Kriegs- und Domänenkammer in Aurich ließ vor der Übergabe von Kolonaten in Ostfriesland kaum etwas geschehen, woraus der Staatskasse Kosten erwachsen wären. Die Ländereien wurden den Siedlungsinteressenten in der Regel so übergeben, wie sie waren. Die Erbpachtsparzellen zeichneten sich dadurch aus, dass auf ihnen ohne umfassende Verbesserungen landwirtschaftliche Nutzungsmöglichkeiten gar nicht gegeben waren. Es lassen sich in dem Zusammenhang die fehlende Entwässerung und die Unbegehbarkeit sowie der Mangel an Wegen anführen, die die Kolonien für den Verkehr unerreichbar machten.[516]
1777 beantragten fünf Moordorfer die Übertragung von hinter ihren Erbpachtsplätzen liegendem Hochmoor. Sie befürchteten, dass andere Kolonisten, die sie als starke Konkurrenten angesehen haben müssen, dieses Hochmoor nutzen und mit Gräben umziehen würden. Das abfließende Wasser stellte für ihre Landflächen eine Bedrohung dar.[517] Für die Bittsteller bedeutete es außerdem eine Erschwernis ihrer Arbeit, wenn das Land hinter ihren Kolonaten von anderen Moordorfern als Buchweizenland benutzt und der Boden ausgezehrt wurde. Sie waren dadurch gezwungen, sich später in größerer Entfernung von ihren eigentlichen Kolonaten Buchweizenland zu pachten.[518]
Wegen der fehlenden Entwässerung kam es 1782 zu einer Beschwerde gegen die Nachbargemeinde Walle. Die Moordorfer hielten der angrenzenden Kommune vor, die dortigen Entwässerungsgräben, die zum Teil das von Moordorf kommende Wasser abführen mussten, nicht in einem ordnungsgemäßen Zustand zu halten.[519]
Der Rentmeister hatte dafür zu sorgen, dass die Gräben nach den Bestimmungen des Wegereglements sofort instandgesetzt wurden. Die Kammerherren gingen soweit, die Amtmänner und den Rentmeister für das Fehlverhalten der Gemeinde

---

[514] Schoolmann (wie Anm. 11), S. 21 f.
[515] StAA (wie Anm. 68), Bericht von Rentmeister v. Halem über das Erbpachtsgesuch von J. Müller v. 1.7.1773.
[516] Hugenberg (wie Anm. 21), S. 87 f.
[517] StAA (wie Anm. 67), Fünf Kolonisten an die Kriegs- und Domänenkammer v. 17.3.1777.
[518] Ebd., Kriegs- und Domänenkammer an die Rentei in Aurich v. 24.3.1777.
[519] StAA (wie Anm. 145), Kolonie Moordorf an die Kriegs- und Domänenkammer v. 10.6.1782.

Walle verantwortlich machen zu wollen, falls sie nicht umgehend entsprechende Schritte einleiteten.[520]

Im Zusammenhang eines Gesuchs um den Erlass von Erbpachtszahlungen wurde im Jahre 1789 die Situation auf den Ländereien eines weiteren Siedlers aufgezeigt. Die mangelnde Entwässerung führte zu Überschwemmungen, so dass die ganze Ernte vernichtet wurde.[521]

Dem Antragsteller wurde die Pacht nicht erlassen, weil sie nach Meinung der Kammerherren nur gering war. Für die Reinigung der Wassergräben hatte die Rentei zu sorgen, die entsprechende Maßnahmen einleiten musste.[522]

Hermann Korte hat beschrieben, wie die Entwässerung von Moorländereien, die zum Buchweizenanbau vorgesehen waren, gewöhnlich in Ostfriesland vonstatten ging. Demnach wurde im Sommer zunächst ein vier bis fünf Fuß tiefer Hauptent-wässerungsgraben zum Moor geleitet. In einer Entfernung von 80 bis 100 Fuß wurden danach parallel nebeneinander herlaufende drei Fuß tiefe und ein Fuß breite Gräben zu diesem Hauptgraben gezogen. In die Gräben mündeten wiederum zehn bis zwölf Fuß voneinander entfernte etwa eineinhalb Fuß breite und bis zwei Fuß tiefe kleine Entwässerungsrinnen (Grüppen). Der Anbauer warf die aus den zahlreichen Entwässerungsrinnen kommende Bunkerde (oberste Moorschicht) auf die schmalen und beliebig langen Äcker, die zum Anbau genutzt wurden.[523]

Die bestehenden Entwässerungsprobleme in Moordorf veranlassten Rentmeister Tannen im Herbst 1801 dazu, der Kammer konkrete Maßnahmen zu einer weitgehenden Beseitigung der Schwierigkeiten vorzuschlagen.[524]

Moordorf bestand zu der Zeit aus 55 Haushaltungen und zählte 254 Einwohner, die Fläche des Erbpachtslandes betrug ca. 161 Diemat und die jährliche Erbpacht insgesamt 89 Reichstaler, elf Schaf und zehn Witten.[525]

Der Rentmeister räumte ein, dass die mangelnde Entwässerung der Hauptgrund für den schlechten Zustand der Kolonie war. Ein großer Teil der Kolonate befand sich auf niedrigem Moorboden, der bei regnerischer Witterung selbst im Sommer überströmte. Die an beiden Seiten des Post- und Heerweges liegende Kolonie wurde durch die beiden Entwässerungsgräben an diesem Weg teilweise nach Walle und teilweise nach Victorbur entwässert. Die Gräben waren nicht in der Lage, das Wasser abzuführen. Die zur Wegeunterhaltung verpflichteten Kommunen, die für die Instandsetzung der Gräben sorgen mussten, konnten nicht beauftragt werden, diese durch eine Verbreiterung und Vertiefung zugunsten einer Entwässerung des Dorfes Moordorf auszubauen. Moordorf war auf keinen Fall in der Lage, die Kosten eines Ausbaus allein zu tragen.[526]

Die Kammer war bereit, einen Teil der Kosten aus dem Meliorationsfonds zu bestreiten, falls die Summe sich nicht zu hoch belief. Sie sprach sich dafür aus, den Kolonisten bestimmte Abschnitte der Moordorfer Entwässerungsgräben am Heerweg

---

[520] Ebd., Kriegs- und Domänenkammer an das Amt Aurich und die Rentei v. 14.6.1782.
[521] StAA (wie Anm. 206), Johann Jürgens Sotmann an die Kriegs- und Domänenkammer v. 16.9.1789.
[522] Ebd., Kriegs- und Domänenkammer an Sotmann v. 25.9.1789.
[523] Korte (wie Anm. 27), S. 67.
[524] StAA Rep. 26 b, Nr. 1070, Tannen an die Kriegs- und Domänenkammer v. 29.10.1801.
[525] Ebd., Liste der Einwohner von Moordorf.
[526] StAA Rep. 6, Nr. 3470, Tannen an die Kriegs- und Domänenkammer v. 29.10.1801.

zur Instandhaltung zuzuweisen, weil vor allem von den ärmeren Siedlern kein finanzieller Zuschuss erwartet werden konnte.[527]

Es kam gelegentlich vor, dass die Behörden in bestimmten Fällen sogar ein paar Entwässerungsgräben durch abgelegene Moorgegenden ziehen ließen oder bestimmte Moorstreifen ebneten, um diese als Wege benutzen zu lassen. Dies geschah aber in erster Linie nur im Vorfeld von Kolonistenansetzungen, um damit neue Siedlungsinteressenten zu werben.[528]

Die Entwässerungsarbeiten in der Kolonie waren zu dem Zeitpunkt sehr erforderlich, weil manchmal die gesamte Ernte der Moordorfer Kolonisten aufgrund von Überschwemmungen gefährdet war.[529]

Dass die Moorkolonisten in Ostfriesland einen großen Teil ihrer Arbeitskraft in wenig lohnender Weise verschwendeten, wurde von Fachleuten in der zweiten Hälfte des 19. Jahrhunderts unter anderem auf die Entwässerungsprobleme in der Region zurückgeführt. Man verglich die Fehnkolonien mit den Moorsiedlungen und betonte, dass allein die in den Fehndörfern angelegten Kanäle den dortigen Wohlstand erbracht hatten.[530]

Genauere Untersuchungen der Entwässerungssituation in Moordorf ergaben, dass der Graben auf der Nordseite des Post- und Heerweges vom Ende der Victorburer Äcker bis zu den Ländereien des Siedlers W. Hinrichs, also ein Streckenabschnitt im Bereich der Kommune Victorbur, gar keine Tiefe und auch eine zu geringe Breite aufwies. Der Graben zeichnete sich zwar durch eine obere Weite von mehr als drei Fuß aus, die Sohle des Grabens befand sich aber weniger als ein Fuß unter der Höhe der Wegmitte.

Der Wegeabschnitt zwischen dem Siedler M. Amelings bis zum Kolonisten H. Frerichs im äußeren östlichen Bereich von Moordorf war zwar hoch und trocken, es befanden sich jedoch gar keine durchgehenden Gräben an dem Weg. Vom Ende des Frerichsschen Grundstücks bis zur Wallster Brücke fiel das Gelände stark ab. Dieser Graben im Bereich der Gemeinde Walle hatte gar keine Breite und Tiefe. Der Postweg war dort generell nach jedem Regenfall der Überschwemmung ausgesetzt.

Im mittleren Bereich der Kolonie war der Graben zwar überall etwas tiefer, er reichte aber bei weitem nicht aus, um das Wasser so abzuführen, dass der Weg nicht bei starken Regenfällen beschädigt wurde. An der Südseite der gesamten Strecke durch die Kolonie zeigte der sich dort erstreckende Graben eine ähnliche unzureichende Beschaffenheit. Es war jedoch der Zufluss nicht so stark.[531]

Durch den intensiven Buchweizenanbau auf den Hochmooren wurde der Zufluss des Wassers in die tiefer liegenden Gegenden zu der Zeit sehr stark vermehrt, wodurch allgemein die Bewohner niedriger Gebiete in Ostfriesland Nachteile hatten. Über den Heerweg zwischen Victorbur und Walle beklagten sich um 1800 vor allem zur Herbst- und Winterzeit auch immer öfter die Postämter. Die am Heerweg liegenden

---

[527] Ebd., Kriegs- und Domänenkammer an Landbaumeister Franzius v. 3.11.1801.

[528] Hugenberg (wie Anm. 21), S. 88.

[529] StAA (wie Anm. 526), Conrad Harms an die Kriegs- und Domänenkammer v. 9.12.1801.

[530] Wilhelm Wicke, Die Haide, ihre Bewohner und ihre wirthschaftliche Nutzung im nordwestlichen Deutschland, Göttingen 1867, S. 13.

[531] StAA (wie Anm. 524), Protokoll von Rentmeister Tannen v. 13.7.1802.

Gräben reichten nach deren Ansicht nicht aus, um das Wasser so abzuführen, dass die Benutzer des Weges keinen Schaden erlitten.[532]

Bezüglich der zu treffenden Entwässerungsarbeiten konzentrierten sich die Vorschläge der Fachleute in erster Linie auf zweckmäßigere Vertiefungen der Gräben am Post- und Heerweg.[533]

Die Behörden hielten sich mit der Umsetzung der Pläne zurück. Sie entschlossen sich, die zur Wegeunterhaltung verpflichteten Gemeinden zur intensiven Instand-setzung der Gräben am Heerweg anzuhalten und die Siedler aufzufordern, ihre auf den Kolonaten vorhandenen Wassergräben zu vergrößern. Vom Erfolg dieser Maßnahmen sollte abhängig gemacht werden, ob weitere kostspieligere Arbeiten in Erwägung zu ziehen waren.[534]

Wider Erwarten stellten sich die Tätigkeiten bald als derart erfolgbringend dar, dass in den nächsten zwei Jahren nicht weiter über eine mangelnde Entwässerung geklagt wurde. Die Kammer zeigte sich mit dem Resultat der Arbeiten vor allem deswegen zufrieden, weil die Tätigkeiten ohne eine Belastung und Inanspruchnahme staatlicher Gelder durchgeführt worden waren.[535]

Im Sommer des Jahres 1805 sahen sich allerdings mehrere Moordorfer gezwungen, um einen Nachlass ihrer Erbpachtszahlungen zu bitten. Sie führten ihre Probleme zum Teil auf die unzureichende Entwässerung ihrer Landflächen zurück.[536]

Der Siedler Boyen bestätigte wenige Zeit später die Sachlage. Er trat als Vertreter mehrerer Siedler aus der Ostkeddschaft an die Behörden heran.[537]

Es zeichnete sich in den meisten ostfriesischen Kolonien zum Ende des 18. Jahrhunderts immer deutlicher ab, dass die Siedler das Land aus eigener Kraft gar nicht entwässern oder bewässern konnten.[538]

Die Kammer hatte kein Verständnis für die Moorbauern. Sie hielt den Moordorfer Bittstellern um Boyen vor, dass bei der außerordentlichen Witterung auch sehr viele fruchtbare Felder überschwemmt worden waren, für deren Entwässerung man vorher hohe Aufwendungen und Geldsummen verwandt hatte. Die Bittsteller sollten sich bewusst machen, dass sie ihr Schicksal mit vielen anderen Bauern und Moorsiedlern zu teilen hatten.[539]

Die tatsächliche Not der Moordorfer wurde leichtfertig ignoriert. Lediglich von der Rentei war der Vorschlag gemacht worden, die Entwässerungsgräben am Heerweg bei Moordorf intensiv auszubessern, wenn die Witterungsbedingungen diese Tätig-keiten wieder zuließen.[540]

Aus den Quellen geht nicht hervor, ob die Instandsetzung durchgeführt wurde. Wahrscheinlich ist kurzfristig nichts Entsprechendes geschehen.

Darüber hinaus hätte diese Maßnahme nicht ausgereicht, um die Schwierigkeiten auf Dauer zu beseitigen. Eine intensive Gesamtentwässerung des Terrains wäre

---

[532] Ebd., Gutachten von Landbaumeister Franzius v. 13.7.1802.

[533] Ebd.

[534] Ebd., Tannen an die Kriegs- und Domänenkammer v. 27.8.1803.

[535] Ebd., Kriegs- und Domänenkammer an die Rentei v. 2.9.1803.

[536] Ebd., Moordorfer Kolonisten und Schulmeister an die Kriegs- und Domänenkammer v. 2.8.1805.

[537] Ebd., Bojen und andere an die Kriegs- und Domänenkammer v. 5.8.1805.

[538] Hugenberg (wie Anm. 21), S. 95.

[539] StAA (wie Anm. 526), Kriegs- und Domänenkammer an Bojen und andere v. 21.8.1805.

[540] StAA (wie Anm. 524), Rentei an das Amtsgericht in Aurich v. 13.8.1805.

notwendig gewesen, um der Moorkolonie die Grundlage zu einem landwirt-schaftlichen Aufblühen zu verschaffen. Wie aus dem Schriftwechsel zwischen den Behörden zu erkennen ist, wurden in erster Linie die hohen Kosten, die mit einer umfangreichen Veränderung der Gesamtsituation verbunden gewesen wären, gescheut.

Stumpfe schätzte die Entwässerungsfrage im Zusammenhang mit den wirtschaft-lichen und sozialen Entwicklungsmöglichkeiten der Kolonien entscheidender ein als die nach der Größe der jeweiligen Moorbauernstellen. Er wies darauf hin, dass die durchschnittlichen Größen der ostfriesischen Stellen mit denen der ostpreußischen Moorkolonien vergleichbar waren, sie jedoch unter anderem aufgrund ihrer *„vorzügliche(n) Wasserstraßenverbindung* (en)... *ausserordentlich viel günstiger gestellt waren.“*[541]

Bei der Durchsicht der zahlreich vorhandenen Archivunterlagen verwundert es, dass angesichts der Entwässerungsproblematik nur relativ wenige Gesuche um grundsätzliche Verbesserungen des Siedlungsterrains gestellt worden sind. Den Kolonisten fehlten wahrscheinlich der Blick und das Bewusstsein für dieses Kernproblem. Sie waren in erster Linie Buchweizenanbauer, ihnen war die Vision noch fremd, irgendwann als Bauern auf kolonisierten Landflächen ein hinreichendes Auskommen zu finden. Darüber hinaus zeigten sie wenig Geschlossenheit, ihren Forderungen auf der Grundlage von Solidarität Nachdruck zu geben. Sie wären sicherlich kaum auf den Gedanken gekommen, umfangreiche Meliorations-maßnahmen von den Behörden einzufordern. Die Kolonistenfamilien besaßen keine Langzeitperspektiven als Bauern auf eigener Scholle, sondern ihr Bewusstsein wurde geprägt vom Tagelöhner- und Kleinstbauerndenken. Die meisten Siedler des Dorfes dachten kurzfristig und konzentrierten sich auf die Plagen des vor ihnen liegenden Tages. Heinrich Schmidt beschrieb diese Gegebenheiten prägnant:

„Man existierte außerhalb der geschichtlich vorgegebenen Organisationsformen des Zusammenlebens, außerhalb des sozialen Zusammenhangs von Dorf und Kirchengemeinde, seiner bergenden Möglichkeiten, seiner Traditionen...

Der Wunsch nach Verbesserung der dürftigen Lebensverhältnisse hatte hier keinen Organisationsansatz in überlieferten politischen Ordnungen und Traditionen und weder die Bewußtseinsreife noch die äußere Möglichkeit zu eigenständiger politischer Artikulation. Das Bewußtsein der Not aktivierte sich nicht zu politischem Bewußtsein, schon gar nicht zu organisierten Versuchen politischen Handelns...“[542]

2.7 Exkurs: Verhältnisse in der Nachbarkolonie Neu-Ekels

Im Gebiet der sogenannten Südbrookmerlander Vogtei wurden aufgrund des Urbar-machungsedikts neben der Besiedlung von Moordorf weitere größere Moorgebiete erschlossen. Im Bereich der Kirchengemeinde Victorbur, die vor 1765 etwa 500 Jahre aus den fast gleich starken Orten Victorbur, Theene und Uthwerdum bestand, bewirkten auch die Gründungen der Kolonien Neu-Ekels (1766), Hinter-Theene (1773) und Ost-Victorbur (1768) große Veränderungen.

---

[541] Stumpfe (wie Anm. 24), S. 74.
[542] Schmidt (wie Anm. 379), S. 396 f.

Durch die Kolonisten vermehrte sich die Zahl der Gemeindemitglieder innerhalb einer Generation fast um das Doppelte. Die vermögenslosen Siedler stellten eine neue Bevölkerungsgruppe innerhalb einer sehr alten Ordnung und Sozialstruktur dar.

Die Kirchenzugehörigkeit von Neu-Ekels und Hinter-Theene war relativ unproblematisch, weil die alten Dörfer Theene und Ekels zur Kirchengemeinde Victorbur gehörten. Die Siedlung Ost-Victorbur war bereits vom Namen her kirchlich leicht festzulegen und wurde ebenso der Victorburer Kirchengemeinde zugeordnet.[543]

Die schwierige kirchliche Eingliederung von Moordorf wurde oben dargestellt. In unmittelbarer Nachbarschaft dieser Kolonie etablierte sich Neu-Ekels.

Vor dem Erlassen des Urbarmachungsedikts war das Terrain dieser Kolonie ein großes Hoch- und Leegmoorgebiet zwischen den alten Geestdörfern Extum, Westerende, Wiegboldsbur und Theene. Das Moor nahe der Ortschaft Theene war seit jeher von den Hofbesitzern der anliegenden Dörfer zum Schlagen von Plaggen, Torfgraben oder zur Viehweide genutzt worden. Die alten Gemeinden betrachteten die wilden Landflächen oftmals als eine Art Gemeindeweide. Mit dem Edikt von 1765 wurden rechtliche Grundlagen dafür geschaffen, dass das Gebiet von Siedlern kultiviert werden konnte.[544]

Im ostfriesischen Volksbewusstsein konnte Neu-Ekels bis heute im Großen und Ganzen den Ruf einer unproblematischen Ortschaft wahren. Es wurden mit dieser Moorkolonie keine negativen Auffälligkeiten in Verbindung gebracht, noch wurde die Einwohnerschaft von den umliegenden Gemeinden insgesamt stigmatisiert.

Für Fridrich Arends, der um 1820 keinen Unterschied zwischen Neu-Ekels und Ekels (Alt-Ekels) machte, sondern lediglich von der *„Colonie Ekels"* schrieb, machte der Ort zu der Zeit *„ein recht gutes Ansehn".*[545]

Führt man sich allerdings die Anbauakten zu der Siedlung aus dem 18. Jahrhundert vor Augen, werfen die Quellen ein anderes Licht auf diese Moorkolonie und zeigen große Probleme und Existenznöte ihrer Bewohner auf.[546]

Der erste Neu-Ekelser Siedler S. Hangen, der aus Theene stammte, erhielt 1766 in dem Gebiet die Genehmigung zum Hausbau und zur Anlegung eines Gartens. Danach bekam F. Janßen, ein Einwohner aus Wallinghausen, die Erlaubnis, sich hinter den Landflächen von Hangen anzusiedeln. Die Vermessung von Janßens Landflächen wurde öffentlich vorgenommen, und bis dahin beschwerten sich keine Alteingesessenen über die neuen Moorbewohner. Im Frühjahr 1769 meldeten sich gleich mehrere Interessenten um Erbpachtsländereien.[547]

Daraufhin kam es zu zahlreichen Protesten der Einwohner der alten Dörfer Theene und Ekels, die sich über Eingriffe in ihre Gemeindeweide beschwerten.[548]

Der Beginn der Besiedlung von Neu-Ekels kennzeichnete sich durch einen Eigentumsstreit an den Mooren und Wildnissen. Die Kammer zeigte großes Interesse an der Besiedlung und Kultivierung des Gebietes. Die Lokalbeamten erhielten den Auftrag, die Anbauwilligen zu überreden, den Alteingesessenen eine

[543] Hoogstraat (wie Anm. 331), S. 58 f.

[544] Meyer (wie Anm. 40), S. 39.

[545] Arends (wie Anm. 252), S. 121.

[546] Zu den Problemen der ersten Neu-Ekelser Siedler siehe auch Meyer, Wir sodenn mit den Unsrigen verhungern müßten (wie Anm. 120).

[547] StAA Rep. 6, Nr. 2522, Lokalbeamte an die Kriegs- und Domänenkammer v. 23.6.1769.

[548] Ebd., Die Kommunen Oster-Theene und Ekels an die Kriegs- und Domänenkammer v. 11.1.1769.

geringfügige Pacht für die Überlassung der Ländereien anzubieten. Weiterhin sollte versucht werden, die Alteingesessenen dahin zu beeinflussen, dass sie den Bauwilligen wenigstens ein Hausgrundstück abstanden.[549]

Die Vorgehensweise der Kammer war 1769 noch von Unsicherheiten gekennzeichnet. Erst 1770 wurde mit Einrichtung der Urbarmachungskommission ein Instrument geschaffen, um Konflikte zwischen Alteingesessenen und Siedlern bei Eigentumsfragen zu lösen.[550]

Bei einer weiteren Beschwerde von zwei Alteingesessenen aus Victorbur, die sich über die Besiedlung von Landflächen durch Kolonisten in Neu-Ekels beschwerten, wies die Kammer die vorgebrachten Argumente kurzerhand zurück. Nach Ansicht der Behörde konnten die Bauern aufgrund der Ausführungen im § 9 des Urbarmachungsedikts keinen Eigentumsbeweis vorlegen. Die Lokalbeamten erhielten vielmehr den Auftrag, weitere Personen für die Kultivierung der Ländereien zwischen Victorbur und Theene zu finden.[551]

Die ersten Siedler von Neu-Ekels waren Erbpächter, die vorher vor allem als Tagelöhner und Landarbeiter tätig gewesen waren. Da sie in der Regel keine finanziellen Rücklagen hatten, stellten auch diese Siedler Anträge auf Verlängerungen von Freijahren oder auf Remissionen ihrer Abgaben.

Im April 1771 trat der Kolonist Hangen an die Kriegs- und Domänenkammer heran. Ihm fielen insbesondere die Aufwendungen zur Kultivierung und Bodenverbesserung sowie zur Finanzierung eines Hauses besonders schwer.[552]

Die Kammerherren sahen es aufgrund der schlechten Umstände des Bittstellers und der geringen Qualität seiner angenommenen Landflächen als geboten an, ihm seine Freijahre noch einmal um sechs Jahre zu verlängern.[553]

In Neu-Ekels standen den ersten Bewohnern, wie den Erbpächtern in den Nachbarkolonien, lediglich nur Soden- oder Plaggenhütten zur Verfügung. Die Ausstattung mit den geringsten Lebensnotwendigkeiten, wie Lebensmittel, Bekleidung und Wohnmöglichkeiten, schuf große Probleme, wie ein Bittschreiben von 1779 aufzeigt.[554]

Der Alltag der Kinder von Neu-Ekels war in erster Linie von der Notwendigkeit geprägt, die Eltern bei der Landarbeit bzw. der Sicherstellung des täglichen Brotes zu unterstützen. Das Betteln war für die Kinder dieser Moorsiedlung wahrscheinlich alltägliche Praxis. Der Schulbesuch wurde aus den oben genannten Gründen als Übel empfunden.

Bei einem Verhör im Amtsgericht Aurich wurde deutlich, dass der Beklagte Hangen bisher völlig unvermögend gewesen war, das Schulgeld zu entrichten. Die Behörden hatten bereits erwogen, die Schulbeiträge durch die Armenkasse der Kirchengemeinde Victorbur begleichen zu lassen. Man war sich einig, dass die Siedler in den Moorkolonien nicht generell rigide nach den Ausführungen des Schulreglements

---

[549] Ebd., Kriegs- und Domänenkammer an die Rentei v. 29.6.1769.
[550] Vgl. Kap. 2.4. dieser Arbeit über die Konflikte zwischen Alteingesessenen und Neusiedlern in Moordorf.
[551] StAA (wie Anm. 547), Kriegs- und Domänenkammer an die Lokalbeamten v. 31.10.1769.
[552] Ebd., Kolonist Hangen an die Kriegs- und Domänenkammer v. 6.4.1771.
[553] Ebd., Kriegs- und Domänenkammer an die Rentei Aurich v. 21.4.1771.
[554] Ebd., Kolonist Hangen an die Kriegs- und Domänenkammer v. Dezember 1779.

behandelt werden konnten. Siebelt Hangen wurde zunächst dazu verpflichtet, wenigstens die Hälfte der eingeklagten Gelder zu bezahlen.[555]

In Neu-Ekels war der Erhalt der versprochenen Bauhilfsgelder an die bekannten Voraussetzungen geknüpft, die die Behörden dafür eingeführt hatten.[556] Der Kolonist J. F. Harms (auch Rinderhagen genannt) bat 1781 um die Bauprämie, weil er länger krank gewesen war. Falls er die Prämie nicht erhalten könne, sei er gezwungen, dass in Erbpacht genommen Land wieder zurückzugeben.[557] Harms galt als fleißig und besaß zwei Kühe; daher war die Vermutung gerechtfertigt, dass der Siedler das Unland nach und nach urbar machen würde. Seine übrigen Vermögensumstände waren nach dem Verständnis der damaligen Zeit äußerst schlecht. Nach den Grundsätzen für Bauhilfsgeldzahlungen qualifizierte der Bewerber sich nicht für den Erhalt. Die Lokalbeamten wollten gegebenenfalls jedoch dafür sorgen, dass die Gelder zum Hausbau und zur Bezahlung der Rechnungen verwandt wurden. Die Aufhebung des Pachtvertrages hielten sie nicht für ratsam, falls der Bittsteller keinen anderen Erbpachtsinteressenten für das Land angeben könne. Es wurde als schwierig eingeschätzt, das Land bald neu zu vergeben.[558] Die Bauhilfe wurde Harms aber trotzdem nicht genehmigt, weil sein Haus noch keinen Wert von mindestens 100 Reichstalern aufwies.[559]

Der Siedler F. Janßen erstand 1786 vom königlichen Forstamt in Aurich Holz für seinen Hausbau. Weil er die Prämie später nicht erhielt, drohte das Forstamt dem Schuldner mit einer Pfändung.[560] In diesem Fall war die Kammer bereit, dem Siedler zumindest die Hälfte der vorgesehenen Prämie in Höhe von 12 ½ Reichstalern auszuzahlen.[561] Es waren für die positive Entscheidung wahrscheinlich die Schulden des Kolonisten beim Forstamt Aurich ausschlaggebend.

Die verheerenden Auswirkungen von Ernteausfällen und Misswuchs in den Jahren von 1782 bis 1786 traten auch für die Neu-Ekelser Kolonisten in vollem Maße ein.

Im März des Jahres 1784 traten neun Neu-Ekelser wegen der Bauprämien geschlossen an die Kriegs- und Domänenkammer heran.[562] Die Kammer hatte aufgrund der zahlreichen Bittschreiben dieser Gruppe mehrfach erklärt, dass sie sich nach den Bestimmungen nicht für die Hilfsgelder qualifizierten. Die Kolonisten waren anscheinend der Meinung, dass sie die Prämie vor dem Hintergrund der katastrophalen Witterungsbedingungen im Winter 1784 noch erhalten würden. Andere Einheimische, die sich in ähnlichen Heidegebieten niedergelassen hatten, waren nach den Informationen der Neu-Ekelser Kolonistengruppe auch in den Genuß der Gelder gekommen, obwohl sie weitaus schlechtere Häuser als die Neu-Ekelser errichtet hatten.[563] Die Kammerherren ließen sich von den Ausführungen der Siedler nicht beeindrucken. Sie begründeten die Ablehnung des Antrages damit, dass die Höhe

---

[555] Ebd., Kriegs- und Domänenkammer an das Amtsgericht Aurich v. 7.1.1780.
[556] Vgl. Kap. 2.3.2. dieser Arbeit über das Bauen und Wohnen.
[557] Ebd., Kolonist Jann F. Harms an die Kriegs- und Domänenkammer v. März 1781.
[558] Ebd., Rentmeister Tannen an die Kriegs- und Domänenkammer v. 18.4.1781.
[559] Ebd., Kriegs- und Domänenkammer an die Rentei Aurich v. 23.4.1781.
[560] StAA Rep. 6, Nr. 2523, Vermerk der Kriegs- und Domänenkammer über den Antrag von Frerich Janßen v. 7.7.1786.
[561] Ebd., Kriegs- und Domänenkammer an die Rentei v. 7.7.1786.
[562] StAA (wie Anm. 547), Neu-Ekelser Kolonisten an die Kriegs- und Domänenkammer v. 5.3.1784.
[563] Ebd.

der Erbpacht dieser Kolonisten zu gering sei und weitere Voraussetzungen, die die Kammerräte nicht näher bezeichneten, fehlten.[564]

Die obigen Beispiele aus den Anbauakten der Kolonie Neu-Ekels zeigen, dass auch für die Moordorfer Nachbarkolonie Probleme und Lebensbedingungen der Kolonisten typisch waren, wie sie für Moordorf festgestellt wurden. Da in Neu-Ekels die Schwierigkeiten um die Kirchenzugehörigkeit und die Organisation des Armenwesens weitgehend entfielen, konzentrieren sich die Inhalte der Quellen vor allem auf Konflikte zwischen Neusiedlern und Alteingesessenen in Nachbardörfern sowie auf Auseinandersetzungen um die den Erbpächtern versprochenen Bauprämien.

---

[564] Ebd., Bescheid der Kriegs- und Domänenkammer v. 8.3.1784.

3. Die Zwischenherrschaften

Ostfriesland wurde 1806 für das Königreich Holland in Besitz genommen, das von Napoleons Bruder Ludwig Bonaparte regiert wurde. Preußen erkannte ein Jahr später die Annexion an. Ostfriesland wurde mit dem Jeverland zusammen zum holländischen Departement *„Oost-Vriesland"* vereinigt, das Rheiderland allerdings dem Departement Groningen zugewiesen.[565]

Große Aufmerksamkeit widmete die holländische Verwaltung der Entwicklung der Landwirtschaft. Die Bemühungen um eine Wirtschaftsförderung konzentrierten sich auf diese bisherige Basis des Wohlstandes in Ostfriesland. Die Steuerkraft der Region sollte erhalten bleiben. 1809 wurde in Ostfriesland das holländische Steuersystem eingeführt, das die Ostfriesen stärker belastete als das bisherige preußische Steuerwesen.[566]

Das 1795 eingeführte Allgemeine Preußische Landrecht und das daneben in Kraft befindliche alte Ostfriesische Landrecht behielten bis 1809 ihre Gültigkeit; der Code Napoleon war nach 1809 für Ostfriesland maßgebend.[567]

Am 9. Juli 1810 verleibte Napoleon das Königreich Holland mit Ostfriesland dem Kaiserreich Frankreich ein. Mit dem Jahresanfang 1811 begann die französische Verwaltung in Ostfriesland. Ostfriesland wurde zum Departement Ost-Ems. Das linksemsige Rheiderland ordnete man dem Departement West-Ems zu. Die Franzosen trennten Verwaltung und Justiz in Ostfriesland konsequent. Unter den leitenden Personen, die Ausländer waren, dienten im Verwaltungs- und Gerichtsdienst deutsche Beamte. Verwalter der ostfriesischen Domänen wurde Baron de Salis, ein ehemaliger Gouverneur der niederländischen Kapkolonie. Die Franzosen zeigten sich reformfreudig, um nach außen hin die Situation der Ostfriesen zu verbessern. Die Gewerbefreiheit wurde eingeführt, und ein neues Steuersystem trat in Kraft. Dieses moderne Steuersystem hatte für die Kolonien im Vergleich zu den früheren Zuständen noch stärkere Lasten zufolge, ohne dass als Gegenleistung eine Abgabenverminderung eingeführt wurde. Die neuen Herrscher gingen daran, die Region finanziell stark zu belasten.[568]

Nach den Befreiungskriegen wurde Ostfriesland am 17. November 1813 offiziell wieder preußisch. Die preußische Verwaltung übernahm zunächst die bestehende Verwaltungsgliederung aus der französischen Zeit. In Aurich wurde die *„Landes-Direction"* die zentrale Behörde. Der preußische Staat plante keine Wiedereinführung der Verwaltungsstrukturen aus der Zeit seines ersten Wirkens vor 1806.[569]

Die Rechtsverhältnisse, die den Vererbpachtungen zugrunde lagen, waren in holländischer Zeit noch bis zum 30. April 1809 vom Allgemeinen Preußischen Landrecht über Erbzinsgüter bestimmt. Der Kolonist erhielt demnach ein nutzbares Eigentum, zahlte dafür eine Pacht und sowohl in Verkaufs- als auch in Erbfällen als

---

[565] Deeters, Walter, Kleinstaat und Provinz. Allgemeine Geschichte der Neuzeit, in: Karl-Ernst Behre/Hajo van Lengen, Ostfriesland. Geschichte und Gestalt einer Kulturlandschaft, Aurich 1995, S. 169; Schmidt (wie Anm. 379), S. 368.
[566] Schmidt (wie Anm. 379), S. 370.
[567] Deeters (wie Anm. 565), S. 169.
[568] Ebd.; Hugenberg (wie Anm. 21), S. 201 f.
[569] Schmidt (wie Anm. 379), S. 374.

„*laudemium*" (Abgabe bzw. Gebühr für die Zustimmung und Änderung in den Besitzverhältnissen) 2 % vom Kaufpreis bzw. vom Schätzwert des Guts. Bei Übernahme des Landes durch Blutsverwandte wurde auf diese Abgabe verzichtet. Diese waren auch dann davon frei, wenn sie das Erbzinsgut durch Vertrag noch bei Lebzeiten des Kolonisten im Wege des Kaufs erwarben. Bis 1795 wurden die Kolonate in den meisten Fällen nur auf Grundlage einer Rechtsentscheidung und ohne Abfassung eines schriftlichen Kontrakts verliehen.

Ein Kolonat wurde als römisch-rechtliche Emphyteuse (= Erbpachtsgut)behandelt, wonach der Landannehmer ein dingliches, nahezu eigentumsgleiches Nutzungsrecht an dem Grundstück erhielt. Der Erbpächter konnte sein Recht veräußern und vererben sowie für die Dauer seines Rechts das Land verpachten und verpfänden. Bei einer Veräußerung war die Zustimmung der staatlichen Stellen als Obereigentümer erforderlich.

In der Periode vom 1. Mai 1809 bis 1. März 1811 war für die in dieser Phase entstandenen Erbpachtsverhältnisse das „*Wetboek*" Napoleon für das Königreich Holland (Gesetzessammlung Napoleon, Buch 3, Titel. 8, Artikel 1563 ff.) maßgebend, wonach die Erbpächter ein erbliches Nutzungsrecht an dem Grund und Boden erhielten und dafür eine Erbpacht und sowohl in Veräußerungs- als auch in Erbfällen generell eine besondere Abgabe zu entrichten hatten. Im Zusammenhang mit den Beratungen der Moorkommission nach 1869 wurde deutlich, dass Landausweisungen nach dem 1. März 1811 bis 23. Juli 1833 wieder nach den Rechtsbestimmungen des preußischen Landrechts über Erbzinsgüter erfolgten.[570]

3.1 Moorvermessungen und Kolonatsregulierungen in holländischer und französischer Zeit

Um 1807 baten mehrere Moordorfer Kolonisten um einen Aufschub der Erbpachtszahlungen. Im Juni des Jahres traten sogar 13 Moorbauern gemeinsam an die Behörden heran, um eine Frist zur Zahlung ihrer Renteigefälle auf zwei Monate zu erwirken.[571] Möglich ist, dass die Siedler durch den starken Konjunkturabbruch im Jahre 1806 in die Notsituation geraten waren.

In diesem Jahr flackerten die Auseinandersetzungen zwischen den Moordorfer Einwohnern und Hausleuten aus umliegenden Gemeinden wieder auf. Die Siedler unterstellten den Bauern, in der Kolonie liegende Weidegründe der Moordorfer eigenmächtig zum Buchweizenanbau zu nutzen und mit Gräben zu umgeben. Die Kolonisten verlangten Schutz vor den Landwirten und sahen sich ansonsten gezwungen, ihr Vieh abzuschaffen.[572]

Die Hausleute protestierten heftig gegen die Vorwürfe; falls die betreffenden Leegmoore aber nach den bestehenden Verordnungen teilweise oder ganz dem

---

[570] StAA Rep. 15, Nr. 10716, Regierungsrat v. Prott an den Staats- und Finanzminister v. d. Heydt v. 4.6.1869. Im Folgenden ebd.
[571] StAA (wie Anm. 149), Moordorfer Siedler an die Kammer v. 11.6.1807.
[572] Ebd., Beschwerde sämtlicher Bewohner Moordorfs gegen die Hausleute umliegender Gemeinden v. 1807.

Landesherrn gehören würden, wollten sie für das Land genau so viel wie andere Bewerber als Pacht anbieten.[573]
Die Gegendarstellung der alteingesessenen Bauern wurde nicht akzeptiert. Ihr Angebot zur Zahlung einer Pacht wiesen die Behörden ab. Als Begründung hielt man den Hausleuten lediglich vor, nach § 11 des Urbarmachungsedikts kein Recht an den Leegmooren zu haben.[574]
Die Behörden begünstigten die notleidende Bevölkerung der Kolonie. Dies geschah nicht aus menschlicher Fürsorge, sondern aus der Befürchtung, dass bei einer weiteren Verschlechterung der Situation in Moordorf steigende Armenlasten und andere soziale Probleme zu erwarten waren.
Nichtsdestoweniger wurden um 1807 verstärkt Überlegungen angestellt, wie die soziale und wirtschaftliche Situation der Moordorfer zu verbessern sei. Man wollte eine vollständige Regulierung der Kolonie vornehmen, zuvor aber die Siedlung mit den dabei befindlichen Leegmooren vermessen und kartieren. Für den damaligen Rentmeister Schnedermann und ebenso für Landbaumeister Franzius war es eine nicht abzustreitende Tatsache, dass ohne eine systematische Entwässerung 2/3 aller Landflächen in Moordorf nicht kultiviert werden konnten.[575]
Die beiden Fachleute hatten sich Gedanken gemacht, wie eine konsequente Reinigung der Entwässerungsgräben durchzuführen sei. Sie baten um die Bereitstellung von Geldern. Es war notwendig, vor allem die an der Südseite des Postweges liegenden Moräste zu entwässern, um sie von den Kolonisten in Pacht nehmen zu lassen. Nach Ansicht von Schnedermann und Franzius war es unverantwortlich, dieses Land als Staatseigentum ungenutzt liegen zu lassen. Durch Torfabbau konnte zahlreichen Siedlern auf den Flächen eine Erwerbsmöglichkeit eröffnet werden. Die Experten schlugen daneben die Anlegung eines Weges von Moordorf zur Kolonie Neu-Ekels und zur Kommune Theene vor. Der große Nutzen für die Theener und Ekelser bestand darin, dass sie aufgrund der Verbindung u. a. die Auricher Wochenmärkte besser und öfter besuchen konnten.[576]
Nach einer Besichtigung der örtlichen Verhältnisse wurde deutlich, dass die von dem Hochmoor führenden Gräben ausreichend in Stand gesetzt werden mussten, um nicht bei anhaltendem Regen sogleich überzutreten und Landflächen der Kolonie zu überschwemmen. Der in der Mitte der Siedlung liegende moorigste Teil der Gegend hatte in einer Länge von ca. 300 Ruten (ca. 1100 Meter; 1 Rute=3,76 Meter) fast gar keine Entwässerung.[577]
Streckenweise waren die Böden von Entwässerungsgräben, durch die das Wasser von tief gelegenen Gebieten ablaufen sollte, höher als die Böden der Gräben, die das Wasser anfangs aufnahmen und weiterleiteten. Vielfach fehlten bei Weg- und Grundstückseinfahrten die Durchlässe, die zur Weiterleitung des Wassers erforderlich waren. Einige Entwässerungsleitungen waren zu eng und zu seicht; die Abschnitte mussten auf eine größere Bodenweite und Vertiefung gebracht werden.

---

[573] Ebd., Hausmann Dinkgräfe und andere an die Kammer v. 3.2.1807.
[574] Ebd., Aktenvermerk der Kammer über Bescheid an Dinkgräfe und andere.
[575] Ebd., Bericht von Schnedermann und Franzius v. 8.10.1807.
[576] Ebd.
[577] Ebd., Bemerkungen von Landbaumeister Franzius über die Besichtigung der Kolonie im Jahre 1807.

Es sollten zwei Hauptabwässerungsgräben hinter den Kolonaten und parallel zum Postweg angelegt werden, die das Wasser von den Hochmoorflächen aufnehmen konnten. Mehrere tiefere Gräben zwischen einigen Kolonaten hatten das Wasser in einen Abwässerungskanal an der Nordseite des Heerweges abzuführen. Auch das Hochmoor hinter den Kolonaten sollte mit Gräben durchzogen werden, um das Wasser zunächst in die zwei Hauptabwässerungen zu leiten. Für die Anlegung der neuen Gräben und das Ausgraben bereits vorhandener Leitungen kam Franzius auf eine Kostensumme von etwas mehr als 454 Reichstalern. Der geplante neue Weg über das Hochmoor nach Neu-Ekels sollte ca. 85 Reichstaler kosten.[578]

Mit dem Projekt verband man die Hoffnung, dass die geplanten Anlagen eine weitgehende Förderung der Kultivierung in Moordorf und damit eine Vermehrung und eine Sicherung der landesherrlichen Einkünfte bedeuteten.[579]

Es kam erst im Juni 1808 zu einer Versammlung der Moordorfer Erbpächter, in der sie über die Absichten der Behörden unterrichtet und wegen einer Vermessung sämtlicher Kolonate registriert wurden.

Die Kolonisten sollten, da hinter ihren Kolonaten die parallel zum Postweg verlaufenden Grenzgräben geplant waren, das Land bis an diese Gräben in Erbpacht nehmen. Mit dieser Maßnahme wurde nebenbei sichergestellt, dass die Siedler ihre Ländereien nicht mehr unbefugt vergrößern konnten.

Zwölf Siedler sahen sich aufgrund ihres Vermögens und der schlechten Bodenqualität ihres Landes nicht in der Lage, das hinter ihren Kolonaten liegende Terrain zu übernehmen. Mehrere Moorbauern hatten mit ihren Ländereien die vorgesehene Grenzlinie bereits erreicht. Bei einzelnen Moordorfern streckte sich deren Kulturland bereits über die Grenze hinaus.[580]

Die anfallenden Arbeiten und die Finanzierung der Projekte wurden auf mehrere Schultern verteilt. Die Wegepflichtigen mussten die Gräben, die das Wasser über die Grenzen von Moordorf hinaus wegleiteten, im Bereich der Kommunen Walle und Victorbur unterhalten. Die Arbeiten an dem Abwässerungsgraben direkt am Postweg in Moordorf wurden öffentlich vergeben und die Kosten zur Hälfte aus Staatskosten, ein Viertel von den Wegepflichtigen und ein Viertel von den Moorbesitzern übernommen. Den Grenzgraben hinter den Kolonaten legte man auf Kosten des Staates an. Die Moordorfer hatten diesen nach Fertigstellung zu unterhalten. Daneben sollten die Kolonisten weitere kleinere Gräben ausheben und für deren Unterhalt aufkommen. Zusätzlich mussten sie für die Durchlässe bei Einfahrten und Wegekreuzungen sorgen.[581]

Weil zu der Zeit bei den Behörden zahlreiche Anträge auf Kolonatsvergrößerungen vorlagen, sollten diese im Rahmen der Kolonatsregulierungen Berücksichtigung finden.[582]

In den ostfriesischen Moorkolonien hatten es sich die Moorvögte zu dieser Zeit vielfach zur Gewohnheit gemacht, die alteingesessenen Bauern bei der Vergabe von Moorländereien, die dem Anbau des Buchweizens dienen sollten, zu bevorzugen. Da

---

[578] Ebd., Kostenvoranschläge von Franzius v. 30.9.1807.
[579] Ebd., Antrag der Kammer an von Riemsdyk v. 1807.
[580] StAA Rep. 26 a, 388 (alt), Protokoll zur Regulierung der Kolonie Moordorf v. 15.6.1808.
[581] Ebd., Moorvogt Köhnemann an den Administrator der Domänen in Ostfriesland v. 22.7.1808.
[582] StAA (wie Anm 106), Remmers an den Administrator der Domänen v. 7.5.1809.

aber die Siedler besonders in den ersten Jahren der Kultivierung ganz auf den Buchweizenanbau angewiesen waren, wog dies besonders schwer. Die ostfriesischen Vögte hatten das in der Nähe von Kolonistensiedlungen liegende Hochmoor zukünftig vorzugsweise den Siedlern zuzuweisen und die in der Regel mit Pferden ausgestatteten Bauern in die entlegenen Moorgegenden abzuweisen.[583]

Die Realisierung der weit reichenden Pläne für die Kolonie Moordorf geriet wieder ins Stocken als das Königreich Holland mit Ostfriesland an Frankreich fiel. Es kam zu Verzögerungen hinsichtlich der geplanten Arbeiten. Leidtragende waren die Einwohner von Moordorf, an deren Situation sich zunächst nichts änderte.[584]

Ab Mai 1811 kam es dann doch zu den Vermessungen und Regulierungen in der Siedlung. Die Landvergrößerungen wurden den Moordorfer Kolonisten zu folgenden Bedingungen verpachtet:

1. Nach drei Freijahren war ein geringfügiger Erbpachtsbetrag pro Diemat zu entrichten.
2. Zukünftig musste auf Gesuche um Remissionen verzichtet werden.
3. Die Siedler hatten einen Entwässerungsgraben zur linken Hand des Postweges oder an seiner Südwestseite gemeinschaftlich anzulegen und zukünftig zu unterhalten.
4. Sie sollten die Grenzlinie hinter ihren Kolonaten innerhalb von 14 Tagen mit einem Graben kennzeichnen und innerhalb der folgenden zwei Monate einen zweckmäßigen Entwässerungsgraben nach Anweisung eines Bauleiters auf dieser Grenzlinie ausheben. Darüber hinaus hatten sie zwischen ihren Kolonaten vom Postweg an bis zu diesem Grenzgraben innerhalb von drei Monaten gute Gräben zu ziehen.[585]

Die zusätzlichen Ländereien der Moordorfer waren generell sehr moorig und von schlechter Beschaffenheit.[586]

Es wurde mehreren Kolonisten die Vergrößerung gestattet, obwohl die Behörden sie nicht für befähigt hielten, noch mehr Land zu bearbeiten. Es hatte sich jedoch als nachteilig erwiesen, wenn das Land nicht konsequent bis zu der Grenzlinie bzw. dem Grenzgraben am Hochmoor vergeben wurde. Zwischen den Kolonaten durften keine Lücken entstehen.

Da die Kolonate mit den Hausstellen aufgrund ihrer Anlage am alten Postweg zwischen Walle und Victorbur „aufgereiht" waren, lässt sich die entsprechende Siedlungsstruktur als Reihendorf bezeichnen. Vom Postweg als Hauptweg der Kolonie gingen später die zahlreichen Moorstichwege aus.[587] Der Grenzgraben hinter den Kolonaten im südlichen Teil Moordorfs wurde später als „Ritze" bezeichnet.[588]

---

[583] Ebd., Landbaumeister Franzius an den Administrator der Domänen v. 13.12.1808.
[584] StAA (wie Anm. 580), Schreiben von Schnedermann v. 23.4.1811.
[585] StAA (wie Anm. 106), Protokoll über die Regulierung der Kolonie Moordorf v. 28.5.1811.
[586] StAA Rep. 21, Nr. 336 (neu), Protokoll von Schnedermann und Köhnemann v. 12./13.4.1810.
[587] Siehe dazu Westerhoff (wie Anm. 28), S. 97. Für Moordorf ist besonders der Weg nach Neu-Ekels zu nennen, der sich recht bald nach seiner Anlegung zu einer viel befahrenen Route entwickelte, weil er nicht nur für Neu-Ekels und Theene eine gute Verbindung nach Aurich darstellte, sondern auch für die dahinter liegenden Woldendörfer.
[588] StAA (wie Anm. 524), Polizeiaufseher Kuckuck an die Landdrostei v. 28.9.1822. Aus der Bezeichnung leitet sich der jetzige Straßenname "Ritzweg" ab. Parallel zum Ritzweg verlaufen heute

Nach dem damaligen Verständnis war durch die Regulierung und die Anlage des Grenzgrabens für eine zweckmäßige Entwässerung gesorgt.[589] Der äußere Anschein ließ diese Einschätzung wahrscheinlich zu dem Zeitpunkt zu. Objektiv waren die Maßnahmen vollkommen unzureichend. Nach 1871 schätzten die Fachleute der Moorkommission die Entwässerungssituation der Moorgegenden weitaus schlechter ein. Die verantwortlichen Personen für die Missstände waren für sie auf Seiten der Moorverwaltung und nicht bei den Kolonisten zu suchen. Sie bemerkten ausdrücklich, dass aufgrund der besonderen Niveau- und Terrainverhältnisse Ostfrieslands eine Entwässerung der Moore und Wildnisse nur im großen Rahmen möglich sein konnte.[590]

3.2 Erbpachtsbriefe der holländischen Verwaltung

Erbpachtsbriefe wurden in holländischer Zeit von dem Administrator der königlichen Domänen des Departements *„Oost-Vriesland"* vergeben. In einem vorliegenden Erbpachtsbrief[591] wurde dem Kolonisten R. Siebels am 1. Oktober 1810 ein Landstück, das im Gebiet der Kolonie Moordorf lag, in einer Größe von fünf Diemat und 34 Ruten in Erbpacht vergeben. In sieben Artikeln des gedruckten Kontrakts, der in holländischer Sprache abgefasst ist, sind die allgemeinen Bedingungen des Pachtverhältnisses festgehalten worden.

Der Erbpächter musste von seinem Land jährlich pro Diemat 13 ½ Schaf und für das ganze Kolonat zwei Reichstaler, 14 Schaf und 12 ½ Witten als Pacht entrichten.

Mit der Kultivierung des Landes sollte der Siedler unverzüglich beginnen, konsequent damit fortfahren und das Kolonat innerhalb von zwei Jahren mit einem Wall oder mit einem Graben umfassen. Er musste das Land in seinem ganzen Umfang mit Erlen oder anderen Bäumen bzw. Büschen bepflanzen.

Der Erbpächter hatte sich in allen Kolonisationsangelegenheiten den Befehlen und Weisungen des Administrators zu unterwerfen, die dieser bezüglich der Entwässerung der ganzen Kolonie, in der das Erbpachtsland lag, und hinsichtlich der Anlegung und Unterhaltung von Abwässerungspumpen und Brücken erließ. Der Pächter musste sich verpflichten von seinem Erbpachtsland etwas abzutreten, wenn der Grund und Boden wegen der Anlegung eines Kanals gebraucht wurde. Generell wurde gleich bei der Vertragsunterzeichnung abgemacht, dass der Siedler sein Land

---

weitere Gemeindestraßen durch das frühere Hochmoor hinter Moordorf, so der Mittelweg, die Ringstraße und die Süderstraße. Diese machen durchaus Siedlungsabschnitte deutlich. Die hinter den Wegen liegenden Moorflächen luden die nachwachsenden Moordorfer zum Ansiedeln ein, so dass das Hochmoor immerweiter abgegraben wurde. Natürlich schritt die Besiedlung nach 1800 ebenso von der Kolonie Neu-Ekels aus weiter voran. Auch die Ekelser Kolonisten ließen ihre Nachkommen auf dem Hochmoor in Richtung Moordorf siedeln. Die Entwicklungsschritte, die praktisch jedes Mal mit der Anlegung eines neuen, parallel zum Moordorfer Postweg verlaufenden Weges abgeschlossen wurden, verliefen nicht idealtypisch; es kam immer auch auf die Lage und Art der Parzelle an, die zur Kultivierung ausgewählt wurde. Von einem *"Vorgang des Ausschwärmens"*, wie Westerhoff es 1936 formulierte, zu sprechen, ist siedlungstechnisch nicht richtig, beinhaltet vielmehr eine vielleicht bewusste Abwertung der sich ansiedelnden Menschen. Siehe Westerhoff (wie Anm. 28), S. 98.

[589] Ebd., Moorvogt Köhnemann an Rentmeister Schnedermann v. 10.11.1811.

[590] StAA (wie Anm. 570), Bericht der von der Kgl. Staatsregierung berufenen Kommission zur Beratung der Hebung der Zustände in den Moorkolonien Ostfrieslands...v. 12.4.1871, fol. 392/(455) f.

[591] StAA Rep. 21, Nr. 341, Erbpachtsbrief des Rolf Siebels v. 1.10.1810. Im Folgenden ebd.

jederzeit zur freien Disposition des Administrators abgeben würde, falls die staatlichen Stellen das Land anderweitig benötigten. Von zurückgegebenen Landstücken sollte dem Erbpächter die darauf liegende Erbpacht im Verhältnis zur Größe des Kolonats abgeschrieben werden.

Wenn der Erbpächter nicht innerhalb von sechs Jahren mindestens die Hälfte seines Erbpachtslandes kultiviert hatte, so war der Administrator berechtigt, dasselbe wieder einzuziehen. Man wollte dem Erbpächter in diesem Fall lediglich den Wert der darauf vorhandenen Baulichkeiten ersetzen. Keineswegs sollte ihm etwas für die darauf geleistete Kultivierung gezahlt werden.

Bezahlte der Erbpächter in drei aufeinander folgenden Jahren die Erbpacht nicht, wurde das Land wiederum durch den Landesherrn eingezogen oder das Erbpachtsverhältnis für aufgelöst erklärt. Dasselbe sollte eintreten, wenn das Stück Land ohne Zustimmung des Administrators verkauft oder zerstückelt wurde.

Falls sich wegen der Grenzen oder Wege des Kolonats Streitfälle zwischen Nachbarn oder anderen Landbesitzern ergaben, so fällte der Administrator darüber eine endgültige Entscheidung. Dieser war allein imstande, in solchen Fällen gemäß der bei ihm hinterlegten Akten und Karten etwas zu beschließen.

Falls über den Kontrakt oder seiner inhaltlichen Auslegung verschiedene Meinungen auftraten, so unterwarf sich der Erbpächter bei seiner Vertragsannahme ganz den Anweisungen des Administrators.

Zum Beweis der Verabredungen wurden zwei Exemplare des Erbpachtsbriefes von beiden Parteien wechselseitig unterzeichnet. Ein Exemplar wurde dem Erbpächter ausgehändigt, das andere deponierte man in den Archiven der Domänenverwaltung.

3.3 Soziale und wirtschaftliche Verhältnisse unter Napoleon

In tabellarischer Form wurden im Sommer 1811 von Moorvogt Köhnemann Angaben über die wirtschaftlichen und sozialen Verhältnisse jeder einzelnen Siedlerfamilie des Dorfes gemacht.[592]

In Moordorf bewirtschaftete man zu der Zeit 80 Kolonate (inklusive des Schulmeisterlandes als Schulkolonat sowie der Kolonate, die wegen der beständigen Armenunterstützung für ihre Besitzer später an die Kirchengemeinde Victorbur fielen). Es wurden 58 Familienvorstände (gemeint sind der Kolonist oder die Witwe des Kolonisten bzw. der unverheiratete Sohn des Siedlers als Erbe des Kolonats) genannt. Es gab Familien, die mehrere kleinere Einzelkolonate bewirtschafteten. Zum Alter der Kolonisten und zu ihren körperlichen bzw. gesundheitlichen Umständen lässt sich feststellen, dass 35 Erbpächter als gesund bzw. stark bezeichnet wurden. Sieben Moordorfer wurden als gebrechlich oder krank beschrieben. Bei alten Personen fehlen oft die Angaben zu ihrem Gesundheitszustand. Lediglich Angaben zum Alter wurden aufgeführt.

20 Familienvorstände waren jung, ebenso waren 20 Moordorfer in den mittleren Jahren, 18 Personen wurden als alt eingestuft bzw. waren älter als 50 Jahre. Bei mehreren Siedlern fehlen genaue Angaben zum Alter.

---

[592] StAA (wie Anm. 106), Liste der Einwohner sowie zu der sozialen und wirtschaftlichen Lage der Siedler v. Moorvogt Köhnemann v. 1811. Im Folgenden ebd.

In der Siedlung waren 48 Familienvorstände verheiratet; sieben Landbesitzer waren verwitwet und drei Personen unverheiratet.

Insgesamt wurden mehr als 123 Kinder aufgeführt. In einem Fall geht die genaue Kinderzahl nicht aus den Angaben hervor; es ist lediglich zu erkennen, dass diese Familie mehr als ein Kind hatte. Drei Erbpächter hatten jeweils ein *„kleines Kind"* (wahrscheinlich noch nicht schulfähige Kinder), eine Familie zwei kleine Kinder, drei Siedler vier kleine Kinder und zwei Moorbauern fünf kleine Kinder. Nach den Unterlagen lebte im Haushalt von vier Erbpächtern jeweils ein *„großes Kind"* (eventuell schulentlassenes Kind), bei zwei Moordorfern jeweils zwei große Kinder. Allgemein als *„Kinder"* bezeichnete Nachkommen hatten acht Moorbauern mit einem Kind, elf Erbpächter hatten jeweils zwei Kinder, neun Personen jeweils drei Kinder, zwei Siedler jeweils vier Kinder, zwei Moorbauern jeweils fünf Kinder, eine Person sechs Kinder und ein Erbpächter sieben Kinder. Demnach kamen auf jede Familie in der Kolonie Moordorf etwa zwei (2,1) Nachkommen.

Bei der Einschätzung der sozialen und wirtschaftlichen Verhältnisse ergibt sich, dass drei Kolonistenfamilien in *„besten Umständen"*, *„guten Umständen"* oder *„in ziemlich guten Verhältnissen"* lebten. *„Mäßig"*, *„mäßig gut"* oder *„mittelmäßig"* erging es 15 Siedlern. Als *„arm"* oder *„ärmlich"* wurden 40 Kolonisten eingestuft. Es ist bei diesen Einschätzungen zu berücksichtigen, dass sie nach dem Verständnis der damaligen Zeit vorgenommen worden sind. Der Armutsbegriff war damals mit anderen Kriterien besetzt als heute.

Bei der persönlichen Führung bzw. dem Arbeitsverhalten kann man den Dokumenten entnehmen, dass 37 Siedler als *„fleißig"*, *„fleißig und gut"*, *„ziemlich fleißig"*, *„fleißiger Kerl"* o. ä. bezeichnet wurden. Sechs Moorbauern stufte der Moorvogt Köhnemann ein als *„mäßig und gut"*, *„will wohl arbeiten"*, *„arbeitet ziemlich"* o. ä. Sieben Kolonisten wurden eingeschätzt als *„faul"*, *„fauler Kerl"*, *„etwas faul"*, ziemlich *„beträge"* o. ä. Fünf Familienvorstände waren *„krank und abgelebt"*, *„alt und schwach"*, *„alter und kranker Mann"* o. ä. Bei zwei Personen machte der Gutachter keine Angaben zum Arbeitsverhalten. Bei einer alten Witwe wurde erwähnt, dass sie vom Wahrsagen lebte. Ein Kolonatsbesitzer war flüchtig, weil er einem Deserteur geholfen hatte. Von einem Kolonisten und Zimmermann berichtete Köhnemann, dass er gerne trank; zum Trinkverhalten eines weiteren Siedlers schrieb er: er *„säuft zwar"*. Trotzdem galt einer der Männer als *„ziemlich fleißig und in mäßigen Verhältnissen lebend"*; der andere Mann erhielt das Zeugnis: *„arbeitet ziemlich"*. Interessant ist die Feststellung, dass immerhin 23 Familienvorstände als fleißig, arbeitsam o. ä. eingestufte Siedler trotzdem arm bzw. ärmlich o. ä. geblieben waren. Fleiß reichte demnach allein nicht aus, um in der Moorkolonie sozial und wirtschaftlich voranzukommen.

Es gab in Moordorf neun Moorbauern, die jeweils zwei Pferde besaßen. Ein Siedler war Besitzer eines Pferdes. Zur weiteren Viehhaltung der Kolonisten zählte Hornvieh, Vieh und Jungvieh. Daneben wurden auch Bezeichnungen wie Kuh und *„Jungbeest"* gewählt. Es ist unklar, ob etwa Tierbezeichnungen wie Vieh, Hornvieh und Kuh synonym benutzt wurden.

Es ist bekannt, dass seit den Anfängen der Ortschaft bestimmte Siedlerfamilien immer auch Schafe gehalten haben. Auch in späteren Erhebungen zur Situation der Kolonie Moordorf, etwa zur Zeit der Reichsgründung, wurden Schafe als Nutztiere der Siedler genannt. So können in der tabellarischen Erhebung zur Lage Moordorfs um 1811 in manchen Fällen mit der Tierbezeichnung Vieh auch Schafe gemeint sein, obwohl die Tiere unter diesem Namen nicht genannt wurden. Generell tauchen darüber hinaus in allen Erhebungen über Moordorf in der langen Zeitphase von 1767 bis etwa 1880 keine Ziegen oder Schweine als Tiere der Moorbauern auf. Auf jeden Fall kann aufgrund der vorliegenden Angaben festgestellt werden, dass es in Moordorf im Jahre 1811 15 Siedler gab, die lediglich eine Kuh besaßen. Fünf Kolonisten besaßen „1 Stück Vieh" oder „1 Jungbeest". Die Pferdebesitzer waren in der Regel auch Besitzer von ein bis fünf „Stück Vieh" bzw. Kühen. In 26 Fällen machte der Gutachter keine Angaben zum Viehbestand. Wahrscheinlich wurde kein Vieh gehalten.

Siedler, die in besseren oder zumindest mäßigen Verhältnissen lebten, waren in der Regel Moorbauern, die zumindest drei Diemat Land bewirtschafteten und die Pferde und etwas Vieh besaßen.

Bei der Zahlweise der Erbpacht lässt sich feststellen, dass die Pacht von 28 Landstellen fast immer, zum Teil immer o.ä. bezahlt wurde. Von 13 Kolonaten konnte berichtet werden, dass die Pacht teils bar beglichen, teils durch Remission (vorübergehender Nachlass) verbucht worden war. Restbeträge standen noch offen zu Buche. Von 19 Siedlerstellen wurde die Pacht größtenteils mit Remission verbucht. Zwei Moorbauern hatten den behördlichen Kassen nie Pacht gezahlt. Bei dem Rest der Kolonate wurden keine Angaben gemacht.

Für eine Kolonatsvergrößerung waren die Angaben über die Gesundheit, das Alter und das Arbeitsverhalten entscheidend. Alte Kolonatsbesitzer sollten keine Land-vergrößerung bekommen. Auch die trägen und in zwei Fällen sogar als faul beurteil-ten Erbpächter sollten von den Vergrößerungen ausgeschlossen werden. Selbst das Schulkolonat wollte man nicht vergrößern, weil es schlecht bearbeitet wurde.

Ausnahmen wurden nur dann gemacht, um, wie oben ausgeführt, durch geringfügige Landvergrößerungen einheitliche Grenzverläufe hinter den nebeneinander liegenden Kolonaten zu schaffen.

Die Verteilung der alten Erbpachtsflächen und die Vergrößerungen der Ländereien[593] auf die einzelnen Siedlerstellen stellen sich wie folgt dar:

Altes Kolonat	Anzahl der Kolonate	Vergrößerung um	Anzahl der Kolonate
weniger als 1 Dt.	23	O und wenig. als 1 Dt.	18
1-3 Dt.	40	1-3 Dt.	36
3-5 Dt.	14	3-5 Dt.	15
5-7 Dt.	1	5-7 Dt.	6
7-9 Dt.	0	7-9 Dt.	4
9-11 Dt.	1	9-11 Dt.	1
11-13 Dt.	1	11-13 Dt.	0

---

[593] Ebd., Vermessungsliste von der Kolonie Moordorf von Moorvogt Köhnemann v. 1811. Im Folgenden ebd.

Die alten Erbpachtsländereien waren fast alle nicht mehr als höchstens fünf Diemat groß, wobei allein 63 Kolonate von Moordorf nicht mehr als höchstens drei Diemat umfassten. Bei den Landzuweisungen wird deutlich, dass die Vergrößerungen in ihrer Mehrzahl relativ gering ausgefallen sind. An die meisten Kolonisten (36) wurden lediglich Ländereien zwischen ein und drei Diemat vergeben, gefolgt von 18 Moorbauern, die gar kein Land oder weniger als ein Diemat erhielten. Drei bis fünf Diemat erhielten 15 Siedler.

Nach Erhalt der Kolonatsvergrößerungen ergaben sich folgende Gesamtgrößen und die Anzahl der Kolonate:

Gesamtgröße	Anzahl der Kolonate
weniger als 1 Dt.	3
1-3 Dt.	22
3-5 Dt.	29
5-7 Dt.	16
7-9 Dt.	3
9-11 Dt.	6
11-13 Dt.	2

Die größte Gruppe von Moordorfer Siedlern mit 29 Familien bearbeitete nunmehr Erbpachtsflächen in einer Größe von drei bis fünf Diemat, gefolgt von 22 Personen, die ein bis drei Diemat bewirtschafteten. Es ist davon auszugehen, dass diese Moorbauernstellen trotz der Vergrößerungen nicht lebensfähig waren. Darüber hinaus waren die Flächen zum allergrößten Teil unkultivierte Leegmoore und Heideflächen, die lediglich zum Buchweizenanbau verwandt werden konnten.

3.4 Protest und Widerstand gegen Militäraushebungen

Mit der Übernahme Ostfrieslands durch Frankreich mussten die Einwohner der Region auf ihre alten Rechtsgewohnheiten verzichten. Hier wog besonders, dass ihnen die Freiheit vom Militärdienst genommen wurde. Bereits im März/April 1811 fand die erste Einberufung von Rekruten aus Ostfriesland statt. Mehr als 1000 wehrfähige junge Männer des Geburtsjahrganges 1788 wurden zur Musterung einberufen und einem speziellen Losverfahren für den Dienst in der Armee oder der Flotte unterworfen. Männer, die ein Los mit einer Zahl zwischen eins und 250 gezogen hatten, mussten sich einer besonderen Kommission stellen, die über ihre Einberufung und Einsatzmöglichkeiten entschied.

Ein zum Militärdienst bestimmter Mann konnte sich von seiner Pflicht loskaufen, wenn er gegen einen Geldbetrag, dessen Höhe sich zwischen 1500 und 3000 Franc belief, sein Los gegen ein ungültiges eintauschte. Es kam vor, dass Verwandte ihre gesamten Ersparnisse aufbrachten, um den Angehörigen freizukaufen. Vor allem im Jahre 1812, als Napoleon den Zug nach Russland plante, befürchteten viele Verwandte, dass sie ihre jungen Männer nicht wiedersehen würden.

Ein Konskribierter konnte auch einen Stellvertreter schicken, der eventuell gegen eine hohe Summe Geldes bereit war, für den eigentlich *„gezogenen"* Soldaten einzuspringen.[594] Die Pflicht zum Militärdienst schürte den Hass der jungen Männer in Ostfriesland, so dass es nicht selten zu Protest- und Widerstandsaktionen vor allem auf lokaler Ebene kam.

Die Franzosen beabsichtigten im Jahre 1811 Soldaten aus der Küstenregion Ostfriesland für ihre Flotte zu rekrutieren.[595] Am 11. April 1811 kam es vor dem Palais der Präfektur in Aurich bei der Auslosung der Seekonskribierten zu einem Aufruhr. Es waren vor allem junge Leute aus den Fehngebieten an dem Widerstand beteiligt, die von zwei Männern angeführt wurden, wovon einer Johann Friedrich Reck aus Moordorf war.[596] Johann war der jüngste, fast zwanzigjährige Sohn des alten Moordorfer Kolonisten Friedrich Reck, dem langjährigen Musketier und späteren Invaliden. Inwieweit das Soldatenschicksal des Vaters den Unwillen gegen das Militär bei dem jungen Reck geschürt hat, lässt sich nur vermuten.

Am 14. April 1811 wurde im Zusammenhang des Auricher Aufruhrs sogar ein Detachement kaiserlicher Truppen in der Nähe von Timmel und Neuefehn von Fehntjern angegriffen. Die Soldaten waren wahrscheinlich beauftragt, die zwei Anführer des Auricher Aufruhrs zu suchen und festzunehmen. Aussagen in dem Urteil über die Aufrührer[597] lassen darauf schließen, dass die beiden Männer sich bis in das Gebiet von Timmel durchgeschlagen hatten.

Am 24. April 1811 wurde vor einem französischen Militärgericht über vierzehn junge Ostfriesen, die sich der Aushebung zum Dienst in der französischen Flotte gewaltsam widersetzt hatten, verhandelt. In derartigen Fällen pflegten die Franzosen die Angeschuldigten nicht vor einen ordentlichen Richter zu stellen. Sie wurden einem Kriegsgericht überwiesen. Die angeklagten Männer kamen vor allem aus Großefehn, Boekzetelerfehn und Neuefehn. Über sieben weitere Fehntjer wurde in Abwesenheit Gericht gesprochen. Wahrscheinlich war es diesen Männern gelungen, sich in die unzugänglichen Moorgegenden abzusetzen.

Die Gefangenen wurden dem Gericht frei und ohne Fesseln in Begleitung ihrer Verteidiger vorgeführt. Man machte sie mit den Anschuldigungen bekannt, verhörte sie und die Zeugen, die entweder für oder gegen die Angeklagten sprachen. Die Inhalte der vorhandenen Aktenstücke zu den Vorfällen wurden vorgetragen. Nach den Berichten und den Plädoyers der Verteidiger wurde die Kommission um ein Urteil gebeten. Vorher hatten jedoch die Angeklagten den Raum zu verlassen. Man befand den Moordorfer Reck und den Fehntjer Focke Frerichs Janßen einstimmig für schuldig, an dem Aufruhr teilgenommen zu haben und die Einwohner Aurichs aufgefordert zu haben, sich gegen die kaiserliche Macht zu bewaffnen. Weil Reck und Janßen sich in dem Falle des Artikels 87 der Verbrechen gegen die innere

---

[594] Gerhard Canzler, Unter Napoleons Fahnen. Schicksal der Ostfriesen, die an dem Rußlandfeldzug 1812/13 teilnahmen und nicht zurückgekehrt sind, in: Ostfreesland, Kalender für Jedermann 1994, Verlag Soltau-Kurier-Norden, S. 237.

[595] Schmidt (wie Anm. 379), S. 371.

[596] In den Victorburer Kirchenbüchern wurde Reck (geb. 22.5.1791) unter dem Namen Jann Jürgens Friedrichs Reck geführt. Hoogstraat (wie Anm. 42), S. 182 f.

[597] Das zweiseitige Urteil über die Aufrührer ist als Foto abgedruckt bei Schmidt (wie Anm. 379), S. 372 u. 373.

Sicherheit des Staates[598] schuldig gemacht hatten, wurden sie zum Tode und zur Enteignung ihres Besitzes verurteilt.

Zwei weitere Hauptaufrührer belegte die Kommission mit einer sechszehnjährigen Kettenhaft und der Konfiskation ihrer Güter. Sechs Aufrührer wurden der Polizei zur Beaufsichtigung unterstellt. Die anderen Männer sprach man frei. Das Militärgericht fand kein Gesetz, das auf ihre Verfehlungen angewandt werden konnte.

Die nicht anwesenden Aufrührer von Timmel und Neuefehn, die sich bewaffnet gegen die abkommandierten Truppen gestellt hatten, wurden in Abwesenheit zum Tode verurteilt. Die zum Tode verurteilten Haupttäter Reck und Janßen richtete man am 28. Mai 1811 hin. Der erschossene Aufrührer aus Moordorf, Johann Friedrich Reck, wurde noch am selben Tag in aller Stille auf dem Friedhof der Kirche in Victorbur begraben.[599]

Ob auch die anderen zum Tode verurteilten Aufrührer später aufgefunden und hingerichtet worden sind, geht aus den vorliegenden Quellen nicht hervor. Das Militärgericht verordnete jedenfalls, dass von dem erlassenen schriftlichen Urteil 2000 Exemplare gedruckt und öffentlich angeschlagen bzw. verteilt wurden.[600]

Die französischen Machthaber hatten ein Exempel statuiert. Der Widerwille der männlichen Jugend Ostfrieslands kam in weiteren Auseinandersetzungen zum Ausdruck, an denen auch Moordorfer beteiligt waren. So kam es zwischen französischen Soldaten und dem jungen A. J. Meyer im Jahre 1811 zu einer schweren Schlägerei, wobei der sechsundzwanzigjährige Kolonist von den Soldaten erschlagen wurde.[601]

Des Weiteren geht aus der tabellarischen Übersicht, die Moorvogt Köhnemann in der französischen Zeit über die Einwohner von Moordorf anfertigte, hervor, dass sich der Moordorfer J. Lammers 1811 auf der Flucht befand, weil die Behörden ihn beschuldigten, einem Deserteur Unterschlupf gewährt zu haben.[602] In einer Einwohnerliste von 1822 taucht der Name J. Lammers allerdings wieder auf. Lammers hatte in der Zwischenzeit den Nachnamen Redenius angenommen.[603] Auch Hoogstraat hat festgestellt, dass der 1770 geborene und in Victorbur getaufte Lammers über 1813 hinaus in Moordorf ansässig war und daher seine Flucht und sein Untertauchen in der Franzosenzeit als eine unglückliche Episode anzusehen ist.[604]

Fahnenflucht kam vielfach vor. Die Franzosen reagierten darauf mit scharfen Maßnahmen. Fehlende Konskribierte wurden mit Männern ersetzt, die bei der Einberufung höhere Nummern gezogen hatten. So trieb man einen Keil zwischen die Solidarität der jungen Ostfriesen. In Bekanntmachungen der Präfektur wurden die neu ernannten Konskribierten aufgefordert, den Aufenthaltsort der Deserteure ausfindig zu machen und sie zu denunzieren. Dadurch wurde ihnen die Möglichkeit eröffnet, dem eigenen Rekrutenschicksal zu entgehen. Schlimmstenfalls wurden

---

[598] Ebd.

[599] Hoogstraat (wie Anm. 42), S. 183.

[600] Schmidt (wie Anm. 379), S. 372 u. 373.

[601] StAA Rep. 237, Hypothekenbuch Nr. 91 (Victorbur), Die Informationen gehen aus Eintragungen über Immobilien (Nachlassregelungen) des Moordorfer Kolonisten Jann Albers Meyer hervor.

[602] StAA (wie Anm. 106), Liste der Einwohner sowie zu der sozialen und wirtschaftlichen Lage der Siedler v. Moorvogt Köhnemann v. 1811.

[603] StAA Rep. 15, Nr. 1451, Die häuslichen Verhältnisse der Kolonisten und die Beschaffenheit ihrer Kolonate v. 1822.

[604] Hoogstraat (wie Anm. 42), S. 65.

sogar französische Soldaten und Gendarmen in die Dörfer, die denen Deserteure beheimatet waren, beordert und auf Kosten der Kommune untergebracht, um nach den Deserteuren zu suchen. Es wurde an die Selbsterhaltung von Eltern und Verwandten appelliert, ihre Angehörigen anzuzeigen, denn die Franzosen schreckten nicht davor zurück, den gesamten Besitz der betroffenen Eltern zu beschlagnahmen und zu verkaufen.[605]

Ingesamt wurden in der Franzosenzeit wahrscheinlich weit über 2000 Ostfriesen zum aktiven Landdienst, für den Seedienst und für die Reserve bestimmt. Über die Anzahl und die Namen der Ostfriesen, die am Rußlandfeldzug Napoleons teilgenommen und dabei ihr Leben verloren haben, liegen nur unzureichende Quellen vor.[606]

---

[605] Heinrich Roskam, Deserteur Jan Remmers und die Franzosenzeit, in: Friesische Blätter, Beilage des General-Anzeigers Rhauderfehn, 1971, Nr. 2.

[606] Canzler (wie Anm. 594), S. 237. Die Angaben über die Gesamtzahl der Rekruten, die Anzahl der Aushebungen und die betroffenen Geburtsjahrgänge differieren in den vorliegenden Quellen. So kam beispielsweise Heinrich Roskam, der Akten der Gemeinde Collinghorst, die im Archiv des Fehn- und Schifffahrtsmuseums Westrhauderfehn gelagert sind, benutzt hat, zu dem Ergebnis, dass Ostfriesland insgesamt 2326 Soldaten für Napoleons Truppen stellte. Heinrich Roskam, Die Fehntjer verweigern dem Kaiser der Franzosen die Wehrpflicht, in: Friesische Blätter, Beilage des General-Anzeigers Rhauderfehn, 1969, Nr. 32, S. 137-138. Onno Klopp nennt die Zahl von genau 1442 Männern, die aktiv zum Militärdienst herangezogen wurden. Onno Klopp, Geschichte Ostfrieslands unter preußischer Regierung bis zur Abtretung an Hannover. Von 1744-1815, Osnabrück 1858, S. 351.

4. Die Kolonie Moordorf unter hannoverscher Herrschaft

Ostfriesland wurde nach dem Wiener Kongress am 15. Dezember 1815 vom Königreich Hannover als eine Provinz übernommen. Innerhalb von zwei Jahren gelang es, den Übergang der ostfriesischen Verwaltung in die hannoverschen Verhältnisse zu organisieren. Die 1817 eingerichtete Provinzialregierung in Ostfriesland wurde 1823 im Verlauf einer Reform der mittleren Verwaltungsbehörden des Königreiches in die Landdrostei umgewandelt. Neben der Landdrostei Aurich gab es die Landdrosteien in Hannover, Hildesheim, Lüneburg, Stade und Osnabrück, die als Mittelbehörden zwischen dem hannoverschen Staatsministerium und den Ämtern, Städten und Patrimonialgerichten fungierten.[607]

Die Landdrostei Aurich war für die allgemeinen Regierungssachen und den umfassenden Aufgabenbereich der Polizeiverwaltung sowie für die speziellen Domänenangelegenheiten zuständig. Die unteren Verwaltungsinstanzen, die Ämter, wurden mit wenigen Änderungen aus der preußischen Zeit übernommen. Hannover ließ das Allgemeine Preußische Landrecht, das nach der Franzosenzeit wieder Gesetz war, in Ostfriesland in Geltung. Der alten, landeseigenen Steuerverfassung wurde mit der Zugehörigkeit zu Hannover ein definitives Ende gesetzt. Mit dem neu organisierten Steuersystem des Königreiches stiegen die direkten und indirekten Steuern Ostfrieslands. Dazu kam 1818 die Wiedereinführung alter, von der holländischen Regierung 1809 ausgesetzter Domanialgefälle. Die Steuern gelangten in die hannoversche *„Generalsteuerkasse"*; sie gingen in die Ausgaben für das Engagement Hannovers im gesamten Reichsgebiet ein.[608]

Ostfriesland hatte 1815 fast 123.000 Einwohner. Im Jahre 1848 war die Zahl auf etwa 173.000 angewachsen.[609] In der Mitte des 18. Jahrhunderts hatte in ganz Deutschland ein starkes Bevölkerungswachstum eingesetzt. Nach den napoleonischen Kriegen betrug die Bevölkerungszahl im Deutschen Bund (mit Österreich, Böhmen und Mähren) etwa 32,7 Millionen. Sie stieg bis 1865 auf mehr als 52 Millionen an; sie war in dem Zeitraum demnach um etwa 60 % gestiegen.[610]

Der preußische Staat zählte im Jahre 1804 etwa 10,02 Millionen Einwohner, so dass auf eine Quadratmeile etwa 1.780 Einwohner kamen. 1837 lebten bereits 3.199 Einwohner auf einer Quadratmeile. Die Tendenz setzte sich fort und war auch im 19. Jahrhundert bestimmend. Die Bevölkerungsexplosion war derart, dass sie die bis dorthin entwickelten Arbeits- und Wirtschaftsformen unabhängig von politischen Ereignissen und Reformen zu sprengen in der Lage war. Die Zunahme der Menschen überstieg unter den gegebenen Realitäten das gesamte Arbeitsangebot und die Möglichkeiten der Existenzsicherung. Bemerkenswert ist dabei, dass die landarmen bzw. landlosen Menschen an diesem Bevölkerungswachstum überproportional beteiligt waren. So lässt sich eine starke Zunahme der Schichten unterhalb der *„Hand- und Lohnwerker"* in dem Zeitraum zwischen 1750 und 1850

---

[607] Reinhard Oberschelp, Politische Geschichte Niedersachsens 1803-1866, Hildesheim 1988, S. 74.
[608] Schmidt (wie Anm. 379), S. 378 f.
[609] Ebd., S. 390.
[610] Nipperdey (wie Anm. 154), S. 102.

auch für Regionen mit rein oder überwiegend agrarischem Charakter feststellen. Sie stellten oft mehr als die Hälfte der Bevölkerung.[611]

Die Ursachen für die Bevölkerungsexplosion in West- und Mitteleuropa führt man auf leichte Veränderungen der Sterblichkeit aufgrund von Klimaänderungen, Immunisierung, größere Widerstandsfähigkeit durch eine qualitativ bessere Ernährung, Hygieneverbesserungen, Impfungen, das Ausbleiben größerer Seuchen sowie Rückgänge von Kriegsverheerungen zurück. Aus Nordwestdeutschland ist bekannt, dass z. B. die Kindersterblichkeit hier immerhin zwischen 1800 und 1850 von 25 % auf 12,3 % bis zum 15. Lebensjahr zurückging, wobei sich allerdings die Säuglings- und Kleinkindersterblichkeit generell nicht verringerte.[612]

Die Zugehörigkeit Ostfrieslands zu Hannover fiel also in eine *„Hochzeit der demographischen Revolution"*.[613] Die Nahrung wurde überall knapper. Eine Ausdehnung von Ackerflächen war nur zu stark steigenden Kosten möglich. Es verschob sich die Nachfrage von unterschiedlichen Gütern des täglichen Bedarfs immer mehr auf das tägliche Brot, das auf längere Sicht aber immer teurer wurde.[614]

In Ostfriesland war es aufgrund des allgemeinen Anstiegs der Getreidepreise bereits seit der letzten Jahrhundertmitte zu einer Ausdehnung und Intensivierung des Ackerbaus auf Kosten des Grünlands gekommen.[615] Der ökonomische Charakter der Provinz Ostfriesland wurde bestimmt von der Landwirtschaft. Dies galt aber für das ganze Königreich Hannover; es lebten 1861 fast 51 % der Bevölkerung unmittelbar von der Land- und Forstwirtschaft. In Ostfriesland waren es etwas mehr als 51 %, wobei die Forstwirtschaft hier eine eher unbedeutende Rolle spielte.[616]

In die Zeit der hannoverschen Herrschaft über Ostfriesland fällt das Phänomen des Pauperismus, diese weitverbreitete Massenarmut, die sich auf die meisten Staaten Mitteleuropas erstreckte. Der Pauperismus in der Vorzeit der Frühindustrialisierung wird vielfach als letzter Ausläufer der alten, vorindustriellen Armut angesehen, wobei dieser sich durch das schnellere Bevölkerungswachstum bei noch langsamem Produktivitäts-zuwachs in Landwirtschaft und Industrie verschärfte. Daraus resultierende Hungerkrisen standen immer wieder in Zusammenhang mit Missernten, weil die Volkswirtschaften und das Leben der Menschen allein vom Ausfall der überregionalen und regionalen Ernten abhingen.[617]

Der Begriff Pauperismus wurde von England übernommen und in Deutschland lediglich zur Bezeichnung der Zustände vor der Eingliederung der armen Landproletarier in die Industriearbeiterschaft in der ersten Hälfte des 19. Jahrhunderts gebraucht. Koselleck sieht das bedrohliche Gewicht des Pauperismus nicht darin, dass *„die Lebenshaltung der arbeitsfähigen Armen etwa unter das Maß*

---

[611] Sachße/Tennstedt (wie Anm. 75), S. 158 f.; Fischer (wie Anm. 76), S. 419; Hans-Gerhard Husung, Protest und Repression im Vormärz. Norddeutschland zwischen Restauration und Revolution, Kritische Studien zur Geschichtswissenschaft, Bd. 54, Göttingen 1983, S. 44.

[612] Nipperdey (wie Anm. 154), S. 104 f.

[613] Ebd., S. 102.

[614] Sachße/Tennstedt (wie Anm. 75), S. 159.

[615] Schmidt (wie Anm. 379), S. 391.

[616] Ebd., S. 390; Oberschelp (wie Anm. 607), S. 84.

[617] Fischer (wie Anm. 287), S. 56; Wilhelm Abel, Massenarmut und Hungerkrisen im vorindustriellen Deutschland, Göttingen 1972, S. 61 f.; Ders., Agrarkrisen und Agrarkonjunktur. Eine Geschichte der Land- und Ernährungswirtschaft Mitteleuropas seit dem hohen Mittelalter, Hamburg/Berlin 1966, S. 205 f.; Nipperdey (wie Anm. 154), S. 147.

des bisher Gewohnten abgesunken wäre", sondern er führt seine Brisanz darauf zurück, dass die früher begrenzt gewesene Unterschicht sehr stark anwuchs und sich zu einem Hungerproletariat entwickelte.[618]

In Ostfriesland stiegen die Getreidepreise durch schlechtere Getreideernten in den Jahren von 1815 bis 1817 sehr stark an. Gute Ernten nach 1820 ließen sie stürzen; die positive Entwicklung für den Getreideanbau setzte sich nicht fort. Viele Marschhöfe gerieten in eine wirtschaftliche Krise, wovon aber auch landwirtschaftliche Stellen auf der Geest nicht verschont blieben. Auf den dortigen zahlreichen Klein- und Kleinstbetrieben und den sehr bescheidenen Landstellen in den Geestrandgebieten konservierten Armut und Not.[619]

4.1 Ländlicher Pauperismus

Wenige Jahre nach der Übernahme Ostfrieslands durch Hannover waren in der ostfriesischen Metropole Aurich die Bettler, die sich täglich im Zentrum der Stadt aufhielten, zu einer großen Belastung für die Bevölkerung geworden. Nicht selten drängten sich Mütter mit ein oder zwei Kleinkindern in die Auricher Häuser, um ein Almosen zu erhalten. Als Grund für ihre Armut gaben diese Frauen meistens die Arbeitslosigkeit ihrer Ehemänner an. Die Behörden hatten für solche Begründungen durchweg wenig Verständnis, da in der Stadt zu der Zeit mehrere Neubauten entstanden, so dass vor allem Maurergesellen und auch Hilfsarbeiter auf diesen Baustellen theoretisch Arbeit finden konnten. Nach Ansicht der Vertreter offizieller Stellen fehlte es keineswegs an Arbeit, und auch der Lohn der Tagelöhner erschien ihnen recht hoch zu sein.[620]

Die Einschätzung der Behörden traf für die Bauhandwerker durchaus zu. Fischer hat darauf hingewiesen, dass zu der Zeit insbesondere die Arbeitsbereiche für Maurer und Maler allgemein erheblich expandierten und ihre schon früher überdurch-schnittlichen Verdienstmöglichkeiten sich noch verbesserten. Daneben gab es aber zahlreiche Bereiche im Handwerk, wo die Branchen stagnierten und sogar schrumpften.[621] Selbst die Bemerkung über den relativ hohen Lohn der Tagelöhner ist durchaus richtig,[622] wobei allerdings das Problem darin bestand, dass nur wenige dieser Arbeiter in der von der Landwirtschaft geprägten Region beschäftigt werden konnten. Es waren seit jeher die handarbeitenden Schichten, die von den Hungerkrisen zunächst betroffen wurden.[623]

Innerhalb dieser Schicht müssen die Frauen, die Kinder und die Alten als eigentliche große Problemgruppen angesehen werden. Tätigkeiten in Form von Handarbeiten bzw. kleinen Dienstleistungen oder auch die Nahrungsbeschaffung durch Betteln und Diebstahl sind vor der Industrialisierung als Bestandteil eines *„Familieneinkommens"* anzusehen. Die Löhne der Väter reichten vor allem in den unteren Kategorien

---

[618] Reinhart Koselleck, Staat und Gesellschaft in Preußen, in: Werner Conze, Staat und Gesellschaft im deutschen Vormärz 1815-1848, Schriftenreihe des Arbeitskreises für moderne Sozialgeschichte, Bd. 1, Stuttgart 1962, S. 254.
[619] Schmidt (wie Anm. 379), S. 394.
[620] StAA Rep. 15, Nr. 1450, Provinzialregierung an Bürgermeister Conring v. 7.9.1818.
[621] Fischer (wie Anm. 287), S. 65.
[622] Schmidt (wie Anm. 379), S. 391.
[623] Abel, Massenarmut (wie Anm. 617), S. 7 f.

höchstens zum Unterhalt einer Person. Sie mussten also auf irgendeine Art und Weise ergänzt werden, sobald eine mehrköpfige Familie zu ernähren war. Auch in den Gebieten mit Fabriken waren vor wie während der Industrialisierung die handarbeitenden Menschen darauf angewiesen, dass mehr als nur der „Haupternährer" etwas zum Unterhalt der Familie beitrug. Unter Umständen musste der Lohn des Vaters durch Betteln übriger Familienmitglieder aufgebessert werden. Es ist davon auszugehen, dass Frauen- und Kinderarbeit bis weit in das 19. Jahrhundert nicht eine Ausnahme, sondern die Regel war.[624]

Der damalige Auricher Bürgermeister Conring hielt den Bau eines Arbeitshauses für das richtige Mittel, um arbeitsunwillige Leute an eine Tätigkeit heranzuführen. Er war der Überzeugung, dass sich mancher Bettler durch einen kurzen Aufenthalt in einer entsprechenden Einrichtung in seiner Arbeitshaltung bessern würde.[625]

Den Wert von Arbeitshäusern sahen viele auch nach der Jahrhundertwende in erster Linie noch darin, dass diese Einrichtungen die Armen indirekt zur Arbeit anhielten. Die Armen fürchteten allgemein das Arbeitshaus, in denen sie mit Verbrechern, Gewalttätigen und Irren unter katastrophalen hygienischen Verhältnissen zusammenkamen. Die Erfahrung hatte gelehrt, dass die Errichtung eines Arbeitshauses dazu führte, dass Fürsorgeansprüche sanken, da die Armen, die früher Armengelder als ihr Recht gefordert hatten, versuchten, ohne Unterstützungen durchzukommen, um auf jeden Fall einer Einweisung in das Haus zu umgehen.[626]

Das Bürgertum hatte im Zeitalter der Frühindustrialisierung noch vielfach die Einstellung, dass die Unterschichten sich generell durch Indolenz, Faulheit und Böswilligkeit auszeichneten. Eine Erziehung zur Arbeitsamkeit schien ihnen das beste Mittel zu sein, dem Elend dieser Menschen Herr zu werden und sie in die Gesellschaft zu integrieren.[627]

Dem Auricher Bürgermeister war damals aber auch klar, dass die bettelnden Menschen in seiner Stadt allgemein als unterstützungsbedürftig anzusehen seien. Es war nicht mangelnde Aufmerksamkeit, die ihn bisher daran gehindert hatte, in dieser wichtigen Angelegenheit initiativ zu werden. Probleme hinsichtlich der geltenden Armenpflege-bestimmungen waren es, die er nicht ohne weiteres lösen konnte. Er hatte bettelnde Kinder und Erwachsene aus der Stadt und vom Lande durch die Armenvögte aufbringen lassen, sie beim ersten Mal ernstlich verwarnt und im Wiederholungsfall zwölf bis vierundzwanzig Stunden inhaftiert. Alle Maßnahmen waren umsonst. Personen, die man abends im Finstern zum Stadttor herausgebracht hatte, waren am nächsten Morgen wieder da. Conring hatte Bedürftige, die wöchentlich oder monatlich von den Auricher Einwohnern Unterstützung erhielten, Bescheinigungen mit den Namen der Spender ausgestellt, um sie von anderen Häusern fernzuhalten. Den einheimischen Bettlern war mit körperlicher Züchtigung gedroht worden, und man hatte ihnen Arbeit zugewiesen. Trotz aller Maßnahmen blieb die Intensität der Bettelei in der Stadt jedoch gleich.[628]

---

[624] Fischer (wie Anm. 287), S. 69-70; Abel, Massenarmut (wie Anm. 617), S. 13.
[625] StAA (wie Anm. 620), Conring an die Provinzialregierung v. 15.9.1818.
[626] Fischer (wie Anm. 287), S. 46 f.
[627] Fischer (wie Anm. 76), S. 417.
[628] StAA (wie Anm. 620), Conring an die Provinzialregierung v. 15.9.1818.

Man kann davon ausgehen, dass es sich überall in den ländlichen Bereichen schnell herumsprach, wenn sich die Städter angesichts der Not anrühren ließen. Es fehlte damals allgemein durchaus nicht an einer sozialen Gesinnung bei privaten Spendern und gemeinnützigen Stiftungen.[629]

Die meisten Bettler in Aurich lebten in den sogenannten neun „Loogen", also den unmittelbar an Aurich grenzenden Ortschaften, und den unweit bei Aurich liegenden Moorsiedlungen. Wurden die Bewohner dieser Dörfer über die Grenze des Stadtgebietes hinausgebracht, hatten die Armenvögte dort keine Amtsgewalt mehr. Conring bedauerte es, dass die in vielerlei Hinsicht mit der Stadt verbundenen neun Ortschaften nicht der städtischen Polizei unterstanden, obwohl sie dem städtischen Armenwesen zugeordnet waren. Auf der anderen Seite kritisierte er, dass die für die Armen zuständigen Behörden, Vögte und Bauernrichter in den Moorkolonien nicht genug auf ihre Bedürftigen achteten.[630]

Die Annahme ist gerechtfertigt, dass die obige Schilderung der Verhältnisse mit einigen Variationen für viele Gebiete Deutschlands zutraf.[631] Die Not erstreckte sich auf Teile verschiedener Bevölkerungsschichten; es waren Heimarbeiter (z. B. Spinner und Weber), Kleinbauern, Tagelöhner auf dem Land und in den Städten, selbst untere Beamte und Angestellte sowie Handwerker betroffen.[632]

Das Leben der Kinder war von überharten Bedingungen gekennzeichnet. Sie bekamen nach unseren heutigen Vorstellungen nicht das, was ein Kind zu einer gesunden Entwicklung benötigt, vielmehr aber Prügel und kaum Zuwendung. Unter guten landwirtschaftlichen Bedingungen bedeuteten mehr Kinder auch zusätzliche Tätige auf den Äckern und Feldern, in der Krise waren sie nur noch mehr Esser, deren Grundbedürfnisse für die Eltern eine weitere Belastung bedeuteten. Die Kinder der Tagelöhner und Kleinbauern wurden so früh wie möglich abgestoßen. Sie mussten sich vielfach in sehr jungen Jahren schon als Knechte und Landarbeiter verdingen, gingen „in Stellung", wie man es in Ostfriesland noch bis weit in das 20. Jahrhundert nannte. Sicherlich kann davon ausgegangen werden, dass die innerfamiliären Beziehungen in den Notjahrzehnten des 19. Jahrhunderts hart und roh waren. Zeitgenossen berichten von patriarchalisch-tyrannischen Männern, die sich auch brutal gegen ihre Frauen und Kinder zeigten. Die Not verhärtete die Menschen, und der Alkohol, der zeitweise die Seele besänftigte, löste in entsprechenden Situationen und Belastungen gewalttätige Aktionen aus. Der ländliche Pauperismus verschlechterte die Lage der Kinder vehement; überall nahm neben Hunger und Arbeit das Betteln und Herumstreunen zu. Dieses ländliche Massenelend war der Gegensatz zu dem manchmal nicht so schlimmen Massenelend in den Industriegebieten, wo die Arbeitskraft der Kinder in den Fabriken ausgenutzt wurde.[633]

Zahlreiche Forscher des Pauperismus im Vormärz haben aufwühlende Beispiele über das Ausmaß des Hungerelends angeführt. Bereits Zeitzeugen jener Katastrophe gingen davon aus, dass fast mehr als ein Drittel aller Gemeinden in

---

[629] Abel, Massenarmut (wie Anm. 617), S. 41f.; Tennstedt (wie Anm. 166), S. 70.

[630] StAA (wie Anm. 620), Conring an die Provinzialregierung v. 15.9.1818.

[631] Abel, Massenarmut (wie Anm. 617), S. 9.

[632] Ebd., S. 11.

[633] Nipperdey (wie Anm. 154), S. 125 f.

deutschen Landen sich in entsetzlicher Armut befand. Genauere Zahlen lassen uns erkennen, dass diese vage Angabe durchaus als richtig einzuschätzen ist. Die 49.000 Einwohner zählende Stadt Köln hatte in der Hungerkrise 1816/17 fast 19.000 Almosenempfänger, 1848 waren es 25.000 Einwohner, die in den Armenlisten der Stadt geführt wurden. Bremen hatte 1848 unter 17.000 Familien der Stadt 11.000 Familien, die zur Unterschicht gehörten, weil sie weniger als 250 Taler im Jahr als Einkommen hatten und sich keinen kleinbürgerlichen Status leisten konnten. Sie zahlten keine Einkommenssteuer. Zu diesem Kreis gehörten auch untere Beamtenfamilien.[634]

In den 1820er Jahren lag der Anteil der öffentlich Unterstützten in Hamburg bei 4 %. Es lässt sich aber schwer feststellen, wie hoch der Anteil der potentiell Armen war.[635] Der Staatswissenschaftler Bruno Hildebrand berichtete als Zeitzeuge über die kurhessische Provinz Oberhessen in der Teuerungsphase im Winter 1846/47. Damals lebten dort nach seiner Einschätzung noch etwa 75 % der Menschen auf dem Lande.

Die Behörden organisierten in einigen Gegenden ganze Bettlerzüge, die nach einem festgesetzten Turnus durch regelmäßige Umzüge in bestimmten Stadtteilen und angrenzenden Dörfern ihre Almosen zusammenbettelten. Es kam vor, dass Bettlerinnen ihre Babys bei klirrender Kälte auf offener Straße zur Welt brachten.[636]

Eine Kirchenbucheintragung aus der Gemeinde Victorbur zeigt auf, dass in den 1820er Jahren eine Einwohnerin aus Moordorf auf ihrem Weg von Wiegboldsbur nach Moordorf ein Kind im Freien gebar, als sie sich in der Gegend aufhielt, um einiges zum Leben Notwendige zu erbetteln.[637]

Tennstedt führt protokollarische Aktennotizen aus Ostpreußen an, die das dortige Ausmaß des Pauperismus aufzeigen.[638] Es sind Beschreibungen, die fast in Einzelheiten mit den Gegebenheiten in und bei Aurich übereinstimmen.

Ein wichtiger Grund, warum sich das Ausmaß der Straßenbettelei in Aurich nicht verringern ließ, wurde auf Seiten der Behördenvertreter in der sehr schlechten Besoldung der beiden Auricher Armenvögte gesehen, weil von diesem Verdienst eine ganze Familie nicht leben konnte. Die Vögte gingen Nebenverdiensten nach. Ihre Präsenz in der Stadt war zu gering. Es erschien angesichts der Zunahme der Bettelei ratsam, dass sie sich den ganzen Tag über auf den Straßen aufhielten und ständig zu Diensten der Polizei bereitstanden.[639]

Behördlicherseits sah man einen Ausweg aus der Misere also in der Verbesserung und Verstärkung der repressiven Instrumente der staatlichen Stellen. Generell war die Organisation des städtischen Armenwesens aus damaliger Sicht schlecht geeignet, der Straßenbettelei Herr zu werden. Der ganze Bereich der Armenpflege gehörte nicht in die Kompetenz der Polizei. Die Armenangelegenheiten waren Sache des unter der französischen Regierung errichteten Armenrates. Die Aufgabe des

---

[634] Zitiert nach Fischer (wie Anm. 287), S. 60.
[635] Ebd.
[636] Ebd., S. 58.
[637] Hoogstraat (wie Anm. 42), S. 41.
[638] Zitiert nach Tennstedt (wie Anm. 166), S. 72.
[639] StAA (wie Anm. 620), Conring an die Provinzialregierung v. 15.9.1818.

Bürgermeisters bestand darin, dafür Sorge zu tragen, dass alte und junge Bettler von den Straßen vertrieben wurden.[640]

Im Großen und Ganzen hatte sich die wöchentliche Verteilung von Unterstützungs-geldern an die städtischen Armen als zweckmäßig erwiesen, obwohl nicht wenige das Geld oft leichtfertig für Tee und Alkohol ausgaben. Danach ging die Bettelei wieder los. Eine wöchentliche Verteilung von Brot, Kartoffeln und etwas Geld, um gerade die notwendigsten Bedürfnisse der Familien zu befriedigen, hielt Aurichs Bürgermeister für besser. Daneben befand es Conring für wichtig, einen Armenvogt anzustellen, der ständig in der Stadt Patrouille lief. Hartnäckige Bettler sollten hin und wieder inhaftiert und während ihrer Haft mit Arbeit versehen werden, bis man in Aurich wieder ein Arbeitshaus errichtet habe. Die Armenbehörden anderer Kommunen sollten in eigener Verantwortung dafür sorgen, dass die Armen ihrer Gegend nicht in großer Zahl zur Stadt zogen. Die Polizei in den neun Auricher Vororten musste angehalten werden, auf diesen Punkt zu achten. Der Bürgermeister wollte die alleinige Oberaufsicht über das Armenwesen haben.[641]

Conring betonte ausdrücklich die Faulheit der meisten Straßenbettler in der Stadt. Allein dieser Umstand war für ihn die Ursache dieses großen städtischen Problems wenige Jahre nach Beginn der hannoverschen Herrschaft über Ostfriesland. Fridrich Arends geht mit dieser Meinung konform. Arends schätzt zu Beginn der hannoverschen Herrschaft die Moral bei den unteren sozialen Schichten als sehr gesunken ein. Faulheit, Unredlichkeit und andere negative Phänomene waren demnach etwas Alltägliches.[642] Heinrich Schmidt führt dagegen die Hintergründe und das weitreichende Ausmaß der Krise der ostfriesischen Landwirtschaft jener Zeit vor Augen. Er verdeutlicht, dass sich daraus für eine ländliche Region große Probleme ergeben mussten. Die Zeitphase bis 1824 betitelt er als „bittere Jahre"; über die Hälfte der Grundbesitzer in den Marschen geriet damals wahrscheinlich in Konkurs.[643] Auf der Geest und in den Moorsiedlungen blieb die ärmliche Situation bis in die zweite Hälfte des Jahrhunderts fast unverändert gleich. Hier gab es die vielen Klein- und Kleinstbauern. Die Kleinbauern waren vielfach auch Landarbeiter, die ihren Tage- oder Akkordlohn in der Regel auf den Marschhöfen verdienten. Von ihrem kleinen Grundbesitz konnten sie ihre Familien nicht ernähren.[644] So wurde das Betteln oft als einziger Ausweg aus der Misere angesehen.

Die Stadt Aurich besaß im Jahre 1818, also drei Jahre nach Übernahme Ostfrieslands durch das Königreich Hannover, noch keine neue Stadtkonstitution. Der Bürgermeister und das Amt Aurich taten sich schwer an der Aufgabe, die auswärtigen Bettler von der Stadt fernzuhalten.[645]

Das Konsistorium, zu dessen Ressort die Armenpflege gehörte, forderte in dem Zusammenhang zweckmäßige Polizeiverordnungen von der Provinzialregierung in Aurich. Dem Konsistorium fehlte es an wirkungsvollen Mitteln, um die Armenpflege besser und sinnvoller einzurichten. Für das Konsistorium war es bei seinen Überlegungen wichtig, dass die bestehenden Beiträge der Auricher für die

---

[640] Ebd.
[641] Ebd.
[642] Arends (wie Anm. 2), Bd. 3, S. 416.
[643] Schmidt (wie Anm. 379), S. 391.
[644] Ebd., S. 394.
[645] StAA (wie Anm. 620), Provinzialregierung an Conring v. 23.9.1818.

Unterstützung der städtischen Armen und des Gasthauses, wo die zu unterhaltenden Armen, insbesondere die Gebrechlichen und die Waisenkinder armer Leute, wohnten und beköstigt wurden, nicht erhöht werden mussten.[646]

Um die Anzahl der Bettler aus den Moorkolonien zukünftig gering zu halten, wurde von Seiten des Amts Aurich erwogen, stärker darauf zu achten, dass Kolonate nicht eigenmächtig weiter geteilt wurden. Wenn sich Familienmitglieder der Moorbauern auf den kleinen und an sich schon existenzunfähigen Kolonaten Hütten errichteten, hatte es zur Folge, dass sich die Menschenzahlen in den Siedlungen immer weiter erhöhten. Das Amt Aurich stellte in diesem Zusammenhang auch die Notwendigkeit der Teilung der Gemeinheiten und der unkultivierten Ödlande zur Diskussion. Man versprach sich davon größere und lebensfähigere landwirtschaftliche Stellen.[647]

Im Sommer des Jahres 1819 hatte die Verelendung in weiten Teilen der Bevölkerung Ostfrieslands noch zugenommen. Selbst in den Sommermonaten wurde in den Städten der Region und auf dem Land gebettelt.[648]

Bettelnde Frauen und Kinder der Kolonisten aus der Umgegend von Aurich erregten den Unwillen der Stadtbevölkerung über den *„oft schauderhaften Anblick dieser Geschöpfe."*[649]

Die *„pauperisierte Landbevölkerung"*, die die Not auf die Straße trieb, sie in Bewegung setzte und in die Städte führte, erweckte das Unbehagen vieler Städter.[650] Es hatte sich gezeigt, dass fernere ländliche Massenarmut von Bürgern und Bürokratie nicht selten noch als natürlich betrachtet worden war. Obwohl man dies vielfach mit Bedauern hingenommen hatte, wollte man sie in den Städten durchweg doch nicht akzeptieren.[651] Dieses Faktum galt für die ostfriesische Stadt Aurich wie für andere Groß- und Kleinstädte.

Man stieß sich verständlicherweise an Äußerlichkeiten der Armen. Tennstedt berichtet von den Verhältnissen in Weberfamilien in Nordschlesien. Viele Frauen und Kinder trugen dort nur Leinenfetzen; ihre Familien besaßen keine Möbel und ernährten sich von Kleiesuppen und stinkendem Pferdefleisch.[652] Von den besitzlosen Einliegern, Dreschgärtnern u. a. in Oberschlesien bringt er in Erfahrung, dass sie sich im Frühjahr 1847 teilweise nur von Gras, Wurzeln, Quecken und Pilzen sowie gestohlenen Feldfrüchten ernährten.[653]

Da für Aurich um 1820 noch keine neue Stadtverordnung erlassen worden war, verfasste die Provinzialregierung anlässlich der Zunahme der Bettelei vorläufige Grundsätze für eine Abschaffung der Straßenbettelei:

1. Demnach sollte die Stadtgemeinde für die Ernährung ihrer armen Mitglieder und Einwohner zu sorgen haben. Dies sollte entweder durch eine von der Stadt unterhaltene Einrichtung bewerkstelligt werden, durch andere dazu

---

[646] Ebd., Konsistorium an die Provinzialregierung v. 4.3.1819. Zur Armenverwaltung und zu den sozialen Einrichtungen der Stadt siehe auch Friedrich Wilhelm Schaer, Die Stadt Aurich und ihre Beamtenschaft im 19. Jahrhundert, Göttingen 1963, S. 19 f.
[647] Ebd., Landbaumeister Franzius an die Provinzialregierung v. 23.6.1819.
[648] Ebd., Landbaumeister Franzius an die Provinzialregierung v. 2.7.1819.
[649] Ebd., Provinzialregierung an Conring v. 12./13.4.1820.
[650] Tennstedt (wie Anm. 166), S. 36.
[651] Ebd., S. 73.
[652] Ebd., S. 70.
[653] Ebd., S. 70 f.

bestimmte Fonds oder durch die Mildtätigkeit wohlhabender Einwohner, die über allgemeine Armenbeiträge hinaus noch einzelne Bedürftige mit Geld, Lebensmitteln oder Kleidungsstücken unterstützen würden.

2. Die Straßenbettelei der zur Stadtgemeinde gehörenden Armen zu bestimmten Tagen, Monaten oder zu gewissen Festtagen sollte völlig abgeschafft werden.

3. Den städtischen Armen, die von einzelnen Einwohnern von Zeit zu Zeit Unterstützung erhielten, wollte man gestatten, ihre Almosen am Samstag jeder Woche oder am letzten Sonnabend jeden Monats oder am Samstag vor einem Festtag persönlich in Empfang zu nehmen. Diese Personen mussten jedoch mit einer von der Stadt ausgegebenen Bescheinigung ausgestattet sein, auf dem die Geber mit ihrer Unterschrift versicherten, dass die Bedürftigen ihre Unterstützung entweder wöchentlich, monatlich oder vor den Festtagen abholen könnten. Diese Bescheinigungen waren den städtischen Polizeikräften und Armenvögten vorzuzeigen.[654]

Da die Straßenbettelei an den stärker befahrenen Routen durch einige Kommunen im Auricher Amt vor allem von Kindern ausging, wurde in Erwägung gezogen, diese gegebenenfalls mit einer mäßigen körperlichen Züchtigung zu bestrafen, um sie vom Betteln abzuschrecken.[655] Viele Reisende, die Moorkolonien wie Moordorf durchfahren mussten, um im Sommer zur Insel Norderney zu gelangen, ließen sich beim Anblick der bettelnden Kinder zum Almosengeben veranlassen. Das Amt Aurich sah darin nicht mehr als eine Mildtätigkeit, die das *„sittliche Verderben“* der Jugend förderte.[656] Wenn sich auch das Straßenbetteln in der Stadt zurückdrängen ließ, so war der allgemeine Missstand dadurch nicht behoben. Die auswärtigen Bettler begaben sich in andere Gegenden und das Problem wurde eigentlich nur verlagert.[657]

Das Problem der *„nackten Gestalten der bettelnden Kinder“* war keine untypische Einzelerscheinung, die nur Moordorfer oder ostfriesische Verhältnisse vor Augen führte.

Es gab z. B. in Oberschlesien um 1847 Gebiete, wo verwaiste, nackte und hungernde Kinder von Dorf zu Dorf zogen, um bei den Einwohnern zu betteln.[658]

Das Auricher Konsistorium hielt eine Züchtigung der Kinder für bedenklich, weil diese oft von ihren Eltern zum Betteln gezwungen wurden.[659] Vor allem die Stadtbevölkerung sollte von der Polizeibehörde aufgefordert werden, den Bettlern zukünftig keine Almosen mehr zu reichen, da die Auricher in der Lage waren, ihre Bedürftigen aus den öffentlichen Armenorganisationen zu unterstützen. Ein fortgesetztes Almosengeben strebte den Bemühungen der Behörden entgegen, das Betteln einzuschränken. Anweisungen an die Vorsteher der umliegenden Dörfer, das Reisen der Bettler in die Stadt zu verhindern, schienen unmöglich zu sein. Die

---

[654] StAA (wie Anm. 620), Provinzialregierung (Verordnung) an Conring v. 12./13.4.1820.

[655] Ebd., Provinzialregierung an das Amt Aurich v. 19.5.1820.

[656] Ebd., Amt Aurich an die Provinzialregierung v. 26.6.1820.

[657] Ebd., Amt Aurich an die Provinzialregierung v. 10.9.1820.

[658] Tennstedt (wie Anm. 166), S. 71.

[659] StAA (wie Anm. 620), Konsistorium an die Provinzialregierung v. 29.6.1820.

erzieherische Funktion einer einzurichtenden Arbeitsanstalt bewertete man sehr hoch.[660]

Die Aussagen damaliger Behördenvertreter geben die herrschende Meinung des liberalen Bürgertums wieder, dessen Vorstellungen von Sitte und Moral sich nicht mehr gegen dekadente Adelige des 18. Jahrhunderts richteten, *„sondern gegen den >zügellosen< Proletarier."* Das Bürgertum stützte sich in seinen Anschauungen auf Ideen und Konzepte, die die eigene Lebensführung absicherten, und berief sich in der Regel bequem auf das eigene Herkommen. Die Sache der Bedürftigen wurde damit abgetan, dass man die unansehnlichen Menschen zur Arbeit hinführen oder mit unzureichenden Mitteln ihre Volksschulbildung verbessern wollte. Die erhöhte Sterblichkeit wurde meistens als gegebene Tatsache akzeptiert. Als bedrohlich erschienen dem Bürgertum die *„Verwilderung"* und eine eventuell zur Gefahr werdende fehlende Sittlichkeit der pauperisierten Massen.[661]

Bei der Ursachenforschung über das Bettelunwesen beschäftigten sich die Behördenvertreter allein mit dem personalen Bereich der Notleidenden. Wenn auch die charakterlichen und persönlichen Defizite der vielen Bittsteller nicht mehr für Erklärungsansätze ausreichten, waren da immer noch die Spender, die durch ihre Bereitwilligkeit, Almosen zu geben, als mitverantwortlich für das Phänomen hingestellt wurden.

Eine Ermahnung an die Einwohner auf dem platten Lande, den Bettlern nichts zu geben, schätzte das Konsistorium als wirkungslos ein. Auf dem Land, wo man oft recht isoliert wohnte, war die Furcht vor Bettlern wesentlich größer als in den Städten. Es gab nicht wenige Beispiele dafür, dass unzufriedene Bettler, denen man ein Almosen verweigert hatte, den Landbewohnern Beschädigungen an ihren Wohnungen, Geräten und ihrem Vieh zugefügt hatten.[662]

Die schulpflichtigen Kinder aus den umliegenden Dörfern sollten verstärkt dazu ange-halten werden, regelmäßig die öffentlichen Schulen zu besuchen. In den Einrichtungen wollte man bereits die Kinder zu sinnvollen Tätigkeiten anleiten und sie dem Einfluss der Eltern entziehen.[663]

Die Not spiegelte sich in den Überlegungen der staatlichen Stellen, die Schule bei der Suche nach einer Abhilfe der Zustände in die Pläne einzubeziehen.[664] Die Überlegungen liefen auf eine pädagogische Lösung hinaus. Erziehung und Unterweisung sollten gegen Lethargie und Unbeweglichkeit der Bauern und Tagelöhner wirken, denn die Funktionsträger in Staat und Verwaltung standen auf dem Standpunkt, dass vordergründig die Mentalität der ländlichen Bevölkerung die bedrohlichen Folgen für Staat und Gesellschaft hervorgerufen hatte. Durch frühzeitige Bildung wollte man alle, aber besonders die unteren Volksschichten erfassen und prägen, um Geist und Charakter zu formen.[665]

Das Menschenbild jener Zeit geht deutlich aus einem Schreiben des Amtes Aurich an die Provinzialregierung hervor. Insbesondere die Kolonisten aus Moordorf wurden als Bettlerfamilien und als Personen ohne Ehr- und Schamgefühle dargestellt, ihre

[660] Ebd., Amt Aurich an die Provinzialregierung v. 10.9.1820.
[661] Tennstedt (wie Anm. 166), S. 57 f.
[662] StAA (wie Anm. 620), Amt Aurich an die Provinzialregierung v. 10.9.1820.
[663] Ebd.
[664] Leschinsky/Roeder (wie Anm. 44), S. 232.
[665] Ebd., S. 281 ff.

Kinder als eine immense Belastung für die Stadt Aurich und die Umgegend. Das Amt wies in dem Zusammenhang auf den starken Anstieg der Bevölkerung hin, den die Behörde u. a. auf die Einführung der Pockenschutzimpfung[666] zurückführte.[667]

Die Provinzialregierung zog noch durchgreifendere Maßnahmen in der Sache in Erwägung. In Anlehnung an einen Aufsatz des Pastors Biedeweg aus Sandstedt bei Brake von 1817 wollte die Behörde zunächst alle Eltern registrieren, deren Kinder bettelten. Falls sie ihren Nachwuchs nicht selbst ernähren konnten, sollten Kinder ab einem Lebensalter von acht Jahren als elternlos betrachtet und den Eltern weggenommen werden. Die zum Teil schon älteren Kinder wollte man bei seriösen Personen in den Städten und auf dem Land unterbringen, sie mit Lebensmitteln und Kleidungsstücken versehen, für ihre Erziehung und ihren Unterricht sorgen und sie zur Arbeit anhalten.

Nach ihrem vollendeten 16. Lebensjahr sollte es gestattet sein, dass die Kinder wieder zu ihren Eltern gingen. Sollten sich keine Leute finden, die die Kinder in den ersten Jahren völlig unentgeltlich versorgten, war interessierten Personen ein Kostgeld anzubieten.

In Aurich wollte man bei Bedarf auch eine Einrichtung organisieren, in dem mehrere Kinder gegen eine Vergütung aufgenommen wurden, falls sie nicht gleich oder gar nicht untergebracht werden konnten.[668]

Da diese Maßnahmen weit in die bestehenden Gesetze eingriffen, sie modifizierten und erweiterten, hatte die Provinzialregierung im weiteren Verlauf der Überlegungen aber doch Bedenken, die Pläne zu realisieren.

Es war Aurichs Bürgermeister Conring, der 1820 zumindest darauf hinwies, dass nicht nur Faulheit, als Defizit der Bettlerpersönlichkeiten, zu dem Phänomen beitrug .[669] Er legte Wert darauf, dass vorgesehene Maßnahmen auf eine einfache und möglichst kostengünstige Weise umgesetzt wurden.

Der erste Montag des Monats schien ihm organisatorisch der geeignete Tag zu sein, an dem Bedürftige ihre monatlichen Almosen bei den Auricher Privatspendern abholen sollten. Da sämtliche Armenfonds bis dahin unter der Verwaltung der verschiedenen Armenvorsteher und des Armenrates standen, sollte eine einzelne Kasse unter der Aufsicht, Verwaltung und Buchhaltung des ältesten Armenvorstehers eingerichtet werden. Damit war leichter zu übersehen, wer zu welchem Zeitpunkt eine Unterstützung erhalten hatte. Weil viele Stadtbewohner nach den Erfahrungen des Bürgermeisters unkritisch und leichtfertig Gaben verteilten, sollten sie dies zukünftig gegen eigenhändige Unterschrift auf dem Erlaubnisschein der Bettler tun.[670]

Conrings weitere Überlegungen erinnern an die Bemühungen der Sozialbehörden heutiger Zeit, Personen, die eine Unterstützung erhalten, zu öffentlichen Arbeiten heranzuziehen. Seine Überlegungen waren aber typisch für das Bemühen von vielen

---

[666] Die Pockenschutzimpfung wurde in Ostfriesland eingeführt durch den Arzt Dr. Christian G. Weiß (gestor. 1806), der damit große Erfolge erzielte. Rolf Uphoff, Viehseuche in Ostfriesland im 18. Jahrhundert II, in: Ostfreesland, Kalender für jedermann, Soltau-Kurier Verlag, Norden 1998, S. 125 f.
[667] StAA (wie Anm. 620), Amt Aurich an die Provinzialregierung v. 14.5.1819.
[668] Ebd., Regulativ zur Abschaffung der Straßenbettelei in Aurich und Umgebung v. 15.11.1820.
[669] Ebd., Conring an die Provinzialregierung v. 19.5.1820.
[670] Ebd.

Gemeinden und Provinzen, Arme zu beschäftigen bzw. direkte Armen-unterstützungen einzusparen. Es handelte sich überregional oft um *„Infrastruktur-arbeiten"*: Straßen- und Brunnenreinigungen, Kultivierungs-, Meliorations-, Straßen- und Wasserbauarbeiten. Ihre Grenzen fanden diese Arbeitsprojekte in der Regel an der Finanzkraft kleinerer Gemeinden.[671]

Viel versprach sich der Auricher Bürgermeister davon, den Kindern der bedürftigen Auricher die Erlaubnis zu geben, mit dem Erlaubnisschein der Eltern an den dafür bestimmten Tagen die Unterstützung abzuholen. Der Armenrat sollte den Kindern eine Unterstützung verweigern, wenn die Eltern nicht dafür Sorge getragen hatten, dass ihr Nachwuchs die Schule regelmäßig besuchte.

Was das Betteln von stadtfremden Bettlern generell anbelangte, forderte er, dass der Armenvogt sie beim ersten Antreffen sofort aus der Stadt heraustrieb. Beim zweiten Antreffen sollten sie bis zum Abend des Tages eingesperrt, beim dritten Auftauchen 24 Stunden inhaftiert und besonders die Kinder zunächst gezüchtigt und dann aus Aurich herausgeführt werden.[672]

Dagegen verlangte das Konsistorium in der Angelegenheit die konsequente Anwendung der bestehenden Verordnungen gegen die Bettelei. Bettler sollten rigoros aufgegriffen und der Polizeibehörde zur Bestrafung zugeführt werden. Nach einem Armenedikt von 1759 sollte strikt vorgegangen werden. Dieser Erlass forderte sehr strenge Strafen für Straßenbettelei, da dies mit der Einweisung ins Gefängnis, Arbeits- bzw. Spinnhaus geahndet werden konnte. Bettelkinder mussten eine körperliche Züchtigung über sich ergehen lassen. Es bestimmte kein genaues Strafmaß.[673]

Grundlage des Edikts war das Verständnis der ständischen Gesellschaft im 18. Jahrhundert, dass das Elend der Angehörigen der sozialen Randgruppen auf ihre selbst zu verantwortende Faulheit und Niederträchtigkeit zurückgeführt werden konnte. Diese Personen waren demnach die Gegentypen zu arbeitsfrohen und gehorsamen Untertanen.[674] Es ist davon auszugehen, dass das Denken des Konsistoriums auch etwa 60 Jahre nach der Verhängung dieses preußischen Erlasses noch weitgehend von solchen Vorstellungen und der Armutspolitik eines absolutistischen Staates geprägt war.[675]

Der Polizeibehörde wollte man das Recht einräumen, die leichten Strafen zu verhängen und zu vollziehen. Das beinhaltete die Verhängung von Gefängnisstrafen bis zu acht Tagen. Bei wiederholtem Betteln sollten die schwereren Strafen nach einem gerichtlichen Verfahren verhängt werden. Darüber hinaus hielt man es für zweckmäßig, dass die Polizeibehörde über alle Almosenempfänger ein Register führte und jeden neu hinzukommenden Armen dort vermerkte. Es sollte vermieden werden, dass die Leute über ihre Bedürftigkeit hinaus versorgt wurden. Die vorgesehene Verordnung wollte man durch Veröffentlichung in den Kirchen der hiesigen und der benachbarten Gemeinden und durch Anschlag am Auricher Rathaus, an den Stadttoren und in den Wirtshäusern möglichst allen bekannt

---

[671] Tennstedt (wie Anm. 166), S. 31.
[672] StAA (wie Anm. 620), Conring an die Provinzialregierung v. 19.5.1820.
[673] Ebd., Konsistorium an die Provinzialregierung v. 8.3.1821.
[674] Aagard/Gleitsmann (wie Anm. 208), S. 556 f.
[675] StAA (wie Anm. 620), Konsistorium an die Provinzialregierung v. 8.3.1821 und im Folgenden ebd.

machen. Der Staat war immens darauf bedacht, dass die Armen in ihrem Bemühen, für sich selbst zu sorgen, nicht nachließen. Daher durfte die Lage der Almosenempfänger nicht über das Niveau von armen, aber in Lohn stehenden Arbeitern verbessert werden.[676]

Von der Armenkommission sollte zusätzlich eine Prämie für die Armenvögte bereitgestellt werden, wenn sie sich beim Aufgreifen von Bettlern besonders hervortaten.

Trotz aller Vorschriften nahm im Herbst 1821 vor allem die Zahl bettelnder Kinder in und um Aurich noch mehr zu.[677] Das Amt Aurich war mittlerweile zu der Erkenntnis gekommen, dass das Betteln bei den Häusern und auf den Straßen und Promenaden der Stadt gar nicht völlig abzuschaffen sei. Die zunehmende Ansiedelung von Kolonisten auf kleinen Parzellen, auf denen die Menschen sich armselige Hütten errichteten, verstärkte diese Erscheinung nur noch mehr. Die Menschenzahl in den Moorsiedlungen nahm rasch zu und infolgedessen vor allem auch die Zahl der bettelnden Kinder in Aurich. Darüber hinaus stellten diese eine Belastung für Reisende durch die Kolonien dar.[678]

Es war in erster Linie die Kolonie Moordorf gemeint. Durch diese Siedlung verlief im Sommer die Passage der Norderneyer Badegäste. Man wollte auf diesen verstärkten Fremdenverkehr besondere Rücksicht nehmen und die Gäste nicht so kurz vor Erreichung des Reiseziels mit dem Anblick von bettelnden Kindern vergraulen. Auf diesen Punkt konzentrierte sich im Laufe der folgenden Monate alle Aufmerksamkeit der Behörden. Dieser augenfällige Missstand einer sich verstärkenden Verelendung weiter Bevölkerungsteile wurde nunmehr von den Behörden so überbetont und in den Vordergrund geschoben, als würde die Beseitigung des gesamten Armutsproblems von den Siedlern dieser Kolonie abhängen.

Die Behörden entschlossen sich daher, die Bevölkerung der Siedlung Moordorf in der Badesaison durch eine Polizeikraft beaufsichtigen zu lassen. In Moordorf war ein Aufseher zum ersten Mal in der Sommersaison 1822 für insgesamt 61 Tage tätig,[679] und in der Moorkolonie Rechtsupweg wurden einige Einwohner unter eine spezielle Polizeibewachung gestellt.[680]

Es ging nicht mehr um die Bekämpfung der Straßenbettelei an sich, da doch davon ausgegangen werden kann, dass der Anlass zum Betteln in der generell harten Winterzeit der Region weitaus größer war als im Sommer. Was die Bekämpfung der allgemeinen Bettelei anging, scheinen die Behörden zu dem Zeitpunkt resigniert zu haben, weil diese Erscheinungsform von sozialer Verelendung in der ländlichen Region Ostfriesland an Ausmaß immer mehr zugenommen hatte.

Statt sozialpolitisch zu intervenieren, zog der Staat sich immer mehr auf polizei- und strafrechtliche Maßnahmen zurück,[681] wobei die bettelnden Personen aus Moordorf und den neun Dörfern, die direkt an Aurich grenzten, für die Stadt als besonders belastend angesehen wurden.[682] Interessanterweise sind diese neun Dörfer, die

---

[676] Sachße/Tennstedt (wie Anm. 75), S. 178.
[677] StAA (wie Anm. 620), Amt Aurich an die Provinzialregierung v. 9.9.1821.
[678] Ebd.
[679] Ebd., Provinzialregierung an das Amt Aurich v. 31.8.1822.
[680] StAA Rep. 15, Nr. 1495 u. 1496. Siehe dazu auch Kap. 4.2.3.
[681] Sachße/Tennstedt (wie Anm. 75), S. 175.
[682] StAA (wie Anm. 620), Conring an die Provinzialregierung v. 29.8.1819.

heute zum Stadtbereich von Aurich gehören, keine Moorkolonien. Dadurch wird einmal mehr deutlich, dass das Betteln, in einigen Schreiben als alleiniges Fehlverhalten der Kolonisten beschrieben, ein allgemeines Problem darstellte. Verschiedene, aber weitreichende Umstände hatten dazu geführt, dass der Selbstbehauptungswille der Menschen keinen objektiven Rückhalt mehr hatte. War dieser in wirtschaftlichen Krisenzeiten gegeben, konnte erwartet werden, dass die temporären Ausfälle mit verstärkten, wirtschaftlichen Anstrengungen kompensiert wurden. Der oben beschriebene Maßnahmenkatalog (Polizei- und Strafverordnungen, Schulpflicht u. a.) sollte helfen, bei den Armen die nötige Bereitschaft zum Handeln zu wecken. Die damalige Massenarmut führte jedoch nicht zu dem gewünschten Verhalten. Das Volk, das ins Elend geriet, war der Situation nicht gewachsen und nicht imstande, sich wirtschaftlich gegen die Umstände zu stemmen.[683]

Erst nach der Jahrhundertmitte schwächten sich die katastrophalen Verhältnisse langsam ab. Als dann um 1900 die Diskussion um die „*soziale Frage*" in Deutschland auf dem Höhepunkt angekommen war, führten Studien über Arbeiter- und Handwerkergruppen zu dem Ergebnis, dass die schlechtesten Resultate nicht für die Industriearbeiter, sondern für Landarbeiter, Heimarbeiter und andere von den Fabriken noch nicht berührte Arbeitergruppen zu konstatieren waren. Es mussten gerade die Gegenden als besonders betroffene Notgebiete ausgewiesen werden, die von der Industrie noch nicht erreicht worden waren.[684]

4.2 Die Polizeiaufsicht

4.2.1 Einrichtung und Zweck der Polizeiaufseherstelle

Der Polizeiaufseher in Moordorf sollte vor allem die erwachsene Bevölkerung kontrollieren und eine staatliche Autorität in dem Dorf etablieren. Dieser Mann sollte nicht Mitglied der Kolonie sein. Die früheren Dorfobrigkeiten waren alle selbst Siedler der Kommune und oft auch Verwandte oder Freunde der Kolonisten gewesen. Dadurch hatten sich in vielen Fällen Probleme hinsichtlich ihrer Tätigkeit als Bauermeister ergeben. Der neue Aufseher sollte ein völlig unabhängiges Individuum sein. Die Behörden waren davon überzeugt, dass ein altgedienter, an Ordnung und Gehorsam gewohnter Soldat der richtige Mann für die Tätigkeit in Moordorf sei. Dieser ließe sich unter den Wachtmeistern eines Kürassier-Regiments in Aurich finden. Man wollte diese Person nicht durch Grundbesitz an die Kolonie fesseln, sondern ihm ein ausreichendes jährliches Gehalt zahlen.[685]

Der erste Polizeiaufseher der Kolonie wurde der bisherige Kürassier-Wachtmeister Carl Hermann Kuckuck.[686] Seine wichtigste Dienstobliegenheit bestand darin, das Betteln der Moordorfer in den nahen Bauernschaften und Dörfern sowie an der

---

[683] Leschinsky/Roeder (wie Anm. 44), S. 264 f.

[684] Fischer (wie Anm. 287), S. 64.

[685] StAA Rep. 139, Nr. 1045 a, Extrakt aus dem Bericht der Provinzialregierung an das Kabinettsministerium v. 14.11.1821.

[686] StAA Rep. 139, Nr. 1045 b, Provinzialregierung an das Konsistorium v. 2.8.1822.

Reiseroute nach Norderney zu verhindern. Kuckuck sollte die Badegäste vor dem Anblick der unansehnlichen Kinder schützen.[687]

Das Reisen setzte sich damals als neues Element der Freizeitkultur immer mehr durch. Auch sogenannte Badereisen von Mitgliedern der Oberschicht nahmen kontinuierlich zu.[688] Die ostfriesische Insel Norderney wurde aufgrund der besonderen klimatischen Bedingungen immer beliebter. Sehr bald erkor sich sogar das hannoversche Königshaus die Nordseeinsel de facto als Sommerresidenz. Georg V. verbrachte von 1836 bis 1865 regelmäßig die Sommermonate auf der ostfriesischen Insel.[689]

Aus den Quellen geht hervor, dass sich zu der Zeit nicht nur die Kolonie Moordorf durch ein nicht normgerechtes Verhalten ihrer Einwohner kennzeichnete. Für das Konsistorium in Aurich waren Moordorf und einige andere Moorkolonien „Schandflecken Ostfrieslands".[690]

Polizeiaufseher Kuckuck erhielt seine Instruktionen von der Provinzialregierung am 10. Juli 1822.[691] Sein jährliches Gehalt belief sich auf 200 Reichstaler. Der Polizist stand unter der Dienstaufsicht des Amtes Aurich. Die Einwohner der Siedlung wurden angewiesen, ihm in allen seinen Dienst betreffenden Angelegenheiten Folge und Gehorsam zu leisten. Der Polizeiaufseher hatte darauf zu achten, dass alle Verfügungen und Maßnahmen der Behörden, die auf eine Verbesserung des Zustandes der Kolonie hinwirken sollten, eingehalten wurden. Er führte ein genaues Verzeichnis der Familien in der Kolonie. Darin war die Größe jeder Familie, Vor- und Zunamen der Eltern und der Kinder, deren Alter, die Größe der Kolonate und deren Beschaffenheit vermerkt. Einzelne Fremde und Familien, die noch keine drei Jahre in der Kolonie gewohnt hatten und sich über ihre Rechtschaffenheit und ihren Broterwerb nicht ausweisen konnten, mussten aus der Kolonie entfernt werden. Sie sollten in ihre Geburtsorte oder an diejenigen Orte, wo sie zuletzt einen dreijährigen Aufenthalt gehabt hatten, verwiesen werden. Kein Fremder und keine nicht zur Kolonie gehörende Familie durften sich ohne besondere Erlaubnis des Polizeiaufsehers in der Siedlung aufhalten, ohne dass dies binnen der ersten 24 Stunden dem Polizeiaufseher angezeigt wurde und dieser eine schriftliche Erlaubnis dazu erteilte. Die Verheimlichung solcher Personen wollte man nach einer Untersuchung der Umstände mit Geld- oder Gefängnisstrafe ahnden.

Es sollte keine Vermehrung von Häusern oder Hütten in der Kolonie gestattet werden. Ohne Genehmigung des Amtes Aurich durfte kein Neubau durchgeführt werden. Zuweisungen von Land zur Vergrößerung der Kolonate oder zum Buchweizenanbau erfolgten nur noch auf vorherige Zustimmung des Polizeiaufsehers. Unterstützungen aus der Armenkasse in Victorbur fanden zukünftig lediglich gegen dort vorzulegende Bescheinigungen des Polizeiaufsehers statt. Er

---

[687] StAA (wie Anm. 603), Provinzialregierung an das Kabinettsministerium v. 14.11.1821.

[688] Nipperdey (wie Anm. 154), S. 139.

[689] Jost Galle, „Schönstes Andenken an Norderney". Frühe Fotografien aus dem ältesten deutschen Nordseeheilbad, in: Detlef Hoffmann/Jens Thiele (Hg.), Lichtbilder-Lichtspiele. Anfänge der Fotografie und des Kinos in Ostfriesland, Marburg 1989, S. 135.

[690] StAA (wie Anm. 603), Konsistorium Aurich an die Provinzialregierung v. 1.11.1821.

[691] StAA (wie Anm. 686), Instruktion für den Polizeiaufseher v. 10.7.1822. Im Folgenden ebd.
Der Polizeiaufseher war gleichzeitig Bauermeister des Dorfes. Für ihn galten auch die Ausführungen in der Instruktion für die Bauermeister in der Provinz Ostfriesland von 1819.

hatte deshalb eine sorgfältige Aufsicht über den Lebenswandel der Kolonisten, ihre Sittlichkeit, Betriebsamkeit und die Art, wie sie ihre Kolonate bestellten und ihren Unterhalt erwarben, zu führen. Demnach sollte er beurteilen, ob ihre Armut auf die schlechte Beschaffenheit ihrer Kolonate selbst oder auf eigene Untätigkeit und Faulheit zurückzuführen sei. Auf Grund seiner Einschätzungen hatte er die Bescheinigungen für die Victorburer Armenvorsteher auszustellen, damit diese danach das Quantum der zu bewilligenden Unterstützung festsetzen und gegebenenfalls Abzüge vornehmen konnten. Kolonisten, die ihre Kolonate nicht ordnungsgemäß bestellten und dadurch ihre eigene Armut verschuldeten, wurden mit körperlicher Züchtigung oder Gefängnisstrafe *„bey Waßer und Brodt"* belegt, wenn der Polizeiaufseher die Vergehen vorher ordnungsgemäß angezeigt hatte. Bezahlte ein Kolonist innerhalb von drei Jahren seine Erbpacht nicht, so wurde ihm das Kolonat genommen.

Alles Betteln der Eltern wie der Kinder in und außerhalb der Kolonie war streng untersagt. Das Umherlaufen nackter Kinder wurde nicht mehr gestattet. Ergaben die Eltern sich weiterhin der Bettelei, erteilten sie ihren Kindern Anleitung dazu oder duldeten sie das Betteln ihrer unerwachsenen Familienmitglieder, wurden sie mit körperlichen Züchtigungen (Stockschläge oder Peitschenhiebe) oder Gefängnistrafen belegt. Unverbesserliche Bettler sollten in eine öffentliche Arbeitsanstalt gesteckt werden. Das Betteln der Kinder konnte der Polizeiaufseher sofort und ohne vorherige Anzeige mit angemessenen körperlichen Züchtigungen ahnden.

Der Polizeiaufseher musste ein Verzeichnis derjenigen Familien führen, die bisher entweder allein oder größtenteils von der Bettelei gelebt hatten. Kein Mitglied dieser Sippen durfte ohne Vorwissen des Polizeiaufsehers die Kolonie verlassen. Aus einer dahingehenden schriftlichen Erlaubnis des Polizisten musste die Zeitspanne ersichtlich sein, die diese Moordorfer für das zu besorgende Geschäft oder für die Abwesenheit für angebracht erachteten. Sie diente diesen Dorfbewohnern zur Legitimation außerhalb ihrer Siedlung. Wer von ihnen ohne eine solche bei der Rückkehr wieder abzuliefernde Bescheinigung angetroffen wurde, sollte entsprechend bestraft werden.

Kinder, die den Unterricht nicht regelmäßig besuchten, sollten mit *„mäßiger körperlicher Züchtigung"* bestraft werden, so wie auch die Eltern, wenn ihnen die Schuld dafür nachgewiesen werden konnte.

Der Polizeiaufseher wurde verpflichtet, dem Amt Aurich alle acht Tage die Verfehlungen der Moordorfer Einwohner anzuzeigen. Wenn er es für nötig hielt und entsprechende Verfügungen der Behörde eingeleitet werden mussten, konnte dies noch öfter geschehen.

Alle in den Artikeln der Instruktion enthaltenen polizeilichen Strafbestimmungen, die nicht speziell dem Polizeiaufseher oblagen, sollten vom Amt Aurich nach vorheriger Anzeige des Polizisten im Amt selbst vollzogen werden.

Jeder Familienvater in der Kolonie erhielt ein gedrucktes Exemplar der Dienstan-weisungen für den Polizeiaufseher. In der für Moordorf zuständigen Kirchen-gemeinde Victorbur verlas der dortige Pastor Harms die neuen Anweisungen nach seiner sonntäglichen Predigt von der Kanzel. Man wollte sicherstellen, dass jeder

Moorsiedler von den Instruktionen erfuhr und sich der Strafen, die bei einem Vergehen drohten, bewusst war.[692]

Allgemein zeichnete sich das Königreich Hannover hinsichtlich der Ordnungs-strukturen im Vormärz durch eine wesentlich größere Präsenz von Gendarmen und Polizeidienern im Norden Deutschlands aus als z. B. der preußische Staat in seinen verschiedenen Gebieten. In Preußen kamen auf einen Gendarmen etwa 7.000 Einwohner, im Königreich Hannover etwa 4.300. Trotzdem reichte das vermeintliche Potential an Ordnungskräften in schwierigen Zeiten oft nicht aus.[693] Vor allem ländliche Bereiche erwiesen sich als Brennpunkte, wo sich begüterte Bewohner angesichts des Massenelends nicht mehr mit ihrem Hab und Gut sicher fühlten. In ländlichen Gebieten waren die Ordnungskräfte in der Regel durch mangelnde Mobilität und geringe Schlagkraft gekennzeichnet.[694]

Die Situation in und um Aurich stellte daher keine Ausnahmeerscheinung dar. In einem Schreiben des Amts Aurich zur Zeit der Dienstverpflichtung von Kuckuck zeichnete sich diese Behörde bei der Beurteilung Moordorfs in bemerkenswerter Weise einmal durch Sachlichkeit und weitgehende Fairness den Bewohnern gegenüber aus. Es wurde darauf hingewiesen, dass der schlechte Moorboden der Siedler keine größeren Viehbestände möglich machte und dass die Dorfbewohner in ihrer Umgegend keine Möglichkeiten vorfanden, um bei größeren Bauern als Landarbeiter etwas zu verdienen. Daneben gab es in den reichen Marschgegenden ausreichend viele Tagelöhner, so dass sich eine Arbeitssuche in dortiger Gegend für die Moordorfer erübrigte. Das Amt gab sogar zu, dass die Moordorfer selbst bei größeren Anstrengungen und Fleiß keine Aussicht hätten, ihre Lage zu verbessern, so lange sie auf ihren Kolonaten lebten.[695]

Diese Aussagen der Behördenvertreter lassen sich als historische Belege für die alte Wirtschaftsschwäche der Region werten. Sie machen deutlich, dass die angewachsene Landbevölkerung in den Arbeitsverhältnissen unselbständiger Landarbeit nur teilweise unterkommen konnte. Die immer stärker kapitalorientierte und rationelle Landwirtschaft benötigte weniger Arbeitskräfte als noch die personenorientierte Bauernwirtschaft der Vergangenheit. Darüber hinaus war der Arbeitskräftebedarf auf dem Land saisonal unterschiedlich, wogegen die Bevölkerungszahl stetig zunahm. Diese Gesetzmäßigkeiten galten nicht allein für Ostfriesland, sondern in allen von der Landwirtschaft geprägten Gebieten Deutschlands.[696]

Ganz anders wurde die Sachlage von der Provinzialregierung eingeschätzt, die den Bericht nicht zur Kenntnis nahm, sondern im Vordergrund die vermeintlichen Persönlichkeitsdefizite der ersten Kolonisten annahm. Auch in den Anfängen der hannoverschen Herrschaft über Ostfriesland vertraten verschiedene Behördenvertreter in ihren Gutachten die Ansicht, dass sich die Gründer der Siedlung *„größtentheils aus den Invaliden eines in Emden nach dem 7jährigen Kriege stationiert gewesenen, aus zusammen gerufenen und aller Nationen*

---

[692] StAA (wie Anm. 603), Amt Aurich an die Provinzialregierung v. 11.9.1822.
[693] Husung (wie Anm. 611), S. S. 224 f.
[694] Ebd.
[695] StAA (wie Anm. 603), Amt Aurich an die Provinzialregierung v. 31.10.1821.
[696] Tennstedt (wie Anm. 166), S. 30.

bestehenden, von Courbierschen Freycorps"[697] zusammengesetzt hatten. Der allgemein schlechte Ruf von Invaliden, deren Persönlichkeit nicht defizitär genug war, den Zielen ihrer Herrscher in manchen Fällen sogar Jahrzehnte mit Leib und Leben zu dienen, wurde wieder einmal herangezogen, um Ursachen von gravierenden Missständen zu erklären.

4.2.2 Bettelrepression und Nebenerwerb

Die Kolonie setzte sich bei der Dienstverpflichtung von Kuckuck im Jahre 1822 aus 67 Männern, 65 verheirateten Frauen, fünf Witwen und 175 Kindern zusammen. Die Ländereien bestanden im günstigsten Fall aus schlechten und wenig gedüngten Sandböden. Die von zwei Reihen in ihrer ganzen Länge noch vom Hochmoor eingeschlossene Kolonie war zum Ackerbau im großen Rahmen nicht geeignet. Lediglich Teile des Hochmoores konnten zum Buchweizenanbau vergeben werden.[698]

Es gab Kolonisten, die über die Kultivierung hinaus ein weiteres Gewerbe betrieben. Allein 23 Moordorfer traten im Nebenerwerb als Besenbinder auf. Torfverkauf bzw. Torffahren wurde von zehn Siedlern betrieben. Durch *„Tagelohn"* oder *„Bauernarbeit"* zeichneten sich 21 Familienväter aus, zum Spinnen oder Weben waren fünf Dorfbewohner fähig. Einige Siedler betrieben mehrere Gelegenheitsgewerbe nebeneinander. Jeweils ein Kolonist war nebenbei Holzschuhmacher, Ablederer von Pferden, Schankwirt, Gefangenenwärter oder Musikant. Ein Moordorfer bezog eine Invalidenrente.[699]

Von 70 Haushalten fanden sich nur 34, die durch Landwirtschaft und Nebengewerbe ihren Unterhalt bestritten. Die restlichen 36 Familien mit einer Population von 115 Kindern bettelten ganz oder doch zum Teil.[700]

In der Kolonie Moordorf lebte Polizeiaufseher Kuckuck zunächst mit im Haushalt des Schankwirts J. G. Post. Da in dessen Wohnküche auch Kolonisten Getränke zu sich nahmen, erkannte Kuckuck bald, dass sein dortiges Zusammentreffen mit den Dörflern ungünstig für seine dienstlichen Tätigkeiten war.[701] Mit Genehmigung der Behörden kaufte er im Zentrum der Siedlung ein Grundstück von geringer Größe und ließ sich ein kleines Wohnhaus errichten.[702] Seine Dienstherrn stellten ihm dazu einen zinslosen Vorschuss von 400 Reichstalern zur Verfügung.[703]

Zeitgleich mit der Errichtung der Polizeiaufseherstelle war in Moordorf eine Industrie- und Arbeitsschule eingerichtet worden. Man setzte hinsichtlich der Verbesserung der Umstände auf den Unterricht der Jugend und auf Anleitungen zur Arbeit.[704] Den Handel mit Böhnern und Besen wollte man 1822 in Ostfriesland nur noch alten und arbeitsunfähigen Personen erlauben.[705]

---

[697] StAA (wie Anm. 603), Provinzialregierung an das Kabinettsministerium v. 14.11.1821.
[698] Ebd.
[699] Ebd., Nachrichten u. Erläuterungen über die häuslichen Verhältnisse der in Moordorf wohnenden Kolonisten und über die Beschaffenheit ihrer Kolonate v. 1821.
[700] Ebd., Provinzialregierung an das Kabinettsministerium v. 14.11.1821.
[701] Ebd., Amt Aurich an die Provinzialregierung v. 18.1.1823.
[702] Ebd., Witwe Kuckuck an die Landdrostei v. 6.3.1833.
[703] Ebd., Amt Aurich an die Landdrostei v. 24.11.1833.
[704] Ebd., Provinzialregierung an das Kabinettsministerium v. 14.11.1821. Siehe dazu Kap. 4.3.
[705] Ebd., Amt Aurich an die Provinzialregierung v. 7.3.1822.

Polizeiaufseher Kuckuck war nicht imstande zu kontrollieren, ob das erbettelte Brot, das er bei den Frauen und Kindern vorfand, gegen Besen und Böhner eingetauscht worden war. Er griff Kinder und Frauen auf, die scheinbar wochenlang mit ein und denselben Böhnern herumliefen.[706] Wahrscheinlich fiel es ihm auch persönlich schwer, konsequent gegen die notleidenden Personen vorzugehen.

Die Not der Verhältnisse zwang die Menschen auch überregional, sich Zusatz-verdienstmöglichkeiten zu suchen. Der Nebenerwerb stellte neben der Landwirt-schaft vor allem für das Gros der ländlichen Bevölkerung eine dürftige Lebensgrundlage dar. Gewerbliche Nebentätigkeiten ergänzten unzureichende Beschäftigungs- und Einkommensmöglichkeiten in der Landwirtschaft.[707]

Im Frühsommer 1823 entschlossen sich die Behörden nur noch sechs zuverlässige Moordorfer, die von den Kolonisten ausgewählt werden sollten, mit dem Verkauf der Waren aller Besenbinder des Dorfes zu beauftragen. Diese hatten sich auf den Besuch der Wochenmärkte in Aurich und Norden zu beschränken. Alles sonstige Hausieren in den Städten und Dörfern Ostfrieslands wurde ihnen untersagt. Von der Idee, allen Einwohnern Ostfrieslands Strafen anzudrohen, falls sie außerhalb der Markttage Waren der Kolonisten erstanden, ging man ab. Die Behörden schreckten davor zurück, die Freiheit der Einwohner Ostfrieslands zu sehr einzuschränken.[708]

Trotz aller Vorschriften und Drohungen bekam man die Probleme nicht in den Griff. Das Betteln und Hausieren setzte sich fort.[709] Kuckuck forderte Unterstützung von der Auricher Landdragonersektion, um die Missstände besonders in der Stadt besser steuern zu können. Die Landdrostei beklagte sich, weil keine konsequenten Maßnahmen gegen das Betteln ergriffen wurden.[710] Behörden, Landdragoner und Armenwächter verloren anscheinend angesichts der großen Anzahl der in die Stadt ziehenden Landbewohner die Orientierung.

Seitens der Landdrostei kam es zu mehreren Anfragen wegen der Dienstführung des Moordorfer Polizeiaufsehers.[711] Seine vorgesetzte Dienstbehörde stellte ihm ein gutes Zeugnis aus. Vor allem stand er mit keinem Moordorfer in einer unerlaubten Verbindung. Kuckuck ließ sich keine Geschenke geben oder Dienste von Dorfbewohnern leisten, die mit seiner Pflicht als Aufseher nicht zu vereinbaren waren.[712]

Der Polizeiaufseher Kuckuck erwies sich als umsichtiger und vernünftiger Mann. Anscheinend wurde ihm schnell klar, dass nicht Faulheit und persönliche Defizite der Moordorfer Einwohner für die katastrophalen Verhältnisse in der Moorsiedlung verantwortlich waren. In den Dokumenten des Staatsarchivs Aurich ist belegt, dass der Amtsunterbediente die Kolonisten in zahlreichen Fällen unterstützte, wenn diese ihre Eingaben an die Auricher Behörden richteten.[713]

---

[706] Ebd., Amt Aurich an die Landdrostei v. 9.5.1823.
[707] Leschinsky/Roeder (wie Anm. 44), S. 220 ff.
[708] StAA (wie Anm. 603), Landdrostei an das Amt Aurich v. 21.5.1823.
[709] Ebd., Landdrostei an das Amt Aurich v. 13.7.1825.
[710] Ebd., Landdrostei an das Amt Aurich v. 13.7.1825 und an die Stadt Aurich v. 4.6.1830.
[711] Ebd.
[712] Ebd., Amt Aurich an die Landdrostei v. 31.7.1831.
[713] Im Bestand Rep. 139, Nr. 1045 a und b sowie Rep. 15, Nr. 1451 u. 1452 finden sich Schreiben des Polizeiaufsehers, in denen dieser z. B. die Bitten der Siedler um Unterstützungen verschiedener Art sowie um Maßnahmen zur Verbesserung der Abwässerung und der landwirtschaftlichen Flächen formulierte. Daneben verfasste er auch Atteste für Bewohner der Kolonie.

Um 1830 richtete der Magistrat in Aurich seine Aufmerksamkeit auf die Bettler aus Moordorf und führte die Zunahme des Auricher Problems auf die Einwohner dieser Siedlung zurück. Er beurteilte die Arbeit des Polizeiaufsehers als schlecht.[714] Wenige Monate später wiederholte der Magistrat eine Bitte um Einstellung von Armenvögten mit dem Hinweis, dass es sich bei den Bettlern doch nicht nur um Moordorfer handelte. Wahrscheinlich versuchten die Stadträte damit, dass sie das Problem den Tatsachen gemäß breiter darstellten, eine bessere Resonanz auf ihren Antrag zu bewirken. Es zeigt sich, dass es nicht immer vorteilhaft war, das Problem der Straßenbettelei lediglich an dem Ärgernis Moordorf festzumachen. Hier wurde aus taktischen Gründen eine andere Argumentation gewählt. Es war von *„Fremden"* die Rede, die die Straßenbettelei betrieben. Die Stadtväter waren besorgt, dass der bevorstehende Winter die Probleme so vergrößern würde, dass Sicherheit und Ordnung gefährdet seien.[715]

Nach Husung, der das Protestverhalten der norddeutschen Bevölkerung im Vormärz untersucht hat, blieb es auf dem Land um 1830 trotz der angespannten ökonomischen Lage, die er besonders für Gebiete bei Osnabrück und in Ostfriesland konstatierte, relativ ruhig. Er stellt fest, dass viele Betroffene durch zunehmenden Jagd- und Forstfrevel sowie durch Diebstähle und Schmugglertätigkeiten ihre Lage erträglicher gestalteten.[716]

In den Städten gehörten in dieser Zeit Nachtwächter und Bürgerwachen zum nächtlichen Bild.[717] Für viele Bürger begann vor den Stadttoren gleich das Land. Nachts wurden allgemein die Tore geschlossen und in der Regel nur noch gegen ein Aufgeld wieder geöffnet.[718] Damit gelang es, sich als Städter etwas von dem ländlichen Pauperismus abzugrenzen.

Der Moordorfer Polizeiaufseher Kuckuck starb im Februar 1833, und ein früherer Kommandant der Landdragonersektion in Weener wurde zum Polizeiaufseher des Dorfes bestellt. Von den 20 Bewerbern, die sich unter anderem aus Landdragonern, Aufwärtern, Steuer- und Zollaufsehern, Untervögten, Sergeanten, Amtsdienern, Schreibern und Militärtrompetern zusammensetzten, schätzte man Hermann Henke für die Tätigkeit am geeignetsten ein.[719]

In den Sommermonaten der nächsten Jahre verstärkte sich wieder das Anbetteln der Reisenden nach Norderney durch Heranwachsende aus Moordorf. Insbesondere bei Kindern sahen die Behörden in den 1830er Jahren die Polizeistrafen *„am wirksamsten in einer gelinden Körperzüchtigung"* durchgeführt.[720]

In der Stadt Aurich änderten sich die Zustände in den folgenden Jahren nicht. Der Magistrat setzte sich nunmehr für die Einrichtung eines Arbeitshauses ein und verwies auf das gute Beispiel der Regelung des Armenwesens in der Stadt Leer.

---

[714] StAA Rep. 15, Nr. 10733, Magistrat der Stadt Aurich an die Landdrostei v. 12.6.1830.
[715] Ebd., Magistrat der Stadt Aurich an die Landdrostei v. 8.9.1830.
[716] Husung (wie Anm. 611), S. 75.
[717] Zu den Tätigkeiten von Bürgerwachen auch Theo Meyer, „Auf Feuers-Gefahr ein wachsames Auge haben." Die Bürgerwachen in der Stadt Aurich im frühen 19. Jahrhundert, in: Heimatkunde und Heimatgeschichte, Beilage der Ostfriesischen Nachrichten, 1999, Nr. 6.
[718] Nipperdey (wie Anm. 154), S. 134.
[719] StAA (wie Anm. 603), Amt Aurich an die Landdrostei v. 25.4.1833.
[720] Ebd., Landdrostei an den Magistrat der Stadt Aurich v. 19.6.1832.

Dort gab es sogenannte Bezirksvorsteher, die für die Betreuung, Pflege und Arbeitszuweisung der Armen in den Einrichtungen sorgten.[721]

Fischer hält die Armenhäuser, die vielfach auch Zuchthaus und Waisenhaus koppelten, für das Machtmittel einer Politik, die das Arbeitsethos predigte und eine negative Wertung der Armut und der Bedürftigen verstärkte.[722] Die Armenhäuser wurden zu einem wichtigen Instrumentarium in den meisten Ländern Europas; sie hatten zusätzlich eine Funktion von Zucht- und Waisenhäusern, in denen die Armen sich durch Spinnen und ähnliche Tätigkeiten einen Teil ihres Unterhalts verdienen mussten. Nur selten waren die einzelnen Funktionen dieser Einrichtungen voneinander getrennt. Bettler, Greise, Kinder und Kranke fristeten unter den gleichen Bedingungen ihr Dasein. Ein Sachverständiger von Friedrich dem Großen hatte bereits über diese Einrichtungen geschrieben, dass sie als „Mittelpunkt" des ganzen Armenwesens zu betrachten seien.[723]

Die gesunden und natürlichen Regungen des Mitleids und Mitfühlens gingen in weiten Teilen der Stadtbevölkerung von Aurich nicht verloren. Der Diensteifer der Armenvögte, die 1835 für die Stadt tätig waren, ging manchmal hinsichtlich des Prügelns und Einsperrens zu weit. Kaum jemand wollte das Züchtigen vor seiner Haustür zulassen. Die Armenvögte wurden beschimpft und sogar tätlich von Bürgern angegriffen. Aufgrund der Proteste gegen das Prügeln wurde es eingestellt und der Magistrat kam zu der Erkenntnis, dass durch das Schlagen der Hungernde nicht gesättigt und der Nackte nicht bekleidet wurde.[724]

Man muss sich vor Augen führen, dass hinter der Normverletzung der verzweifelten Menschen die Ernsthaftigkeit und Außergewöhnlichkeit ihrer Not standen, weil sie doch immer Gefahr liefen, körperlich sehr misshandelt und hart bestraft zu werden. Allein deswegen war die damals vertretene Behauptung, ihr Handeln sei auf Faulheit und Niederträchtigkeit zurückzuführen, schlichtweg ein Affront und eine Missachtung menschlichen Leidens.

Wie aus den wenigen Schreiben des Polizeiaufsehers Henke an die Behörden deutlich wird, war dessen Naturell von einem ausgeprägten Pessimismus und schneller Verzagtheit gekennzeichnet. Vielleicht wurde er zusätzlich von seiner schwierigen Aufgabe in der Kolonie überfordert. Er war sicherlich von seiner früheren Beschäftigung her der qualifizierteste aller Polizeiaufseher. Ihm fehlte aber wahrscheinlich der Pragmatismus, durch den sich sein Vorgänger ausgezeichnet hatte. Es ist davon auszugehen, dass es ihm aufgrund seiner Bildung auch schwer gefallen sein muss, sich den bettelarmen Menschen der Kolonie zu nähern. Die Behörden wollten vor allem Erfolge bei der Verhinderung des Anbettelns der Reisenden nach Norderney verbuchen können. Dieser Übelstand konnte auch Nachteile für die Bediensteten der Landdrostei Aurich nach sich ziehen, weil bedeutende Persönlichkeiten sich im Sommer auf die Nordseeinsel begaben.[725]

Überregional waren Ordnungskräfte für das weite Aufgabenfeld, das sich ihnen im Vormärz darbot, wenig oder gar nicht ausgebildet. Oft fehlten ihnen für den

---

[721] StAA (wie Anm. 714), Magistrat der Stadt Aurich an die Landdrostei v. 15.3.1834.

[722] Fischer (wie Anm. 76), S. 417.

[723] Zitiert nach Fischer (wie Anm. 287), S. 44-45.

[724] StAA (wie Anm. 714), Magistrat der Stadt Aurich an die Landdrostei v. 16.11.1835.

[725] Ebd., Landdrostei an das Amt Aurich v. 12.6.1858.

alltäglichen Dienst ein Einfühlungsvermögen und eine Achtung vor bürgerlichen Freiheiten. Viele waren ehemalige Soldaten und standen ganz in obrigkeitlichen Denkweisen. Ihre Neigung zur Reglementiersucht und zur parteilichen Wahrnehmung von Tatbeständen wurde vielfach offensichtlich.[726]

Nach wenigen Dienstjahren in der Kolonie beging Henke im August 1837 Selbstmord; er erschoss sich mit seinem Gewehr.[727] Im April 1837 war es zu einer Beschwerde gegen Henke durch den Moordorfer Schankwirt H. Junkhoff gekommen.[728] Henke äußerte sich dazu im Juli 1837. Er bezog sich dabei auf die *„wohlbekannten sehr unangenehmen Verhältnisse"*, die seit längerem *„stets mehr auf Zerrüttung"* seiner Gesundheit gewirkt hatten.[729] Der Inhalt dieses Schreibens spricht sicher für sich. Durch den Selbstmord Henkes erledigte sich die Beschwerde des Schankwirts. Die Umstände der Beschwerde gehen aus den Akten nicht hervor.[730]

Bis zur Entscheidung der Behörden über den Einsatz eines neuen Polizeiaufsehers wurde in Moordorf zwischenzeitlich ein neuer Bauermeister gewählt. Mehrheitlich fiel die Wahl auf den dortigen Kolonisten M. J. Süßen. Er galt als tüchtiger Mann, war jung und hatte nach eigener Aussage *„keine Menschen-Furcht, um den Dieben nachzustellen."*[731]

Die Wahl der Behörden zum neuen Polizeiaufseher fiel auf den Landdragoner G. C. Vogeler, der gebürtig aus Fürstenau stammte. Vogeler war ein Mann in mittleren Jahren, von untadelhaftem Betragen und guter Dienstführung.[732]

Anfänglich war man der Meinung, dass sich eine Vereinigung der Polizeiaufseherstelle mit der Stelle des Vogtes in Victorbur als vernünftig erweisen würde. Die Behörden nahmen aber von dem Plan Abstand. Das Amt Aurich urteilte zu dem Zeitpunkt härter über die Siedler. Ein Aufseher sollte seinen Wohnort in Moordorf haben, um die Einwohner jederzeit beobachten und gegen Verbrechen und Vergehen vorgehen zu können.[733]

Husung wertet Bettelei, Vagabundieren, kleinere Dieberein und sogar Auswanderungen als vielfach praktizierte Formen des sozialen Protests durch die Landbevölkerung. Es ist ihm aufgrund der Moordorfer Verhältnisse beizupflichten, dass diesen Formen von Unterschichtenprotest ein politischer Charakter fehlte. Für Moordorf waren sicherlich in erster Linie die Not und der Hunger Beweggrund genug, durch diese Protestformen in Erscheinung zu treten. Es lässt sich über die Verhältnisse in Moordorf auch feststellen, dass die von Armut und Unterbeschäftigung am stärksten Betroffenen nicht den Eindruck vermitteln, dass sie im Alltag hinsichtlich ihrer Protestaktivität besonders herausragend waren. Es fand die katastrophale soziale und wirtschaftliche Lage in der Kolonie zudem keine Widerspiegelungen in kollektiven Aktionen der leidenden Bevölkerung.[734]

---

726 Husung (wie Anm. 611), S. 223-224.
727 StAA Rep. 26 a, Nr. 98 (alt), Amt Aurich an die Landdrostei v. 8.8.1837.
728 StAA Rep. 15, Nr. 1453, Landdrostei an das Amt Aurich v. 20.4.1837.
729 Ebd., Henke an die Landdrostei v. 3.7.1837.
730 Ebd., Landdrostei an die Amt Aurich v. 5.10.1837.
731 Ebd., Gemeinde Moordorf an das Amt Aurich v. 28.12.1837.
732 Ebd., Amt Aurich an die Landdrostei v. 29.3.1838.
733 Ebd.
734 Husung (wie Anm. 611), S. 154-155.

Polizeiaufseher Vogeler legte am 5. Juni 1838 seinen Diensteid ab.[735] Er erhielt verschiedene Gesetzessammlungen, Polizeiverfügungen und zahlreiche Dokumente, die sich u. a. auf die Schulsituation, das Steuerwesen und die Straßen- und Wegeverhältnisse bezogen.[736]

Vogeler setzte seine Dienstobliegenheiten konsequent um. Im Herbst 1840 bat er um eine generelle Gehaltsverbesserung für sich und seine vier Familienmitglieder.[737] Das zuständige Ministerium in Hannover wollte nicht auf das Gesuch eingehen, bewilligte ihm aber auf Grund seiner guten Dienstleistungen eine einmalige Zuwendung von 25 Reichstalern.[738]

Vier Jahre später beantragte Vogeler erneut eine Gratifikation in Höhe von 25 Reichstalern, um seine Kinder ausbilden lassen zu können.[739]

Von seinem Selbstverständnis her fühlte der Polizeiaufseher sich der Kolonisten-schicht nicht zugehörig. Das besondere Interesse an der Ausbildung seiner Kinder war für kleine Bedienstete der Ämter eher untypisch, lässt aber auch ein gewisses Selbstbewusstsein des Polizeiaufsehers erkennen. Vogelers Antrag wurde von den Oberbehörden abgelehnt.[740]

In der Stadt Aurich waren am Ende der 1840er Jahre weiterhin zwei Bedienstete im Einsatz gegen das Straßenbetteln. Die Missernten von 1845 bis 1847 wirkten sich für die arme Landbevölkerung katastrophal aus. Im Winter des Jahres 1847 wurde dem Auricher Polizeidiener Nürnberger eine Gehaltszulage von jährlich 20 Talern und dem Armenvogt Meinen eine Zulage von zehn Talern genehmigt.[741] Sicher sollten diese Gehaltsverbesserungen größere Anreize zum rigiden Vorgehen gegen Bettler bewirken.

Man kann bei der Beurteilung der Verhältnisse in Deutschland um 1845 davon ausgehen, dass z. B. in Preußen 50 bis 60 % der Bevölkerung knapp und bedürftig sowie in akuten Krisenzeiten sogar elend und gefährdet lebten. Nipperdey geht davon aus, dass bei sehr enger Auslegung mindestens ein Drittel der Bevölkerung in Preußen als Vorproletariat angesehen werden kann.[742] Die Verhältnisse im Königreich Hannover werden ähnlich gewesen sein. Dazu kam um die Mitte des Jahrhunderts zu der strukturellen Krise auch noch eine akute. In Preußen führten die Missernten bei Kartoffeln und Getreide zwischen 1845 bis 1848 zu einem Preisanstieg um fast 100 %. Die Zahl der Armen, die nicht mehr für ihren Unterhalt sorgen konnten, wuchs auch in den Städten. In Hamburg wuchs die Zahl auf fast 12 %, in Köln zeitweise auf 25 % und in bayerischen Städten auf manchmal 33 %.[743]

Der allgemein angespannten Versorgungslage standen Krawalle und Tumulte wegen Teuerungen und Hunger in allen europäischen Ländern gegenüber. Der norddeutsche Raum blieb allerdings nahezu davon verschont. Aber die Auswirkungen der Teuerungskrisen waren katastrophal. Die stark angewachsene

---

[735] StAA (wie Anm. 727), Protokoll des Amts Aurich v. 5.6.1838.
[736] Ebd., Protokoll des Amts Aurich v. 26.6.1838.
[737] Ebd., Vogeler an das Amt Aurich v. 21.10.1840.
[738] Ebd., Landdrostei an das Amt Aurich v. 10.6.1843.
[739] Ebd., Vogeler an das Amt Aurich v. 17.6.1844.
[740] Ebd., Landdrostei an das Amt Aurich v. 24.7.1844.
[741] StAA (wie Anm. 714), Landdrostei an den Magistrat der Stadt Aurich v. 22.12.1847.
[742] Nipperdey (wie Anm. 154), S. 221.
[743] Ebd.

ländliche Unterschicht fand sehr wenig Verdienstmöglichkeiten in der Landwirtschaft, bei Heim- oder Wanderarbeit. Über die bekannten Formen der Lebensbewältigung durch Bettelei und Kleinkriminalität hinaus kam es in Norddeutschland sogar zu vereinzelten kollektiven Protestaktionen,[744] die sich in den Quellen über Moordorf und seine Nachbarkolonien allerdings nicht finden. Im Sommer des Jahres 1847 war die Krise in Deutschland weitgehend überstanden. Die soziale Lage der Unterschichten blieb aber durch Mangel gekennzeichnet; in Moordorf kam es auch nach 1847 nicht zu einer nennenswerten Verbesserung der Lage der Bevölkerung.

Die deutsche Revolution der Jahre 1848/1849 hatte in der Kolonie keine besondere Wirkung, obwohl die offensichtliche Not der Kolonisten sich auch zu dem Motivbündel rechnen lässt, das auf die bürgerliche Revolution von 1848 einwirkte. Das politische und soziale Bewusstsein der Landarbeiter in der Marsch und der Kolonisten auf den Mooren verharrte allerdings noch tief in der Gewohnheit alter Abhängigkeiten und Denkweisen. Den Unterschichten lag lediglich die Verbesserung der eigenen Lebensverhältnisse am Herzen, nicht ein politisches Engagement oder Teilhabe an politischen Entscheidungen. Bei diesen Menschen fehlte es am vorgebildeten politischen Bewusstsein. Es war der Lehrer Hinrich Janssen Sundermann, der über einzelne Stimmungsausbrüche in den Dörfern hinaus regional auf die Notwendigkeit der Verbesserung der sozialen und wirtschaftlichen Verhältnisse in den Moorsiedlungen aufmerksam machte. Es kam zu wenigen Zusammenkünften, wo die sogenannten Habenichtse, die Landarbeiter und Kolonisten, ihre Forderungen erhoben. Sundermann war ihr Wortführer, der ihnen ihre Situation vor Augen führte und ihr Selbstbewusstsein stärken wollte. Jedoch blieb der praktische Erfolg letztendlich aus. Die sozialpolitischen Ansätze zur Reform der Kolonistenangelegenheiten blieben unvollendet.[745]

In den Jahren seines Engagements für die Moorsiedler hatte Sundermann über die traurigen Verhältnisse in den Moorkolonien geschrieben, dass die Einwohner wie die ersten Menschen leben würden. Nach Sundermann mangelte es den Kolonisten an einem sozialen Gemeinschaftssinn, die mit dazu führen würde, dass ihre verzweifelte Lage bei ihren Mitmenschen so wenig Beachtung fand.[746]

Deeters führt das Scheitern der Bemühungen mit darauf zurück, dass *„Revolution dem Deutschen schon fremd, so dem bedächtigen Ostfriesen erst recht"* fremd sei.[747] Auch Schmidt geht davon aus, dass die politische Bewegung auf dem Lande in ihrer Breitenwirkung keine entsprechende Kraft entwickelte. Das Interesse der Landleute blieb oberflächlich und zu dünn in seiner Substanz.[748]

In den fünfziger Jahren des 19. Jahrhunderts zeigte sich die Landdrostei noch immer verwundert, dass alle Verbote und Maßnahmen zur Verhinderung des Bettelns nicht fruchteten. Damals antwortete das Amt Aurich fast verständnisvoll mit der für sich sprechenden Bemerkung, *„daß Noth sich an kein Verbot kehrt."*[749]

Ähnlich äußerte sich 1834 der Historiker und liberale Politiker Karl von Rotteck in einem Lexikon über die Bedeutung von >Armut<: *„Der Hunger kennt kein Gesetz und*

---

[744] Husung (wie Anm. 611), S. 171 f.
[745] Schmidt (wie Anm. 379), S. 407 ff.
[746] Zitiert nach Berghaus (wie Anm. 236), S. 4.
[747] Deeters (wie Anm. 565), S. 172.
[748] Schmidt (wie Anm. 379), S. 416.
[749] StAA Rep. 15, Nr. 1452, Amt Aurich an die Landdrostei v. 17.6.1858.

kein Recht, und alle Polizei-, Justiz- und Militairgewalt ist nicht so mächtig, als das Rufen einer hungrigen Menge nach Brod..."[750]

Im Juli 1851 genehmigte man dem Moordorfer Polizeiaufseher, dass er als Waffe ein kurzes Seitengewehr tragen durfte.[751] Das Amt Aurich hatte die Bewaffnung angeregt, weil Vogeler oft der Gefahr ausgesetzt war, tätlich angegriffen zu werden.[752] Ein Gewehr hielten die Behördenvertreter nicht für erforderlich. Er durfte eine Uniform der Amtsunterbedienten tragen.[753]

Nach der Badesaison 1852 wurde Vogeler im Oktober des Jahres als Amtsdiener nach Aurich versetzt. Die Behörden hatten sich kurzerhand dazu entschieden, die Aufseherstelle in Moordorf aufzugeben.[754]

In den folgenden Jahren mehrten sich wieder die Klagen über bettelnde Kinder an der Chaussee zwischen Aurich und Georgsheil. Nach § 19 eines Ministerial-ausschreibens vom 4. Mai 1852 zum Landgemeindegesetz war es Pflicht der Gemeinden, das Betteln in ihren Bezirken zu verhindern.[755] Die Kommunen Moordorf und Victorbur sowie das Amt Aurich sahen sich dazu jedoch außerstande. Um überhaupt Initiative zu zeigen, wurde 1858 der an der Grenze zwischen Victorbur und Moordorf wohnhafte Kolonist P. F. Weichers zum Dienst als *„Bettelhüter"* für Süd-Victorbur und Moordorf verpflichtet. Er bekam als Gehalt jährlich 20 Reichstaler, die die Kommunen Victorbur und Moordorf jeweils zur Hälfte aufbringen mussten.[756]

Die Anstellung dieses Mannes hatte zunächst auch Erfolg, jedoch nahmen die Probleme gegen Ende der hannoverschen Herrschaft wieder zu.[757]

Seitens der Kirche konstatierte man den Moordorfern 1864 *„im allgemeinen wohl einen kirchlichen Sinn".*[758] Die Kolonie sollte *„in seltener Weise ausgeprägte Elemente ächt christlichen Gehalts in sich"* bergen.[759] Trunksucht war weniger ein Problem in der Ortschaft als die zahlreichen unehelichen Geburten, *„wilde Ehen"* und *„Zwangsehen"*, die vollzogen wurden, weil sich bei den Paaren Nachwuchs einstellte. Den Brautleuten war in den meisten Fällen seitens der Kommune und der Armenverwaltung die Genehmigung zur Verheiratung versagt worden. Man fürchtete die Vermehrung der Bedürftigen, die unterhalten werden mussten.[760]

Weil man auch die Sitte und Moral gefährdet sah, setzten die bürgerlichen Kreise auf die Ordnungsmacht der Kirche. Trotz aller Bewegung und Veränderung, die sich gesellschaftlich in der ersten Hälfte des 19. Jahrhunderts vollzog, standen die Menschen doch noch überwiegend fest in der kirchlichen Sitte und Tradition.[761] Bei

---

[750] Zitiert nach Sachße/Tennstedt (wie Anm. 75), S. 169.
[751] StAA (wie Anm. 727), Landdrostei an das Amt Aurich v. 12.7.1851.
[752] Ebd., Amt Aurich an die Landdrostei v. 2.7.1851.
[753] Ebd., Landdrostei an das Amt Aurich v. 12.7.1851.
[754] Ebd., Witwe Vogeler an das Amt Aurich v. 26.12.1876.
[755] StAA (wie Anm. 749), Landdrostei an das Amt Aurich v. 10.12.1856.
[756] Ebd., Amt Aurich an die Landdrostei v. 17.7.1858.
[757] Ebd., Landdrostei an das Amt Aurich v. 14.6.1862.
[758] Ebd., Konsistorium an die Landdrostei v. 20.10.1864.
[759] Ebd.
[760] Ebd.
[761] Werner Conze, Das Spannungsfeld von Staat und Gesellschaft im Vormärz, in: Werner Conze (Hg.), Staat und Gesellschaft im deutschen Vormärz 1815-1866, Stuttgart 1962, S. 261.

den Bemühungen um eine sittliche Lebensart befanden sich die kirchlichen Stellen im Verbund mit den auf Ordnung bedachten Behörden.[762]

Die Vertreter der Kirchen waren 1864 dafür, dass in der Gegend von Moordorf und Victorbur eine Polizeistation eingerichtet wurde. Die Polizisten sollten darauf achten, dass die dortigen Einwohner zu einer normgerechten Lebensführung und zur Arbeit angehalten wurden.[763]

Die Behörden zogen sich auch nach der Jahrhundertmitte durchweg auf die polizei- und strafrechtlichen Randzonen der Armenfürsorge zurück.[764] In der zweiten Hälfte des 19. Jahrhunderts stellten sich überregional zunehmend günstigere Bedingungen für das Wirtschaftswachstum in Deutschland ein. Die aufgestaute Bevölkerung begann nun mehr und mehr in die Industriewirtschaft mit erhöhter Produktivität und Tragfähigkeit einzuströmen.[765] Dies traf für Ostfriesland und damit für Moordorf und die Moorsiedlungen nicht zu, weil sich in der Region kaum Ansätze der Industrialisierung einstellten.

4.2.3 Exkurs: Soziale Verhältnisse und Repression in der Nachbarkolonie Rechtsupweg und Umgebung

Es war nicht nur das Betteln, was den Behörden in Ostfriesland Ärger bereitete. In der früheren Nordbrookmer Vogtei sowie in Süderneuland und den Süderpoldern, Distrikte, die zum Amt Norden gehörten, kam es in den 1820er Jahren zu einer ungewöhnlichen Zahl gefährlicher Diebstähle.[766]

Die Armut wurde zu einer Gefahr für das bürgerliche Privateigentum. Die Not förderte überall in Deutschland einen massenhaften Anstieg der Kleinkriminalität. Es kam darüber hinaus sogar zu Steuervergehen, zum Widerstand gegen Vollzugsbeamte und zu offensiven Auflehnungen.[767]

Für die Behörden deuteten sämtliche Diebstähle im Amt Norden auf eine Bande hin, die ihren Sitz in den Kolonien Neusiegelsum, Rechtsupweg, Oster-Upgant und Leezdorf hatte. Das Amt Aurich schlug vor, zwei Landdragoner nach Marienhafe zu beordern und die Polizeikräfte zwischen den Kolonien und der zum Raub aufgesuchten Marschgegend zu plazieren.[768] Die Aufgabe der beiden Landdragoner bestand hauptsächlich darin, über bestimmte Bewohner der Kolonien, die als Verbrecher bezeichnet wurden, eine sogenannte spezielle Polizeiaufsicht zu führen. Diese Einwohner hatten in der jüngsten Vergangenheit durch gegen sie geführte polizeiliche Untersuchungen auf sich aufmerksam gemacht. Die Behörden attestierten diesen Koloniebewohnern eine hochgradige Neigung zum Stehlen.[769]

Die Instruktion für die beiden Beamten vom 17. August 1829 enthielt Anordnungen und Beschränkungen der persönlichen Freiheit dieser Personen. So stellen sie bei einem Vergleich mit den Aufgaben des Moordorfer Aufsehers eine Verschärfung und

---

[762] Ebd., S. 262.
[763] StAA (wie Anm. 749), Konsistorium an die Landdrostei v. 20.10.1864.
[764] Sachße/Tennstedt (wie Anm. 75), S. 175.
[765] Conze (wie Anm. 761), S. 268.
[766] StAA Rep. 15, Nr. 1495, Amt Norden an die Landdrostei v. 31.7.1829.
[767] Sachße/Tennstedt (wie Anm. 75), S. 169.
[768] StAA (wie Anm. 766), Amt Aurich an die Landdrostei v. 11.7.1829.
[769] Ebd., Instruktion für die Landdragoner v. 17.8.1829.

Ausweitung von dessen Dienstanweisungen dar. Die wichtigsten Anweisungen finden sich in den §§ 4, 5, 7, 9 und 10.

Nach § 4 hatten die Landdragoner wenigstens zwei- oder dreimal wöchentlich alle ihrer Aufsicht unterworfenen Individuen in deren Wohnungen aufzusuchen und sich nach deren Aktivitäten zu erkundigen.

§ 5 forderte die Landdragoner dazu auf, über diese Leute ein Tagebuch zu führen, in dem einzutragen war, wo die Personen sich aufgehalten bzw. in Arbeit gestanden hatten. Die Höhe des Verdienstes musste ebenso eingetragen werden.

In § 7 wurde den Personen bei Androhung einer vierundzwanzigstündigen bis dreitägigen Gefängnisstrafe untersagt, ohne Vorwissen und ohne Erlaubnisschein der Landdragoner eine Nacht aus dem Hause zu gehen. Auch der Zweck des Fortbleibens musste angegeben und schriftlich festgehalten werden.

§ 9 erteilte den Landdragonern die Befugnis und Pflicht, auf Anzeige eines Diebstahls ohne vorherige Autorisation oder Requisition der Ämter Aurich und Norden in den ihrer Aufsicht unterliegenden Häusern Visitationen durchzuführen.

§ 10 untersagte den betreffenden Dorfbewohnern - unter Androhung einer vierundzwanzigstündigen oder dreitägigen Gefängnisstrafe - fremde Leute, die nicht zu ihrer Familie (Familienvorsteher, Ehefrau, Kinder und Großeltern) gehörten, über Nacht ohne Vorwissen der Landdragoner in ihren Häusern und Hütten zu beherbergen.[770]

Ab 1830 mehrten sich die Anträge dieser Personen auf Befreiung aus dieser speziellen Polizeiaufsicht. Die Antragsteller begründeten ihre Bitte mehrfach damit, dass ihre spezielle Beaufsichtigung sie bei der Arbeit oder Arbeitssuche behinderte. Das Amt Norden lehnte entsprechende Gesuche durchweg mit der Begründung ab, dass in aller Regel Arbeiten tagsüber und nicht nächtens verrichtet zu werden pflegten. In den Ablehnungsbegründungen wurde auch auf die bisherigen Vergehen (Diebstahl von einem Schlachtschwein, Diebstahl junger Bäume, unerlaubtes Scheren eines Schafes in der Nacht, Diebstahl einer Uhr etc.) verwiesen.[771]

Da sich in der folgenden Zeit auch die Diebstähle im Rheiderland mehrten, erwog die Landdrostei einen der Landdragoner von Marienhafe nach Holthusen im Amt Leer abzuziehen.[772] Eine Entscheidung zu dem Sachverhalt geht aus den Quellen nicht hervor.

Im Jahre 1840 wollten sich zwei der unter der besonderen Aufsicht stehenden Einwohner aufgrund ihrer Arbeitslosigkeit nach Holland begeben, weil sie dort nach ihrer Ansicht bessere Arbeitsmöglichkeiten vorfinden würden. Sie hatten bis dahin hauptsächlich als Torfgräber gearbeitet. Auch diese an sich gutzuheißende Absicht der Männer konnte die Behörden nicht zu einer Aufhebung der Freiheitsbeschränkungen bewegen. Wie zahlreiche andere Anträge wurde das Gesuch abgelehnt.[773]

Die sogenannte Hollandgängerei war für viele Menschen aus den unterbäuerlichen Schichten eine zusätzliche Arbeits- und Verdienstmöglichkeit, um eine ausreichende Lebenshaltung auf niedrigstem Niveau zu ermöglichen. Besonders bei unterbäuer-

---

[770] Ebd.
[771] Ebd., Amt Norden an die Landdrostei v. 23.2.1830.
[772] Ebd., Landdrostei an das Amt Aurich v. 8.9.1831.
[773] StAA Rep. 15, Nr. 1496, Resolution der Landdrostei v. 25.5.1840.

lichen Schichten im Raum Osnabrück stellte diese Arbeitsmöglichkeit traditionell eine lebensnotwendige Einnahmequelle zwischen Saat- und Erntezeit dar.[774]

Der Antrag der Dorfbewohner stellt ein Indiz für die Mobilität der unterständischen Schichten dar, die die Not auf die Straße trieb, um nach Überlebensmöglichkeiten zu suchen. Dies lässt sich soziologisch durchaus als eine in Notzeiten vorhandene horizontale Mobilität der ländlichen Unterschichten werten, die nach der Denkweise und der Sitte der herrschenden Gesellschaft jener Zeit recht ungewöhnlich erscheint.[775]

Im Jahre 1847 fand eine Besprechung im Amt Norden mit den Ortsvorstehern von Schott, Upgant, Marienhafe und Osteel statt. Es ging um die Notwendigkeit der Anstellung eines Polizeiaufsehers in der Kolonie Rechtsupweg. Aufgrund der Missernten waren die Armenbeiträge der Dörfer in den Jahren 1845, 1846 und für das laufende Jahr 1847 sehr gestiegen. 1844 hatte das zuständige Kirchspiel Marienhafe noch 500 Reichstaler an Armenlasten zu zahlen, 1847 waren es bereits 1.000 Reichstaler. Es mussten zusätzlich noch 800 Reichstaler angeliehen werden. Damit war etwa eine dreifache Erhöhung der Armengelder nötig geworden. Die Ortsvorsteher berichteten über das Armenwesen und die besonderen Probleme in ihrem Kirchspiel.

Ihre Auszahlungen an Arme hatten ihr Budget weit überschritten, was sie auf mehrfache Missernten an Kartoffeln, aber nicht so sehr auf die enormen Preissteigerungen zurückführten. Für die Armen war das Schulgeld zu zahlen, dass immer mehr Siedler nicht mehr aufbringen konnten, weil die Kolonate durch Teilungen zu klein geworden waren, um Familien zu ernähren und um Abgaben und Schulgeld zu erwirtschaften.[776]

Zur Finanzierung einer Polizeiaufseherstelle wollten die Ortsvorsteher ungerne etwas beitragen. Sie waren, was die Diebstähle anbetraf, nicht besonders daran interessiert. Die Dorfvorsteher sahen sich nicht betroffen. Nach ihrer Einschätzung würden die Rechtupweger nicht in der Nähe ihre Diebstähle durchführen, sondern dies in entfernteren Gebieten tun.[777]

Obwohl auch der Superintendent Fischer aus Forlitz wegen des unregelmäßigen Schulbesuchs der Rechtsupweger Kinder für die Einstellung eines Polizeiaufsehers plädierte[778], fiel darüber nach Lage der Akten keine Entscheidung. Schon 1836 hatte die Landdrostei Bitten des Marienhafer Predigers und des Rechtsupweger Schulmeisters um einen Polizeiaufseher aus Kostengründen abgelehnt. Es sollten vielmehr bei auftretenden Problemen die allgemeinen Vorschriften und Verordnungen umgesetzt werden.[779]

---

[774] Husung (wie Anm. 611), S. 135.
[775] Fischer (wie Anm. 76), S. 423.
[776] StAA (wie Anm. 773), Protokoll der Besprechung mit den Ortsvorstehern im Amt Norden v. 1847.
[777] Ebd.
[778] Ebd., Fischer an das Konsistorium v. 25.11.1847.
[779] StAA Rep. 15, Nr. 12045, Landdrostei an das Amt Norden v. 16.9.1836; Meyer, Schulalltag (wie Anm. 427).

4.2.4 Spezielle Polizeiaufsicht und Kleinkriminalität

Bei den verschiedenen kriminellen Delikten im Vormärz hatte die Eigentums-
kriminalität eine herausragende Bedeutung. Diebstähle aufgrund von Nahrungs-
mangel stellten neben dem Holzdiebstahl den Hauptanteil an der Gesamt-
kriminalität.[780] Die Kriminologen des 19. Jahrhunderts entdeckten bereits, dass eine
enge Beziehung zwischen Diebstählen und Subsistenzkrisen bestand. Diese hatten
in dem ökonomischen Auf und Ab ihre Ursachen. Es war schon damals kein
Geheimnis, dass zwischen Nahrungsmittelpreisen und Diebstählen ein
Zusammenhang bestand.[781]
Die Bekämpfung der Kleinkriminalität war neben der Verhinderung der Bettelei und
der Sicherstellung eines regelmäßigen Schulbesuchs der Kinder eine Hauptaufgabe
der Polizeiaufseher in Moordorf. Sie wurden gelegentlich mit Beleidigungen und
Ungehorsam ihrer Amtsautorität gegenüber konfrontiert. Ihre Arbeit nahm dann noch
unangenehmere Züge an; sie wurde zunehmend schwierig und veranlasste die
Polizeikräfte, ihr manchmal eher verständnisvolles Verhalten aufzugeben und
repressiv gegen die betreffenden Bewohner vorzugehen. Ausgehend von acht
Moordorfer Einwohnern, die sich nach Lage der Quellen durch Kleinkriminalität und
Ungehorsam im Vormärz hervortaten, sollen im Folgenden das nicht normgerechte
Verhalten dieser Personen, die Maßnahmen der Polizeiaufseher und Behörden
sowie die Bestrafungen und deren Wirkungen aufgezeigt und untersucht werden. Es
handelt sich um C. Harms, J. H. Meyer, H. Conrads, J. H. Adelmund, H. C. Reck,
W. Janßen, F. C. Schoon und B. C. Schoon.
Harms wurden 1827 Beleidigungen des Polizeiaufsehers Kuckuck vorgeworfen.[782]
Da die Polizeiaufsicht für Moordorf als eine außergewöhnliche Maßnahme
angesehen wurde, war deren Handhabung und Zweck zu erreichen, wenn ein von
sonstigen Vorschriften und Formen abweichendes Polizei- und Strafverfahren
angewendet wurde. Demnach sollten persönliche Beleidigungen der Siedler gegen
den Polizeiaufseher auch auf polizeilichem Weg gemäß der Polizei-
aufseherinstruktion untersucht und geahndet werden. In entsprechenden Fällen
wurden Geld- und Gefängnisstrafen ausgesprochen sowie körperliche Züchtigungen
durchgeführt. Conrad Harms, der als Mensch ohne Würde tituliert wurde und bei dem
eine Gefängnisstrafe gar nicht sinnvoll erschien, sollte 25 Peitschenhiebe erhalten.[783]
Sicherlich kann man diese Beleidigungen gegenüber Beamten und Amtsbedienten
im Vormärz als Formen von Widerstand und Widersetzlichkeiten ansehen. In Zeiten
von eher niedrigen Agrarpreisen nahmen die Widersetzlichkeiten als soziales
Aufbegehren eher nicht zu. In Zeiten hoher Agrarpreise verlagerte sich das soziale
Protestpotential; es offenbarte sich in dem Bemühen um Subsistenzsicherung in
Form von Diebstählen.[784]

---

[780] Dirk Blasius, Kriminalität und Alltag. Zur Konfliktgeschichte des Alltagslebens im 19. Jahrhundert,
Göttingen 1978, S. 21.
[781] Ebd., S. 47.
[782] StAA (wie Anm. 728), Amtsgericht an die Landdrostei v. 20.6.1827.
[783] Ebd.
[784] Blasius (wie Anm. 780), S. 58.

In dem obigen Fall wurde die vorgeschlagene Bestrafung nicht durchgeführt; die Beleidigungen sollten nach den für die Provinz geltenden Gesetzen in einem staatlichen Rechtsverfahren untersucht und bestraft werden.[785]

Im Vormärz war die Anzahl der staatlich und polizeimäßig geführten Untersuchungen hoch. Beide Untersuchungsverfahren waren in erster Linie auf den Bereich der Kleinkriminalität zugeschnitten und sollten eine Beschleunigung der Verfahren bewirken. Staatliche Untersuchungen basierten auf zivilen Prozessordnungen. Sie erfassten auch Widerstände gegen Beamte. Diese Untersuchungen wurden meist dann eröffnet, wenn eine Behörde Strafantrag stellte. Die Verfahren waren kurz (*„Kurzer Prozeß"*). Ähnlich wie die Fiskaluntersuchungen liefen die Polizeiuntersuchungen ab. Sie betrafen hauptsächlich >kleine gemeine Diebstähle<, wenn der Wert des Entwendeten recht gering war.[786]

Im Juni 1851 stellte Harms einen Antrag auf Befreiung aus der besonderen Polizeiaufsicht, die mittlerweile über ihn verhängt worden war.[787] Der Antrag wurde abgelehnt; Harms titulierte man in dem Bescheid als *„vagabundierendes Subject."*[788]

J. H. Meyer sollte wegen einer Beleidigung des Polizeiaufsehers mit einer Gefängnisstrafe von 24 Stunden belegt werden.[789] Die Landdrostei sprach sich wie im Falle von Harms für den ordentlichen Rechtsweg aus.[790]

In den 1840er Jahren mehrten sich die Gesuche von Moordorfer Einwohnern um Befreiung aus der speziellen Polizeibeaufsichtigung, der sie aufgrund bestimmter Vergehen unterstanden. Meyer berichtete dazu 1849, im Jahr 1846 wegen eines Schafdiebstahls angeklagt worden zu sein. Er hatte eine achtmonatige Arbeitshausstrafe in Osnabrück abgebüßt. Dazu erklärte er, dass ihn der Hunger zu der Tat getrieben habe. Er war früher bei verschiedenen Landwirten tätig gewesen, die ihm auch seinen Fleiß und sein gutes Betragen attestieren würden. Er schämte sich, dass er der polizeilichen Aufsicht unterlag. Weil er sich trotzdem unerlaubt nach Aurich begeben hatte, um Korn zu kaufen, sollte er eine weitere Gefängnisstrafe von 24 Stunden absitzen.[791]

Polizeiaufseher Vogeler hielt Meyer zur Zeit seines Gesuches für weiterhin verdächtig. Der Moordorfer hatte nach Vogelers Wissen früher in der Marsch gearbeitet und war danach *„auf Schafdieberei übergegangen und sich mit dem berüchtigten Borchert Janßen Schoon zusammengetan."* Vogeler befürchtete, dass durch Meyers Entlassung aus der besonderen Aufsicht eine Vielzahl von ähnlichen Anträgen gestellt werden würden.[792]

Das Amt Aurich hielt die Befreiung aus der Aufsicht ebenso für bedenklich; die Landdrostei lehnte das Gesuch ab. Der Oberamtmann L. W. Zimmermann verwies in diesem Fall auf die Nichtvereinbarkeit der Regelungen in Moordorf mit dem geltenden Landesverfassungsgesetz.[793]

---

[785] StAA (wie Anm. 728), Landdrostei an das Amt Aurich v. 26.6.1827.

[786] Blasius (wie Anm. 780), S. 37-38.

[787] StAA (wie Anm. 728), Harms an die Landdrostei v. 2.6.1851.

[788] Ebd., Amt Aurich an die Landdrostei v. 24.6.1851.

[789] Ebd., Amtsgericht an die Landdrostei v. 20.6.1827.

[790] Ebd., Landdrostei an das Amt Aurich v. 26.6.1827.

[791] Ebd., Meyer an die Landdrostei v. 20.2.1849.

[792] Ebd., Amt Aurich an die Landdrostei v. 14.3.1849.

[793] Ebd.; Siehe zur Stellungnahme Zimmermanns die Ausführungen bei dem Moordorfer Friedrich C. Schoon.

Im Falle des H. Conrads ging es zunächst um einen Bettelschein, den man ihm abgenommen hatte. Er behauptete, dass ihm der Schein vom Victorburer Armenvorsteher ausgehändigt worden sei, was aufgrund einer Erklärung des Armenvorstehers nicht der Wahrheit entsprach. Man unterstellte ihm, dass er den Schein selbst angefertigt habe. Es sollte der Mann, der als frech und unwürdig beschrieben wurde, kurzerhand mit 50 Stockschlägen bestraft werden.[794]

Aus Vernehmungen wurde deutlich, dass Conrads in den Osterfeiertagen des Jahres 1827 bei dem Armenvorsteher Thieben erschienen sei und eine Unterstützung aus den Armenmitteln verlangt habe. Thieben gab dem Bedürftigen eine Anweisung über ein Brot. Später war Conrads noch einmal gekommen und hatte eine weitere Unterstützung verlangt. Die schlug der Armenvorsteher dem Moordorfer ab, weil er Conrads für arbeitsfähig hielt und die Wahrscheinlichkeit groß sei, dass er das Geld vertrinken würde. Conrads hatte sich über die abschlägige Antwort sehr aufgeregt und gedroht, dass er dem Armenvorsteher seine Frau und seine Kinder schicken würde, damit Thieben sich von der Not der Familie überzeugen könne. Von der Erteilung eines Bettelscheines war nach den Aussagen niemals die Rede gewesen.[795]

Man verlangte später von Conrads eine Schriftprobe und stellte eine Ähnlichkeit der Handschrift von Conrads und der Schrift auf dem Bettelschein fest.[796]

Später wurde ermittelt, dass Conrads den Schein im April des Jahres, als er in Aurich oft betrunken angetroffen worden war und die Krankheit seiner Ehefrau als Grund für seine Bedürftigkeit angegeben hatte, von einer Behörde ausgestellt bekam.

In der Quelle wird ein besonderes Problem angesprochen, das bis heute immer wieder mit Moordorf in Verbindung gebracht wird. Es ist das alte Vorurteil, dass Moordorfer seit jeher besonders dazu neigen, sich dem Trunke zu ergeben. Das Vorurteil in Bezug auf Moordorf meint, dass die Neigung zum Alkoholmissbrauch in dem Dorf mehr oder weniger – ausgesprochen wird diese Meinung wahrscheinlich aufgrund der Geschehnisse in der NS-Zeit selten – genetisch von der einen Generation auf die nächste weitergegeben wird. Der Branntwein galt im 19. Jahrhundert als „Nahrungsmittel des niederen Volkes".[797] Alkohol wurde bei vielen Gelegenheiten im Übermaß konsumiert. Man trank sich Mut zu, der persönlichen Armut zu widerstehen. Im Rausch ließ sich das Leben etwas leichter ertragen. Der Alkohol war aus dem Grund oft die Wirkung des Elends, nicht aber die Ursache der Verhältnisse.[798] Dies galt sicherlich auch für verschiedene Moordorfer; ihre Hemmschwelle, sich mit Alkohol zu berauschen, war aufgrund ihrer Lebenssituation gering.

Weil in früheren Berichten „über die Unverschämtheit, und Frechheit dieses liederlichen, arbeitsscheuen Colonisten" berichtet worden war, entschied die

---

[794] Ebd., Amt Aurich an die Landdrostei v. 4.7.1827.
[795] Ebd., Protokoll der Vernehmung von Thieben v. 17.5.1827.
[796] Ebd., Aktennotiz zum Vernehmungsprotokoll v. 17.5.1827.
[797] Blasius (wie Anm. 780), S. 73 zitiert aus einem Bericht des Land- und Stadtgerichts der Stadt Heiligenstadt aus dem Jahre 1837.
[798] Ebd.; Kaufmann (wie Anm. 174), S. 142, vermutet, dass auch der reichliche Teekonsum in den ostfriesischen Moorgebieten im 18. und 19. Jahrhundert die dort herrschende bedrückende Existenzlage widerspiegelt, weil der Tee einen beruhigenden Effekt auf Nerven und Magen ausübte und durch den Zusatz von etwas braunem Zucker sogar etwas Nahrung erhielt.

Landdrostei Bestimmungen der Moordorfer Polizeiinstruktion im Falle Conrads anzuwenden und ihn mit einer körperlichen Züchtigung von etwa 20 bis 30 Stockprügeln zu bestrafen.[799] Sicher war diese Entscheidung auch darauf zurückzuführen, dass sich das Betteln in Aurich zu dem Zeitpunkt wieder verstärkt und Polizeiaufseher Kuckuck wahrscheinlich nicht mit letzter Konsequenz seine Dienstobliegenheiten erfüllt hatte, weil dies ihm angesichts der Not möglicherweise schwer fiel. Die Behörde wollte ein Exempel statuieren. Sie forderte Kuckuck auf, seine Dienstobliegenheiten konsequent zu erfüllen.[800]

Mitte der 1830er Jahre verschärfte man die Polizeiaufsicht über bestimmte Moordorfer, die über das Betteln hinaus durch Kleinkriminalität u. ä. aufgefallen waren. Mit einer amtlichen Verfügung vom Oktober 1835 wurde dem Polizeiaufseher Henke aufgegeben, allen unter der speziellen Aufsicht stehenden Moordorfern zu eröffnen, dass sie unter anderem verpflichtet waren, sich bei jedem Verlassen der Kolonie eine schriftliche Erlaubnis ausstellen zu lassen. Widrigenfalls sollten die Siedler mit körperlicher Züchtigung oder Gefängnis bestraft werden. Für Harm Conrads bedeutete dies im Jahre 1835, dass er z. B eine schriftliche Erlaubnis benötigte, wenn er sich als Tagelöhner zum Dreschen in die Marschgegend begeben wollte.[801]

Der Antrag von Conrads auf eine Befreiung aus der besonderen Polizeiaufsicht im Jahre 1851 wurde nicht befürwortet; Conrads hatte den Ruf eines *„vagabundierenden Subjekts."*[802] Polizeiaufseher Vogeler hatte über ihn berichtet, dass der Moordorfer mittlerweile ein 65jähriger Mann sei, den die Behörden 1850 wegen Bettelns bestraften. Der Kolonist hatte damals *„Heide holen"* als Motiv für seine Abwesenheit vorgegeben, jedoch war nach Aussage Vogelers selbst für das Holen von Heide ein Berechtigungsschein nötig. Conrads bewirtschaftete zu der Zeit lediglich ein Landstück in der Nähe seiner Hütte. Den Acker hatte er mit Kartoffeln bepflanzt. Er hatte drei Schulkinder, die die Schule aber nicht besuchten. Auf die Aufforderung, für den Schulbesuch der Kinder zu sorgen, hatte Conrads dem Polizeiaufseher gesagt, Vogeler solle den Kindern etwas zu essen geben, damit diese überhaupt am Unterricht teilnehmen könnten.[803]

Den Einwohner J. H. Adelmund beschuldigte Kuckuck im Jahre 1827, ihn ungerechtfertigt beschimpft zu haben, weil die Kinder des Moorbauern im Sommer nicht zur Schule gekommen waren. Es ist davon auszugehen, dass der Siedler seine Kinder in der wärmeren Jahreshälfte als zusätzliche Helfer in der Landwirtschaft benötigte. Adelmund hatte angegeben, seine Kinder im Winter zur Schule zu schicken. Später war Kuckuck täglich in Adelmunds Haus vorstellig geworden, um den Schulbesuch der Kinder zu überprüfen. Eines Tages hatte er Frau Adelmund allein angetroffen. Ihre Angst vor dem Polizeiaufseher führte bei der Schwangeren zu einer Fehlgeburt.[804]

---

[799] StAA (wie Anm. 728), Landdrostei an das Amt Aurich v. 24.7.1827. Zu Körperstrafen in Ostfriesland in hannoverscher Zeit auch Theo Meyer, Körperstrafen in Ostfriesland, in: Ostfreesland 1998, Kalender für Jedermann, Soltau-Kurier-Verlag Norden, S. 145-147.
[800] Ebd.
[801] Ebd., Amt Aurich an die Landdrostei v. 10.12.1835.
[802] Ebd., Amt Aurich an die Landdrostei v. 24.6.1851.
[803] Ebd., Vogeler über Harm Conrads v. 18.6.1851.
[804] Ebd., Jann H. Adelmund an die Landdrostei v. 4.6.1827.

Kuckuck führte den ungenügenden Schulbesuch darauf zurück, weil Adelmunds Ehefrau mit dem Nachwuchs ungehindert der Bettelei nachging. Adelmund hatte auf Kuckucks Vorhaltungen mit folgenden Worten geantwortet: *„Wenn der Mester meinen Kindern was zu freßen geben will so wil ich sie nach der Schule schicken".* Der Polizeiaufseher drohte dem Siedler zwar eine Gefängnisstrafe an, hatte jedoch nach eigener Darstellung auch später die Ehefrau nicht so behandelt, dass sie dadurch eine Fehlgeburt erleiden musste.

Dem Polizeiaufseher war es unangenehm, dass der Kolonist ihn bei seinen Vorgesetzten denunziert hatte. Kuckuck vermutete hinter der ganzen Denunziation den Moordorfer H. Conrads, der nach seiner Meinung auch den Beschwerdebrief für Adelmund an die Behörde geschrieben hatte.[805]

Das Amt Aurich gab dem Polizeiaufseher recht. Die Beschwerde von Adelmund war unangebracht; Conrads wurde zum *„Winkel-Consultant"* und Schuldigen an der Sache erklärt, weil er nach den Erfahrungen der Beamten jede Gelegenheit nutzte, um den Polizeiaufseher zu denunzieren.[806]

Adelmund wurde zu einer 24 Stunden dauernden Gefängnisstrafe verurteilt. Den Vorschlag des Amtes Aurich, Conrads mit 25 Stockschlägen zu bestrafen, lehnte die Landdrostei ab. Sie beließ es bei einer *„Verwarnung wegen Winkel-Consultation."*[807]

Für Koloniebewohner wie etwa H. Conrads, der sicherlich das komplizierte Ursachengeflecht seiner Unzufriedenheit kaum durchschauen konnte, rückten solche Personen in den Vordergrund seiner Wut, deren Handeln wahrscheinlich aus der alltäglichen Lebenserfahrung heraus mit dieser Unzufriedenheit in Verbindung gebracht werden konnten.[808] Für solche Personen stand der Polizeiaufseher, der als Konfliktgegner in den Mittelpunkt ihrer Aktionen rückte.

H. C. Reck beantragte 1843 für sich und seine Ehefrau die Befreiung aus der besonderen Polizeiaufsicht, weil er sich kurzzeitig aus der Kolonie Moordorf wegbegeben wollte.[809] Sein Gesuch lehnte man ab, da das Ehepaar *„vor allem wegen Diebstahl früher oft in Untersuchungshaft"* gewesen sei.[810] Selbst das Innenministerium in Hannover bestätigte diese Entscheidung, nachdem Reck aufgrund der ersten Ablehnung bei der Oberbehörde die Befreiung beantragt hatte.[811] Wenn durch ein altes Fehlverhalten eine Stigmatisierung erfolgt war, gelang es den betreffenden Personen in der Regel nicht, die Schädigung des Rufes zu tilgen.

W. Janßen stand seit 1833 unter spezieller Polizeiaufsicht und war bis zu seinem Antrag auf Befreiung aus der Aufsicht im Jahre 1846 mehrfach bestraft gewesen, unter anderem wegen Vagabundierens und polizeiwidrigen Betragens. 1845 befand er sich das letzte Mal gemeinsam mit dem Moordorfer F. H. Meyer in einer polizeilichen Untersuchung. Es ging damals um eine Taschenuhr, die die Ehefrau des Janßen angeblich irgendwo gefunden hatte. Janßen war im Zusammenhang mit der Angelegenheit nicht bestraft worden, unterlag aber der speziellen Aufsicht.

---

[805] Ebd., Polizeiaufseher Kuckuck im Amt Aurich v. 27.6.1827

[806] Ebd. , Amt Aurich an die Landdrostei v. 21.7.1827.

[807] Ebd., Landdrostei an das Amt Aurich v. 31.7.1827.

[808] Husung (wie Anm. 611), S. 229.

[809] StAA (wie Anm. 728), H. Reck an die Landdrostei v. 26.9.1843.

[810] Ebd., Amt Aurich an die Landdrostei v. 11.3.1844.

[811] Ebd., Innenministerium an H. Reck v. 6.4.1844.

Vogeler plädierte dafür, es bei der speziellen Beaufsichtigung zu belassen.[812] Eine definitive Entscheidung geht aus den Quellen nicht hervor. Es ist aber davon auszugehen, dass die über den Bittsteller verhängte spezielle Aufsicht bestehen blieb.

Im Fall von F. C. Schoon sprach man sich 1949 dagegen aus, ihn aus der speziellen polizeilichen Beaufsichtigung zu entbinden.[813]

Es ist bemerkenswert, dass es zu der Zeit einen Mitarbeiter in der Behörde gab, der eine ganz andere Position in der Frage der Polizeiaufsicht über Moordorf einnahm. Der Amtmann L. W. Zimmermann[814] war der Meinung, dass nicht nur der Antragsteller Schoon von der Polizeiaufsicht entbunden werden müsse, sondern auch alle übrigen Einwohner der Kolonie, die sich in der gleichen Lage befinden würden. Nach Zimmermann war die Fortdauer der Polizeiaufsicht mit der Gesetzgebung nicht länger vereinbar. Nach dem Landesverfassungsgesetz und dem Gesetz vom 5. September 1848[815] war die Freiheit der Person und des Eigentums keiner anderen Einschränkung unterworfen, als Recht und Gesetz bestimmten. Zimmermann machte darauf aufmerksam, dass die über die Einwohner der Kolonie durch die Polizeibehörden angeordnete Beschränkung ihrer Freiheit nicht aufgrund von kriminalistischen Erkenntnissen ausgesprochen worden sei und dass auch das Polizeistrafgesetz vom 25. Mai 1847[816] keine Polizeistrafe in Form einer polizeilichen Observation kenne. Die Anstalt beruhte vielmehr auf Bestimmungen des Allgemeinen Preußischen Landrechts, die die Polizeibehörden zu einer Art Präventivpolizei machten. Für den Verwaltungsbeamten galt dieses Gesetz nicht mehr und er war im Recht. Die Polizeibehörde konnte ohne ein ausdrückliches Gesetz keine Verfügung zur Observation bestimmter Personen erlassen. Sie befand sich somit im Widerspruch zu den durch das Landesverfassungsgesetz den Landesuntertanen eingeräumten Rechten auf persönliche Freiheit.[817]

Andere Behördenmitglieder teilten diese Ansicht über die Rechtslage nicht. Ihnen war nicht bekannt, dass Bestimmungen des Allgemeinen Preußischen Landrechts aufgehoben waren. Sie sahen sich aufgrund ihrer Unkenntnis der Akten, die sie eingestanden, nicht in der Lage, die Frage zu beurteilen. Generell hielten sie aber die Aufhebung der Polizeiaufsicht für eine die Sicherheit der Staatsbürger sehr gefährdende Maßnahme.

---

[812] Ebd., Vogeler an das Amt Aurich v. 9.3.1846

[813] Ebd., Amt Aurich an die Landdrostei v. 26.2.1849.

[814] Ludwig Wilhelm Zimmermann war von 1818 bis 1851 Ober-/Amtmann beim Amt Aurich. Schaer (wie Anm. 646), S. 227.

[815] Es handelte sich um das „Gesetz, verschiedene Änderungen des Landes-Verfassungs-Gesetzes betreffend." Dieses Gesetz enthielt u. a. Bestimmungen über Presse- und Versammlungsfreiheit, die Abschaffung der Adelsprivilegien, Glaubensfreiheit, d. h. Gleichberechtigung der Juden, den Ausbau der Selbstverwaltung in Städten und Gemeinden, Trennung von Rechtspflege und Verwaltung usw. Oberschelp (wie Anm. 607), S. 216.

[816] Oberschelp (wie Anm. 607), S. 162, schätzt u. a. dieses Polizeistrafgesetz als Höhepunkt der politischen Reaktion im Königreich Hannover ein. Es beinhaltete einen ausführlichen Katalog der Polizeivergehen, über Widerstand gegen die Obrigkeit bis zum Diebstahl. Dazu beinhaltete es auch Aufzählungen von möglichen Strafen, von Geldbußen bis zu kürzeren Haftstrafen. Für die Beschuldigten waren keine Rechtsmittelvorgesehen.

[817] StAA (wie Anm. 728), Vermerk von Zimmermann auf Amtsschreiben an die Landdrostei v. 26.2.1849.

Die Mitglieder des Amtes bemerkten abschließend, dass F. C. Schoon ein bekannter und mehrfach vorbestrafter Verbrecher sei.[818] Auch in diesem Fall berief man sich letztlich auf die Stigmatisierung eines Moordorfers. Nach Aussagen des Polizeiaufsehers hatte Schoon sich 1841 gemeinsam mit seiner Ehefrau wegen eines Weißkohldiebstahls einer polizeilichen Untersuchung unterziehen müssen. Er war später mehrfach negativ aufgefallen, worauf der Kolonist auf Antrag von Vogeler unter die besondere Aufsicht gekommen war. Die weiteren Vergehen Schoons nannte der Polizeiaufseher nicht. Jedoch ging er davon aus, dass das Ehepaar ihn belüge, wenn es zum Herbeischaffen von Heide sein Grundstück verließ. Die beiden Moordorfer gingen nach Vogeler der Bettelei nach oder stahlen irgendwo Weiden. Die Begründung, Heide holen zu wollen, sei ein Vorwand. Darüber hinaus wachse die bei ihrer Heimarbeit benötigte Heide nicht im Gebiet der Kolonie Moordorf, sondern in Bezirken außerhalb der Siedlung. Hinter den von dem Ehepaar Schoon ausgehenden Verleumdungen vermutete Vogeler auch den Kolonisten H. Conrads, der der Schwiegervater von Friedrich C. Schoon war.[819]

Ein Diebstahl von Weißkohl verdeutlicht, dass es den Tätern nicht um eine Anhäufung von eigenem Eigentum gegangen ist; das Eigentumsrecht wurde verletzt, um sich und die Seinen über die Runden zu bringen. Viele Diebstähle der damaligen Zeit waren Felddiebstähle. Man nahm sich das, was man brauchte, ohne ein großes Unrechtsbewusstsein zu haben. Überall ist das Hervortreten von Frauen und Kindern auf dem Gebiet des Felddiebstahls auffällig. Die Motive der Kinder waren in der Regel die Nöte und Ansprüche der Eltern.[820]

Das Gesuch von Schoon wurde abgelehnt. Die Landdrostei bemerkte zum beigefügten Votum des Oberamtmannes Zimmermann, dass alle gegen Moordorfer beruhenden Verfügungen tatsächlich auf das Allgemeine Preußische Landrecht zurückgingen und nicht der aktuellen Gesetzeslage entsprachen. Nach Ansicht dieser Behörde galten die alten Vorschriften jedoch immer noch und waren durch die spätere Gesetzgebung nicht aufgehoben worden.[821]

Ordnungskräfte folgten bei Verhaftungen im Vormärz in der Regel einer Verdachtsstrategie gegen Personen, die aufgefallen waren. Die „Abschaum-These"[822], mit der die Normverletzungen von Teilen der Bevölkerung gedeutet wurden, erfüllte sich dadurch im praktischen Vorgehen der obrigkeitlichen Stellen von selbst und gab der Entstehung von Gerüchten und Vorurteilen weiteren Stoff.

B. J. Schoon war 1846 in eine polizeiliche Untersuchung geraten und hatte eine zehn Monate dauernde Arbeitshausstrafe erhalten. Schoon bat 1849 um die Befreiung aus der besonderen polizeilichen Beaufsichtigung. Der Kolonist hatte zu dem Zeitpunkt neben seiner Ehefrau drei kleine Kinder, war ohne Vermögen und sah sich durch die rigide Aufsicht behindert, einer Arbeitssuche nachzugehen.[823]

Polizeiaufseher Vogeler gab an, dass Schoon sich 1845 verdächtig gemacht hatte, an der Chaussee zwischen Moordorf und Walle angepflanzte junge Erlenbäume

---

[818] Ebd., Mitglieder des Amtes Aurich am 28.2.1849 auf das Schreiben an die Landdrostei v. 26.2.1849.
[819] Ebd., Amtssassessor Fischer im Amt Aurich v. 21.2.1849.
[820] Blasius (wie Anm. 780), S. 53-55.
[821] StAA (wie Anm. 728), Landdrostei an das Amt Aurich v. 14.3.1849.
[822] Husung (wie Anm. 611), S. 218.
[823] StAA (wie Anm. 728), Borchert J. Schoon an die Landdrostei v. 7.3.1849.

gestohlen zu haben. Schoon wurde nämlich von Zeugen mit einem Bund Erlen auf der Chaussee angetroffen. Der Verdacht reichte nicht aus, eine Untersuchung einzuleiten. Später wurde Schoon verdächtigt, mit J. O. Janßen aus Moordorf bei einem Kaufmann etwas entwendet zu haben. Er selbst konnte nicht überführt werden, jedoch musste J. O. Janßen eine vier bis sechs Wochen währende Gefängnisstrafe absitzen. 1846 hatte Schoon einen Schafdiebstahl mit J. H. Meyer durchgeführt und war zu zehn Monaten Arbeitshaft verurteilt worden. Danach hatte Vogeler einen Antrag auf eine besondere Beaufsichtigung des Moordorfers beim Amt Aurich gestellt. Schoon war aus der Sicht Vogelers einer der gefährlichsten Subjekte von Moordorf.[824]

Holzdiebstahl war das herausragende Delikt der damaligen Zeit. Nach der traditionellen Meinung handelte es sich für viele beim Holzdiebstahl nicht um ein Unrecht, sondern um ein altes Recht oder eine Restitution von altem Recht, weil Holz nach gängiger Volksmeinung allein wuchs und das Holen und Mitnehmen vor allem von Unterholz kein Unrecht darstellte.[825]

Das Amt Aurich hielt die Befreiung von der Observation im Falle Schoons für sehr bedenklich[826] und die Landdrostei lehnte das Gesuch von Schoon daraufhin ab.[827]

Ein nochmaliges Ersuchen um eine Befreiung begründete der Kolonist damit, dass er seine Familie, in der die Kinder neun, sieben und ein Jahr alt waren, nicht ernähren könne, weil er als Besenbinder die Kolonie verlassen müsse, um Heide herbeizuschaffen.[828] Ein guter Lebenswandel wurde ihm von mehreren Einwohnern Moordorfs bestätigt.[829]

In der Vergangenheit war Schoon durch einen Marktdiebstahl in Erscheinung getreten, den er zusammen mit einem anderen Moordorfer begangen hatte. Eine alte Verurteilung des Kolonisten wegen Schafdieberei stand zu Buche; der Siedler war auch wegen Gartendiebstahls beschuldigt worden. Schoon arbeitete allgemein nicht als Tagelöhner, sondern er fertigte Heidebesen an und verkaufte diese im Hausierhandel. Der Kolonist hatte sich am 28. Juli 1850 ohne Genehmigung auf den Weg zum Dreschen in die Marsch begeben und war erst drei Tage später wieder zurückgekehrt. Schoon hatte sich nicht bei dem Polizeiaufseher abgemeldet. Für ihn waren Schoons Gutachter zwar rechtschaffene Leute, hätten jedoch das Attest nur aus Furcht geschrieben.[830]

Der Antrag von Schoon wurde im Sommer 1850 von der Landdrostei abgelehnt.[831]

Stellt man sich die Frage, warum es angesichts der katastrophalen Verhältnisse in Moordorf und den Nachbarkolonien keine kollektiven Protestaktionen gab, ist man geneigt, die Feststellungen Husungs zu unterstützen. Die Lebenswelt des Landes bot im Gegensatz zur Stadt/Großstadt wenig Möglichkeiten der sozialen Kommunikation im Kontakt auf Straßen, Marktplätzen oder Gaststuben. Auf dem Land herrschten enge Mobilisierungsgrenzen vor. Es bedurfte hier organisatorischer

---

[824] Ebd., Vogeler an das Amt Aurich v. 24.3.1849.
[825] Blasius (wie Anm. 780), S. 55-56.
[826] StAA (wie Anm. 728), Amt Aurich an die Landdrostei v. 27.3.1849.
[827] Ebd., Landdrostei an das Amt Aurich v. 11.4.1849.
[828] Ebd., Schoon an die Landdrostei v. 12.7.1850.
[829] Ebd., Attest von Moordorfer Einwohnern v. 10.4.1850.
[830] Ebd., Polizeiaufseher Vogeler im Amt Aurich v. 6.8.1850.
[831] Ebd., Landdrostei an das Amt Aurich v. 17.8.1850.

Anstrengungen und Verabredungen, die in der Fläche schwieriger zu treffen waren.[832]

Es wäre darüber hinaus ein stärkeres Selbstverständnis und eine Selbstachtung der Moorbewohner vonnöten gewesen, die seit den Anfängen der Siedlung nicht vorhanden war und sich auch nicht entwickeln konnte, weil die Bewohner bis dahin mehr oder weniger in Lethargie und Apathie vor sich hin vegetierten. Depression und Niedergeschlagenheit wurden von der einen auf die nächste Generation weitergegeben. Was das weite Feld der Kleinkriminalität angeht, kann davon ausgegangen werden, dass das kriminelle Verhalten bestimmter Dorfbewohner im Ansatz auch als soziales Protestverhalten interpretiert werden kann. Kriminalität ist Wegbegleiter moderner Gesellschaften und Brennspiegel ihrer sozialen Defizite, zugleich auch Negativsymbol gesellschaftlicher Selbstgewissheit. Durch die Verknüpfung, die hier zwischen Kriminalität und sozialen Gegebenheiten besteht, lässt sich das nicht normgerechte Verhalten als erlerntes soziales Verhalten interpretieren. Studien aus England über die Kriminalitätsentwicklung in Bezug auf die Lebensverhältnisse breiter Bevölkerungsschichten definieren diese Formen der Kriminalität sogar als *„social movement - perhaps anti-social movement".* Diebstähle von Feldfrüchten werden dort sogar politisiert und als ein Widerstandspotential interpretiert. Nach diesen Untersuchungen geht man soweit, in einigen Teilbereichen der Kriminalität des 19. Jahrhunderts die Entstehung eines Basisprozesses für die Ausbildung eines Selbstbewusstseins der ländlichen Unterschicht zu sehen.[833]

Zum Ende der hannoverschen Herrschaft über Ostfriesland häuften sich Meldungen über vermehrte Diebstähle in den Ämtern Aurich, Berum und Emden. In Akten[834] der Gendarmerie meint man die Urheber vieler dieser Vergehen unter den Bewohnern der Kolonien Moordorf, Süd-Victorbur, Neu-Ekels, Herrenhütten (bei Westerende) und Neu-Barstede finden zu können.[835] Die Beamten urteilten im Februar des Jahres 1866 besonders scharf über die Kolonisten und machten die Jugend dieser Gegend sogar für Diebstähle im gesamten Bereich der Landdrostei Aurich und im oldenburgischen Raum verantwortlich. Die Gendarmerie mutmaßte, dass es im ganzen Königreich *„keinen größeren Schandflecken für Königliche Gendarmerie gibt, als die Umgegend des Dorfes Moordorf. ..."*[836]

Die überaus harte Beurteilung über das Dorf Moordorf und seine Nachbarorte wird entschärft durch einen Bericht des Amtes Aurich, der nur wenige Monate vorher bei der Landdrostei einging. Die Behörde drang zu dem Zeitpunkt nicht auf die Wiedereinstellung eines Polizeiaufsehers. Die Verwaltungsbeamten waren zu der Feststellung gekommen, dass die Ortsvorsteher in Moordorf und Victorbur sorgsam auf Einhaltung der Ordnung achteten und ihre Loyalität beispielsweise beim Einschreiten des Amts gegen Personen, die in wilder Ehe lebten, bewiesen hatten. Die neuerdings konsequent wahrgenommene Anwendung von Polizeistrafen habe sich in der jüngsten Vergangenheit als besonders wirksam erwiesen und sei daher

---

[832] Husung (wie Anm. 611), S. 206.
[833] Blasius (wie Anm. 780), S. 14 f.
[834] Es muss sich um besondere Polizeiakten gehandelt haben, die heute nicht mehr verfügbar sind.
[835] StAA (wie Anm. 728), Distriktkommando der Landgendarmerie an die Landdrostei v. 21.3.1865.
[836] StAA (wie Anm. 749), Distriktkommando der Landgendarmerie an die Landdrostei v. 21.3.1865.

weiterhin von großer Bedeutung. Die in letzter Zeit aus dem Amtsbezirk verurteilten Bettler seien nur in vereinzelten Fällen in Moordorf und Victorbur beheimatet.[837] Die Kronanwaltschaft beurteilte die Sachlage zwar nicht ganz so scharf wie die Landgendarmerie, machte in ihrem Bericht aber deutlich, was sie von den Einwohnern der dortigen Gegend hielt. Sie teilte nicht die Ansicht, dass sich die Verhältnisse dort gebessert hatten. Es kam der Kronanwaltschaft darauf an, dass in Moordorf ein Polizeibediensteter stationiert wurde.[838] Das Innenministerium in Hannover richtete 1865 tatsächlich eine aus zwei Gendarmen bestehende Landgendarmeriesektion in Moordorf ein. [839] In dem Zusammenhang nannte das Amt Aurich als Ursachen für die Missstände in den genannten Siedlungen unter anderem die Bodenbeschaffenheit des Terrains, die frühere preußische Politik, möglichst viele Menschen heranzuschaffen und auf zu kleinen Moorbauernstellen in Ostfriesland anzusiedeln, sowie die vielen Besonderheiten der öffentlichen Verwaltungen in Ostfriesland. Besonders wurde auch auf die hohe Arbeitslosigkeit in der Region von etwa Mitte Oktober bis Mai hingewiesen.[840] In diesem umfassenden Dokument war keine Rede von anlagebedingten Persönlichkeitsdefiziten der Moorbewohner. Diese Sichtweise wurde vor allem nach 1900 neu belebt und erreichte zur Zeit der national-sozialistischen Herrschaft einen traurigen Höhepunkt.

4.3 Das Schulwesen

4.3.1 Armenlehrer Johann Hinrich Heuland

Die schulischen Bedingungen in der Moorsiedlung zu Beginn des 19. Jahrhunderts waren denkbar schlecht. Schulmeister Heuland unterrichtete die Kinder in dem Raum einer Behausung, in dem man in heutiger Zeit wahrscheinlich kein Vieh mehr unterbringen würde. Mit den Jahren traten immer mehr Schäden an dem Schulhaus auf. Es war klamm und kalt, der Wind pfiff durch die undichten Lehmwände. Die Schulbänke waren schlecht gearbeitet und reichten in ihrer Anzahl nicht aus.[841] Mit seiner Situation war der Landschulmeister sehr unzufrieden. Heuland haderte mit der Lernunwilligkeit der Kinder und der Uneinsichtigkeit der Eltern.[842] Superintendent Hoppe bewertete die Aussagen des Schulmeisters kritisch und sie werfen ein etwas anderes Licht auf die Tätigkeit Heulands. Man hielt ihm seine Schwäche und mangelnde Autorität vor, weil er sich seinen Schülern gegenüber sehr nachsichtig zeigte.[843] Während der Zeit der französischen Herrschaft war dem Lehrer ein Teil des Geldes, das ihm aus der Strandkasse zugeflossen war, gestrichen worden. Im Februar 1815

---

[837] Ebd., Amt Aurich an die Landdrostei v. 12.12.1864.
[838] Ebd., Kronanwaltschaft des Königlichen Obergerichts an Landdrostei v. 7.2.1865.
[839] Ebd., Innenministerium an die Landdrostei v. 18.4.1865.
[840] Ebd., Amt Aurich an die Landdrostei v. 27.2.1865.
[841] StAA (wie Anm. 686), Polizeiaufseher Kuckuck an das Konsistorium vom 12.9.1822. Siehe auch Theo Meyer, Das Schicksal eines alten Dorfschulmeisters, in: Friesische Heimat, Beilage zum Jeverschen Wochenblatt, Nr. 296 v. 27.8.1999.
[842] StAA Rep. 139, Nr. 1048, Lehrer Heuland an das Konsistorium v. 13.2.1813.
[843] Ebd., Superintendent Hoppe an das Konsistorium v. 10.3.1813.

bat er um die Wiedereinrichtung dieser Zahlungen, weil er den sonntäglichen Gottesdienst nicht mehr aufsuchen könne. Es fehlte ihm an Kleidungsstücken.[844] Das von den Eltern der Schulkinder in Moordorf zu zahlende Schulgeld war nach seiner Beurteilung zu gering und von manchen Kolonisten gar nicht zu erhalten.[845]

Vom Rendanten der Unterstützungskasse für gering besoldete Prediger und Schullehrer wurden ihm zunächst drei Reichstaler ausgezahlt[846] und im Sommer 1815 erfolgten wieder die regelmäßigen Zahlungen aus der Strandkasse.[847]

Zur Beheizung des Schulraumes waren die Eltern der Schukinder verpflichtet, dem Schulmeister jährlich zehn Fuder Torf zur Verfügung zu stellen. Diese Regelung ging auf eine Verordnung des Konsistoriums vom August 1789 zurück. Um die praktische Umsetzung zu gewährleisten, hatte man die Kolonie pro forma örtlich in drei Teile geteilt. Die jeweils dort ansässige Elternschaft hatte im Wechsel jährlich die zehn Fuder Torf für das Schulhaus zu graben und dort anzuliefern.[848]

Nach den Vorschriften der Schulverwaltung waren die Kinder mit dem beendeten fünften Lebensjahr schulpflichtig. Die zentralen staatlichen Stellen suchten der von ihnen verkündeten Schulpflicht praktische Gestalt zu geben, indem sie den Eltern gleichzeitig die Verpflichtung aufbürdeten, die Schulen weitgehend zu errichten und zu unterhalten.[849] Eltern, die ihre Kinder nicht zur Schule schickten, waren grundsätzlich auch verpflichtet, Schulgeld für diese Heranwachsenden zu bezahlen. Wenn die Eltern die Lieferung des Torfs und die Bezahlung des Schulgeldes versäumten, war Heuland berechtigt, eine Liste mit den Namen dieser Einwohner beim Konsistorium abzugeben. Durch das Konsistorium wurde dann eine Pfändung bei den Moorsiedlern eingeleitet.[850]

Im März 1817 klagte Heuland sehr über seine armseligen Lebensverhältnisse. Er fürchtete mit seiner Familie zu verhungern.[851] Es wurden ihm daraufhin einmalig fünf Reichstaler zur Verfügung gestellt.[852]

Zu dem Zeitpunkt fehlte es an den allernötigsten Schulbüchern in der Kolonie, und das Schulgebäude drohte ganz zu verfallen.[853] Im Hinterhaus lagen die Wände offen und zerschlagen da.[854]

Gesundheitlich ging es dem Schulmeister bereits 1818 schlecht.[855] Sein Nutzgarten war wegen der niedrigen Lage verschlammt. Die Kartoffeln, die er im letzten Frühjahr zur Beflanzung gekauft hatte, waren noch nicht bezahlt.[856]

Die Bitt- und Bettelbriefe Heulands mehrten sich in der folgenden Zeit. Die Behörden erkannten auch, dass er aufgrund seiner gesundheitlichen Einschränkungen zu schwach geworden war, um dem Schulwesen in der armen Moorsiedlung positive

---

[844] StAA Rep. 15, Nr. 11853, Heuland an Landesdirektor Sethe v. 25.5.1815.
[845] StAA (wie Anm. 842), Heuland an das Konsistorium v. 2.2.1815.
[846] Ebd., Konsistorium an Rendant Bley v. 2.2.1815.
[847] Ebd., Konsistorium an Heuland v. 31.8.1815.
[848] StAA (wie Anm. 685), Konsistorium an Heuland v. 16.11.1815.
[849] Leschinsky/Roeder (wie Anm. 44), S. 125.
[850] StAA (wie Anm. 685), Konsistorium an Heuland v. 16.11.1815.
[851] Ebd., Heuland an das Konsistorium v. 31.3.1817.
[852] Ebd., Konsistorium an Rendant Bley v. 1.8.1817.
[853] Ebd., Heuland an das Konsistorium v. 14.8.1817.
[854] Ebd., Heuland an das Konsistorium v. 27.10.1817.
[855] Ebd., Heuland an das Konsistorium v. 16.1.1818.
[856] Ebd.

Impulse zu geben. Man rechnete bereits mit seinem baldigen Ableben und wollte bis dahin einen Schulgehilfen befristet einstellen. Das große Problem bestand für die Behörden allerdings darin, woher dieser Lehrer seine Besoldung beziehen sollte.[857]
Auf der anderen Seite wollte Lehrer Heuland seine Stellung noch nicht aufgeben, weil er natürlich um seinen Lebensunterhalt fürchtete. Bis 1821 wurde kaum mehr richtig in Moordorf Unterricht durchgeführt. Der Ortsvorsteher verlangte seit längerem nach einem neuen Dorfschulmeister.[858] Obwohl das niedere Schulwesen in den ersten Jahrzehnten des 19. Jahrhunderts einen Aufschwung genommen hatte, blieben die konkreten Schulverhältnisse besonders auf dem Lande den Zuständen des 18. Jahrhunderts ähnlich.[859]
Der Superintendent Fischer aus Osteel begab sich im Juni 1821 nach Moordorf. Fischer entging nicht, dass Heuland äußerst schwach war und überzeugte sich, dass der Lehrer ohnehin keine Autorität mehr besaß.[860] Seine eigenen Kinder und die Ehefrau des Schulmeisters gingen zu dem Zeitpunkt bereits der Bettelei nach.[861]
Das Schulzimmer fand Fischer in einem desolaten Zustand vor; der Boden war voller Löcher und die Schulbänke zerschlagen. Überhaupt war der Raum für die vielen Kinder viel zu klein.[862]
Die Behörden waren bald darauf geneigt, den dienstuntauglichen Schulmeister in den Ruhestand zu versetzen. Man wollte ihm jährlich sogar 50 Reichstaler als Pension zukommen lassen. Er sollte allerdings die Schulwohnung nach seiner Pensionierung räumen.[863] Im Nachhinein wurde die geleistete Arbeit Heulands in der Kolonie recht kritisch eingeschätzt. Das Konsistorium bewertete ihn als einen Mann, der nicht in der Lage gewesen war, als Lehrer zu überzeugen.[864]
Im Sommer 1822 klagte er einmal mehr sein Leid.[865] Der ausgediente Schulmeister wurde zum Sozialfall. Da ihm bis zu seiner offiziellen Pensionierung noch das Schulgeld der Moordorfer Einwohner zustand, sollte durch das Amt Aurich dafür gesorgt werden, dass die Gelder eingetrieben wurden. Die Gelder der zahlungsunfähigen Dorfbewohner waren mittels Victorburer Armenmittel an Heuland zu zahlen.[866]
Im Januar 1823 hatte Heuland die Schullehrerwohnung in Moordorf noch nicht geräumt. Im Dorf wurde bereits ein neuangestellter Lehrer erwartet, der in Moordorf eine Industrie- und Arbeitsschule aufbauen sollte. Dem alten Schulmeister war es nicht möglich gewesen, in Moordorf eine Wohnung bzw. Kammer zu finden. Die Armenvorsteher in Victorbur wurden aufgefordert, für die Bereitstellung einer Wohnung zu sorgen.[867]

---

[857] Ebd., Superintendent Fischer an das Konsistorium v. 10.3.1821.
[858] Ebd., Bauermeister Gerd J. Janßen an das Konsistorium v. 12.5.1821.
[859] Folkert Meyer, Schule der Untertanen. Lehrer und Politik in Preußen 1848-1900, Hamburg 1976, S. 189.
[860] StAA (wie Anm. 685), Superintendent Fischer an das Konsistorium v. 24.6.1821.
[861] Ebd., Provinzialregierung an das Kabinettsministerium v. 14.11.1821.
[862] Ebd., Superintendent Fischer an das Konsistorium v. 6.7.1821.
[863] Ebd., Kabinettsministerium an die Provinzialregierung v. 15.12.1821.
[864] StAA (wie Anm. 686), Konsistorium an Superintendent Vechtmann v. 21.3.1822.
[865] Ebd., Konsistorium an Heuland v. 18.7.1822.
[866] Ebd., Konsistorium an Heuland v. 15.8.1822.
[867] Ebd., Konsistorium an Pastor Harms v. 9.1.1823.

Schließlich gelang das; seine Lehrerwohnung räumte der Schulmeister zum Ende des Monats Februar 1823[868], in der er fast genau 19 Jahre gelebt und gewirkt hatte. Ab November 1823 übernahm Polizeiaufseher Kuckuck die Verwaltung der Pension des alten Schulmeisters.[869] Lehrer Heuland verstarb am 27. Februar 1824.[870]

4.3.2 Schulgehilfe Johann T. Hoffmann

Im Jahre 1821 wurde in Moordorf ein Schulgehilfe tätig, weil der gesundheitliche Zustand des damaligen Schulmeisters Heuland dies erforderlich machte. Superintendent Fischer überprüfte die Fähigkeiten des Bewerbers Johann Tönnies Hoffmann.Der achtzehnjährige Jüngling las ein ihm aufgegebenes Pensum vor, und auf die Fragen, die Fischer ihm über Religionswahrheiten vorlegte, antwortete er meistens richtig. Vom Rechnen verstand Hoffmann so viel, wie es ein Schulmeister in einer Nebenschule nach damaligem Verständnis nötig hatte. Schreibkenntnisse stellte der junge Potshausener durch Schriftproben unter Beweis. Die Melodien verschiedener Lieder aus dem Ostfriesischen Gesangbuch konnte Johann singen. Insgesamt befand Fischer die Prüfung als ordentlich ausgefallen.[871]

Nach 1815 bemühte sich der Klerus sehr darum, die Kontrolle über das niedere Schulwesen zu bewahren und sie im traditionellen Rahmen zu halten. Das Pfarramt war seit jeher als Teil der gebildeten und führenden Gruppe in der Gesellschaft angesehen worden. Man hatte das Unterrichten und das Überprüfen der Fähigkeiten der Schulmeister immer ganz natürlich zu den Pflichten des Klerus gezählt, insofern dies der moralischen und religiösen Aufklärung zu Hilfe kommen konnte.[872]

Hoffmann hatte sich beim Konsistorium in Aurich um die Stelle eines Gehilfen des Schulmeisters Heuland beworben. Für eine provisorische Anstellung begehrte er acht Reichstaler als monatliches Gehalt. Etwas Bedenken machte dem Superintendenten das jugendliche Alter Hoffmanns. Er hoffte, dass der Schulgehilfe trotzdem genug Energie und Autorität besaß, um die Erziehung der Kinder in der Kolonie wahrzunehmen. Fischer ging davon aus, dass der sehr junge Schulgehilfe auf die Unterstützung des für Moordorf zuständigen Predigers in Victorbur und der Behörden angewiesen sei.[873]

So wurde der Junglehrer im Herbst des Jahres 1821 zunächst für drei Monate zum Gehilfen des dienstuntauglichen Schullehrers Heuland angestellt.[874]

Hoffmann erwies sich überraschenderweise als ein besonderer Glücksgriff für Moordorf. Bei seiner Einführung hatten Harms und der neue Lehrer die Elternschaft der Moordorfer Schulkinder zusammengerufen und sie verpflichtet, ihre Kinder

---

[868] Ebd., Amt Aurich an das Konsistorium v. 15.2.1823.

[869] StAA Rep. 15, Nr. 10756, Rendant Symens an die Landdrostei v. 15.11.1823.

[870] Ebd., Amtsgericht Aurich an die Landdrostei v. 3.3.1824.

[871] StAA (wie Anm. 685), Superintendent Fischer an das Konsistorium v. 22.9.1821. Siehe auch Theo Meyer, Als Junglehrer in Moordorf im 19. Jahrhundert. Johann Tönnies Hoffmann erwarb sich trotz jugendlichen Alters große Verdienste, in: Friesische Heimat, Beilage zum Anzeiger für Harlingerland, 1999, Nr. 6.

[872] Lenore O'Boyle, Klassische Bildung und soziale Struktur in Deutschland zwischen 1800 und 1848, in: Ulrich Herrmann (Hrsg.), Schule und Gesellschaft im 19. Jahrhundert. Sozialgeschichte der Schule im Übergang zur Industriegesellschaft, Weinheim und Basel 1977, S. 21 f.

[873] StAA (wie Anm. 685), Superintendent Fischer an das Konsistorium v. 22.9.1821.

[874] Ebd., Konsistorium an Hoffmann v. 25.10.1821.

regelmäßig zur Schule zu schicken.[875] Anscheinend fassten die Eltern zu dem jungen, unverbrauchten Mann Vertrauen. Nach 14 Tagen Unterricht durch den Junglehrer zeigten seine Bemühungen erste Erfolge. Zwischen 70 und 80 Kinder besuchten täglich die Schule. Prediger Harms hatte berechtigte Hoffnungen, dass sich die bis dahin noch nicht gekommenen zehn bis 15 Kinder ebenfalls bald einfinden würden.[876]

Die Zahl der im Dezember 1821 die Schule besuchenden Kinder belief sich auf fast 90 Schüler. Es fehlte noch an genug Schulbüchern.[877] Auf Antrag des Victorburer Predigers stellte das Konsistorium in Aurich der Moordorfer Schule kurz vor Weihnachten 30 ABC-Bücher, 15 Psalter, zehn Bibeln, fünf Katechismen und fünf Gesangbücher zur Verfügung.[878] Zu der Zeit befanden sich unter den Schulkindern bereits 20 Schüler, die ordentlich lesen konnten.[879] Der Wert dieser Aussage des Pastors ist jedoch sachlich und methodisch vor dem Hintergrund des damaligen Verständnisses zu relativieren. Trotzdem sind solche Erfolgsmeldungen bemerkenswert, da doch viele Schüler unter den Verhältnissen eines mehr oder minder besuchten Schulunterrichts kaum diese elementare Fähigkeit erwarben. Für die ersten Jahrzehnte des 19. Jahrhunderts fehlen genaue Nachweise über das Ausmaß, wie die Beherrschung der elementaren Kulturtechniken in der Bevölkerung verbreitet war, leider so gut wie ganz.[880]

Im März 1822 stellten die Behörden bezüglich der Moordorfer Schulverhältnisse fest, dass der Schulgehilfe ungeachtet seines jugendlichen Alters die allgemeine Achtung der Kolonisten genießen würde.[881]

Bei den Behörden plante man zu dem Zeitpunkt bereits, in Moordorf möglichst bald eine Industrie- und Arbeitsschule einzurichten. Die Behörden sahen sich zu der Zeit schon nach einem geeigneten Leiter einer solchen Einrichtung um. Er sollte ein verheirateter, erfahrener Erzieher sein, dessen Ehefrau auch in der Lage sein musste, in der Schule als Handarbeitslehrerin entsprechenden Unterricht zu erteilen.[882] Den guten, jedoch nicht verheirateten Schulgehilfen Hoffmann hielt man mit seinen 18 Jahren für ungeeignet zur Leitung einer Industrieschule.[883]

Der hannoversche Staat war nach den dramatischen Veränderungen, die sich seit 1815 in Europa ergeben hatten, von der Zielsetzung geleitet, die gesamten potentiellen Kräfte der Nation zu wecken und zu steigern, um seine Macht zu verstärken. Diese Überlegungen bestimmten auch die Schulpolitik. Die Organisation und Neuorganisation des niederen Schulwesens diente der politischen Integration der verschiedenen Landesteile und Bevölkerungsgruppen. Die bestehenden kirchlich beaufsichtigten Schulen wurden formal mehr oder weniger dezidiert in die Regie des Staates übernommen. Nipperdey wertet die Volksschule nunmehr überall in Deutschland als *„ein Kind der Polizei."* Dieser Ansicht ist durchaus zuzustimmen, wie

---

[875] Ebd., Pastor Harms an das Konsistorium v. 14.11.1821.
[876] Ebd.
[877] Ebd., Pastor Harms an das Konsistorium v. 10.12.1821.
[878] Ebd., Konsistorium an Pastor Harms v. 22.12.1821.
[879] Ebd., Pastor Harms an das Konsistorium v. 9.1.1822.
[880] Leschinsky/Roeder (wie Anm. 44), S. 156.
[881] StAA (wie Anm. 686), Konsistorium an Superintendent Vechtmann v. 21.3.1822.
[882] StAA (wie Anm. 685), Konsistorium an Vechtmann v. 3.1.1822.
[883] Ebd., Konsistorium an die Provinzialregierung v. 3.1.1822.

man gerade in Moordorf an der Verknüpfung der zur gleichen Zeit geschaffenen Industrieschule und der Polizeiaufseherstelle sehen kann. Darüber hinaus war ein Kernstück der Reformen die Veränderung der Lehrerschaft. Die bisher zufällig und aus oft hergelaufenen Randexistenzen rekrutierten Schulmeister, die auf dem Land eher der unterbäuerlichen Schicht angehörten und die sich nicht selten durch Unkenntnis und grober Unbildung ausgezeichnet hatten, sollten durch mehr aus- und durchgebildete Fachleute ersetzt werden.[884]

Von den schulpolitischen Plänen der Behörden in Moordorf hatte auch die dortige Elternschaft gehört. Sie fürchtete um den Verlust des allgemein sehr beliebten Junglehrers. Ein Brief des Bauermeisters Neemann, den 50 Mitkolonisten teils mit ihren Namenskreuzen unterschrieben hatten, verdeutlicht die Wertschätzung, die die rauhen Moorpioniere dem Schulgehilfen entgegenbrachten. Neemann berichtete vom Engagement des Dorfschulmeisters, die Kinder in religiösen Dingen zu unterweisen, und von den Ängsten der Kinder, den geachteten Erzieher zu verlieren.[885]

Für die Eltern waren es in erster Linie religiöse Motive, die sie die Belastungen, die die Schuleinrichtung nach sich zog, erträglich erscheinen ließ. Die Landbevölkerung des 19. Jahrhunderts zeigte generell noch kaum Interesse am Schulunterricht ihrer Kinder. Für die Moorsiedler war nicht die geringste Aussicht mit den Schulen verbunden, ihre drückende ökonomische Lage zu verändern. Die Schulpflicht bedeutete vielmehr den Entzug dringend benötigter Arbeitskräfte und das Schulgeld lediglich eine weitere materielle Belastung.[886]

Den Antrag der Moordorfer unterstützte auch der alte Lehrer Heuland, der vorschlug, Hoffmann später doch als Handarbeitslehrer einzusetzen.[887] Der Moordorfer Invalide H. F. Reck sah aufgrund der Spekulationen um die grundlegenden Veränderungen in den Schulverhältnissen des Dorfes eine Erwerbsmöglichkeit für sich als Aufseher der Arbeitsschule und für seine Ehefrau als Unterrichtskraft. Er versuchte sein Schicksal mit dem des beliebten Junglehrers zu verknüpfen, weil er Hoffmann den Unterricht überlassen wollte, seine Frau als Handarbeitslehrerin für geeignet hielt und sich selbst als Aufseher der Schule anbot.[888] Recks Anliegen blieb unberücksichtigt. Die Moordorfer Einwohner schrieben weitere Bittbriefe um eine Weiterbeschäftigung des jungen Erziehers in ihrer Siedlung.[889]

Hoffmann ließ trotz der Spekulationen über das baldige Ende seiner Lehrertätigkeit in Moordorf nicht nach, bei den Behörden um zusätzliche Lehrmittel nachzufragen.[890] Wenig später beantragte der damalige Moordorfer Polizeiaufseher Kuckuck Verbesserungen für die Schule. Es fehlten zu dem Zeitpunkt noch zwei Bänke. Kuckuck wies darauf hin, dass die Einwohner von Moordorf die Bänke selbst nicht bezahlen konnten.[891]

---

[884] Thomas Nipperdey, Volksschule und Revolution im Vormärz, in: Ulrich Herrmann (Hrsg.), Schule und Gesellschaft im 19. Jahrhundert. Sozialgeschichte der Schule im Übergang zur Industriegesellschaft, Weinheim und Basel 1977, S. 113 f.

[885] StAA (wie Anm. 686), Bauermeister G. J. Neemann an das Konsistorium v. 13.5.1822.

[886] Leschinsky/Roeder (wie Anm. 44), S. 110.

[887] StAA (wie Anm. 686), Bauermeister G. J. Neemann an das Konsistorium v. 13.5.1822.

[888] StAA Rep. 15, Nr. 10755, Harm F. Reck an die Provinzialregierung v. 28.1.1822.

[889] StAA (wie Anm. 686), Schreiben v. 14.5.1822, 8.7.1822, 11.9.1822, 15.10.1822 und 29.11.1822.

[890] Ebd., Hoffmann an das Konsistorium v. 4.9.1822.

[891] Ebd., Polizeiaufseher Kuckuck an das Konsistorium v. 12.9.1822.

Ein Amtszimmermann erhielt daraufhin vom Konsistorium den Auftrag, die zwei Bänke anzufertigen und die Rechnung dort einzureichen.[892]

Im Herbst 1822 bekam der Polizeiaufseher die Gelegenheit, sich von den besonderen Fähigkeiten Hoffmanns zu überzeugen. Da ihm alle Kolonisten versichert hatten, dass ihre Kinder außerordentlich gut lernten, entschloss er sich zu einem Unterrichtsbesuch.[893]

Was Kuckuck dann im Schulraum zu sehen bekam, muss ihn tief beeindruckt haben. Zu seinem Erstaunen stellte er fest, dass die Lese- und Schreibfertigkeit der Kinder nach seiner Einschätzung ungewöhnlich gut war.[894]

Auch diese Ergebnisse des Unterrichtsbesuchs von Kuckuck sind vor dem Hintergrund der Kriterien dessen, was damals als Schreib- und Lesekundigkeit gelten konnte, zu sehen. Diese waren in der Regel recht vage formuliert und wurden auch nicht gerade streng angewandt.[895] Darüber hinaus waren die oft flüchtig und unzureichend erworbenen Fähigkeiten nicht lebenslang gesichert, weil mit zunehmendem Alter die früher erworbenen Schreib- und Lesefähigkeiten aufgrund ihres Nichtgebrauchs schnell verloren gehen konnten.[896]

Im November ging das Gerücht, dass man Hoffmann trotz aller Bemühungen ins Harlingerland versetzen würde.[897]

Auf seinen Antrag wurde der junge Lehrer zunächst im November 1822 vom Militärdienst befreit. Wahrscheinlich ist diese Befreiung auf einen allgemeinen Lehrermangel zurückzuführen. Die Militärdienstpflicht war z. B. in Preußen zu der Zeit generell für Lehrer der niederen Schulen stark begrenzt.[898] Darüber hinaus hatte das Konsistorium sich entschlossen, ihn vorläufig und bis zu seiner Beförderung zu einer besseren Lehrerstelle in die Nebenschule nach Hartward bei Esens zu versetzen. Die Behörde war der Ansicht, dass Hoffmann aufgrund der Nähe zur Stadt Esens Gelegenheit haben würde, sich für wichtigere Tätigkeiten zu qualifizieren. In Berücksichtigung seiner in Moordorf bisher geleisteten nützlichen Dienste wollte das Konsistorium den Lehrer gerne bei der ersten günstigen Gelegenheit auf eine bessere Stelle versetzen.[899] Die Bestallung als Nebenschullehrer in Hartward erfolgte im März 1823.[900]

Hoffmanns Leistungen sind angesichts der wenigen Lehr- und Lernmittel und der katastrophalen Gegebenheiten in den Schulräumen und -gebäuden der damaligen Zeit bemerkenswert. Man darf aus den Inhalten der vorliegenden Dokumente schließen, dass Hoffmanns Persönlichkeit von Menschenfreundlichkeit und der Fähigkeit, die ihm anvertrauten Kinder vorbehaltlos anzunehmen, geprägt war. Seine pädagogischen Erfolge zeigen andererseits, dass nicht die von den Behörden immer wieder hervorgehobene *„Halsstarrigkeit"* und die Uneinsichtigkeit der Moordorfer

---

[892] Ebd., Konsistorium an Amtszimmermann D. G. Janßen v. 19.9.1822.

[893] Ebd., Kuckuck an das Konsistorium v. 11.9.1822.

[894] Ebd.

[895] Leschinsky/Roeder (wie Anm. 44), S. 157.

[896] Ebd.

[897] StAA (wie Anm. 686), Hoffmann an das Konsistorium v. 13.11.1822.

[898] F. Meyer (wie Anm. 859), S. 95.

[899] StAA (wie Anm. 686), Konsistorium an Hoffmann v. 28.11.1822.

[900] Ebd., Hoffmann an das Konsistorium v. 24.3.1823.

Elternschaft die tieferen Ursachen für die allgemein schlechten Schulverhältnisse in der Moorkolonie gewesen sind.

4.3.3 Die Industrieschule von Habbo S. Hicken

Im Februar 1821 lebten in Moordorf mehr als 80 schulpflichtige Kinder. In der Regel besuchten davon höchstens zehn bis 20 Kinder den Unterricht.[901] Wie oben dargestellt, entschloss sich das Kabinettsministerium in Hannover zu der Zeit grundlegende Änderungen bezüglich des Schulwesens in der Kolonie vorzunehmen. Man hatte den Plan, in der Siedlung eine Industrieschule einzurichten. Gleichzeitig bewilligte man vorweg dazu erforderliche Gelder, etwa zum Ausbau der entsprechenden Räumlichkeiten und zur Besoldung eines besonders befähigten Lehrers.[902]

Ausgewiesene Fachleute beurteilen den Zustand des ostfriesischen Schulwesens bis Ende der 20er Jahre des 19. Jahrhunderts als ausgesprochen beklagenswert, konstatieren jedoch auch, dass sich viele um Abhilfe bemühten. In hannoverscher Zeit entstanden in Ostfriesland 30 neue Schulen; 343 Lehrer waren damals insgesamt in Ostfriesland tätig. Von einer besonderen Weiterentwicklung der Schulverhältnisse in der Provinz kann bis 1866 nicht gesprochen werden.[903]

Die Gründe für die Einrichtung von Industrieschulen, die seit dem Ende des 18. Jahrhunderts verstärkt in der schulpädagogischen Debatte Anklang fanden, und die praktischen Lernziele, die die Schüler erreichen sollten, waren hauptsächlich von dem Kontext einer agrarisch geprägten Wirtschaft vorgegeben, in der die Verarmung weiter Bevölkerungskreise ein Hauptproblem darstellte.[904] Mit dem Ausdruck *„Industriepädagogik"* und der Zielsetzung der *„Gewerbeförderung"* versuchte man, die Durchsetzung der Schulpflicht mit der sozialen Problematik des Pauperismus zu verknüpfen.[905]

Den Behörden war es nicht genug, dass der zukünftige Moordorfer Erzieher die nötige Qualifikation hatte, auf die moralische Bildung der ihm anvertrauten Jugend einzuwirken. Der Schulmeister musste die Fähigkeit besitzen, der Jugend nützliche Arbeiten zu erteilen und die Direktion über die Industrieschule zu führen.[906]

Durch die bisherige fast ausschließlich einklassige Organisation der Elementarschule waren die einzelnen Lehrer immer wieder vor außerordentliche Schwierigkeiten gestellt. Den Lehrern ließen die großen Schülerzahlen und die bei insgesamt geringem Niveau doch breiten Leistungsspannen meist nur die Möglichkeit, sich den

---

[901] StAA (wie Anm. 685), Superintendent Fischer an das Konsistorium v. 10.3.1821. Siehe auch Theo Meyer, Schulkinder mußten Kost und Kleider selbst verdienen. Die notdürftigen Colonisten ließen ihre schuljährigen Kinder bei Bauern verdingen, in: Der Deichwart, Beilage zur Zeitung Rheiderland, 1999, Nr. 7.

[902] Ebd., Provinzialregierung an das Konsistorium v. 22.12.1821.

[903] Friedrich Wißmann, Bildungsexpansion in vormärzlicher Zeit?, in: Helmut Sprang, *"Schul-Commission für sämmtliche Elementar-Schulen"* in der Stadt Leer. Zur Schulgeschichte des 19. Jahrhunderts, Oldenburg 1994, S. 10 f.

[904] Leschinsky/Roeder (wie Anm. 44), S. 283.

[905] Peter Lundgreen, Schulbildung und Frühindustrialisierung in Berlin/Preußen. Eine Einführung in den historischen und systematischen Zusammenhang von Schule und Wirtschaft, in: Ulrich Herrmann (Hrsg.), Schule und Gesellschaft im 19. Jahrhundert. Sozialgeschichte der Schule im Übergang zur Industrie- gesellschaft, Weinheim und Basel 1977, S. 65.

[906] StAA (wie Anm. 685), Provinzialregierung an das Kabinettsministerium v. 14.11.1821.

verschiedenen Abteilungen (ABC-Gruppe, Buchstabiergruppe, Lesegruppe) der Reihe nach zuzuwenden und die zwei übrigen Gruppen mehr oder minder durch Zwang zum Stillsitzen und Abwarten anzuhalten. Diese Untätigkeit und den Müßiggang hatten die Befürworter der Industrieschulen als negativsten Effekt der alten Schulorganisation erkannt. Die Mängel ließen sich durch die Verbindung der *„Lernschule"* mit der *"Arbeitsschule"* beheben. An die Stelle von Apathie sollte die Gewöhnung an unablässige Arbeit treten.[907]

Da der bisherige Schulmeister nur ein äußerst bescheidenes Auskommen gehabt hatte, erkannte die Provinzialregierung in Aurich die Notwendigkeit, den neuen Erzieher aufgrund der hohen Anforderungen entsprechend entlohnen zu müssen. Ein festes Gehalt von mindestens 150 Reichstalern hielt man für angemessen.[908]

Hinter derartigen behördlichen Initiativen standen nicht karitative Überlegungen. Handfeste finanzielle Motive waren der Grund für Maßnahmen zum Abbau der Verarmungserscheinungen. Der Fiskus trug schwer an der Last, die die Armen dem Staat, den Kommunen und Armenverbänden aufbürdeten. Gravierend schlugen die Steuernachlässe und insgesamt die Verluste, die durch die geringe Zahlungsfähigkeit weiter Kreise entstanden, zu Buche. Andererseits hat es sicherlich nicht wenige Geistliche und engagierte Zeitgenossen gegeben, deren Bemühungen von sozialen Mitgefühlen gekennzeichnet waren.[909] Darüber hinaus sind wahrscheinlich auch zahlreiche Befürworter und Theoretiker der Industrieschulpädagogik von der durchaus richtigen These ausgegangen, dass das bisherige niedere Schulwesen sich durch mangelnde Lebensnähe auszeichnete. Sie machten aus der Not eine Tugend, indem sie den Gedanken der obligatorischen Vollzeitschule mit dem Erfordernis verbanden, die Armenkinder frühzeitig zum Broterwerb zu ertüchtigen.[910]

Das Schulgebäude in Moordorf sollte ausgebessert und erweitert werden. Die erforderlichen Gelder wurden vorweg seitens der Provinzialregierung auf 300 Reichstaler veranschlagt.[911] Zu der Zeit wurden fast überall in der Provinz neue Schulbauten errichtet, die in der Regel von den Gemeinden selbst bezahlt und unterhalten werden mussten. Neue, größere Schulgebäude wurden notwendig, weil die alten Schulstuben für die steigenden Kinderzahlen zu klein ausfielen. Man war aufgrund des damals entstehenden Gesundheitsbewusstseins zu der Erkenntnis gekommen, dass zum Lernen eine gesunde und helle Atmosphäre gehörte.[912]

Neben einem besseren Unterricht war es den Behörden wichtig, dass zukünftig die Unterschiede im Alter der Schulkinder und ihr Geschlecht bei den schulischen Tätigkeiten Berücksichtigung finden würden. Im Nähen, Stricken, Spinnen und Weben sollten die Kinder vor allem von der Ehefrau des neuen Industrieschulleiters ausgebildet werden. Um die nötigen *"rohen"* Materialien anschaffen zu können, bat die Auricher Behörde das Ministerium in Hannover noch einmal um einen Fonds in

---

[907] Leschinsky/Roeder (wie Anm. 44), S. 304 f.
[908] StAA (wie Anm. 685), Provinzialregierung an das Kabinettsministerium v. 14.11.1821.
[909] Leschinsky/Roeder (wie Anm. 44), S. 296.
[910] Lundgreen (wie Anm. 905), S. 68 f.
[911] StAA (wie Anm. 685), Provinzialregierung an das Kabinettsministerium v. 14.11.1821.
[912] Wißmann (wie Anm. 903), S. 11.

Höhe von 200 Reichstalern. Von diesem Geld sollten auch eventuell in der Anfangszeit noch befristet einzustellende, sachkundige Personen bezahlt werden.[913] Die Wahl der Behörden hinsichtlich des neuen Schulmeisters fiel auf den verheirateten Wittmunder Lehrer Habbo Siuts Hicken, der sich auch durch ökonomische und landwirtschaftliche Kenntnisse ausgezeichnet hatte. Frau Hicken war zudem eine fähige Handarbeits- und Hauswirtschaftslehrerin.[914]

Lehrer Hicken war allerdings wenig geneigt, die Stelle in Moordorf anzunehmen. Er begründete die Ablehnung damit, dass ein Schulmeister gesundheitliche Schäden davontrug, wenn er in den vorhandenen Räumlichkeiten in Moordorf mehr als 60 Kinder unterrichten musste. Nach Hickens Informationen war die Wohnung voller Ungeziefer; vor allem Wanzen würden den Bewohnern sehr zu schaffen machen. Der Fußboden der Behausung sollte nach seinen Vorstellungen aus Steinen gepflastert werden; im vorhandenen Haus war er aber aus Holz gezimmert. Der Garten war zu morastig und für die Feldarbeit mit den Kindern untauglich.[915]

Hicken war wie viele damalige Schulmeister bemüht, eine soziale Abwertung ihres Berufsstandes nicht zuzulassen. Ihr Verlangen nach einer angemessenen gesellschaftlichen Einordnung in einen Kreis von Gebildeten war oft stark ausgeprägt. Viele wollten klare Grenzen zum Proletariat gezogen sehen. Ihr Verständnis bedeutete aber nicht selten auch eine Verschärfung der Distanz zu ihren Schülern und deren Eltern.[916]

Wegen der genannten Kritikpunkte Hickens wurden in den folgenden Monaten Verbesserungen an der Schule in Moordorf vorgenommen. Man ließ ausreichend Tische und Bänke anfertigen. Beschädigte Gerätschaften wurden durch Zimmerleute ausgebessert.[917]

Dem Lehrer Hicken konnten die Behörden bald darauf 150 Reichstaler als festes Gehalt im Jahr anbieten. Die Wohnung im Schulhaus stand ihm und seiner Familie kostenlos zur Verfügung. Ferner sollte er das Schulgeld zur freien Verwendung erhalten, und jährlich mussten ihm von den Kolonisten zehn Fuder Brenntorf gestochen werden. Die Moordorfer Einwohner wurden verpflichtet, den Schulgarten in einen besseren Zustand zu bringen.[918]

Schulmeister Hicken entschloss sich daraufhin im Oktober 1822, die Stelle in Moordorf doch anzunehmen.[919] Der Lehrer wurde am 9. April 1823 in die Schule eingeführt.[920]

Hicken stellte fest, dass von der Moordorfer Schuljugend 40 Kinder befähigt waren, in der Industrieschule zu arbeiten. Er benötigte für die Tätigkeit der Gruppe u. a. zwölf Spinnräder, vier Haspeln (Garnwinden), und 160 Strickpfriemen. Er sah es als notwendig an, dass jedes Kind vorerst ausreichend Garn zum Stricken von einem Paar Strümpfe haben musste. Ferner beantragte er 40 Ellen (1 Elle = ca. 50 cm)

[913] StAA (wie Anm. 685), Provinzialregierung an das Kabinettsministerium v. 14.11.1821.
[914] StAA (wie Anm. 686), Superintendent Vechtmann an das Konsistorium v. 1.4.1822.
[915] Ebd., Hicken an das Konsistorium v. 2.7.1822.
[916] F. Meyer (wie Anm. 859), S. 96.
[917] StAA (wie Anm. 686), Anweisungen des Konsistoriums an Amtszimmermann D. G. Janßen v. 19.9.1822 und 26.9.1822.
[918] Ebd., Konsistorium an Hicken v. 3.10.1822.
[919] Ebd., Hicken an Konsistorium v. 7.10.1822.
[920] Ebd., Pastor Harms an Konsistorium v. 14.4.1823.

grobes Leinen für Handtücher und ebenso viel für die Anfertigung von Hemden; zum Spinnen benötigte er zwölf Pfund Flachs oder zwölf Pfund Wolle. Dazu brauchte er zwölf Schemel für die Spinner und Bänke für 28 Stricker.[921] Später kamen noch Kleinteile, so etwa Fingerhüte, Nadeln und Zwirn sowie sechs Scheren hinzu.[922] Das Konsistorium in Aurich übernahm die Zahlung der Materialien und Gerätschaften in einer Höhe von fast 60 Reichstalern.[923]

Das augenfälligste Merkmal der Entwicklung hin zu den Industrieschulen war die Einführung gewerblicher Tätigkeiten in den Land- und Armenschulen. Damit wollte man die Menschen zu gewerblichen Arbeiten neben den landwirtschaftlichen Betätigungen hinführen. Wenn die Landleute zu einer rastlosen Beschäftigung herangezogen werden konnten, meinte man, dem *„industriösen"* Landmann in schwierigen Zeiten eine Existenzchance zu geben. Handarbeiten in der Schule und als Teil der Erziehung schienen dazu die beste Voraussetzung zu sein.[924]

Im Oktober 1823 legte Hicken einen detaillierten Plan über die Einrichtung und den Lehr- und Arbeitsplan der Moordorfer Industrieschule vor.[925]

Die Bezeichnung *„Industrie"* war der Inbegriff für eine besondere, nämlich rationelle Lebensführung, die sich in jeder denkbaren beruflichen Beschäftigung zeigen und bis in alle Einzelheiten des Alltags hineinwirken sollte. Man wollte der Lethargie, dem dumpfen Dahinleben und der Passivität entgegenwirken, die man damals besonders bei den Unterschichten feststellen zu können meinte. Das unangemessene Verhalten war nach der allgemeinen Überzeugung zu einem großen Teil Schuld an der misslichen Lage und dem Elend der niederen Schichten. Der industriöse Mensch war hierzu das genaue Gegenteil. Die Industriepädagogik hatte nicht eine freie und aktive Gestaltung der Arbeits- und Lebensbedingungen der Menschen zum Ziel; es schien vielmehr manches gewonnen, wenn die Leute lernten, die vorgegebenen Bedingungen ihrer Not und ihres Elends zu bewältigen.[926]

Bald wurden acht Väter aufgrund des unregelmäßigen Schulbesuchs ihrer Kinder vorgeladen und ermahnt.[927] Es war nicht eine unverbesserliche Uneinsichtigkeit der Eltern, die sie daran hinderte, ihre Kinder in den Unterricht zu schicken. Viele Eltern wurden aufgrund ihrer Lebensumstände daran gehindert. Ein Antrag des Polizeiaufsehers im März 1824 verdeutlicht die Situation. Er setzte sich dafür ein, dass die ärmsten Einwohner der Kolonie ihre älteren Kinder im Sommer bei Landwirten arbeiten lassen durften, um sich ihre Kost und Kleidungsstücke zu verdienen.[928]

Das Amt Aurich war dafür, auf die besondere Situation der Kolonisten Rücksicht zu nehmen. Es wollte aber eine Entscheidung von der Meinung des Konsistoriums abhängig machen.[929] Als der agrarische Pauperismus sich in Ostfriesland auszuwirken begann, konkurrierten die Versuche der staatlichen und kommunalen

---

[921] Ebd., Hicken an das Konsistorium v. 11.4.1823.
[922] Ebd., Kostenrechnung von Hicken v. 28.5.1823.
[923] Ebd., Konsistorium an Hicken v. 29.5.1823.
[924] Leschinsky/Roeder (wie Anm. 44), S. 302.
[925] StAA (wie Anm. 686), Hicken an das Konsistorium v. 25.10.1823.
[926] Leschinsky/Roeder (wie Anm. 44), S. 285 f.
[927] StAA (wie Anm. 686), Protokoll des Amts Aurich v. 15.1.1824.
[928] Ebd., Kuckuck an Amt Aurich v. 13.3.1824.
[929] Ebd., Amt Aurich an das Konsistorium v. 17.3.1824.

Stellen, die Schulpflicht durchzusetzen, mit der Notwendigkeit, dass viele Familien ihren Nachwuchs schon frühzeitig mit zur Existenzsicherung heranziehen mussten, und der Bereitwilligkeit zahlreicher Bauern, diese Kinder als billige Arbeitskräfte zu beschäftigen.[930] Aus den Akten geht nicht hervor, wie letztendlich in dieser Moordorfer Angelegenheit entschieden worden ist. Jedoch kann festgehalten werden, dass die große Not die Bevölkerung auf dem Lande vielfach dazu zwang, die Kinder vorzeitig zu Hilfeleistungen heranzuziehen oder zur Arbeit zu schicken, um ein Existenzminimum zu sichern.[931] Schlimmstenfalls wurden Kinder von den Eltern zum Betteln aufgefordert und angeleitet, nicht selten auch massiv gezwungen.

Zu Ostern des Jahres 1824 waren die ersten Waren der neuen Industrieschule fertig: 46 Paar Strümpfe, 42 Handtücher, zwei Tischlaken mit zwölf Servietten und größere Mengen Garn aus Flachs.[932]

Hicken wurde gestattet, die Waren öffentlich zu verkaufen. Zur Anschaffung neuer Materialien gewährte man ihm einen Vorschuss von 25 Reichstalern.[933]

Lehrer Hicken zeichnete sich gleich zu Beginn seiner Tätigkeit in Moordorf durch sein soziales Engagement aus. Er erkannte schnell, dass die Armut der Siedler vielfach auf fehlende Erwerbsquellen zurückzuführen war. Der Schulmeister stellte Überlegungen an, wie der Bevölkerung zu helfen war. Er schlug vor, die Kolonistenfrauen im großen Rahmen mit Arbeiten am Spinnrad zu beschäftigen, und machte dazu konkrete und praktische Pläne.[934]

Schulmeister Hickens Überlegungen sind vor dem Hintergrund seiner industriösen Gesinnung zu sehen. Nach dem Empfinden der damaligen Zeit lag in der unablässigen Nutzung jeder von der eigentlichen Landarbeit freien Zeit, so insbesondere in den Wintermonaten, falls sie etwa zur Fertigung des eigenen Haushalts- und Arbeitsbedarfs oder zur Verarbeitung von Rohstoffen genutzt wurde, die Chance auf die Besserung der Not. Unter der *Industrie* der Landbevölkerung verstand man die Verwendung der Nebenzeit für Arbeiten, die von der ganzen Familie nach oder neben dem Tagewerk verrichtet werden konnten.[935] Nichtsdestotrotz ist dem Industrieschulleiter sein soziales Mitgefühl und sein Verständnis für die Dorfbevölkerung nicht abzusprechen.

Oberflächlich und einseitig erscheinen hingegen die Feststellungen des Superintendenten Fischer aus Osteel, der als moralische Instanz im März 1821 seine Meinung über die Ursachen der Schulversäumnisse der Moordorfer Kinder schilderte. Für ihn waren hauptsächlich die nicht vorhandene Moral und die Faulheit der Kolonisten dafür verantwortlich. Es ist davon auszugehen, dass Fischer die Verhältnisse vor Ort zu dem Zeitpunkt persönlich gar nicht inspiziert hatte.[936]

An anderer Stelle ließ er sich wahrscheinlich auch aufgrund von Schilderungen anderer Personen dazu hinreißen, die Kinder als Bettler von *„wilder Immoralität"* zu bezeichnen.[937]

---

[930] Lundgreen (wie Anm. 905), S. 67.
[931] Leschinsky/Roeder (wie Anm. 44), S. 141.
[932] StAA (wie Anm. 686), Hicken an das Konsistorium v. 29.3.1824.
[933] Ebd., Konsistorium an Hicken v. 8.4.1824.
[934] Ebd., Hicken an das Konsistorium v. 24.11.1823.
[935] Leschinsky/Roeder (wie Anm. 44), S. 309 f.
[936] StAA (wie Anm. 685), Superintendent Fischer an das Konsistorium v. 10.3.1821.
[937] Ebd., Superintendent Fischer an das Konsistorium v. 6.7.1821.

Auf die Bemühungen des Schulmeisters reagierten die Behörden zunächst mit Skepsis, ob die Vorschläge zu realisieren sein würden. Dem Amtsgericht Aurich war bekannt, dass einzelne Krämer auf Anraten von Zwirnfabrikanten in Emden, Leer und Norden zahlreichen Spinnern in Ostfriesland um 1780 Flachs für die Verarbeitung und gegen einen Grundlohn zur Verfügung gestellt hatten. Die Krämer verzeichneten später jedoch viele Einbußen, weil die Spinner die Produkte anderweitig verbrauchten oder verkauften.[938]

Trotz alledem zeigte sich die Landdrostei aber bereit, sich beim Kabinettsministerium für eine Anschaffung von Spinnrädern und Haspeln zu verwenden.[939] Tatsächlich wurden 13 Spinnräder und 13 Haspeln für vier Kolonisten und neun Siedlerwitwen bzw. alleinstehende Frauen angeschafft.[940] Es war beabsichtigt, dass die Nutzer der Geräte sich den benötigten Flachs selbst ankaufen mussten. Die meisten der Nutzer waren dazu gewillt; einige beschafften sich sogar umgehend die Rohmaterialien, um mit der Arbeit beginnen zu können.[941] Leider liegen keine Berichte über den Erfolg dieses Arbeitsprojekts vor.

Im Sommer des Jahres 1824 beantragte Hicken ein Gehalt für seine Ehefrau. Er berief sich auf frühere Zusicherungen des Landdrosten von Vangerow. Frau Hicken verwandte täglich sehr viel Zeit und Energie für den hauswirtschaftlichen Unterricht und die Aufsicht in der Arbeitsschule. Zur Wahrnehmung ihrer hausfraulichen Arbeiten musste sie eine Dienstmagd beschäftigen und entlohnen. Dieser Lohn belief sich auf jährlich 40 Reichstaler.[942] Es scheint die Regel gewesen zu sein, die Ehefrauen der Schulmeister als Lehrkräfte für die Arbeitsschulen anzustellen. Bereits in den preußischen Industrieschulen des späten 18. Jahrhunderts wurden diese vielfach aus dem Erlös der von den Kindern gefertigten und oft öffentlich verkauften Waren entlohnt.[943]

Das Kabinettsministerium gewährte Frau Hicken ab dem 1. Oktober 1824 eine jährliche Unterstützung von 20 Reichstalern.[944]

Am Jahresanfang 1825 grassierte das Nervenfieber in der Kolonie, und das Schulmeisterehepaar war krankheitshalber gezwungen, den Unterricht für mehrere Wochen niederzulegen. Die medizinische Versorgung durch einen Arzt verbrauchte die finanziellen Reserven der Familie Hicken. Schwieriger wurde ihre Lage dadurch, dass die Armenverwaltung der Kirchengemeinde Victorbur den Lehrkräften das Schulgeld, das diese für die zahlungsunfähigen Moordorfer Eltern entrichtete, für die Zeit der Krankheit verweigerte.[945] Das Lehrerehepaar hatte keinen rechtlichen Anspruch auf die Gelder während der Arbeitsunfähigkeit. Es wurde aufgrund der schweren Krankheit jedoch durch das Konsistorium mit einer außerordentlichen Beihilfe von fünf Reichstalern unterstützt.[946] Im Mai 1825 wurden dem Lehrer auf seinen Antrag zehn Reichstaler aus einer Stiftungskasse ausgezahlt.[947]

---

[938] StAA (wie Anm. 869), Amt Aurich an die Landdrostei v. 23.12.1823.
[939] Ebd., Landdrostei an das Amt Aurich v. 6.1.1824.
[940] Ebd., Amt Aurich an die Landdrostei v. 13.3.1824.
[941] Ebd., Polizeiaufseher Kuckuck an das Amt Aurich v. 2.3.1824.
[942] StAA (wie Anm. 686), Hicken an das Konsistorium v. 31.8.1824.
[943] Leschinsky/Roeder (wie Anm. 44), S. 316.
[944] StAA (wie Anm. 686), Landdrostei an das Konsistorium v. 26.10.1824.
[945] Ebd., Hicken an das Konsistorium v. 20.4.1825.
[946] Ebd., Konsistorium an Hicken v. 21.4.1825.
[947] Ebd., Konsistorium an Hicken v. 9.6.1825.

Das im Frühsommer 1825 gesponnene Garn verarbeiteten die Schüler umgehend zu 16 Paar Strümpfen. Darüber hinaus konnten sechs Paar Strümpfe gestrickt werden. Mehrere angekaufte Materialien waren wegen der Erkrankung der Lehrkräfte noch nicht verarbeitet worden. Es mehrten sich wieder die Klagen über die Schulversäumnisse zahlreicher Kinder. Hicken sah die Ziele und den Erfolg seiner Arbeit gefährdet, falls die Behörden keine Verordnung über die Bestrafung der Eltern erließen und konsequent anwandten.[948]

Die Behörden taten sich schwer, rigoros gegen die Moordorfer Elternschaft vorzugehen,[949] entschlossen sich dann aber, den Eltern unter Umständen Unterstützungen aus der Armenkasse zu entziehen oder sie auch mit einer Gefängnishaft zu bestrafen.[950]

Zum Jahresende 1825 wurde die Besoldung des Schulmeisters um 20 Reichstaler auf 170 Reichstaler erhöht.[951] Darüber hinaus wurden ihm die bisher aus Stiftungsgeldern zugebilligten zehn Reichstaler als jährliche Unterstützung auf Dauer zugesichert.[952]

Im November 1826 erhielt der Lehrer für seine Schule zehn Neue Testamente vom Konsistorium. Weitere Lehrbücher und Schreibpapier sollte die Armenkasse in Victorbur finanzieren.[953] Die Anschaffung des Schreibpapiers war vielen Eltern nicht möglich. Hicken hielt die Bereitstellung durch die Behörden für unumgänglich.[954]

Im Spätsommer 1830 stellte Hicken einen Antrag auf eine Vergrößerung des Moordorfer Schulgebäudes.[955] Um die Notwendigkeit des Anbaus zu unterstreichen, berichtete der Schulmeister im Amt Aurich über die Organisation des Lernens und Arbeitens in seiner Einrichtung. Er war zu dem Zeitpunkt gezwungen, den zum Unterricht in Handarbeiten bestimmten Raum mit als Lehrstube zu benutzen.[956]

Bei einer Untersuchung des Hauses durch den Amtszimmermann ergab sich, dass die Schule nur für 70 bis 75 Kinder Platz bot, alle in Moordorf schulpflichtigen 114 Kinder aber nicht unterbringen konnte. Er schlug eine Vergrößerung des Gebäudes an der Ostseite vor.[957] Da die Benutzung der Arbeitsstube für den Unterricht nicht in Frage kam,[958] wurde der Plan des Amtszimmermannes realisiert.[959] Um die Lichtverhältnisse zu verbessern, wurden anstatt der vorgesehenen drei Fenster an der Nordseite nur zwei eingesetzt, dazu jedoch auch zwei Fenster an der Giebelseite des Hauses.[960]

---

[948] Ebd., Hicken an das Konsistorium v. 11.6.1825,
[949] Ebd., Konsistorium an das Amt Aurich v. 23.6.1825 sowie Amtsbericht an die Justiz-Kanzlei v.13.6.1825.
[950] Ebd., Konsistorium an das Amt Aurich v. 30.6.1825.
[951] Ebd., Landdrostei an das Konsistorium v. 9.12.1825.
[952] Ebd., Konsistorium an Hicken v. 13.4.1826.
[953] Ebd., Konsistorium an Hicken v. 30.11.1826.
[954] Ebd., Hicken an das Konsistorium v. 27.11.1826.
[955] StAA (wie Anm. 174), Konsistorium an das Amt Aurich v. 2.9.1830.
[956] Ebd., Protokoll des Amts Aurich v. 2.3.1831.
[957] Ebd., Gutachten von Amtszimmermann Janßen v. 20.11.1830.
[958] Ebd.
[959] Ebd., Konsistorium an das Amt Aurich v. 17.11.1831.
[960] Ebd., Protokoll des Amts Aurich v. 11.11.1830.

Die Kosten der Gebäudevergrößerung beliefen sich auf fast 52 Reichstaler,[961] von denen die Landdrostei 40 Reichstaler aus dem Fehnmeliorationsfonds übernahm.[962] Hicken war mit der Arbeit der Schulaufseher in der Kolonie nicht immer einverstanden; es kam zu Auseinandersetzungen, wenn sie nicht im Sinne des Lehrers agierten oder Geldausgaben zu vermeiden suchten. Hicken wertete dies als trotzigen Eigensinn der Schulaufseher[963] und beklagte die Zerstörung von Mobiliar, weil notwendige Ausbesserungen nicht durchgeführt wurden.[964]

Ein im Frühjahr 1836 umgestürztes Ofenrohr hatten die Schulaufseher im Herbst des Jahres noch nicht reparieren lassen. Da wegen der nasskalten Witterung und zum Teil halbnackten Kinder unbedingt geheizt werden musste, ließ Hicken den im Oktober geplanten Unterrichtsbeginn des neuen Schuljahres bis zur Reparatur des Ofenrohres ausfallen.[965] Die Reparatur wurde jedoch in den darauffolgenden Tagen durchgeführt. Sie hatte nicht eher erfolgen können, da aufgrund der umfangreichen Feldarbeiten keine Arbeiter zur Verfügung standen.[966]

An dem bescheidenen Moordorfer Schulgebäude waren immer wieder Reparaturen durchzuführen. Bereits 1838 erwies sich der Scheunentrakt als baufällig.[967] Die Kosten der Reparatur mussten die Moorbauern aufgrund der guten Ernte an Buchweizen und anderen Früchten selbst übernehmen.[968]

Die jährliche Unterhaltung des Gebäudes war zu der Zeit derart geregelt, dass die erforderlichen Beiträge nach der Größe der Ländereien entrichtet wurden. Wer keine Ländereien besaß, war beitragsfrei, weil diese Dorfbewohner in der Regel zahlungsunfähig waren.

Am Jahresende 1838 war die Schulgemeinde Moordorf schuldenfrei. Die Schulaufseher befanden das Schulgebäude und die Lehrerwohnung nach damaligen Verhältnissen „in ziemlich gutem Zustand."[969] Die Richtigkeit dieser Aussage darf bezweifelt werden, weil die Schulaufseher bei einer Meldung von Mängeln befürchten mussten, zur Reparatur der Schäden und zur Übernahme der Finanzierung durch die Schulgemeinde angewiesen zu werden.

Als Ausbesserungen am Dach des Schulgebäudes notwendig wurden, lieferte jede Kolonistenhausstelle jeweils ein Bund Stroh dazu. Die Unterschiede in der Größe und Qualität der dazugehörenden Ländereien waren dabei unerheblich. Es kam nicht auf die Größe der Kolonate an, sondern lediglich auf die Zahl der Häuser, die darauf standen. Diese Regel galt allgemein bei Aufbringung der Unterhaltungskosten fast aller Nebenschulen.[970]

Die Schulräume wurden gewöhnlich in den Pfingstferien mit Kalk geweißt und schadhafte Dinge ausgebessert. Obwohl der Schulmeister die Schulgemeinde darauf aufmerksam machte, unterblieben die Arbeiten oder wurden erst nach Anordnungen

[961] Ebd., Rechnung von Polizeiaufseher Kuckuck v. 15.7.1832.
[962] Ebd., Konsistorium an das Amt Aurich v. 17.11.1831.
[963] Ebd., Hicken an das Konsistorium v. 19.9.1836.
[964] StAA (wie Anm. 174), Hicken an das Konsistorium v. 19.9.1836.
[965] Ebd., Hicken an das Amtsgericht Aurich v. 11.10.1836.
[966] Ebd., Schulaufseher Kuhlmann im Amtsgericht Aurich v. 17.10.1836.
[967] Ebd., Hicken an das Amtsgericht Aurich v. 15.12.1836.
[968] Ebd., Amt Aurich an die Landdrostei v. 21.11.1838.
[969] Ebd., Protokoll über ein Gespräch mit den Schulaufsehern Sartorius und Müller im Amt Aurich, o. J. (Jahresende 1838).
[970] Ebd., Amt Aurich an das Konsistorium v. 14.5.1834.

der Behörden durchgeführt.[971] Das Verhältnis zwischen dem Lehrer und Teilen der Elternschaft war nach wie vor oft angespannt. Der Sinn der Schule war vielen um das tägliche Brot ringenden Kolonisten nicht einsichtig. Die Zugehörigkeit der Eltern in der Schulgemeinde ließ sich kaum mit irgendwelchen Rechten verknüpfen, wie sie etwa erwähnenswerte Einflüsse auf entscheidende Schulangelegenheiten dargestellt hätten. Die Beteiligung der Elternschaft in der Schulgemeinde diente eher dazu, die zentralen behördlichen Vorentscheidungen über die Schule finanziell abzustützen und verwaltungsmäßig zu realisieren.[972]

Seit den Anfängen der Industrieschule Moordorf unterrichtete die Ehefrau des Schulmeisters die Mädchen im Stricken, Nähen und in anderen hauswirtschaftlichen Tätigkeiten. In der Regel fehlte eine häusliche Unterweisung der Mädchen in diese Arbeiten durch die Mütter, weil die Siedlerfrauen diese zu der Zeit oft nicht beherrschten. 1834 unterrichtete Frau Hicken von 60 schulfähigen Mädchen 40 aus der ersten und zweiten Klasse täglich von 9.30 Uhr morgens bis 16 Uhr nachmittags. Die Mädchen besuchten abwechselnd die Lehrschule von Hicken und die Arbeitsschule der Ehefrau. Außer dem täglichen Unterricht musste Frau Hicken sich mit verschiedenen Vorarbeiten für die Schüler beschäftigen. Sie war gezwungen, oft in den späten Abend- bzw. Nachtstunden diese Dinge zu verrichten, obwohl das Ehepaar in den langen Sommertagen schon gegen vier Uhr morgens mit den Arbeiten des Tages begann. Da sie sich dazu noch um die ländliche Wirtschaft und um vier Kinder kümmern musste, bat sie um eine Gehaltserhöhung von 20 bis 25 Reichstalern.[973] Die Gehaltserhöhung wurde jedoch immer wieder mit Verweis auf die gut dotierte Schulmeisterstelle abgelehnt.[974]

1838 verstarb Frau Hicken. Der Schulmeister nahm umgehend die Tochter des Ochtersumer Schulmeisters Müller, die 26jährige Anna Müller, für den Arbeitsunterricht in seinen Dienst. Dafür musste er von seinem Gehalt 20 Reichstaler abzweigen, die Anna Müller für ein Jahr erhalten sollte.[975]

Noch im Sommer 1838 ehelichte er seine neue Mitarbeiterin und setzte sich für eine eigene Besoldung der neuen Handarbeitslehrerin ein. Im Winter wurden zu der Zeit etwa 50 Pfund Wolle verarbeitet. Das Zwirnen des Garns musste von der Lehrerin selbst bewerkstelligt werden, weil die Kinder diese Aufgabe nicht verrichten konnten. Dazu kamen die Nacharbeiten des Gestrickten. Die Kinder machten zahlreiche Fehler, die aufgrund der hohen Schülerzahl nicht gleich im Unterricht behoben werden konnten.[976] Der Arbeitsschullehrerin wurde daher ein Gehalt von jährlich 20 Reichstalern gewährt.[977]

Die Auricher Behörden und der Victorburer Pastor Harms waren im Frühsommer 1839 recht zufrieden mit dem bisherigen Erfolg der eingerichteten Industrieschule. Die Behörden hielten es zu dem Zeitpunkt für bedenklich, die eine oder andere der bestehenden Einrichtungen (Industrieschule und Polizeiaufsicht) aufzulösen.[978]

---

[971] Ebd., Hicken an das Amt Aurich v. 8.8.1846 sowie Dekret des Amts Aurich v. 13.8.1846.
[972] Leschinsky/Roeder (wie Anm. 44), S. 125.
[973] StAA Rep. 15, Nr. 12104, Frau Hicken an die Landdrostei v. 19.7.1834.
[974] Ebd., Landdrostei an Hicken v. 4.8.1834.
[975] Ebd., Pastor Harms an das Konsistorium v. 18.4.1838.
[976] Ebd., Hicken an das Konsistorium v. 20.6.1838.
[977] Ebd., Ministerium der geistlichen und Unterrichtsangelegenheiten an die Landdrostei v. Juli 1838.
[978] Ebd., Landdrostei an das Ministerium der geistlichen und Unterrichtsangelegenheiten v. 3.6.1839.

Die Landdrostei bewilligte Prämiengelder für die Schüler der Arbeitsschule. Die im Jahre 1839 an 13 der fleißigsten Schüler ausgeteilten Gelder zeigten einen derartigen Erfolg, dass durch den Anreiz im nächsten Jahr bereits 25 Schüler aufgrund ihres Fleißes mit einer Prämie belohnt wurden.[979] Dies belegt, dass von einer grundsätzlichen Arbeitsunwilligkeit der Schüler nicht die Rede sein konnte. Bereits kleine Anreize und Belohnungen, durch die die Bemühungen der Schüler für diese einen Sinn und Zweck bekamen, stellten beachtliche Erfolge sicher. Dabei hatte Hicken von den 1839 zur Verfügung gestellten zehn Reichstalern nicht einmal die Hälfte des Betrages an die Schüler verteilt.[980] Hicken wollte für den Restbetrag Schulbücher für mittellose Siedlerkinder kaufen. In der Regel mussten diese zwar von der Armenkasse finanziert werden, doch Hicken hatte die Erfahrung gemacht, dass die Armeneinrichtungen sich nur widerstrebend zu diesen Anschaffungen bereit erklärten.[981] Das Amt Aurich war von den Absichten des Schulmeisters positiv angetan; die Landdrostei lehnte Hickens Vorschlag rigoros ab. Sie zog ganz andere Konsequenzen; die Restsumme des Geldes musste nunmehr sogar für das nächste Jahr an Prämiengeld ausreichend sein.[982]

Hickens Pläne waren noch weitreichender. Er beabsichtigte, mit seinen dienstlichen Einsparungen irgendwann eine Schulbibliothek einzurichten und eine Sonntagsschule für Schulentlassene einzurichten.[983]

Sicherlich darf das Engagement Hickens als idealistischer und humanistischer Impuls gewertet werden. Die Sonntagsschulen sollten die jugendlichen und erwachsenen Arbeiter im Sinne einer allgemeinen Volkserziehung erfassen und ausbilden. Sie haben den Charakter von Wiederholungs- und Ergänzungsschulen mit einem eher religiösen Hintergrund.[984] Vielen damaligen Lehrern darf man ein hohes Bewusstsein ihrer Aufgabe zusprechen. In ihrer zivilisatorischen Funktion sollten sie die sehr traditionsgebundene Gesellschaft umbauen, Lethargie und Aberglauben bekämpfen, rationellere und effektivere Verhaltensweisen und Gesinnungen erzielen. Dabei waren sie vielfach von einer gewissen Unsicherheit hinsichtlich ihrer Ansprüche und ihrer Möglichkeiten gekennzeichnet, die aber nicht zuletzt auch daher resultierte, weil ihre soziale und ökonomische Lage in der Regel schlecht war. Ihre Rechtsstellung war unsicher, die Bezahlung ökonomisch unzureichend; sie lag auf dem Land vielfach auf dem Niveau von Handwerkern und Arbeitern, zumindest aber unter den Einkünften von Landgendarmen und Gerichtsdienern. In den Gemeinden, die ihre Lehrer oft als Last empfanden, war ihre Stellung auch im lokalen Sozialgefüge schwach und unintegriert.[985]

Im April 1841 wurde die Ehefrau des Schulmeisters aus ihrem Dienst entlassen, weil man mit ihrer Leistung als Handarbeitslehrerin und der Führung ihrer Dienstgeschäfte nicht zufrieden war.[986] Diese hatte sich unmittelbar zuvor bei der

---

[979] Ebd., Hicken an die Landdrostei v. 14.3.1840.
[980] Ebd., Landdrostei an das Amt Aurich v. 21.3.1840.
[981] Ebd., Amt Aurich an die Landdrostei v. 1.4.1840.
[982] Ebd., Landdrostei an das Amt Aurich v. 11.4.1840.
[983] Ebd., Hicken an die Landdrostei v. 3.4.1840.
[984] Lundgreen (wie Anm. 905), S. 81.
[985] Nipperdey (wie Anm. 884), S. 132 f.
[986] StAA (wie Anm. 973), Amt Aurich an die Landdrostei v. 20.4.1841.

Landdrostei über ihre Schwierigkeiten geäußert, ihrer Aufgabe als Lehrerin sowie als Hausfrau und Mutter nachzukommen.[987]

Ab dem 17. Juni 1841 erteilte A. M. Niemann, die bereits früher gemeinsam und auch aushilfsweise mit der verstorbenen Frau Hicken die Arbeitsschule durchgeführt hatte, den Unterricht an der Industrieschule.[988] Sie gab die Stelle im Oktober 1842 krankheitshalber auf, und auf Vorschlag des Polizeiaufsehers Vogeler wurde die Ehefrau des Siedlers J. A. Müller eingestellt. Auch ihr Gehalt sollte 20 Reichstaler betragen.[989] Frau Müller hatte bereits seit 30 Jahren in Moordorf mit Nähen, Stricken und Spinnen ein Zubrot verdient.[990] Die Landdrostei war sicher auch deswegen umgehend für ihre Einstellung, weil sie anbot, Ausbesserungen an den Spinnrädern und anderen Utensilien der Arbeitsschule auf eigene Kosten vornehmen zu lassen.[991]

Aus einem Schreiben des Schulmeisters vom Sommer 1846 werden die schlechten hygienischen Verhältnisse und die mangelhafte Versorgung mit Trinkwasser an der Schule ersichtlich. Die Kinder mussten ihren Durst mit Wasser aus einem Wasserloch, das als Viehtränke genutzt wurde, stillen. Es stellte eine Gefahr für die jüngeren Kinder dar, weil das Loch recht tief war und keine flachen Böschungen hatte.[992]

Diese Beschreibung eines ganz speziellen Problems des Schullebens ist nicht allein typisch für die Kolonie Moordorf. Um 1850 kennzeichnete sich das Landschulleben noch allgemein durch mangelhafte Ausstattungen der Schulanlagen.[993]

Die Schulgesetze aus der preußischen Zeit hatten bis dahin ihre Gültigkeit. Die politischen Entwicklungen um 1848/49 stärkten aber das Selbstbewusstsein der Lehrerschaft, es wurde staatlicherseits sogar als bedrohlich angesehen. In Preußen stellten die *„Regulative über die Einrichtung des evangelischen Seminar-, Präparanden- und Elementarunterrichts"* (Stiehlsche Regulative) von 1854 die Antwort des Staates auf diese Bedrohung dar. Das hervorstechendste Merkmal daran war das Ziel der Bildungsbegrenzung der Lehrer. Man wollte ihrer Überqualifizierung, die möglicherweise neue Bedürfnisse und Unzufriedenheiten hervorrufen würde, entgegenwirken. Bis zur Übernahme Ostfrieslands durch Preußen im Jahre 1866 hatten die Regulative keine Bedeutung in dieser Provinz. Die für Ostfriesland geltenden Regulative gingen in hannoverscher Zeit in ihrem Kern auf die politischen Auseinandersetzungen um das *„Hannoversche Schulgesetz von 1845"* zurück und hatten nicht das Gewicht der ab 1866 hier geltenden Stiehlschen Regulative.[994]

Schulmeister Hicken war bis 1851 in Moordorf tätig. Die vorhandenen Unterlagen zu seiner Tätigkeit dokumentieren, dass er, der Zeit gemäß, ein besonders korrekter und gewissenhafter Schulmeister war. Er starb 1851 im Alter von 54 Jahren.[995]

[987] Ebd., Frau Hicken an die Landdrostei v. 4.3.1841.

[988] Ebd., Amt Aurich an die Landdrostei v. 20.4.1841.

[989] Ebd., Amt Aurich an die Landdrostei v. 14.10.1842 und 12.11.1842.

[990] Ebd., Amt Aurich an die Landdrostei v. 12.11.1842.

[991] Ebd., Landdrostei an das Amt Aurich v. 18.1.1843.

[992] StAA (wie Anm. 174), Hicken an das Amt Aurich v. 8.8.1846.

[993] Müller (wie Anm. 427), S. 70.

[994] Ebd.

[995] StAA (wie Anm. 973), Konsistorium an die Landdrostei v. 5.2.1852.

4.3.4 Die Volksschule unter Heinrich W. Toele

Das Konsistorium meinte, in dem Lehrer Heinrich W. Toele und dessen Ehefrau aus Stickhausen einen sehr geeigneten, neuen Schulmeister zu finden. Vor allem von der als besonders qualifiziert geltenden Frau Toele erwartete man sich gute Dienste.[996]

Im Frühjahr 1852 wurde die jährliche Summe des von der Armenkasse Victorbur zu zahlenden Schulgeldes auf höchstens 20 Reichstaler festgesetzt. Die Gemeinde Victorbur war durch die Unterstützung ihrer armen Einwohner, die sich nicht nur in der Hauptgemeinde, sondern auch in verschiedenen zum Kirchspiel gehörigen Orten und Siedlungen befanden, stark in Anspruch genommen. Die Kirchengemeinde hatte daneben durch das zu zahlende Schulgeld für die bedürftigen Eltern in den verschiedenen Gegenden ihres Bezirks bedeutende Ausgaben. Darüber hinaus fiel das Gehalt des Moordorfer Lehrers mit insgesamt etwa 180 Reichstalern nach den damaligen Verhältnissen recht hoch aus, so dass das Amt Aurich und die Landdrostei die Budgetierung für angemessen hielten.[997]

Am 25. März 1852 wurde Lehrer Toele zum Lehrer der Schule in Moordorf ernannt. Er war einverstanden, die Stelle für das Gehalt seines Vorgängers zu übernehmen.[998] Die Moordorfer Einrichtung wird von nun an in den Quellen vielfach als *„Volks- und Industrieschule"* bezeichnet.[999] Der Name macht deutlich, dass sich schulische Veränderungen abzeichneten; die Arbeitsschule trat immer mehr in den Hintergrund der pädagogischen Zielsetzung.

Obwohl die Behörden mit der Dienstführung von A. M. Müller zufrieden waren,[1000] wurde sie bei Einhaltung einer vereinbarten Kündigungsfrist entlassen, um die Stelle für Frau Toele bereitstellen zu können.[1001] Auch Frau Toele erhielt das jährliche Gehalt von 20 Reichstalern. Sie begann ihren Dienst am 5. Mai 1852.[1002]

Kurz darauf wurde von den Schulvorstandsmitgliedern und vom Polizeiaufseher eine neue Schulinstruktion für Moordorf entworfen.[1003] Nähere Einzelheiten gehen dazu aus den Quellen nicht hervor.

Im Frühjahr 1854 bedurften Gerätschaften der Schule einer Instandsetzung. Andere Utensilien mussten komplementiert werden.[1004] Bemerkenswert ist, dass das Innenministerium die Finanzierung der Kosten, die sich auf sechs Reichstaler beliefen, aus der Armenstrandkasse befürwortete,[1005] die Landdrostei die Bezahlung jedoch trotz alledem strikt ablehnte.[1006]

---

[996] Ebd., Konsistorium an die Landdrostei v. 5.2.1852.
[997] Ebd., Landdrostei an das Konsistorium v. 17.3.1852.
[998] Ebd., Konsistorium an die Landdrostei v. 25.3.1852.
[999] StAA Rep. 26 b, Nr. 367, Konsistorium an die Kirchenkommission der 2. lutherischen Inspektion v. 25.3.1852.
[1000] StAA (wie Anm. 973), Landdrostei an Konsistorium v. 17.3.1852.
[1001] Ebd., Ministerium der geistlichen und Unterrichtsangelegenheiten an die Landdrostei v. 15.4.1852.
[1002] Ebd., Protokoll des Amts Aurich v. 28.5.1852.
[1003] Ebd., Konsistorium an die Landdrostei v. 17.6.1852.
[1004] Ebd., Amt Aurich an die Landdrostei v. 27.5.1854.
[1005] Ebd., Innenministerium an die Landdrostei v. 14.7.1854.
[1006] Ebd., Landdrostei an das Amt Aurich v. 22.7.1854.

4.3.5 Der Schulneubau

Im Jahre 1846 zeigte sich, dass die Scheune des Schulgebäudes zu klein und zu unzweckmäßig eingerichtet war. Es befand sich darin kein Schafstall, der auch aufgrund des wenigen Raumes nicht nachträglich eingerichtet werden konnte. Auf dem platten Lande hielten nicht wenige Schulmeister zu der Zeit ein oder mehrere Schafe. Von den zehn Fudern Torf, die der damalige Lehrer Hicken jährlich von der Schulgemeinde erhalten sollte, konnte er kaum drei Fuder unterbringen. Der Scheunentrakt war zu niedrig, um mit langen Dreschflegeln zweckmäßig dreschen zu können. Es war kein richtiges Scheunentor vorhanden. Hicken musste beim Einfahren die Feldfrüchte und das Heu vor der Tür abwerfen.

Im Wohntrakt erwies sich die Küche immer mehr als viel zu klein und zu unzweckmäßig. Das Gebäude war so niedrig, dass kein Kleiderschrank darin stehen konnte. Es waren weder Speise- noch Milchkammer vorhanden. Zur Lagerung der Lebensmittel fehlte der Raum.[1007] Dazu kamen hygienische Probleme, die der Schulmeister auf die schlechte Beschaffenheit des Hauses zurückführte.[1008]

Polizeiaufseher Vogeler und die Schulverwalter hielten die Aussagen Hickens für übertrieben, kritisierten vielmehr selbst die schlechte Hauswirtschaft und fehlende Reinlichkeit der Lehrerfamilie.[1009]

Die Inspektion vor Ort ergab, dass doch zahlreiche Angaben des Lehrers der Wahrheit entsprachen. Die Schulverwalter wurden angewiesen, einige Ausbesserungen vornehmen zu lassen.[1010] Zu einem Neubau konnte man sich noch nicht entschließen. Für die Schulverwalter war es typisch, die Beschwerden von ihrem Dorflehrer zunächst einmal zurückzuweisen. Die Schulgemeinde fürchtete einmal mehr die Kosten, die ihr durch Arbeiten an den Schuleinrichtungen aufgebürdet wurden. Interessant ist jedoch das Verhalten des Polizeiaufsehers, der sich auf die Seite der Gemeinde stellte. Vom Dienstauftrag her war er eher mit dem Schulmeister kollegial verbunden, solidarisierte sich jedoch in diesem Fall mit den Moorbauern.

In den nächsten Jahren verstärkte sich der Anbau in dem Bereich der Kommune Moordorf stark, was zu einem Zuwachs der Schülerzahlen führte.

Die Lehrstube war um 1850 nur für etwa 96 Kinder eingerichtet, davon für 48 Schüler, die bereits Schreiben konnten. Die Gesamtzahl betrug aber 140 Schüler, unter denen mindestens 70 sogenannte Schreibschüler waren. Besonders im Winter hatte der Lehrer Schwierigkeiten, die vielen Kinder unterzubringen. Viele Schüler fanden nicht einmal einen Platz zum Stehen in dem Raum, geschweige denn zum Sitzen.[1011] Im Winter 1849/50 mussten auf Bänken, die nur acht Schüler fassten, manchmal elf Kinder eng zusammensitzen. Andere standen im Unterricht oder legten sich auf die Erde, wenn die Müdigkeit sie übermannte.[1012]

Die Zahl der Schulpflichtigen hatte sich während Hickens achtundzwanzigjährigem Dienst in Moordorf um 44 vermehrt. Allein auf die letzten zehn Dienstjahre bis 1850

[1007] StAA Rep. 26 b, Nr. 366, Hicken an die 2. lutherische Schulinspektion v. 8.7.1846.
[1008] Ebd.
[1009] Ebd., Vogeler und die Schulverwalter im Amt Aurich v. 8.9.1846.
[1010] Ebd., Entscheidung der Kirchenkommission für die 2. lutherische Inspektion v. 8.10.1846.
[1011] Ebd., Schulverwalter Quadhammer und Renken an die Kirchenkommission der 2. luth. Inspektion v. 14.6.1850.
[1012] Ebd., Hicken an die Kirchenkommission der 2. luth. Inspektion v. 8.7.1850.

kamen 27 Schüler. Von einer weiteren Erhöhung der Kinderzahlen war auszuge-hen.[1013]

In der Schulgemeinde mehrten sich die Stimmen, die trotz der drohenden Finanzierungsprobleme für einen Neubau plädierten. Wie sollten die unvermeidlichen Schulbaukosten aufgebracht werden? Die Gemeinde hatte das Recht zur freien Disposition über die sogenannte Gemeindeweide. Dieses Recht leitete sie aus dem Besitz eines entsprechenden Dokuments aus dem Jahre 1793 und aus einem Gewohnheitsrecht ab; die Moordorfer hatten die Weide von jeher ungehindert gebraucht und besessen. Zur Deckung der Schulbaukosten konnte die Gemeinde im Herbst 1852 350 Reichstaler als zweijährige Pachtsumme der Weide aufbringen. Das zum Neubau noch fehlende Geld gedachte sie zinslich aufzunehmen und es in jährlichen oder zweijährigen Raten von der noch achtjährigen Pachtsumme in Höhe von 1.400 Reichstalern wieder abzutragen. Die Moordorfer waren bereit, Hand- und Spanndienste zu leisten.[1014]

Erst im Jahre 1858 waren alle Probleme, die sich hinsichtlich des Neubaus vor allem wegen der Finanzierung gestellt hatten, gelöst. Im Sommer genehmigten die Landdrostei, das Konsistorium und die Kirchenkommission einen von dem Landbauinspektor Schwägermann überarbeiteten Bauplan des Moordorfer Zimmermeisters Dannholz, so dass der örtliche Schulvorstand zur Ausverdingung der Arbeiten schreiten konnte.[1015]

Aus den amtlichen Unterlagen geht leider keine Bauzeichnung zu dem Gebäude hervor. Ein bereits im Jahre 1853 von verschiedenen Seiten für gut befundener Bauplan umfasste drei Schulstuben. In einem großen Schullokal sollten 154 Schüler Platz haben, in einer kleinen Stube 56, und die Arbeitsstube (Industrieschule) sollte 40 Kinder unterbringen. Außer einer Wohnküche und Wohnstube war der Wohntrakt mit einer Kellerkammer ausgestattet, die bei Notwendigkeit sogar geheizt werden und einem zukünftigen Schulgehilfen als Quartier dienen konnte. Die Scheune enthielt eine Milchtenne, zwei Kuhställe für vier Kühe, einen Schafstall und einen Schweinestall.[1016] Das später realisierte Schulhaus wird eine ähnliche Ausstattung gehabt haben.[1017]

Nach dem Bauplan wurden die Baukosten mit 2.322 Reichstalern, 15 Groschen und sechs Pfennigen veranschlagt. Der Zimmermeister Collmann bot sich an, dass ganze Gebäude für 2.000 Reichstaler zu errichten. Die Gemeinde Moordorf entschied sich für diese Offerte. Während des Baues wurden mehrere Erweiterungen und Veränderungen am Bauplan vorgenommen. Letztlich erhöhte sich die Summe aller Baukosten auf 2.113 Reichstaler, vier Groschen und acht Pfennige.[1018]

Das Konsistorium stellte der Schulgemeinde 298 Reichstaler, 25 Groschen und drei Pfennige zur teilweisen Deckung der Baukosten unter der Bedingung zinslos zur Verfügung, dass davon jährlich um Martini mindestens 60 Reichstaler zurückgezahlt wurden. Im Jahre 1862 lagen aus der Verpachtung des zur Gemeinde gehörigen

[1013] Ebd., Hicken an die Kirchenkommission v. 7.9.1850.
[1014] Ebd., Schulvorstand an die Kirchenkommission v. 14.8.1851.
[1015] Ebd., Schulvorstand an die Kirchenkommission v. 5.8.1858.
[1016] Ebd., Bauplan von Landbaumeister Blohm v. 8.2.1853.
[1017] StAA Rep. 15, Nr. 11870, Konsistorium an die Landdrostei v. 5.3.1853.
[1018] StAA Rep. 26 a, Nr. 847, Baurechnung des 1858/59 erbauten Schulgebäudes in Moordorf v. 19.4.1862.

Weideareals fast 1.215 Reichstaler zur weiteren Finanzierung bereit. Der Verkauf von Baumaterialien der alten Schule brachte 183 Reichstaler und 29 Groschen ein, jedoch wurden von dieser Summe für neue Schultische und Bänke sowie für einen Lehrertisch 88 Reichstaler und 14 Groschen ausgegeben. Der Überschuss wurde mit zur Abtragung der Baukosten verwandt.[1019] Der Rest der Kosten musste durch eine Anleihe finanziert und durch Schulbeiträge sowie weitere Pachtgelder aus der Gemeindeweide getilgt werden.[1020]

4.3.6 Die Anstellung eines Schulgehilfen

Durch die Zunahme der Schülerzahlen in den Elementarschulen in der ersten Hälfte des 19. Jahrhunderts konnte die Vermehrung der Lehrer, die eingestellt wurden, damit nicht Schritt halten. Um die Jahrhundertmitte kamen z. B. in den preußischen Elementarschulen durchschnittlich 80 Kinder auf eine Lehrkraft. Die Unterrichtssituation verschlechterte sich aufgrund der starken Schülerzahlen vehement. Die Zahlenverhältnisse werden die einzelnen Schulmeister sehr wahrscheinlich bis über die Grenze ihrer psychischen und physischen Kraft belastet haben.[1021]

Bei dem Dienstantritt von Lehrer Toele um Ostern 1852 gab es in der Kolonie Moordorf 140 schulpflichtige Kinder. Toele wurde wie sein Vorgänger Hicken ohne eine Verpflichtung zur Beschäftigung eines Schulgehilfen angestellt. Er arbeitete anfangs allein, sobald jedoch sein Sohn alt genug war, diente er Toele als Gehilfe. Um Michaelis 1861 trat der junge Toele in ein Lehrerseminar ein.[1022]

Die Seminaraspiranten waren auch nach der Übernahme Ostfrieslands durch Preußen im Jahre 1866 in der Regel Volksschüler, die nach Erfüllung ihrer Schulpflicht etwa 14 bis 15 Jahre alt waren und sich danach mehrere Jahre auf die Aufnahmeprüfung für das Seminar vorbereitet hatten. Aufnahme suchten dort auch viele Söhne von Landschullehrern.[1023] Die Seminarbildung bedeutete praktisch die einzige Bildungschance für den begabteren Nachwuchs aus dem Kleinbürgertum und Bauernstand. Die jungen Leute wurden Volksschullehrer ohne akademische Bildung. In das Seminar konnten sie mit dem vollendeten 17. Lebensjahr eintreten.[1024]

Um der Gemeinde nicht lästig zu werden, verzichtete Toele anfangs darauf, die Einstellung eines Schulgehilfen bei der Kommune zu beantragen. Er nahm persönlich einen Gehilfen in seine Dienste und beköstigte diesen auch auf eigene Kosten. Im Frühjahr 1864 stellte er im Rahmen einer Schulvorstandsversammlung einen Antrag auf Einstellung einer Hilfskraft. Aus Kostengründen wurde das Anliegen zunächst abgelehnt. Toele lag jedoch im Herbst 1864 eine Schulrechnung für den Zeitraum von Michaelis 1862 bis 1. Mai 1864 vor, aus der hervorging, dass die Schulkasse einen Bestand von rund 27 Reichstalern hatte. Den Solleinnahmen von

---

[1019] Ebd.
[1020] StAA (wie Anm. 1007), Konsistorium an das Amt Aurich v. 11.12.1858.
[1021] Leschinsky/Roeder (wie Anm. 44), S. 145 f.
[1022] StAA Rep. 26 b, Nr. 368, Toele an die Kirchenkommission der 2. luth. Inspektion v. 25.9.1864.
[1023] F. Meyer (wie Anm. 859), S. 72 f.
[1024] Ebd., S. 120. Noch im Jahre 1891 waren 20,9 % der männlichen Lehrkräfte in Preußen Söhne von Volksschullehrern. F. Meyer (wie Anm. 859), S. 122.

rund 286 Reichstalern standen Sollausgaben in Höhe von rund 59 Reichstalern gegenüber. Um Martini hatte die Kasse wieder 238 Reichstaler zu fordern, so dass Schulmeister Toele die Gemeinde zu dem Zeitpunkt wohl in der Lage sah, einen Gehilfen für die zweite Schulklasse einstellen zu können.[1025]

Das aufkommende Wertgefühl für Bildung bewirkte bei den Lehrern immer mehr Engagement, sich für ihre Belange einzusetzen. Beharrlich setzten sich viele Erzieher z. B. für eine Verbesserung ihrer Finanzausstattung ein, aber auch für die Versorgung hinterbliebener Angehöriger. Eine verlässliche Regelung der Alters- und Hinterbliebenenversorgung gab es noch nicht.[1026]

Der Moordorfer Schulvorstand sprach sich wenig später einstimmig für die Einstellung eines Gehilfen in der Siedlung aus.[1027] Wahrscheinlich hatten die Moordorfer einen Gehilfen bisher abgelehnt, weil sie zunächst die Baukosten des neuen Schulhauses abtragen wollten.[1028]

Das „*Gesetz, das christliche Volksschulwesen betr.*" vom 25. Mai 1845 verpflichtete die Gemeinde, die Finanzierung einer Hilfskraft zu übernehmen. Dieses Gesetz war zur Weiterentwicklung des Elementarschulwesens erlassen worden. In den allgemeinen Bestimmungen ging es um eine Neuregelung der Schulgeldsätze, und in den Bestimmungen zu den Schulverbänden (§§ 12-42) wurden die Schulgemeinden zukünftig stärker in die Verantwortung gezogen.[1029] Die Gemeinde Moordorf setzte in der Gehilfenfrage aber trotz allem auf die Unterstützung der Behörden. Von den Pachtgeldern waren die Unterhaltungskosten des neuen Schulbaues zu bezahlen, andere Überschüsse dieser Gelder mussten zurückgelegt werden, um bei plötzlichen Not- oder Ausfällen zahlungsfähig zu bleiben. Darüber hinaus hatten sich die Pachtgelder in der jüngsten Zeit stark reduziert, weil der Boden teilweise ausgezehrt war. Die Schulgemeinde erbat sich für die Entlohnung eines Schulgehilfen jährlich 50 Reichstaler von den Weidepachtgeldern, solange die Weide derart ertragsfähig war, dass diese Summe noch neben dem Geld zur Unterhaltung des Schulhauses aufgebracht werden konnte.[1030]

In der Regel drängten die Behörden bei sehr hohen Klassenstärken generell auf Maßnahmen, die eine Abhilfe herbeiführten. Der Erfolg hing jedoch zum großen Teil von der finanziellen Leistungsfähigkeit und -willigkeit der Schulgemeinden ab.[1031]

Die zukünftige Besoldung des Gehilfen ließ sich aufgrund der örtlichen Verhältnisse mit jährlich 90 Reichstalern veranschlagen. Diese Summe stellte kein ordentliches Salär dar, sondern war eine Zuwendung für eine Hilfskraft, die im Interesse ihrer Weiterbildung eine entsprechende Stelle erwünschte. Lehrer Toele war bereit, seinem zukünftigen Gehilfen zu seiner Fortbildung etliche Stunden in der Woche zu widmen, um zur kostengünstigsten Beschaffung der Lehrkraft das Seinige beizutragen.[1032]

[1025] StAA (wie Anm. 1022), Toele an die Kirchenkommission der 2. luth. Inspektion v. 25.9.1864.

[1026] Wißmann (wie Anm. 903), S. 13.

[1027] StAA (wie Anm. 1022), Protokoll der Schulvorstandssitzung v. 24.10.1864.

[1028] Ebd., Pastor Hafermann an das Amt Aurich v. 15.11.1864.

[1029] Müller (wie Anm. 427), S. 72 f.

[1030] StAA (wie Anm. 1022), Schulvorstand an die Kirchenkommission der 2. luth. Inspektion v. 10.12.64.

[1031] Leschinsky/Roeder (wie Anm. 44), S. 153.

[1032] StAA (wie Anm. 1022), Pastor Hafermann an die Kirchenkommission v. 17.1.1865.

Das Schulgeld von Toele belief sich zu der Zeit auf jährlich 60 Reichstaler, das vor allem von der Victorburer Armenkasse aufgebracht wurde.[1033] Nach § 19 des Volksschulgesetzes war er verpflichtet, das betreffende Schulgeld zum Zweck der Anstellung eines Gehilfen auf Verlangen abzutreten. Die Moordorfer Gemeindeversammlung verlangte die Durchführung dieses Gesetzes bemerkenswerterweise nicht, obwohl der betreffende Paragraph den Versammelten vorgelesen und erläutert wurde.[1034] Das Konsistorium erklärte sich bereit, dem Gehilfen eine Beihilfe aus öffentlichen Mitteln zukommen zu lassen, sobald die Mitverwendung der Pachtgelder aus der Gemeindeweide gesichert war. Einstellungsvoraussetzung für die neue Lehrkraft war, dass sie die vorgeschriebenen Prüfungen abgelegt haben musste.[1035] Die Moordorfer Siedler schreckten zu der Zeit noch immer vor einer Mitverwendung der Weidepacht für den Hilfslehrer zurück. Sie befürchteten, in Zukunft wegen des Unterhalts der Schule in Schwierigkeiten zu kommen. Zwei Einwohner der Kolonie erhielten von der Gemeindeversammlung den Auftrag, die finanzielle Lage der Dorfschaft zu untersuchen und zu beweisen, dass die Kommune nicht fähig sei, einen Schulgehilfen zu besolden.[1036]

Sie kamen zu dem Ergebnis, dass die meisten Einwohner ihren Lebensunterhalt kaum selbst erwirtschaften konnten. Zum Teil waren die Moordorfer Ländereien noch unkultiviert und mit nicht unerheblichen Lasten behaftet. Gerichts- und Amtsvögte waren aufgrund der Armut einzelner Einwohner nicht in der Lage, Pfändungen vorzunehmen. Die Mitverwendung der Pachtgelder aus der Gemeindeweide hielten sie für unratsam, weil die Qualität des Landes sich immer mehr verschlechterte, da den Pächtern der Weide die Mittel zur Bestellung und Bedüngung fehlten[1037]

Es dauerte bis zum Herbst des Jahres 1866, als sich eine Lösung der Schulgehilfenfrage abzeichnete. Das Kultusministerium bewilligte eine jährliche Beihilfe in Höhe von 50 Reichstalern zur Besoldung einer weiteren Lehrkraft.[1038] Dieser Betrag ließ sich durch noch einkommende Mittel aus den Pachtgeldern der Gemeindeweide aufstocken.[1039]

Während einer Typhusepidemie in Moordorf im Jahre 1865 hatte Schulmeister Toele auf eigene Kosten bereits einen Schulgehilfen beschäftigt. Der aus Kirchdorferfeld stammende Tamme G. Saathoff konnte sich während dieser mehrmonatigen Tätigkeit das Vertrauen und die Zuneigung der Kinder und Eltern in Moordorf erwerben, so dass man übereinkam, diesen Hilfslehrer weiterhin in Moordorf zu beschäftigen.[1040] Aus dem Gehilfendienst ging wenige Jahre später die zweite ordentliche Lehrerstelle in Moordorf hervor.[1041]

Nach der Übernahme Ostfrieslands durch Preußen war das erziehungspolitische Programm der Volksschulen davon geprägt, die zukünftigen Staatsbürger weiterhin ausschließlich in ihre Pflichten einzuüben und damit auf eine Untertanenrolle

---

[1033] Ebd., Pastor Hafermann an Kirchenkommission v. 12.12.1864.
[1034] Ebd., Pastor Hafermann an das Amt Aurich v. 30.1.1865.
[1035] Ebd., Konsistorium an die Kirchenkommission v. 23.2.1865.
[1036] Ebd., Protokoll der Gemeindeversammlung v. 13.5.1865.
[1037] Ebd., Uden u. Beekmann an das Amt Aurich v. 18.5.1865.
[1038] Ebd., Konsistorium an die Kirchenkommission v. 25.10.1866.
[1039] StAA Rep. 15, Nr. 2601, Landdrostei an das Amt Aurich v. 28.7.1866.
[1040] StAA (wie Anm. 1022), Pastor Hafermann an die Kirchenkommission v. 26.11.1866.
[1041] Schoolmann (wie Anm. 12), S. 55.

vorzubereiten. In Preußen hielt sich die Personalunion von geistlichen Ämtern und weltlichen Aufgaben in der Schulverwaltung besonders lange auf dem Lande. Die Ortsgeistlichen waren bis 1918 als Lokalschulinspektoren der Elementarschulen eingesetzt.[1042]

4.4 Das Armenwesen

In hannoverscher Zeit bestand weiterhin die Verpflichtung der Kirchengemeinde Victorbur, die Armen von Moordorf zu versorgen. Das Konsistorium in Aurich unterstützte die Victorburer nach der Übernahme Ostfrieslands durch Hannover bei ihren Bemühungen, von der Unterhaltspflicht gegenüber bedürftigen Moordorfer Siedlern befreit zu werden. Christliche Nächstenliebe stieß an ihre Grenzen.
Die Victorburer empfanden diese Pflicht als *„unerhörte Belästigung"* für ihre Armenkasse. Nach dem Durchschnitt der vergangenen zehn Jahre vor 1821 hatte die Victorburer Armenkasse jährlich fast 180 Reichstaler für die Kolonie veranschlagt. Da nur für die letzten drei Jahre vor 1821 genaue Summen vorlagen, schätzte man, dass die in den zehn Jahren aufgebrachte Summe für Moordorf noch weit mehr als 4.820 Gulden (ca. 1.785 Reichstaler) im Jahr betragen hatte. Die Victorburer Gemeinde stand nicht in dem Ruf, zu den wohlhabenden des Amtes Aurich zu gehören. Trotzdem war ihre Armenkasse aufgrund von Einkünften aus Immobilien und Kapitalien besser ausgestattet als andere Armenanstalten auf dem Lande. Das Konsistorium ging davon aus, dass die Victorburer die Last, die Siedlung Moordorf und die etwas weniger bedürftigen Kolonisten aus Neu-Ekels unterstützen zu müssen, ansonsten schon lange nicht hätten tragen können.[1043]
Eine Durchsicht der Protokolle der allgemeinen Kirchenrechnungen der Gemeinde Victorbur ergibt für den Rechnungszeitraum von Mai 1819 bis Mai 1820 auf der Einnahmenseite eine Summe von etwas mehr als 673 Reichstalern. Die Ausgaben beliefen sich auf etwas über 707 Reichstaler. Deutlich wird für diesen Rechnungszeitraum allerdings, dass nicht die Unterstützungszahlungen aus dem Kirchenvermögen an die Armenkasse ins Gewicht fielen, sondern dass die Reparaturkosten an den Gebäuden der Gemeinde ungewöhnlich hoch waren. Sie beliefen sich auf mehr als 612 Reichstaler. Auf der Ausgabenseite findet sich darüber hinaus kein Posten, der genau deutlich machen würde, dass die Armenmittel zu der Zeit überhaupt durch Gelder aus dem Kirchenvermögen aufgestockt wurden.[1044]
In einem letzten, im Jahre 1807 aufgenommenen Vermögensverzeichnis waren die Einnahmen der Armenkasse auf 192 Reichstaler und 14 ¼ Stüber und die Ausgaben auf 251 Reichstaler und 47 Stüber zu Buche geschlagen. Es war damals ein Defizit von 59 Reichstalern und 32 ¾ Stüber geblieben, das durch jährliche Beiträge aus dem Privatvermögen der Gemeinde zu decken blieb.[1045]
Das Konsistorium empfand es als sehr bedrückend für die Victorburer Gemeinde, dass diese alte Kommune die Einkünfte der Stiftungen ihrer Vorfahren zum Unterhalt

---

[1042] F. Meyer (wie Anm. 859), S. 13 f.
[1043] StAA (wie Anm. 603), Konsistorium an die Provinzialregierung v. 1.11.1821.
[1044] KgVA, Protokoll der Kirchenrechnungen der Gemeinde Victorbur 1819-1860 (K. R. I. a. 3.), Einnahmen und Ausgaben im Rechnungszeitraum von Mai 1819 bis Mai 1820, S. 90.
[1045] StAA (wie Anm. 603), Konsistorium an die Provinzialregierung v. 1.11.1821.

einer aus königlichen Erbpächtern bestehenden Kolonie hergeben und zudem aus ihrem Kirchenvermögen dazu etwas zuschießen musste. Es wurde insbesondere darauf hingewiesen, dass die Victorburer von den Moordorfern keinen Nutzen hatten. Die Moordorfer wurden menschlich entsprechend hart beurteilt und auch diffamiert.[1046]

Die 4820 Gulden, die die Armenkasse Victorbur in den zehn Jahren vor 1821 für die Moordorfer verwandt hatte, verteilten sich auf

1. Kostgeld für alte Personen und Kinder: 965 Gulden,

2. für Brot: 2045 Gulden,

3. für sonstige Verpflegung, Begräbniskosten und Schulgeld: 1810 Gulden.[1047]

Die Verpflegungskosten für Bedürftige der Kirchengemeinde machten zu dem Zeitpunkt den größten Posten auf der Ausgabenseite der Armenkasse aus. Einen großen Anteil daran hatte das Kostgeld, das an Personen gezahlt wurde, die Bedürftige regelmäßig oder zeitweise beköstigten. Andere Verpflegungskosten bestanden in der Begleichung von Rechnungen der Bäcker für Brotlieferungen an Arme, in der Zahlung von Schuster-und Schneiderlohn sowie in Manufakturwaren für Arme. Weitere höhere Ausgaben ergaben sich durch Torflieferungen an Bedürftige sowie aufgrund von Besoldungen und Gebühren für den Pastor (Armenbestattungen) und die Schulmeister (Schulgeld, Bestattungsdienste). Vermischte Ausgaben waren Hausmieten, Böttcher- und Zimmererlöhne, Zahlungen an Krämer, für Dünger, für Schreibwaren der Schulmeister und aufgrund von handwerklichen Dienstleistungen bei Bedürftigen.[1048]

Im Herbst 1821 erhielten neun Personen beständig Unterstützung durch die Armenkasse Victorbur. Es waren vor allem Witwen, die zumeist noch Kinder zu versorgen hatten, und unverheiratete Frauen.[1049]

Über die regelmäßigen Unterhaltsleistungen hinaus hatte die Victorburer Armen-kasse immer wieder mittellose Kinder zu unterstützen oder Kolonisten in Krankheitsfällen eine außerordentliche Unterstützung für einen bestimmten Zeitraum zu gewähren. Bei Sterbefällen in Moordorf musste in zahlreichen Fällen die Armenkasse die Begräbniskosten übernehmen. Wie die Quellen deutlich machen, wurden in der Zeit zwischen 1812 bis 1821 im Durchschnitt jährlich mehr als 480 Gulden für die Armen in Moordorf gezahlt. Damit floss mehr als die Hälfte aller Armenunterstützungen von Victorbur in den Jahren vor 1821 in die Nachbar-kolonie.[1050]

Im Herbst 1822 bekam die Provinzialregierung vom Kabinettsministerium in Hannover die Genehmigung, die beträchtlich angelaufenen Zinsen eines der Treckfahrtssozietät geliehenen Kapitals für die bedürftigen Einwohner der Kolonie Moordorf zu verwenden. Die Zinssumme belief sich auf fast 210 Reichstaler.[1051]

[1046] Ebd.

[1047] Ebd., Prediger Harms an das Konsistorium v. 1.10.1821.

[1048] KgVA, Armenrechnungsbuch 1771-1819, Ausgaben von Mai 1818 bis Mai 1819.

[1049] StAA (wie Anm. 603), Amt Aurich an die Provinzialregierung v. 31.10.1821.

[1050] Ebd.

[1051] StAA Rep. 15, Nr. 10757, Auszug aus dem Reskript des Kabinettsministeriums v. 29.11.1822. Die Treckfahrtssozietät hatte sich bereits gegen Ende des 18. Jahrhunderts unter Mitwirkung einflussreicher Persönlichkeiten als eine "*Treckschuitenfahrt-Gesellschaft*" gegründet. Ihr Ziel war der Bau und Betrieb eines Kanals zwischen Aurich und Emden. Mit dem Bau des Treckfahrtskanals in den Jahren 1798-1800 konnte das Projekt verwirklicht werden. Die Sozietät hatte oft mit finanziellen

Von dem Geld profitierten einige bedürftige Einwohner der Kolonie sowie ein Warfsmann aus Wallinghausen, der mit ca. fünf Reichstalern aus dem Fonds unterstützt wurde.[1052]

Die Zinsen aus dem Rechnungsjahr 1823 wurden vorrangig genutzt für allgemeine Unterstützungen sowie für Kur- und Arzneikosten von Einwohnern aus Moordorf und auch Plaggenburg, wo viele Krankheitsfälle (u. a. Scharlach) aufgetreten waren. Daneben wurden mit dem Geld zusätzlich vier Personen aus Bernuthsfeld, Tannenhausen und Grimersum unterstützt. Die Ausgaben beliefen sich insgesamt auf mehr als 187 Reichstaler.[1053]

Bis zum Frühjahr des Jahres 1826 kam es zu weiteren Krankheitsfällen in der Kolonie Moordorf, die ärztliche Hilfe unbedingt notwendig machten. Auf Anweisung der Ärzte lieferten die Apotheker zahlreiche Medikamente in die Siedlung. Aus dem Unterstützungsfonds wurden auch die Fahrtkosten der Mediziner bezahlt.[1054]

Es kamen bis zum Jahresende 1826 neben Moordorfer Kolonisten einige Einwohner aus Plaggenburg und Ludwigsdorf in den Genuss der vorhandenen Unterstützungsgelder. Allgemeine Geldzahlungen an Bedürftige sowie die Begleichung von Arzt- und Arzneikosten standen im Vordergrund der Hilfeleistungen.[1055]

Im Jahre 1827 wurden Änderungen in der Finanzverwaltung der hannoverschen Oberbehörden vorgenommen. In diesem Zusammenhang kam das Kabinettsministerium zu dem Entschluss, das der Treckfahrtssozietät früher geliehene Kapital von fast 3000 Reichstalern zurückzufordern. Die zu der Zeit wieder angelaufenen Zinsen sollten nicht mehr zur Unterstützung von notleidenden Moordorfer Siedlern und anderen ostfriesischen Kolonisten verwandt werden. Sobald die Treckfahrtsgesellschaft Zahlung leisten konnte, musste das Geld umgehend an die Generalkasse in Hannover überwiesen werden. Die Landdrostei Aurich hatte kurz vor dieser Entscheidung des Ministeriums eine weitere Bereitstellung der Zinsgelder für Hilfsmaßnahmen bei notleidenden Moorkolonisten beantragt. Um die folgenschwere Entscheidung vielleicht etwas zu mildern, erklärte das Ministerium sich bereit, der Landdrostei noch einmal 100 Reichstaler der angelaufenen Zinsen für die Unterstützung von Notleidenden zu überlassen.[1056]

In Ostfriesland waren die Jahre um 1825 von einer starken landwirtschaftlichen Depression gekennzeichnet. Die staatlichen Stellen versuchten in den ersten Jahren zunächst mit Unterstützungen an Geld und Korn sowie mit Steuernachlässen die verheerendsten Auswirkungen etwas abzumildern.[1057]

Die Landdrostei Aurich sah sich daher 1827 großen Problemen ausgesetzt, da zu der Zeit zahlreiche Anträge um Beihilfen von Einwohnern und Anbauern in Ostfriesland bei den Ämtern eintrafen. Der Pauperismus jener Jahre weitete sich

---

Schwierigkeiten zu kämpfen. Vielfach trat sie im Verlauf ihrer Geschichte an staatliche Stellen um Darlehen heran. Mit dem Bau des Ems-Jade-Kanals 1880-1888 zwischen Emden und Wilhelmshaven wurde der Treckfahrtskanal von Aurich bis Uphusen bei Emden nahezu in gleicher Linienführung genutzt. Ude Hangen, 200 Jahre Treckfahrtskanal, in: Verbandsnachrichten des Bezirksfischereiverbandes für Ostfriesland (BVO), 2001, Nr. 1, S. 22 f.

[1052] Ebd., Rendant Symens an die Landdrostei v. 29.6.1825.
[1053] Ebd.
[1054] Ebd., Amt Aurich an die Landdrostei v. 27.2.1826.
[1055] Ebd., Rendant Symens an die Landdrostei v. 6.12.1826.
[1056] Ebd., Kabinettsministerium an die Landdrostei v. 2.3.1827.
[1057] Schmidt (wie Anm. 379), S. 391 f.

immer mehr aus. Für Unterstützungen an Hilfsbedürftige stand der Auricher Behörde zwar eine feste Geldsumme zur Verfügung; es war bei Festsetzung dieser Summe allerdings nicht auf die besonderen sozialen und wirtschaftlichen Verhältnisse in Moordorf und auch Plaggenburg Rücksicht genommen worden. Der Landdrostei war daher sehr daran gelegen, den sogenannten Moordorfer Unterstützungsfonds weiter zur Verfügung zu haben.[1058]

Das Kabinettsministerium blieb rigide bei seiner Entscheidung. Die Begründung verwundert. Weil die allgemeinen Fonds für hilfsbedürftige Personen zu der Zeit nicht mehr ausreichten, wurde auch der außerordentliche Sonderfonds für Moordorf und Plaggenburg aufgelöst.[1059] Die staatlichen Stellen waren aufgrund der Flut an bedürftigen Menschen überfordert, reagierten mit der Streichung von Hilfsleistungen und mit einer Politik der Repression.[1060]

Die allgemeine Bevölkerungszunahme der damaligen Zeit hatte weitreichende Diskussionen über die Gefahren der *„Pöbelerzeugung"* in den sozial schwächeren Schichten ausgelöst. Es wurden Rufe nach einer Bevölkerungsregulierung laut. Das Ergebnis waren Heirats- und Niederlassungsbeschränkungen.[1061] Für Hannover enthielt eine Verordnung von 1827 entsprechende Regulationsmechanismen. Von vornherein sollte die Vermehrung armer Familien in den Kommunen unterbunden werden. Vermögende Einwohner bzw. Beitragszahler in den einzelnen Gemeinden waren bemüht, ihre Belastungen durch Hilfeleistungen aus ihren Armenkassen an Bedürftige möglichst gering zu halten, denn die Anzahl der Hilfsbedürftigen durfte die Grenze der Belastbarkeit auf keinen Fall überschreiten.[1062] Darum verweigerte man auch Antragstellern aus Moordorf eine Bauerlaubnis in der Kolonie, wenn nicht sichergestellt war, dass sie ihren Lebensunterhalt verdienen konnten.[1063]

Dagegen durfte sich ein Moordorfer Einwohner ungehindert in dem alten Nachbarort Walle niederlassen, weil er so vermögend war, dass er sein angekauftes Land kultivieren und ein ordentliches Haus bauen lassen konnte.[1064] In diesem Fall sahen Sachverständige aus dem Dorf Walle das Vermögen des neuen Einwohners als ausreichend zum Unterhalt einer Familie an.[1065]

Die Entscheidungen des Kabinettsministeriums von 1827 über die Streichung des Moordorfer Unterstützungsfonds führten soweit, dass die Auricher Landdrostei Apothekerrechnungen über gelieferte Medikamente in den Jahren 1825/26 unbezahlt an die Absender zurücksandte. Weil der Fonds aufgelöst war, hatten die Apotheker sich nunmehr an die Armenkasse in Victorbur zu wenden, um ihre Rechnungen bezahlt zu bekommen.[1066]

Da die Victorburer Armenkasse um 1827 bereits jährlich etwa 300 Reichstaler für die Moordorfer Armen aufzuwenden hatte, sah sie sich außerstande, die eingereichten

---

[1058] StAA (wie Anm. 1051), Landdrostei an das Kabinettsministerium v. 23.3.1827.
[1059] Ebd., Kabinettsministerium an die Landdrostei v. 6.4.1827.
[1060] Vgl. Kap. 4.2. und Kap. 4.3. dieser Arbeit.
[1061] Nipperdey (wie Anm. 154), S. 107 f.
[1062] Rolf Uphoff, Arm, verfemt und ausgestoßen. Armenfürsorge in Ostfriesland während der hannoverschen Zeit, in: Heim und Herd, Beilage des Ostfriesischen Kuriers, 1997, Nr. 6.
[1063] StAA Rep. 15, Nr. 2570, Amt Aurich an die Landdrostei v. 15.3.1853.
[1064] StAA Rep. 15, Nr. 2572, Amt Aurich an die Landdrostei v. 15.4.1853.
[1065] Ebd.
[1066] Ebd., Landdrostei an Apotheker Plagge v. 13.7.1827.

Apothekerrechnungen zu bezahlen.[1067] Die Angabe macht deutlich, dass die Ausgaben von 180 Reichstalern im Jahre 1821 im Verlauf von nur sechs Jahren um etwa 65 % gestiegen waren.

Die Einwände der Victorburer stießen nicht auf die erhoffte Resonanz. Die Landdrostei erklärte sich für nicht in der Lage, der Kirchengemeinde eine Beihilfe aus anderen Mitteln zu verschaffen.[1068] Wieder einmal wurden letztendlich die Belastungen, die durch die Missstände in der Kolonie verursacht worden waren, auf die alte Nachbargemeinde Victorbur abgewälzt.

Die notleidenden Moordorfer entwickelten im Vormärz eine ganz eigene Art, ihre Situation zu verbessern. Das Hausieren wurde von den Einwohnern als Nebenerwerb in einem Ausmaß betrieben, dass die dortigen Kolonisten in Ostfriesland und über die Region hinaus bekannt machte. Die im Volksmund bis heute bekannten *„Bessen un Böhner"* (Besen und Schrubber/Bürsten aus Heide) sowie andere Gegenstände aus Naturmaterialien (z. B. geflochtene Matten) wurden zum Markenzeichen Moordorfer Handwerks- und Überlebenskunst. Die Kolonisten zeigten Eigeninitiative und bemühten sich, ihre Familien durch die schweren Zeiten zu bringen. 1837 besaßen 40 Moordorfer eine Hausierer-Konzession. Zu der Zeit wurden von ihnen hauptsächlich Heidebesen und Schrubber zum Kauf angeboten. Bei acht Personen erstreckte sich die Konzession auf die ganze Provinz Ostfriesland mit Einschluss der Städte Aurich und Emden. Zehn Moordorfer durften in ganz Ostfriesland mit Ausnahme der Stadt Aurich hausieren, und 22 Einwohnern war es nicht gestattet, in Aurich und Emden ihrem Gewerbe nachzugehen.[1069]

Die Einschränkungen bestimmter Konzessionen sind wahrscheinlich auf das Ausmaß der jeweiligen Bedürftigkeit in den einzelnen Moordorfer Haushalten zurückzuführen. Die Behörden bemühten sich, die Nebenerwerbstätigkeiten zu lenken. Diese Art des Geldverdienens sollte nicht ausufern. Man blickte mit Misstrauen auf das zunehmende Umherziehen von Teilen der ärmeren Landbevölkerung. Die Behörden waren aber überzeugt, dass besonders die Moordorfer den Verdienst durch den Besen- und Bürstenhandel zu der Zeit nicht entbehren konnten. Bei einem Verbot befürchteten sie zudem, dass die Hungerleidenden zu drastischen und unerlaubten Mitteln greifen würden, um sich durchzuschlagen.[1070]

Natürlich zog das vagabundierende Leben der Hausierer es nach sich, dass hin und wieder gebettelt, getrunken und auch gestohlen wurde. Andere vernachlässigten die Bearbeitung ihrer landwirtschaftlichen Flächen oder bemühten sich wenig um Arbeiten im Tagelohn auf den größeren Höfen. Den Behörden war es wichtig, dass nur ehrliche und zuverlässige Personen für das Hausierergewerbe eine Genehmigung bekamen. Das Amt Aurich sah zu der Zeit einerseits sehr wohl die Notwendigkeit der Fortführung von dieser besonderen Art der Handwerksarbeit in Moordorf, fürchtete andererseits aber die Auswirkungen des Verkaufs der produzierten Güter im Hausierhandel. Die Amtmänner zogen es daher in Erwägung, in Moordorf eine Art Arbeitsanstalt für die im Nebenerwerb tätigen Familien

---

[1067] Ebd., Prediger Harms und Armenvorsteher Thieben an die Landdrostei v. 11.3.1828.
[1068] Ebd., Landdrostei an die Armenverwaltung in Victorbur v. 18.3.1828.
[1069] StAA Rep. 15, Nr. 11246, Bericht des Amtes Aurich v. 8.4.1837.
[1070] Ebd.

einzurichten, um die Menschen im Dorf zu halten. Der Verkauf sollte zentral organisiert werden. Da die finanziellen Grundlagen zur Realisierung der Pläne fehlten, verlief die Idee bald im Sande.[1071]

Die Idee von einer Arbeitsanstalt in Moordorf müssen um 1850 auch die Victorburer Armenkassenverwalter gehabt haben. In einem vorliegenden Schreiben des Gesamtarmenverbandes aus der Zeit der Reichsgründung wird von dem Scheitern einer Zwangsarmenanstalt in der Kolonie Moordorf berichtet. Diese war demnach mit finanziellen Mitteln der Kirchengemeinde Victorbur zustande gekommen. Die Gemeinde musste die Anstalt aber bald wieder auflösen, weil die Ausgaben die Einnahmen weit überstiegen, so dass die Gemeinde finanziell zu stark belastet wurde.[1072] Die Victorburer Kirchenvertreter waren also angesichts der hohen Belastungen um die Mitte des 19. Jahrhunderts soweit gegangen, das Wohlergehen Moordorfs und damit auch ihr eigenes Heil in einem Armenhaus, einem der wichtigsten Instrumente frühneuzeitlicher Armenpolitik[1073], zu sehen. Die repressiven Maßnahmen, die in Erwägung gezogen wurden, waren Ausdruck der Hilflosigkeit angesichts der steigenden Armenabgaben. Die Belastungen durch Arme stellten eines der schwerwiegendsten Probleme der Kommunalpolitik in der Revolutionszeit um 1848 dar.[1074]

Die Armenverwaltung der Gemeinde Victorbur äußerte sich 1847 in einem Schreiben an das Amt Aurich über die Lage in Moordorf. Die sozialen Verhältnisse hatten sich demnach in den letzten Jahren etwas gebessert. Da die Bevölkerung Moordorfs aber sehr anstieg, befürchteten die Victorburer langfristig aufgrund der Armenlasten den Ruin der ganzen Gemeinde.[1075]

Die Victorburer beurteilten die Situation in der Nachbarkolonie recht objektiv und zeigten sich den dortigen Einwohnern gegenüber in der Beurteilung fair, denn es wurde auf Missernten und mangelnde Arbeitsmöglichkeiten der Siedler hingewiesen. So muss es einerseits verwundern, dass die Victorburer zu dem Zeitpunkt ein Armenhaus in Moordorf eingerichtet haben, andererseits stellt die Realisierung einer Zwangsarbeitsanstalt aber auch ein Indiz für die Notsituation zu der Zeit dar.

Missernten in den Jahren 1845 bis 1847 hatten die Kolonisten Ostfrieslands insgesamt noch stärker als früher in hilflose Armut gedrückt.[1076] Es stellte sich die Phase einer allgemeinen Hungerkrise ein, in Deutschland sowie in Europa in den Jahren 1845-1847 zudem besonders gekennzeichnet durch die Kartoffelfäule, die die Massenarmut der Zeit zum schrecklichen Elend werden ließ. Diese Agrar- und

---

[1071] Ebd., Landdrostei an das Amt Aurich v. 28.7.1837, 26.9.1837, 2.11.1837, 7.12.1837, 8.2.1838, 29.3.1838 und 9.4.1838.
[1072] MMA, Schuldscheine von Moordorfer Kolonisten und andere Armenunterlagen, Undatiertes Schreiben des Gesamtarmenverbandes Victorbur (um 1871). Die Schriftstücke erstand der frühere Museumswart des Moormuseums Moordorf, Herr Karl-Heinz Schoon, im Jahre 1989 von einem Besucher der Einrichtung. Dieser geschichtsinteressierte Zeitgenosse hatte die Unterlagen Jahre vorher auf einem Flohmarkt in der Hansestadt Hamburg entdeckt und dort käuflich erworben.
[1073] Fischer (wie Anm. 287), S. 44.
[1074] Sachße/Tennstedt (wie Anm. 75), S. 175.
[1075] StAA Rep. 26 b, Nr. 674, Armenverwaltung der Kirchengemeinde Victorbur an das Amt Aurich v. 8.1.1847.
[1076] Schmidt (wie Anm. 379), S. 396.

Hungerkrise gehört unbedingt in die soziale Vorgeschichte der Revolution von 1848 hinein.[1077]

Die Ausfälle bei den Kartoffelernten mussten die Kolonisten besonders arg treffen. So ist es zu erklären, dass sich, wie aus dem obigen Schreiben hervorgeht, innerhalb von drei Wochen 40 Moordorfer Familien um Hilfe an die Victorburer Armenkasse wandten. Es liegen aus der Zeit 15 Schuldscheine von Moordorfer Siedlern vor, in denen diese ihren Besitz für die erhaltenen Unterstützungen verpfändeten.[1078] Der erste dieser Schuldscheine wurde im Dezember 1846 von R. S. Wienekamp ausgestellt. Worin die Hilfe bestand, wird nicht aufgeführt.[1079]

Der Wert der erhaltenen Unterstützung musste in der Regel innerhalb einer Frist von einem halben Jahr wiedererstattet werden. Die weiteren vorhandenen Schuldscheine sind alle im Januar 1847 ausgestellt worden. Die Schriftstücke unterscheiden sich von dem obigen Schein lediglich durch die verschiedenen Habseligkeiten der Moordorfer. Es geht aus den Quellen auch hervor, was die Familien von der Armenkasse an Unterstützung erhielten. Zahlreiche Personen bekamen neben Brot und Roggen vor allem Bohnen, die den Menschen in einer Menge von 3 Krügen[1080] und in einem Fall bis zu einer Menge von 56 Krügen für eine Familie bewilligt wurde. Desweiteren gab es auch Buchweizen für die Hilfesuchenden in einer Höhe von 1/16 bis 1/8 Tonnen[1081]

Es ist auffällig, dass die meisten Hilfsbedürftigen größere Mengen Bohnen erhielten. Der Ausfall der Kartoffel wurde wahrscheinlich durch den verstärkten Verzehr von Bohnen ausgeglichen.

Auf die eigentlichen Kirchenrechnungen der Gemeinde Victorbur haben sich die verstärkten Anträge um Hilfeleistungen in den Wintermonaten 1846/47 nicht niedergeschlagen. Vom Rechnungsjahr Mai 1846 bis Mai 1847 betrugen die Einnahmen fast 408 Reichstaler, während die Ausgaben sich auf fast 229 Reichstaler beliefen. Bei den Ausgaben schlugen besonders die Reparaturkosten an kirchlichen Gebäuden mit fast 158 Reichstalern zu Buche.[1082]

Es ist erstaunlich, dass die Bestände der Armenmittel demnach in den Krisenjahren völlig ausgereicht haben, um die höheren Ausgaben zu decken. Nichtsdestotrotz muss es für die Victorburer sehr schmerzlich gewesen sein, dass ihre Armenkasse zu der Zeit außerordentlich stark von den Moordorfern beansprucht wurde.

Bei den aufgeführten Vermögensverzeichnissen der notleidenden Moordorfer von 1846/47 fällt auf, dass der Besitz sich wenig von dem Hab und Gut der Bittsteller aus der Zeit um 1800 unterscheidet.[1083] Die Wohn- und Lebensbedingungen hatten sich bei einem großen Teil der Bevölkerung in dem Zeitraum von etwa 50 Jahren kaum geändert. Eine kontinuierliche Verbesserung der Zustände nach den schweren Anfangsjahren der Besiedlung ist demnach nicht zutreffend. Das Leben und

---

[1077] Nipperdey (wie Anm. 154), S. 147.

[1078] MMA (wie Anm. 1072), Schuldscheine von 15 Moordorfer Siedlern v. 1846 und 1847. Im Folgenden ebd.

[1079] Ebd.

[1080] 1 Krug (hann.) = 1,38 Liter.

[1081] 1 Tonne (hann.) bis 1857 = 935 Kilogramm, nach 1858 = 1000 Kilogramm.

[1082] KgVA (wie Anm. 1048), Einnahmen und Ausgaben im Rechnungszeitraum Mai 1846 bis Mai 1847, S. 548.

[1083] Vgl. Kap. 2.3.5. Die Versorgung der Armen.

Wohlsein dieser Menschen in dem Zeitraum von der Mitte des 18. Jahrhunderts bis um die Jahrhundertmitte des 19. Jahrhunderts war vielmehr geprägt von den Hunger- und Agrarkrisen einer vorindustriellen Gesellschaft.[1084]

Das enorme Bevölkerungswachstum seit der Mitte des 18. Jahrhunderts hatte sich auch im 19. Jahrhundert fortgesetzt und wurde für dieses Säkulum sozial bestimmend. Der soziale Sprengstoff, der sich aus der Not weiter Bevölkerungsteile vor allem auf dem Lande ergab, wurde um 1850 verstärkt entschärft durch Massenauswanderungen in die „Neue Welt". Auch im Bewusstsein ostfriesischer Kolonisten tat sich die Auswanderung in die Vereinigten Staaten als Ausweg auf. Auswanderung wurde somit indirekt ein Instrument der Armenpolitik und sogar oft von staatlichen Stellen direkt gefördert.[1085]

Die Möglichkeit der Auswanderung als eine Art „Abschiebung" wurde in bestimmten Fällen behördlicherseits genutzt, um unbequeme Personen loszuwerden. Für die Kolonie Moordorf geht ein entsprechender Fall aus den Akten hervor. Der Moordorfer Einwohner A. W. Baumann betrieb um 1860 als Nebengewerbe das „Lumpensammeln". Abgängige Kleidungsstücke und Stoffreste wurden von ihm wahrscheinlich gegen sehr minimale Geldbeträge zusammengeholt und der Papierfabrikation zugeführt.[1086] Im Jahre 1863 fassten die Gemeinde Moordorf und die Armenverwaltung Victorbur den Entschluss, den wegen Bettelei, Vagabondage, Diebstahl und Unterschlagung vorbestraften Mann auswandern zu lassen. Baumann war 42 Jahre alt und arbeitsfähig, jedoch ganz ohne Vermögen. Sein Ruf war nach Ansicht der Kommune und der Armenverwalter derart schlecht, dass kaum ein Arbeitgeber bereit war, ihn zu beschäftigen. Daher hatte die Armenverwaltung Victorbur den Moordorfer erheblich unterstützen müssen. Man sah mit der Auswanderung, für die der Moordorfer seine Bereitschaft erklärt hatte, die Möglichkeit, den Mann für immer loszuwerden.[1087]

Die Landdrostei unterstützte den Antrag, weil die Fortschaffung des Mannes auch im Interesse des Staates lag.[1088] Das Innenministerium bewilligte zu den Auswanderungskosten 25 Reichstaler.[1089] Im Oktober geleitete ein Amtsdiener den Moordorfer Baumann nach Bremerhaven. Dort fuhr er tatsächlich mit einem Schiff nach Amerika ab.[1090]

Mit der Auswanderung entledigte man sich des unbequemen Menschen. Es ist kein Einzelfall; im Bereich der Kirchengemeinde Victorbur geht ein weiteres Beispiel für diese Art „Abschiebung" aus den Quellen hervor. Der Fall ist deswegen interessant, weil es sich bei dem Auswanderer um einen alkoholkranken Schulmeister der Dorfschaft Theene handelte. Es ging also nicht um die Abschiebung eines gewöhnlichen Hungerleiders aus Kleinbauern- und Tagelöhnerkreisen. Im Jahre

---

[1084] Abel (wie Anm. 617).

[1085] Fischer (wie Anm. 76), S. 423.

[1086] Lumpen aus Leinen, Baumwolle und Hanf lieferten auf dem billigsten Weg die besten Fasern, die zur Herstellung der haltbarsten Papiere dienten. So bildete die Erzeugung des Papiers aus Lumpen die Grundlage der Papierfabrikation, zumal andere Fasern, z. B. aus Holz, fast immer mit Lumpenfasern vermischt werden mussten. Meyers Großes Konversations-Lexikon. Ein Nachschlagewerk des allgemeinen Wissens, 6. Auflage, Bd. 15, Leipzig und Wien 1909, S. 389.

[1087] StAA Rep. 15, Nr. 1778, Amt Aurich an die Landdrostei v. 20.8.1863.

[1088] Ebd., Landdrostei an das Innenministerium v. 29.8.1863.

[1089] Ebd., Innenministerium an die Landdrostei v. 7.9.1863.

[1090] Ebd., Amt Aurich an die Landdrostei v. 19.10.1863.

1866 einigte man sich darauf, dem Lehrer die Auswanderung in die Vereinigten Staaten zu finanzieren.[1091]

Im Mai 1865 brach in Moordorf Typhus aus. Typhus wurde auch als Nervenfieber bezeichnet. Die Krankheit erreichte epidemische Ausmaße und bis Ende Oktober steigerte sich die Krankenzahl nach und nach auf 90 Fälle.[1092]

Zahlreiche Kranke wurden von dem Marienhafer Arzt Dr. Schomerus behandelt.[1093] Er stellte fest, dass die meisten der von ihm untersuchten Moordorfer vor allem an Abdominaltyphus (Unterleibs- oder Darmtyphus) erkrankt waren.[1094] Träger dieser Infektionskrankheit ist ein an Kot und Harn der Kranken haftender Bazillus, der in feuchten Nährböden und besonders im Grundwasser eine willkommene Brutstätte findet. Die Ursachen sind in den ärmlichen Lebensumständen der Betroffenen zu suchen. Unreines Trinkwasser und unreine Lebensmittel sowie mangelnde Hygiene förderten im 19. Jahrhundert den Ausbruch dieser Krankheit. Meistens erfolgte die Ansteckung durch direkte Übertragung der Bazillen aus dem Stuhlgang Kranker, etwa bei undichten Abortanlagen, aber auch bei undichten Brunnen und Wasserleitungen.[1095]

Unter Dr. Schomerus Patienten waren Kranke, die lediglich leicht erkrankt waren und die es nicht für nötig hielten, die verordneten Medikamente aus der Apotheke zu holen. Neben Dr. Schomerus kamen andere medizinische Sachverständige zu dem Schluss, dass es sich bei der Krankheit um den gefürchteten Petechialtyphus handelte, eine weit schlimmere Form des Typhus, der auch als Fleckfieber bekannt war.[1096] Petechialtyphus ist ansteckend; der Ansteckungsstoff ist in der Luft enthalten und verliert besonders in schlecht gelüfteten Räumen längere Zeit seine Wirksamkeit nicht. Die Seuche tritt besonders an Orten auf, an denen viele Menschen auf engem Raum zusammengedrängt wohnen. In Gegenden, wo ein großer Teil der Bevölkerung in Armut und Elend lebte, kam die auch als Hungertyphus bezeichnete Seuche früher endemisch vor. Nach Missernten und Teuerungen trat diese Krankheit seit dem Anfang des 16. Jahrhunderts immer wieder in Deutschland und Europa auch als Epidemie auf.[1097]

Die Lebens- und Wohnverhältnisse in Moordorf waren demnach für den Ausbruch beider Typhusarten prädestiniert. Die durch zwei Mann in der Umgegend von Moordorf vertretene Landgendarmerie war von Anfang an über den Ausbruch der Typhuskrankheit informiert. In Zusammenarbeit mit dem Moordorfer Lehrer Toele sorgten die Gendarmen engagiert für die Unterstützung und Pflege der Kranken.[1098] Die Bemühungen um die Einschränkung der Krankheit zeigten im November 1865 bereits Erfolg.[1099]

Leider nennen die Akten keine Zahlen über die Todesfälle im Zusammenhang dieser Seuche. Diese sind sicherlich aufgetreten. In dem Schreiben eines Moordorfer

---

[1091] Hoogstraat (wie Anm. 331), S. 81.

[1092] StAA Rep. 15, Nr. 10674, Landdrostei Aurich an das Amt Berum v. 25.10.1865.

[1093] Ebd., Amt Aurich an das Amt Berum v. 16.10.1865.

[1094] Ebd., Dr. Schomerus an das Amt Berum v. 31.10.1865.

[1095] Meyers Großes Konversations-Lexikon (wie Anm. 1086), Bd. 19, S. 848 f.

[1096] StAA (wie Anm. 1092), Dr. Schomerus an das Amt Berum v. 31.10.1865.

[1097] Meyers Großes Konversations-Lexikon (wie Anm. 1086), Bd. 19, S. 848.

[1098] StAA (wie Anm. 1092), Dr. Schomerus an das Amt Berum v. 31.10.1865.

[1099] Ebd., Amt Berum an die Landdrostei Aurich v. 14.11.1865.

Einwohners an das Distriktkommando der Landgendarmerie wurde auf den Umstand hingewiesen, dass in einem Todesfall die Leiche bis zur Beerdigung sieben Tage mit dem Sarg in der Wohnküche einer Kolonistenfamilie aufgebahrt war. In dieser Wohnküche hatten die Hinterbliebenen, darunter auch drei Kinder, gewohnt, geschlafen und gegessen.[1100]

Wenig später waren zur Verhütung der Weiterverbreitung der Seuche Vorsichts- maßnahmen erlassen worden. Die Aufbewahrung von Leichen hatte in einem von der Familienversorgung möglichst entfernten Raum stattzufinden. Beim Einkleiden und Einsargen der Leichen waren alle unnötigen Umstände zu vermeiden. Die Beerdigung musste auf einfache Weise sofort nach Ablauf von längstens 60 Stunden nach dem Todesfall erfolgen. Die Wohnräume und der Aufbewahrungsort der Leichen waren anschließend mit Chlor und Chlorkalk auszuräuchern.[1101]

Der Ausbruch und die Auswirkungen der Seuche spiegeln einmal mehr Grundfakten des Lebens damaliger Zeit wider. Die traditionelle Familie war durch eine hohe Sterblichkeit unbeständig, das Leben ihrer Mitglieder allzeit bedroht von verschiedenen Schicksalsschlägen und anderen Existenzgefährdungen. In den ärmeren Bevölkerungsschichten wirkten diese sich meistens besonders verheerend aus. Der Tod war aber andererseits als Ereignis und Erwartung präsent. Die Alten starben im Kreis der Großfamilie, und ihr Ende stellte eine Art Vorsterben für die jüngeren Verwandten dar.[1102] Der Tod wurde weit weniger tabuisiert als heute, und das „ordentliche Elend" durch Seuchen und Armut eher angenommen. Das Elend wurde vielmehr als naturgegeben erlebt und gedeutet.[1103] Es war die Hoffnung auf ein „Wiedersehen in einem noch geglaubten Himmel"[1104], der die Menschen das Schicksal meistens ertragen ließ. Die Armen lebten vielfach in dem Bewusstsein, dass sie nach dem Tode die himmlischen Freuden kosten durften für die Entbehrungen ihres irdischen Lebens und reichen Lohn empfangen würden für all das Leid, das sie auf Erden ertrugen.[1105]

4.5 Die Gewerbetreibenden

Die hannoversche Verwaltung schaffte nach 1815 die durch die Franzosen eingeführte Gewerbefreiheit wieder ab. Sie zeigte daneben wenig Interesse für Industrieansied-lungen, so dass für Ostfriesland, wenn man von der Landwirtschaft als wirtschaftliches Rückgrat der Provinz absieht, die kleinen Handwerksbetriebe für die Region typisch blieben.[1106]

In Moordorf hatte der aus Wiesens stammende Siedler J. Post bereits 1799 das Haus eines in der Ostkeddschaft der Kolonie ansässigen früheren Schulmeisters gekauft und von den Behörden die Konzession erworben, von dort aus die Gewerbe Schankwirtschaft, Branntweinbrauerei, Bäckerei sowie Hökerei zu betreiben. Dafür

---

[1100] Ebd., Schreiben eines Moordorfer Einwohners an die Landgendarmerie v. 10.10.1865.

[1101] Ebd., Amt Aurich an den Gemeindevorsteher von Moordorf v. 16.10.1865.

[1102] Nipperdey (wie Anm. 154), S. 115 f.

[1103] Sachße/Tennstedt (wie Anm. 75), S. 168.

[1104] Nipperdey (wie Anm. 154), S. 119.

[1105] Sachße/Tennstedt (wie Anm. 75), S. 168.

[1106] Deeters (wie Anm. 565), S. 172.

hatte er jährlich eine Abgabe von zweieinhalb Reichstalern und ein sogenanntes Kruggeld, das Schankwirte gewöhnlich zu entrichten hatten, zu zahlen. Ein weiterer Krämer, der sich um 1800 in der Westkeddschaft angesiedelt hatte, musste dagegen sein Gewerbe wieder aufgeben, weil er von seinem Verdienst nicht leben konnte.[1107] Der Konsum in der Kolonie konzentrierte sich lediglich auf die allernötigsten Waren, wie etwa Brot, Tee, Salz und Zucker sowie auf einige unbedingt erforderliche Haushaltsartikel. In der Regel hatten die Krämer und Schankwirte in den Moorgegenden auch eine Kolonistenstelle und betrieben den Buchweizenanbau. Vor allem auf der ostfriesischen Geest waren der Kramläden und die Schankwirtschaften meistens mit einer kleinen landwirtschaftlichen Stelle verbunden.

Bis 1827 betrieb das Ehepaar Post die genannten Gewerbe. Als J. Post verstarb, verpachtete die Witwe ihr Grundstück mit den darauf konzessionierten Wirtschaften für drei Jahre an die Ehefrau des früheren Untervogten Junkhoff aus Oldeborg. Die Ehefrau Junkhoff fungierte formell als Pächterin, weil ihr Ehemann zu dem Zeitpunkt in einem Rechtsstreit verwickelt war. Nach der Pachtzeit fiel die Konzession wieder an die Witwe Post zurück. Die Eheleute Junkhoff erwarben ein in der Nähe ihrer bisherigen Wirkungsstätte liegendes Haus und beabsichtigten, die Gewerbe weiter zu betreiben. Diese Konkurrenz musste zum Konkurs einer der beiden Familien führen. Die Witwe Post appellierte an die Behörden, ihrem Konkurrenten lediglich für den weiter entfernten Ortsteil der Westkeddschaft eine Gewerbegenehmigung zu erteilen und den Junkhoffs das Betreiben einer Schankwirtschaft ganz zu verbieten.[1108]

Diese Bitte kann als Hinweis gewertet werden, dass der Konsum von Alkohol zu dem Zeitpunkt unter den Einwohnern von Moordorf nicht stark gewesen ist. Wahrscheinlich konzentrierte er sich auf Personen, die aufgrund ihres Alkoholmissbrauchs immer wieder auffällig wurden. Das Fehlverhalten dieser Moordorfer führte dazu, in der Beurteilung der umliegenden Dörfer generalisiert und als typisch für die Lebensweise der Kolonisten hingestellt zu werden.

Die Pläne Junkhoffs riefen nicht nur die Witwe Post auf den Plan. Auch die Gastwirte, Krämer und Bäcker J. O. Fisser und V. A. Neddermann aus Victorbur befürchteten Nachteile durch die Gewerbetreibenden Moordorfs. Sie gingen bereits 1828 hart mit Junkhoff ins Gericht, brachten vor, dass der frühere Untervogt wegen Unterschlagung staatlicher Gelder zu einer dreimonatigen Festungshaft verurteilt worden war. Die Victorburer appellierten an die Behörden, der Ehefrau des Junkhoff, wenn überhaupt, nur den Bäckereibetrieb zu gestatten. Diese sollte allerdings dieses Gewerbe lediglich unter der Bedingung betreiben dürfen, dass sie die Waren mit Hilfe eines ausgebildeten Bäckers selbst herstellte und sie nicht aus anderen Kommunen zum Wiederverkauf anliefern ließ. Der Handel, wie er von der Frau Junkhoff betrieben wurde, war zu dem Zeitpunkt gesetzlich verboten. Dies war den alteingesessenen Kaufleuten aus Victorbur nicht unbekannt.[1109]

Das Ehepaar Junkhoff stellte 1830 ihrerseits klar, dass die Witwe Post bisher gar nicht mit Krämerwaren versehen gewesen war, was zu großen Problemen für die

---

[1107] StAA Rep. 15, Nr. 3309, Witwe Post an die Landdrostei v. 13.4.1831.
[1108] Ebd.
[1109] Ebd., Fisser und Neddermann an die Landdrostei v. 26.6.1828.

Einwohner Moordorfs geführt hatte.[1110] Die Moordorfer konnten in den zurückliegenden Jahren alle benötigten Waren bei Junkhoff erhalten; dies hatte sich für die Familien in der Siedlung als recht vorteilhaft erwiesen.[1111] H. Junkhoff erhielt daraufhin die Genehmigung zur Grobbrotbäckerei und Krämerei. Die Ausübung der Schankwirtschaft wurde ihm verwehrt, weil die Landdrostei die Einrichtung nicht für notwendig erachtete. Die Witwe Post durfte alle drei Gewerbe, Grobbrotbäckerei, Schankwirtschaft und Kramhandel ausüben.[1112] Eine unzureichende Gewerbeausübung der Witwe Post stellte für die Behörden kein Problem da, weil die Versorgung von Reisenden durch die Wirtsleute im nahen Victorbur sichergestellt war.[1113]

Die hannoversche Obrigkeit begegnete Anfechtungen in der Regel zunächst durch eine scharfe Trennung der Wirtshäuser und Kramläden auf dem Lande. Die Kunden, die bei den Dorfkrämern ihre Waren einkauften, sollten sich zum Alkoholkauf zu einer anderen Stelle begeben; man wollte ihnen den Erwerb des Rauschmittels etwas erschweren. Auch die Zunahme der Schankwirtschaften wurde vielfach unterbunden. Da vor allem Branntwein und Genever sich auf dem Lande allgemein immer größerer Beliebtheit erfreuten, erkannte man zunehmend die Gefahren des übermäßigen Alkoholkonsums.[1114] Man wollte die Trinklust eindämmen und nach und nach nur noch die besseren Wirtshäuser bestehen lassen.[1115]

Die Tatsache, dass in der Kolonie alkoholische Getränke verkauft wurden und dass mit diesem Verkauf Geld zu verdienen war, verdeutlichen die Gesuche Junkhoffs, der sich mit einem gegen ihn ausgesprochenen Verbot, Alkohol verkaufen zu dürfen, nicht abfinden wollte. Nach seinen Feststellungen verkauften alle Kaufleute in den Städten und Flecken und sämtliche Krämer auf dem Lande, deren Krämerkonzession das Verkaufsverbot nicht enthielt, alkoholische Getränke.[1116] Die Landdrostei berief sich in einer weiteren Ablehnung des Antrags auf den §. 12 der Zunftordnung, nach dem Landkrämer keine alkoholischen Getränke verkaufen durften.[1117] Die geltende Zunftordnung war am 11. August 1819 von den hannoverschen Behörden erlassen worden.

Nach dem Tode seiner Mutter erhielt G. J. Post die Erlaubnis, den Kramladen und die Grobbrotbäckerei weiter in dem Haus seiner Eltern zu betreiben. Die Landdrostei lehnte Posts Antrag auf die Schankwirtskonzession ab. Man untersagte auch ihm ausdrücklich den Verkauf und das Ausschenken von Alkohol in seinem Kramladen.[1118] Post war davon ausgegangen, vor allen anderen Bewerbern um eine Konzession den Vorzug zu haben, weil durch seine Konzessionierung keine Vermehrung der Gewerbetreibenden in der Kolonie bewirkt wurde.[1119] Wie unerbittlich hart der Konkurrenzkampf unter den Antragstellern war, geht aus H. Junkhoffs Gesuch hervor, der durch den Tod der Witwe Post die Chance gegeben

---

[1110] Ebd., Ehepaar Junkhoff an die Landdrostei v. 22.2.1830.
[1111] Ebd., Attest des Polizeiaufsehers Kuckuck v. 21.1.1830.
[1112] Ebd., Landdrostei an die Witwe Post v. 2.8.1831.
[1113] StAA Rep. 15, Nr. 4425, Landdrostei an das Amt Aurich v. 18.2.1831.
[1114] Deeters (wie Anm. 565), S. 174.
[1115] StAA (wie Anm. 1113), Amt Aurich an die Landdrostei v. 20.5.1833.
[1116] StAA (wie Anm. 1107), Hermann Junkhoff an die Landdrostei v. 20.12.1834.
[1117] Ebd., Landdrostei an das Amt Aurich v. 27.12.1834.
[1118] Ebd., Landdrostei an Gerd Post v. 21.6.1836.
[1119] Ebd., Gerd Post an die Landdrostei v. 18.1.1836.

sah, eine Genehmigung zum Schankbetrieb zu erhalten. Er diffamierte die ganze Familie Post als *„Diebeshehler"*, den Sohn zudem als Säufer und Unmenschen.[1120] Junkhoff bot sich als potentieller Beköstiger und Förderer der Polizeikräfte an und vermittelt den Eindruck, als würde er sich um deren Wohlergehen sorgen. Die Antragsteller zogen in ihren Bittschreiben möglichst alle nur denkbaren Argumente heran, um ihren Forderungen Nachdruck zu verleihen. Angesichts des Ringens der meisten Bewohner um eine relativ sichere Existenz in der Moorsiedlung erscheint dieses Vorgehen nachvollziehbar. Die Behörden ließen sich zu dem Zeitpunkt noch nicht von den Argumenten überzeugen.

14 Siedler versuchten im Winter 1835 die Notwendigkeit des Alkoholverkaufs in der Kolonie zu begründen, indem sie darauf hinwiesen, dass Alkohol vor allem bei Erkrankungen ihrer Haustiere vonnöten war, bei Gebärenden gebraucht sowie bei allerlei körperlichen Verletzungen verwendet wurde.[1121]

Im Frühsommer 1836 waren auch die Amtmänner in Aurich davon überzeugt, dass die Versorgung mit Alkohol in Moordorf durch die Familie Post nicht mehr sichergestellt werden konnte. Die Angaben von Junkhoff, die vom Polizeiaufseher und mehreren gut beleumundeten Einwohnern der Kolonie bestätigt wurden, entsprachen im Wesentlichen der Wirklichkeit.[1122]

Wie aus den Quellen hervorgeht, hat H. Junkhoff die Konzession zur Schank-wirtschaft im Juni des Jahres 1836 doch noch erhalten. Er hatte sich ab dem Zeitpunkt aber nur noch auf dieses Gewerbe zu beschränken.[1123]

Wahrscheinlich war sein Verdienst als Wirt bald nicht mehr hoch genug, so dass er nach weiteren Einkommensquellen suchte. 1837 stellte er einen Antrag auf eine Beihilfe zum Bau eines Ziegelschuppens. Die Ausführungen in seinem Gesuch lassen sich gerade vor dem Hintergrund der heutigen Propagierungen für Gewerbeansiedlungen in der Region Ostfriesland als recht modern beurteilen. Junkhoff nennt als wesentlichen Grund für den nicht vorhandenen Wohlstand und die schlechten Entwicklungsmöglichkeiten des Dorfes die Arbeitslosigkeit vieler Einwohner. Fabriken würden das Emporkommen schnell möglich machen. Er beabsichtigte daher in Moordorf eine Ziegelbrennerei einzurichten, um die dortige Arbeit von Einheimischen bewerkstelligen zu lassen, die andernorts in der Regel von Arbeitern aus dem Lippischen gemacht wurde. Damit blieb viel verdientes Geld am Ort und gleichzeitig würden viele Moordorfer mit der Zeit ihre Lehmhütten durch Steinbauten ersetzen, was dem Dorf ein besseres Aussehen und Ansehen verschaffen würde.[1124]

Den großen Nutzen der Ziegelei für die Kolonie bestätigten der damalige Schulmeister Hicken und drei gut beleumundete Moordorfer Kolonisten. Das Amt Aurich war der Ansicht, dass das Unternehmen von H. Junkhoff als förderungswürdig anzusehen sei,[1125] so dass die Landdrostei dem Moordorfer zehn Reichstaler als

[1120] Ebd., Junkhoff an die Landdrostei v. 18.1.1836.

[1121] StAA (wie Anm. 1113), 14 Kolonisten an die Landdrostei v. 16.2.1835. Alkohol galt durchaus als Allheilmittel. Die Gewährsfrau Janna M. berichtete, dass Alkohol noch weit bis in das 20. Jahrhundert hinein bei allerlei Gebrechen von Mensch und Tier als medizinisches Mittel eingesetzt wurde.

[1122] Ebd., Amt Aurich an die Landdrostei v. 13.6.1836.

[1123] Ebd., Landdrostei an das Amt Aurich v. 21.6.1836.

[1124] StAA Rep. 15, Nr. 5213, Junkhoff an die Landdrostei v. 28.12.1837.

[1125] Ebd., Amt Aurich an die Landdrostei v. 2.2.1838.

Beihilfe bewilligte. Aus den verfügbaren Quellen gehen leider keine weiteren Nachrichten über die kleine Ziegelei in Moordorf hervor.

1842 wurde die Gewerbekonzession für den Kramhandel und die Grobbrotbäckerei des verstorbenen G. Post auf dessen Witwe übertragen. Der Verkauf von Alkohol blieb im Hause Post weiterhin streng untersagt.[1126]

Als sich im nächsten Jahr herausstellte, dass die junge Witwe ihr Gewerbe gar nicht ausübte, wurde einem früheren Einwohner aus der Nachbarkolonie Neu-Ekels, der das Bäckerhandwerk zünftig erlernt hatte, das Recht übertragen, einen Kramhandel und eine Grobbrotbäckerei in Moordorf zu betreiben. Seine Bemühungen um eine Konzession zur Weißbrotbäckerei blieben vergeblich, weil eine Vereinigung des nicht auf das Grobbrotbacken beschränkten Bäckergewerbes mit dem Kramhandel gesetzlich verboten war.[1127] Die Pläne des Bewerbers zerschlugen sich daher wahrscheinlich, denn die vorliegenden Quellen lassen den Schluss zu, dass der Neu-Ekelser nicht in Moordorf ansässig wurde.

Die Witwe Post verehelichte sich 1843 mit H. Junkhoff jun., dem Sohn des früheren Konkurrenten um Gewerbegenehmigungen. Die Konzession der Witwe wurde auf ihren Antrag auf den neuen Gatten übertragen.[1128]

Im Mai 1845 erhielt der Bäckergeselle O. H. Fisser die Konzession zum Betrieb der Krämerei und Grobbrotbäckerei. Die Behörden hatten in Erfahrung gebracht, dass die Familie Junkhoff ihre Gewerbe zu der Zeit schlecht betrieb und die Gemeinde Moordorf die Ansiedelung eines zuverlässigen Kaufmannes in der Kolonie für sehr erforderlich hielt.[1129]

Der Schankbetrieb von H. Junkhoff sen. hatte sich im Laufe der Jahre nach guten Anfängen immer mehr verschlechtert. Er geriet in Konkurs. Das Amt Aurich bestätigte den tragischen Hintergrund einer längeren Misswirtschaft, die auf die schwere Alkoholsucht des Wirtes zurückzuführen war. Die Schankwirtschaft wurde daher kaum noch von Gästen besucht.[1130]

Daraufhin erhielt der vermögende O. Fisser noch im Jahre 1845 zusätzlich zu seinen beiden Gewerbezweigen die Konzession für einen Schankbetrieb.[1131] Er erbaute ungefähr in der Mitte der Kolonie ein geräumiges Haus für den Betrieb seiner drei Gewerbe. Das Haus befand sich unmittelbar in der Nähe des Hauses vom Polizeiaufseher des Dorfes, was von den Behörden als durchaus positiv angesehen wurde. Die Behörden setzten sich in diesem Fall nicht über die rechtlichen Vorschriften hinweg. Mit der Vollmacht des Innenministeriums in Hannover waren am 1. Juni 1838 von der Auricher Landdrostei Bestimmungen erlassen worden, die die Gewerbebedingungen lockerten.[1132] Es hatte sich gezeigt, dass eine Familie von dem Betrieb eines Gewerbes in Moordorf nicht leben konnte. Daher waren frühere

---

[1126] Ebd., Resolution der Landdrostei v. 23.2.1842.
[1127] Ebd., Landdrostei an das Amt Aurich v. 29.9.1843.
[1128] Ebd., Konzession an Junkhoff v. 11.10.1843.
[1129] StAA Rep. 15, Nr. 3335, Bericht des Amtes Aurich v. 20.5.1845.
[1130] StAA (wie Anm. 1107), Amt Aurich an die Landdrostei v. 20.6.1845.
[1131] Ebd., Landdrostei an das Amt Aurich v. 2.7.1845.
[1132] Ostfriesisches Amtsblatt von 1838, Beilage zu Nr. 46 vom 1.6.1838.

Gewerbetreibende nicht immer in der Lage gewesen, ihre Wirtschaften vernünftig zu führen.[1133]

Als der Schankwirt H. Junkhoff sen. 1845 verstarb, hinterließ er eine Witwe mit drei kleinen Kindern von acht, sechs und vier Jahren. Der Vormund der Kinder setzte sich dafür ein, dass die Behörden die Konzession ihres verstorbenen Gatten auf die Witwe übertrugen, um ihr Verdienstmöglichkeiten zu eröffnen. Die Schankwirts-konzession sollte sogar auf den zusätzlichen Betrieb eines Kramlandes ausgeweitet werden, was nach der behördlichen Bekanntmachung vom 1. Juni 1838 nicht mehr als gesetzwidrig galt.[1134] Der Vormund H. Leerhoff aus Engerhafe befürchtete, dass die Familie bald der Armenkasse in Victorbur zur Last fallen würde. Über die Witwe Junkhoff berichtete er, dass sie als Wirtin nicht reinlich und ordentlich gewesen sei und dem Alkohol zugesprochen habe.[1135] Leerhoff wollte die Wirtin bei Erhalt einer Konzession aber kontrollieren und anzeigen, falls sie ein Vergehen begehen würde.[1136] Das Gesuch wurde nicht genehmigt, und auch Anträge der Witwe Junkhoff selbst führten trotz mehrerer Anfragen zu keinem Erfolg.[1137]

Am 1. August 1847 wurde die neue Gewerbeordnung[1138] als Gesetz erlassen, die am 1. Juli 1848 in Kraft trat. Die alte Zunftverfassung blieb dagegen bestehen. Mit der Ausweitung der Gewerbefreiheit sollten rechtliche Grundlagen geschaffen werden, um in verschiedenen Wirtschaftszweigen eine großzügigere Entwicklung möglich zu machen.[1139]

1850 beabsichtigte H. Junkhoff jun. sein Grundstück und die Konzession als Krämer und Grobbrotbäcker auf einen anderen Einwohner aus Moordorf zu übertragen. Dies wurde abgelehnt, weil man es für ausreichend erachtete, dass die Einwohner in der Kolonie mit Onne Fisser einen vermögenden, gut eingerichteten Kaufmann und Bäcker hatte, der zudem etwa in der Mitte des Dorfes wohnte, so dass er für alle Einwohner gut zu erreichen war. H. Junkhoff jun. betrachteten die Behörden zu dem Zeitpunkt gar nicht mehr als Dorfkrämer, weil er um 1850 fast keine Waren mehr führte. Das Amt Aurich begründete die Ablehnung damit, dass kein Bedarf zum Betrieb eines neuen Kramhandels bestand.[1140]

Ebenso erging es dem Antragsteller T. Hicken, der sich als gelernter Bäcker 1853 in der Kolonie etablieren wollte.[1141] Auch J. Dannholz aus Victorbur wurde 1853 trotz mehrfacher Anfragen mit der obigen Begründung abgelehnt.[1142] Gegen dessen

---

[1133] StAA (wie Anm. 1107), Amt Aurich an die Landdrostei v. 20.6.1845. Die hannoversche Gewerbeordnung von 1847 zeichnete sich wenige Jahre später allgemein durch recht liberale Bestimmungen aus. So durften Gewerbetreibende nun überall gleichzeitig mehrere Gewerbe ausüben. Otto Aden, Entwicklung und Wechsellagen ausgewählter Gewerbe in Ostfriesland von der Mitte des 18. bis zum Ausgang des 19. Jahrhunderts, Aurich 1964, S. 116.

[1134] Ostfr. Amtsbl. (wie Anm. 1132).

[1135] StAA (wie Anm. 1107), Hange Leerhoff an das Amt Aurich v. Jahresende 1845.

[1136] Ebd.

[1137] Ebd., Landdrostei an das Amt Aurich v. 11.2.1846 sowie Amt Aurich an die Landdrostei v. 24.2.1846.

[1138] Sammlung der Gesetze, Verordnungen und Ausschreiben für das Königreich Hannover vom Jahre 1847, Hannover 1847, S. 215-257.

[1139] Oberschelp (wie Anm. 607), S. 163 f .

[1140] StAA Rep. 15, Nr. 3371, Amt Aurich an die Landdrostei v. 4.9.1850.

[1141] StAA Rep. 15, Nr. 3389, Bescheid der Landdrostei v. 17.8.1853.

[1142] StAA Rep. 15, Nr. 3387, Landdrostei an Dannholz v. 20.8.1853.

Gesuch protestierte O. Fisser vehement, weil er in ihm eine starke Konkurrenz sah.[1143]

Der Bäcker A. Rieken wurde 1855 abgewiesen, weil er aufgrund eines Berichts des Moordorfer Ortsvorstehers finanziell nicht in der Lage war, ein Gewerbe als Bäcker und Krämer zu führen.[1144] Der Bittsteller G. J. Eggen aus Uthwerdum wandte sich sogar an das Innenministerium in Hannover.[1145] Jedoch lehnte auch das Innenministerium seinen Antrag definitiv ab.[1146]

Abgesehen von den recht zahlreichen Anträgen um eine Konzessionierung als Krämer aus der Zeit nach 1850 liegt nur noch ein Gesuch um die Genehmigung eines ganz anderen Gewerbes vor.

Im Wege des Hausierhandels beabsichtigte die Ehefrau des J. N. Bellmann selbstgefertigte Frauenmützen und Stickereien abzusetzen.[1147] Es stellte sich heraus, dass die Frau, Tochter eines Moordorfer Arbeiters, mit einem Handelsmann aus Neuenfelde verheiratet war und mit ihm bisher im Bremischen und Oldenburgischen Handelsgeschäfte betrieben hatte. Sie hatte 1862 von ihrer Schwester ein sehr kleines Kolonat für 25 Reichstaler gekauft. Von der Gemeinde Moordorf wurde bezweifelt, dass sie mit dem Ankauf der sehr unbedeutenden Landstelle in Moordorf ein Wohnrecht erworben habe. Es war damit zu rechnen, dass es ihr dort nicht gelingen würde, ihren Lebensunterhalt zu bestreiten. Der Ortsvorstand hatte ihr ein längeres Aufenthaltsrecht verweigert. Nachweise über ihre Fähigkeiten in der Fertigung von Frauenmützen und Stickereien lagen nicht vor. Man nahm an, dass Bellmann Fabrikerzeugnisse einkaufen und wieder absetzen würde. Es gab keine Atteste über ihr Betragen während ihres langjährigen Umherziehens. Die Behörden entschlossen sich deshalb zu einer Ablehnung der Gewerbekonzession.[1148]

Onne Fisser blieb bis in die 1860er Jahre hinein der einzige Krämer, Gastwirt und Bäcker in der Kolonie Moordorf. Die Siedlung hatte in den zurückliegenden Jahren stark an Bevölkerung zugenommen, und auch die soziale Situation scheint sich nach 1850 etwas entspannt zu haben. Die Bedürfnisse der Einwohner nahmen zu. Seitens der Bevölkerung wurde verstärkt die Etablierung eines weiteren Kaufmanns in dem Dorf gewünscht. Eine Konkurrenz konnte sich aus Sicht der Verbraucher auf die Preise nur positiv auswirken. Wahrscheinlich ließ es Fisser aufgrund seiner Stellung auch bald an Kundenfreundlichkeit fehlen, denn zahlreiche Einwohner begannen, ihre Waren in Victorbur einzukaufen. 1863 bewarb sich ein Enkel des früheren Krämers und Hökers J. R. Ebeling um eine Krämer- und Bäckerkonzession. Fisser war inzwischen ein wohlhabender Mann geworden, und ein zweiter Krämer konnte, vor allem falls er sich im westlichen Teil von Moordorf niederließ, durchaus bestehen. Der Bewerber Ebeling konnte die erforderlichen Geldmittel zur Einrichtung eines Krämerladens aufbringen, war persönlich qualifiziert, um Handel treiben zu können,

[1143] Ebd., Onne Fisser an die Landdrostei v. 10.4.1853.
[1144] StAA Rep. 15, Nr. 3403, Amt Aurich an die Landdrostei v. 27.10.1855.
[1145] StAA Rep. 15, Nr. 3405, Eggen an die Landdrostei v. 16.1.1856.
[1146] Ebd., Bescheid des Innenministeriums v. 25.4.1856.
[1147] StAA Rep. 15, Nr. 5496, Frau Bellmann an die Landdrostei v. 1.11.1864.
[1148] Ebd., Amt Aurich an die Landdrostei v. 1.12.1864.

und wurde darüber hinaus von 61 Familien des Dorfes in seinem Vorhaben unterstützt.[1149]

Ebelings Antrag wurde trotz mehrerer Einreichungen abgelehnt. Man schätzte ihn zwar als rechtschaffenen und durchaus vermögenden Moordorfer, der sogar ein geräumiges Haus besaß, um darin einen Laden zu eröffnen, ging aber nach wie vor davon aus, dass Fisser nur allein in der Kolonie als Kaufmann bestehen und die Bedürfnisse der Bevölkerung ausreichend befriedigen könne.[1150]

Am Jahresende 1866 kam es behördlicherseits allerdings zu einem grundlegenden Sinneswandel in der Frage nach einem zweiten Moordorfer Kaufmann. Inzwischen war Ostfriesland wieder preußisch geworden, der politische Wind hatte sich gedreht, und die Bemühungen von Ebeling hatten endlich Erfolg. Amtmann Hillingh, der wenige Jahre zuvor die Gesuche des Moordorfers mit vielfältigen Argumenten abgewiesen hatte, sprach sich nunmehr argumentationsreich für die Etablierung eines zweiten Krämers in der Kolonie Moordorf aus. Demnach war der Weg zum Laden für viele Anwohner zu weit. Zudem galt Fisser als Trinker und seine Ehefrau stand in dem Ruf, die Waren an ihre Kunden zu einem überhöhten Preis zu verkaufen. Von Fisser wurde erzählt, dass er Moordorfern zwar Kredite einräumte, die sich aber durch einen viel zu hohen Zinssatz kennzeichneten. Der Amtmann war der Ansicht, dass die Einrichtung einer Konkurrenz sich heilsam auswirken würde.[1151]

Auch Fisser wurde Alkoholmissbrauch unterstellt. Demnach hätten fast alle Moordorfer Kaufleute, die als Krämer oder Gastwirte alkoholische Getränke anboten, im Laufe der Zeit Alkoholprobleme bekommen. Einem Kaufmann Trunksucht zu unterstellen wurde wahrscheinlich deswegen oft gemacht, um ihn als Gewerbetreibenden abzuqualifizieren und als unseriösen Konkurrenten auszuschalten. Andererseits wurde das Ausmaß der Trinkfreudigkeit im Laufe des 19. Jahrhundert immer stärker. Nicht zuletzt die zahlreichen Gründungen von Mäßigkeitsvereinen legen davon Zeugnis ab.[1152]

4.6 Grund- und Bodensachen

Die hannoversche Verwaltung musste gleich zu Beginn ihrer Zuständigkeit konstatieren, dass die Lage fast aller ostfriesischen Kolonien, die aus der ersten Preußenzeit und dem Urbarmachungsedikt von 1767 hervorgegangen waren, eine sehr schlechte war. Ortsbeamte wussten zu berichten, dass die Siedler kaum Vieh hielten, es auch aufgrund von zu wenig Futtermittel im Winter nicht richtig durchfüttern konnten. Noch immer war der Buchweizenanbau die Haupteinnahmequelle der Moorbauern. Das Torfgraben brachte den Kolonisten aufgrund der fehlenden Wege und der schwierigen Transportverhältnisse über Land zu wenig ein, um ausreichend Mittel für die Anschaffung von Dünger aufbringen zu können. Es fehlte an Entwässerungsmöglichkeiten. In der Regel waren die Kolonate zu klein, um

---

[1149] StAA Rep. 15, Nr. 3434, J. R. Ebeling an die Landdrostei v. 23.3.1863. Ebeling war ein Enkel des früheren Moordorfer *"Hökers"* Jann Rolfs Ebeling und auf den vollen Namen seines Großvaters getauft worden. Siehe Kap. 2.3.1.

[1150] Ebd., Amt Aurich an die Landdrostei v. 19.3.1864.

[1151] Ebd., Amtmann Hillingh an die Landdrostei v. 14.12.1866.

[1152] Deeters (wie Anm. 565), S. 174.

als landwirtschaftliche Stellen eine Siedlerfamilie zu ernähren. Die Pachten waren dagegen für viele Kolonisten unaufbringbar und wurden nur von wenigen bezahlt.[1153] Die hannoversche Verwaltung verfolgte in der ersten Zeit ihrer Zuständigkeit eine Politik der Nichteinmischung.[1154] Das lässt sich als ein weitgehendes Versagen der hannoverschen Behörden werten.[1155] Die ausbleibenden Reformen förderten das raubbauartige Verzehren der Bodenkräfte durch den Buchweizenanbau. Dadurch nahm zunächst auch die Zersplitterung der kleinen Kolonate zu, die im Erbfall oft auf mehrere Kinder verteilt wurden. Da fast alle Siedler ihr wirtschaftliches Auskommen im Buchweizenanbau auf den großen Moorflächen suchten, standen hinsichtlich der Zerteilung der eigentlichen Erbpachtsländereien keine Hindernisse im Wege. Andererseits nahm die Zahl der Familien zu, die von den ausgebuchweizten Moorflächen ihr Dasein fristen mussten.[1156] Die Verwaltung der Moore war bis um 1850 fast ohne eine Aufsicht der Ämter vor Ort den Moor- und Amtsvögten überlassen, die meistens wenig Sinn für das Gemeinwohl hatten und nicht selten auf eigene finanzielle Vorteile bedacht waren.[1157]

Als durch die oben beschriebenen Missernten der ländliche Pauperismus seinen Lauf nahm, wurde die hannoversche Verwaltung endlich aktiv und ging zu einer rigiden Strenge gegen die Kolonisten über. Mit einem Gesetz vom 23. Juli 1833 über die erbliche Übertragung von Gütern und Grundstücken unter Vorbehalt einer Abgabe[1158] sowie mit einem Gesetz vom selben Tag über die Ablösungsordnung für Erbzins- und Erbpachtsverhältnisse[1159] wurde einer Teilung und Zersplitterung von Kolonaten entgegengetreten.

Infolge einer Verordnung vom 28. September 1867 bekamen die Besitzer der so verliehenen Grundstücke die Möglichkeit der Ablösbarkeit bzw. Aufhebung der Abgabenpflicht.

Zur Zeit der Reichsgründung stellte man häufig fest, dass die bei einem Kolonat bewirtschafteten Grundstücke dem Besitzer zu verschiedenen Zeiten, in denen nicht dasselbe Recht in Ostfriesland galt, übergeben worden waren, so dass die einzelnen Parzellen unter ganz verschiedenen Rechtsverhältnissen standen. So konnte ein Teil des Kolonats Emphyteuse (preußische Zeit), ein Teil holländisches Erbpachtsgut und ein weiteres Teil ein übertragenes Grundstück nach der Verordnung vom 23. Juli 1833 (hannoversche Zeit) sein.[1160]

In den 1830er Jahren erließ man genauere Verfügungen über die Regelung und Grundsätze des Buchweizenanbaus. Die hohen Pachten, die in der Regel konsequent eingetrieben wurden, führten letztlich in vielen Fällen zum Zusammenbruch der Kleinbauern in den Moorgebieten.[1161]

1854 wurde für Ostfriesland ein Moorkommissar ernannt, der neben seinem Engagement für Entwässerungen, Wegeverbesserungen und Kolonatsvergrößerungen in

---

[1153] Hugenberg (wie Anm. 21), S. 202.
[1154] Ebd., S. 203.
[1155] Korte (wie Anm. 27), S. 84 f.; Schmidt (wie Anm. 379), S. 396.
[1156] Hugenberg (wie Anm. 21), S. 205.
[1157] Roloff (wie Anm. 23), S. 8.
[1158] Sammlung der Gesetze (wie Anm. 1138) vom Jahre 1833, Hannover 1833, S. 253-258.
[1159] Ebd., S. 249-252.
[1160] StAA (wie Anm. 570), Regierungsrat von Prott an das Staats- und Finanzministerium in Berlin v. 4.6.1869.
[1161] Hugenberg (wie Anm. 21), S. 206-207.

erster Linie die Rechtsverhältnisse der Moore und die Legitimation der Moorbauern überprüfen sollte.[1162]

Bei der Eintreibung der Domanialgefälle wurde sehr rigide vorgegangen. Die Siedler, die ihre Lasten nicht aufbrachten, sollten kein Moorland für ihren Buchweizenanbau mehr erhalten. Die Privatverschuldungen nahmen zu, und nach dem Konkurs der Siedler stiegen infolgedessen die Armenlasten der Kirchengemeinden. Nach dem Landesverfassungsgesetz von 1840 waren bei Besetzung von Anbaustellen, wenn die Bewerber der Kommune bereits angehörten, in der sie bauen wollten, die Mitglieder einer Gemeinde jedes Mal mit ihren eventuellen Einwendungen zu hören.[1163] Eine unzureichende Existenzfähigkeit einer Familie auf einem kleinen Moorkolonat galt als berechtigte Einwendung eines Gemeindeverbandes.[1164]

Die gesetzlichen Regelungen brachten bereits seit 1833 zahlreiche Familien in Schwierigkeiten, konnten aber nicht verhindern, dass bei der stark ansteigenden Bevölkerung immer mehr Menschen im Moor heimlich Behausungen errichteten. Polizeiaufseher Vogeler berichtete 1845, dass die unerlaubt errichteten Behausungen in der Moordorfer Gegend überhand nehmen würden.[1165]

Im Herbst 1845 beauftragte das Amt Aurich den Vogt Neddermann, die Personen, die in Moordorf ohne eine ausdrückliche Erlaubnis Hütten gebaut hatten, festzustellen und ihnen den sofortigen Abbruch zu befehlen. Ansonsten sollten die Behausungen von Bediensteten der Behörden zum Frühjahr des nächsten Jahres niedergerissen werden.[1166]

Die Durchführung der drastischen Maßnahmen war sehr schwierig und oft scheiterte die Umsetzung.

Das Amt Aurich war angesichts der Not vor allem in den Wintermonaten nicht konsequent bei der Beseitigung der Behausungen, weil die Behörden wussten, dass die Menschen keine anderen Wohnungen bekommen konnten.[1167]

Die Quellen berichten in dem Zusammenhang von zwei tragischen Fällen, die besonders kinderreiche Familien betrafen. R. G. Ebeling hatte sich im Jahre 1833 ein Kolonat gekauft. Da er zu dem Zeitpunkt unvermögend war, wurde der Kaufpreis in den Hypothekenbüchern auf das Grundstück eingetragen. In den nächsten Jahren fand er mit seiner zahlreichen Familie auf dem Kolonat sein Auskommen. Im Jahre 1839 wurden das Haus und das gesamte Mobiliar, so auch Ebelings Webergerätschaften, aufgrund eines Blitzschlages durch ein Feuer zerstört. Durch den erforderlichen Neubau war die Schuldenlast so gestiegen, dass der Familie die Zinszahlungen nicht mehr möglich waren. Wegen der Teuerungen in den Jahren 1845 und 1846 musste der Besitz schließlich schuldenhalber verkauft werden. Die Familie baute sich eine Hütte auf dem Hochmoor und verzagte nicht, sondern begann wieder mit landwirtschaftlichen Arbeiten auf den Moorflächen. Die Tätigkeiten konzentrierten sich sehr wahrscheinlich auf den Buchweizenanbau. Als

[1162] Ebd., S. 208.
[1163] Sammlung der Gesetze (wie Anm. 1138) vom Jahre 1840, Hannover 1840, S. 153.
[1164] Hugenberg (wie Anm. 21), S. 212.
[1165] StAA Rep. 21, Nr. 339, Polizeiaufseher Vogeler an das Amt Aurich v. 18.11.1845.
[1166] Ebd., Dekret des Amtes Aurich v. 29.3.1846.
[1167] Ebd., Amt Aurich an die Landdrostei v. 9.5.1846.

die Familie wieder Mut gefasst hatte, ordnete der Vogt Neddermann den Abriss der Hütte an.[1168]

In einem anderen Fall hatte ein älterer Mann mit einer großen Familie unerlaubt und bei hohen Aufwendungen ein Haus errichtet. Vorherige Bitten und Anfragen um Erlaubnis waren abgewiesen worden. Der Amtsvogt zeigte den Familienvater zu guter Letzt an.[1169] Auch in diesem Fall wurde die Beseitigung der Behausung angeordnet.[1170]

Es ist jedoch davon auszugehen, dass es nicht zur Durchführung der Anordnungen gekommen ist. Aus den Quellen geht dazu nichts hervor. Aber die Menschen mussten irgendwo bleiben, sie konnten nicht von der Bildfläche verschwinden. Die damals vorhandenen großen Moorflächen boten immer wieder Möglichkeiten zum Bau von vorübergehenden Behausungen. Darüber hinaus schlug man sich irgendwie durch.

Gelegentlich diente der Umstand, dass ein Antragsteller Besenbinder war, als Begründung für die Ablehnung eines Bauantrages.[1171]

Aus den Quellen geht hervor, dass es im Jahre 1866 tatsächlich zur Durchführung von Abrissverfügungen kam.[1172] Diese hatten wenige Zeit vorher den kollektiven Protest von Moordorfern herausgefordert, was die Behördenvertreter zunächst abschreckte. Die Arbeiter, die die Abrisse vornehmen sollten, sahen sich solchem Widerstand gegenüber, dass an eine Arbeit ohne Schutz nicht zu denken war. Die Moorbewohner wollten die Zerstörung ihrer Behausungen mit Gewalt verhindern.[1173]

Die Anzahl der offiziell vergebenen Kolonate nahm trotz der Einschränkungen unter hannoverscher Verwaltung zu,[1174] was auch vor dem Hintergrund der starken Bevölkerungszunahme in der ersten Hälfte des 19. Jahrhunderts zu sehen ist. Die hohe Zahl der Stellen ist sicher auch dadurch zu erklären, dass man nach wie vor vielfach glaubte, bei Ansiedlungen langfristig wieder einen Gewinn zugunsten des Fiskus machen zu können. Die Erbpachten waren unverhältnismäßig hoch.[1175]

Die hannoversche Verwaltung ging in den Anfängen ihres Wirkens von dem Grundsatz aus, dass die Erbpachten notwendig waren, um eine Teilbarkeit der Kolonate zu verhindern. Damit meinte sie, dem aus einer unbeschränkten Parzellierung angeblich drohenden Ruin der Kolonate vorbeugen zu können.[1176] Es ist aber auch davon auszugehen, dass das ausgesprochene Interesse Hannovers an fiskalischem Gewinn bei allen Überlegungen eine starke Rolle gespielt hat, denn auch nach 1833 blieben die hohen Abgaben bestehen. Die fiskalischen Erwägungen waren stärker als das Wohl der vielen proletarisierten Moorbauernfamilien in den Kolonien.

[1168] Ebd., Rolf G. Ebeling an das Amt Aurich v. 28.6.1847.

[1169] StAA (wie Anm. 1065), Jann R. Wienekamp an die Landdrostei v. 7.1.1853.

[1170] Ebd., Amt Aurich an die Landdrostei v. 15.3.1853. Vgl. Kap. 4.4. der Arbeit.

[1171] StAA Rep. 26 b, Nr. 574 a, Vogeler über den Neubau von G. R. Wienekamp und H. H. Meyer v. 1846.

[1172] Ebd., Amtsvogt Menzel an das Amt Aurich v. 12.11.1866.

[1173] Ebd., Amtsvogt Menzel an das Amt Aurich v. 16.10.1866.

[1174] StAA Dep. I, Seweloh, Nr. 348. Demnach vererbpachteten die Behörden besonders nach 1852 zahlreiche "angemessene herrschaftliche Gründe" an Moordorfer Einwohner. Daneben wurden auch alte Kolonate durch Vererbpachtungen von weiteren Moorflächen vergrößert.

[1175] Hugenberg (wie Anm. 21), S. 213.

[1176] StAA (wie Anm. 570), Kreishauptmann Roth an Finanzdirektion in Berlin v. 16.9.1869.

4.6.1 Verträge über erbliche Verleihungen

Wurden im Rahmen von Kolonatsvergrößerungen alten Kolonaten bestimmte Moorflächen beigelegt, kam es auch nach dem 23. Juli 1833 häufig noch zum Abschluss von Erbpachtsverträgen. So findet sich in den vorliegenden Quellen ein Erbpachtsvertrag über die Vergrößerung eines Kolonats in Moordorf aus dem Jahre 1846.[1177]

Neue Kolonate wurden seit dem Sommer des Jahres 1833 in der Regel nach den Bestimmungen der Verordnung vom 23. Juli 1833 vergeben. Die Annehmer erhielten einen Vertrag über die erbliche Verleihung. In diese Urkunden wurden bei der offiziellen Landübernahme der Name des Pächters, die Lage des Terrains, die Größe des Landes, die Höhe der Abgabe sowie die besonderen Bedingungen des Kontraktes handschriftlich eingetragen.

In einem vorliegenden Vertrag[1178] von 1835 verlieh die Landdrostei die Ländereien nach den Grundsätzen dieser Verordnung. Die dortigen Bestimmungen sollten bei etwaigen Differenzen über die rechtlichen Wirkungen der Verleihung angewandt werden, wenn die Ausführungen des Verleihungskontraktes nicht dazu ausreichten.

Der Erwerber musste mit der Eintragung der jährlich zu zahlenden Abgabe in das Hypothekenbuch einverstanden sein, sobald er das Land übernommen hatte. Der Besitztitel für die ausgewiesene Fläche wurde in den Dokumenten unverzüglich auf Grundlage des Kontraktes geändert.

Die Zahlungsverpflichtung fiel nur bei ganzer Zerstörung (z. B. völlige Überschwemmung) der ausgewiesenen Fläche weg. Ansprüche auf Schadensersatz behielt sich die Behörde vor, wenn der Untergang durch das Verschulden des Eigentümers herbeigeführt worden war oder doch von ihm hätte verhindert werden können. Bei einem teilweisen unverschuldeten Untergang sollte eine verhältnismäßige Herabsetzung der Abgabe erst dann eintreten, wenn mindestens 1/6 des ganzen Objekts untergegangen war.

Auf das Recht der Zurückgabe des Landes bei eintretender völliger oder teilweisen Zerstörung des Kulturzustandes sowie der Herabsetzung der Abgabe hatte der Erwerber bereits bei Vertragsunterzeichnung ausdrücklich zu verzichten. Es blieb dem Ermessen der Landdrostei überlassen, ob und welches Entgegenkommen dem Landannehmer für diesen oder jenen Fall geleistet werden sollte.

Dem Landerwerber und seinen Nachfolgern wurde gegen Entrichtung der festgesetzten Abgabe das volle Eigentum des Landes dergestalt übertragen, dass er das Terrain nach seinen Plänen benutzen und darüber verfügen konnte. In dieser Hinsicht war er insoweit eingeschränkt, dass er die ausgewiesene Fläche weder ganz noch teilweise aufgeben durfte. Mit Annahme des Kontrakts verzichtete er für sich und seine Nachfolger ausdrücklich auf diese Freiheit.

Veräußern durfte er das Land nur in seiner Gesamtheit und ohne eine weitere Belastung mit Abgaben. Jede teilweise Veräußerung, Zerstückelung oder Veräußerung unter Vorbehalt von neuen Abgaben galt als unstatthaft und nichtig.

[1177] StAA (wie Anm. 591), Erbpachtskontrakt über die Vergrößerung eines Kolonats für Ecke Wilken Janßen und Jann Gerdes Neemann.
[1178] StAA Rep. 21, Nr. 340, Kontrakt über die erbliche Verleihung eines neuen Kolonats an Ahlrich Harms Quadhammer in Moordorf v. 1835. Im Folgenden ebd.

Durch Verkäufe oder Vererbung eintretende Besitzveränderungen mussten innerhalb einer Frist von drei Monaten bei der Rentei des zuständigen Amtes gemeldet werden, um die Namensumschreibung im Abgabenregister vorzunehmen.

Über die einzelnen Übernahmebedingungen hinaus wurde dem Eigentümer die besondere Verpflichtung auferlegt, sich hinsichtlich der baldigen Kultivierung seiner Ländereien nach besten Kräften zu engagieren. Wenn innerhalb von sechs Jahren nicht wenigstens die Hälfte des Terrains kultiviert war, konnte die Behörde das ganze Land wieder einziehen, ohne dem Eigentümer irgendetwas für Gebäude, Landbegrenzungen und Ackerverbesserungen zu vergüten. Der Eigentümer verpflichtete sich, seine Ländereien binnen zwei Jahren entweder mit einem dreieinhalb tiefen und sechs Fuß breiten Graben zu umgrenzen oder mit einem Wall von fünf Fuß Höhe zu umgeben, der mit Erlen oder sonstigem Gesträuch auf zwei Fuß Entfernung bepflanzt werden musste.

Außerdem hatte der Landannehmer alle Verfügungen der Behörden zu akzeptieren, die sowohl wegen der Entwässerung des ganzen Siedlungsterrains, in dem das Grundstück lag, als auch wegen der Anlegung oder Unterhaltung von Wegen, Pumpen oder Brücken erlassen wurden. Er verpflichtete sich, Teile seines Landes wieder abzutreten, wenn zu Entwässerungszwecken oder Wegearbeiten etwas von seinem Besitz zur Verfügung gestellt werden musste. In diesen Fällen sollte die bedungene Abgabe für das zurückgegebene Land verhältnismäßig herabgesetzt werden.

Mit dem vollen Eigentum der Ländereien gingen auf den Erwerber und künftigen Inhaber die dem Eigentum anhaftenden Rechte und Verbindlichkeiten über. Dazu gehörten insbesondere alle darauf ruhenden oder noch darauf zu legenden Staats-, Gemeinde- und Kirchenlasten.

Wenn wegen der erblichen Verleihung des Landes, dessen Größe und Grenzen mit den Landnachbarn Differenzen entstanden, blieb es allein der Landdrostei vorbehalten, verbindliche Entscheidungen hinsichtlich der Streitereien zu fällen.

Der künftige Landbesitzer hatte sich aller späteren Einwendungen und Ausreden bezüglich der allgemeinen und besonderen Bedingungen des Verleihungsvertrages zu entsagen. Er unterstellte sich bei seiner Vertragsunterzeichnung ganz der Gerichtsbarkeit und der Entscheidungsgewalt der Landdrostei.

Bei dem vorliegenden Vertrag handelt es sich um die Verleihungsurkunde über neues Siedlungsland in einer Größe von sechs Diemat und 93 Quadratruten an A. H. Quadhammer in Moordorf. Die Ländereien waren dem Siedlungswilligen bereits im Januar 1833 zugemessen worden. Deshalb rechnete die Behörde die dem Landannehmer bewilligten sechs Freijahre, in denen er keine Abgabe zahlen musste, bereits von dem Zeitpunkt an. Der Pächter war also verpflichtet, im Herbst 1839 zum ersten Mal die jährlichen Abgaben von zwei Reichstalern, siebzehn Groschen und elf Pfennigen in ungeteilter Summe an die Rentei des Amtes Aurich zu entrichten.

Zu den besonderen Bedingungen des Kontrakts gehörte es, dass der Landannehmer nicht nur einen Moorweg auf der Nordseite seines Landes in der ganzen Breite anlegte, sondern auch einen quer durch sein Land ziehenden Entwässerungsgraben stets in schaufreiem Zustand (Wasserfluss musste überall gesichert sein) hielt.

Der Landannehmer musste auch einen Teil des Unterhalts vom Haupt- und Verbindungsweg in dem Siedlungsgebiet übernehmen. Er verpflichtete sich dazu, sein Land in der Süd- und Westseite wegen der besseren Entwässerung des anliegenden Hochmoores mit einem sechs Fuß breiten Graben zu umgeben und jederzeit in einem zweckdienlichen Zustand zu halten.[1179]

Das Urteil der Moordorfer Gemeinde über den geplanten Anbau war nach den geltenden Bestimmungen notwendig; die Gemeinde hatte sich zu einem feststehenden Termin im Amtsgebäude einzufinden und eventuelle Einwendungen vorzubringen.[1180]

4.6.2 Pacht von Buchweizenland

Der Buchweizenanbau war auch in hannoverscher Zeit die landwirtschaftliche Haupterwerbsquelle der Moorkolonisten. 1827 erhoben die Ämter von allen Moorflächen Ostfrieslands, über die noch keine Auseinandersetzungen hinsichtlich der Besitzverhältnisse stattgefunden hatten, eine Buchweizenheuer. Im Amt Aurich verlangte man sogar von Heerdbesitzern, die Moorflächen aufgrund der Bestimmungen des Urbarmachungsedikts oder anderer Übereinkünfte erhalten hatten, die Brandheuer.[1181]

Der Buchweizenanbau war demnach auf der einen Seite eine fiskalische Einnahmequelle und auf der anderen Seite das Hauptexistenzmittel der Moorsiedler.

1830 wurde eine Verfügung erlassen, die die allgemeinen Grundsätze der Verheuerung von Moorflächen zur Brandkultur beinhaltete. Die Gebühr legte man auf einen Groschen für ein sogenanntes Tagwerk[1182] fest. 25 Tagwerke entsprachen der Moorfläche von einem Diemat. Die strengen Regelungen ließen viele kleine Moorwirtschaften zusammenbrechen, so dass bereits um 1850 von Fachleuten mildere Grundsätze bei der Verpachtung und Gebührenregelung von Brandmoorflächen erbeten wurden.[1183]

Die hannoverschen Behörden sahen in der Konzentration der Erbpächter auf den Buchweizenanbau den Grund für die Vernachlässigung der Kultivierung der eigentlichen Erbpachtsländereien und als Ergebnis der Ausbuchweizung der Heideflächen die steigende Not der Moorbauern in der ersten Hälfte des 19. Jahrhunderts.[1184]

Die ab 1869 tagende Moorkommission konstatierte später, dass zur Steigerung der fiskalischen Einnahmen in hannoverscher Zeit die Abgaben für die Benutzung des herrschaftlichen Hochmoores zur Brandkultur wiederholt erhöht worden waren.[1185]

[1179] Ebd., Amt Aurich v. 28.8.1833.

[1180] Ebd., Amt Aurich an die Gemeinde Moordorf v. 7.8.1835. Diese Maßnahmen beruhten auf der Verordnung über die Bestimmung des Wohnorts der Untertanen in polizeilicher Hinsicht v. 6.7.1827. Sammlung der Gesetze (wie Anm. 1138) vom Jahre 1827, Hannover 1827.

[1181] Hugenberg (wie Anm. 21), S. 196.

[1182] Tagwerk = Als Flächenmaß war ein Tagewerk ca. 400 m² groß. Nach Bratz (wie Anm. 235), S. 32. Ansonsten auch gebräuchlich für: Fläche, die ein Arbeiter täglich bearbeiten kann.

[1183] Hugenberg (wie Anm. 21), S. 206 f.

[1184] Ebd., S. 209; Korte (wie Anm. 27), S. 85; Roloff (wie Anm. 23), S. 9.

[1185] StAA (wie Anm. 570), Bericht der von der Kgl. Staatsregierung berufenen Kommission zur Beratung der zur Hebung der Zustände in den Moorkolonien Ostfrieslands und zur besseren Nutzbarmachung der fiskalischen Moore zu treffenden Einrichtungen v. 12.4.1871 (fol. 419/356).

Zweifellos war der Buchweizenanbau an sich nicht Schuld an der Situation der Moorsiedler.[1186] Eine Moorbesiedlung ohne vorherige Anlegung von Kanälen wäre gar nicht möglich gewesen, wenn die Siedler sich nicht mit dem Buchweizenanbau eine Erwerbsquelle geschaffen hätten.

4.6.3 Moorbriefe

Neben der Pacht von Moorgründen zum Buchweizenanbau gab es in hannoverscher Zeit die Möglichkeit, Moore zur Torfgräberei in Zeitpacht zu übernehmen. Entsprechende Verträge (Moorbriefe)[1187] wurden von den Ämtern beurkundet. Die Flächen waren viel kleiner als die gepachteten Buchweizenländereien und auch nicht so groß wie die eigentlichen Erbpachtsländereien, weil das Terrain lediglich zum Torfstechen genutzt wurde. Die Pachtdauer war dagegen oft recht lang und konnte sich auf 20 Jahre belaufen. Grundsätzlich verpflichtete sich der Pächter, an beiden Seiten des ihm zugewiesenen Moores Abzugsgräben von sechs Fuß Breite und vier Fuß Tiefe auszugraben und während der Pachtjahre zu unterhalten. Die Gräben waren zu jeder Zeit in einem zweckdienlichen Zustand zu erhalten. Zeigte sich der Pächter in diesem Punkt nachlässig, war das Amt berechtigt, entsprechende Arbeiten auf Kosten des Säumigen auszuverdingen.

Die zu den Moorländereien führenden gemeinschaftlichen Wege und Abzugsgräben mussten nach Anweisung des Amtes oder der Polizei von allen Moornutzern angelegt werden. Auch in diesem Punkt war von den Pächtern darauf Bedacht zu nehmen, dass das Amt die Arbeiten bei Nachlässigkeiten auf Kosten der Torfgräber öffentlich vergeben konnte.

Der Pächter durfte das Moor nicht eher abgraben, bis die Instandsetzung der Wege und Gräben nachgewiesen war. Bei Übergabe des Moorbriefes wurde ihm eine Frist zur Beendigung dieser Tätigkeiten gesetzt.

Der Zeitpächter war verpflichtet, das Moor so abzugraben, dass keine Löcher blieben und dass das Terrain einheitlich abgetragen wurde. Der Torfstecher durfte das „*Spitt*"[1188] nicht breiter als zwölf Fuß ausgraben. Geschah dies aber, hatte er die jährliche Moorheuer nach dem Verhältnis des zu viel gegrabenen Torfes doppelt als Strafe zu bezahlen.

Wurde während der festgesetzten Zeitpacht von Seiten der Behörden über das Moor anders verfügt, musste der Pächter dies akzeptieren, ohne deshalb auf eine Entschädigung Anspruch erheben zu können. Die freie Disposition über das Moor blieb den Behörden zu jedem Zeitpunkt ausdrücklich vorbehalten.

Hatte der Pächter das Moor ausgegraben, war er verpflichtet, den Moorbrief zurückzugeben. Die Rückgabe des Moorbriefes musste auch erfolgen, wenn das Moor nicht mehr zum Torfstechen benutzt werden konnte. Damit war außerdem die Pflicht zur Zahlung der jährlichen Pacht beendet.

[1186] Hugenberg (wie Anm. 21), S. 209.
[1187] StAA Rep. 21, Nr. 338, Moorbrief des Claas Beekmann aus Moordorf v. 20.9.1832. Im Folgenden ebd.
[1188] Spitt = Stelle, wo im Vorjahr Torf gegraben wurde. Museumsleitfaden (wie Anm. 19), S. 23.

In dem vorliegenden Moorbrief von 1832 wurde dem Zeitpächter ein Torfmoor in einer Größe von 225 Quadratruten verliehen. Er hatte für diese Fläche jährlich sechs Groschen Moorheuer an die Auricher Rentei zu entrichten.

4.6.4 Ablösungsverträge

Für die Kolonie Moordorf liegen aus der hannoverschen Zeit zwei Ablösungs-verträge[1189] vor, die die Aufhebung des Obereigentums über Kolonate durch die Königliche Domänenkammer in Hannover zum Inhalt haben. Es handelte sich um alte Erbpachtsländereien, die in preußischer Zeit an Siedler vergeben worden waren. Den Kolonisten B. Lübben und M. Lübben als Erben des auf den Namen von L. Boyunga eingetragenen Erbpachtslandes in einer Größe von vier Diemat und 112 Ruten sowie eines kleinen Landstückes von 363 Ruten wurde am 10. Oktober 1856 bescheinigt, dass sie diese Ländereien als ihr freies Eigentum von der Domänenkammer erhalten sollten und die Löschung der früheren Lasten und Einschränkungen des Eigentums durch die Kammer in Hannover ausdrücklich bewilligt worden war. Sie hatten sich mit der Behörde darin geeinigt, dass sie dieser eine Summe von 53 Reichstalern, 14 Groschen und sieben Pfennigen für die Landflächen zahlten. Dagegen erließ die Kammer ihnen die auf den Grundstücken haftenden jährlichen Erbpachtslasten von einem Reichstaler, zehn Groschen und drei Pfennigen sowie zwei Groschen und acht Pfennigen Schreibgeld und einem Huhn und einer Stiege Eier für das größere Grundstück respektive von sieben Groschen und vier Pfennigen Erbpacht sowie einem Groschen und vier Pfennigen Schreibgeld für das kleinere Stück. Die Domänenkammer in Hannover verzichtete nach Auszahlung der Gesamtsumme auf alle ihr aus dem Obererbpachtsrecht bislang zustehenden Ansprüche.[1190]

Der Ablösungsvertrag wurde auf Kosten der Domänenkammer ausgefertigt. Die Höhe des Ablösungskapitals beruhte auf einer den Vorschriften der Ablösungs-ordnung[1191] entsprechenden Wertberechnung, jedoch sollten deren Ergebnisse nichts desto weniger als vergleichsweise Übereinkunft betrachtet werden. Mit der Unterzeichnung des Vertrages wurde zugleich auf alle etwaigen Gegen-verbindlichkeiten der Domänenkammer (Remissionen usw.), soweit diese mit den abgelösten Berechtigungen in Verbindung gestanden hatten, ausdrücklich Verzicht geleistet. Eine dem Ablösungsvertrag beigefügte Übersicht ergab genau, in welchem Maße das Ablösungskapital für die anzustellenden Berechtigungen ermittelt worden war und welche Grundstücke mit Pachten belastet waren. Sobald die vollständige Entrichtung des Ablösungskapitals, der Zinsen und auch der eventuellen Rückstände vollzogen war, gestattete die Domänenkammer ihrerseits, jedoch vorbehaltlich

---

[1189] StAA Rep. 26 a, Nr. 967, Ablösungsvertrag zwischen der Domänenkammer zu Hannover und den Gebrüdern Boje Lübben und Meint Weers Lübben v. 3.4.1857 sowie Ablösungsvertrag zwischen dem Finanzministerium, Abteilung für Domänen und Forsten, und Renke Janßen Coordes v. 10.1.1862.

[1190] Ebd., Bescheinigung für B. Lübben und M. Lübben v. Amt Timmel v. 10.10.1856.

[1191] Verordnung über die Verhältnisse der (in Folge der Verordnung vom 10.1.1831) durch Ablösung frei gewordenen Güter und über die Veräußerung von Grundstücken geschlossener Güter zur Ablösung von Lasten v. 23.7.1833. Sammlung der Gesetze (wie Anm. 1138) vom Jahre 1833, Hannover 1833, S. 249-252 sowie Verordnung über die bei Ablösung der grund- und gutsherrlichen Lasten und Regulierung der bäuerlichen Verhältnisse zu befolgenden Grundsätze. Sammlung der Gesetze (wie Anm. 1138) vom Jahre 1831, Hannover 1831, S. 209-224.

eventueller Rechte Dritter und unabhängig aller in den Gesetzen noch weiter begründeten Beschränkungen, die freie Verfügung über die bisher belasteten Grundstücke. Eine Ablösungskommission beurkundete den Ablösungsrezess. In dem vorliegenden Vertrag erkannten der Auricher Amtmann Baring und die Gebrüder Lübben aus Moordorf, die die Löschung der auf ihren Grundstücken lastenden Erbpachts- und Naturalgefälle im Hypothekenbuch bewilligten, den Ablösungsvertrag mit ihrer Unterschrift als inhaltlich richtig an. Abschließend bestätigte auch der Vorsitzende der Ablösungskommission die Ausführungen des Vertrages kraft Unterschrift.[1192]

Die Inhalte des zweiten vorliegenden Ablösungsvertrages vom 10. Januar 1862 differieren kaum von der beschriebenen Vereinbarung. Es wurde allerdings der Kontrakt mittlerweile zwischen dem Königlichen Finanzministerium, Abteilung für Domänen und Forsten in Hannover, und dem Moordorfer Kolonisten R. J. Coordes geschlossen. Coordes musste ein Ablösungskapital in Höhe von 49 Reichstalern und zwei Groschen an das Finanzministerium entrichten. Auch bei diesem Vertrag wurden die Abmachungen von einer Ablösungskommission beurkundet.[1193]

Die Ablösungssummen, die in den beiden Fällen um 50 Reichstaler ausmachen, waren für die meisten Kolonisten unerschwinglich. Daher waren diese Ablösungsverträge um die Mitte des 19. Jahrhunderts relativ selten. Die Quellen über die Entwicklung der Moorkolonie Moordorf weisen nur die oben aufgeführten Ablösungen auf. Es ist davon auszugehen, dass es wahrscheinlich darüber hinaus zu keinen weiteren Ablösungen gekommen ist. Erst die Initiativen der Moorkommission zogen nach 1871 ein Ablösungsgesetz nach sich, das es den Kolonisten ermöglichte, sich von der Belastung durch hohe Erbpachten zu lösen.[1194]

4.6.5 Die Gemeinde- und Viehweide

Die Moordorfer Kolonisten besaßen seit 1791 eine Vieh- und Dorfweide, die nördlich und südlich an dem von Aurich nach Moordorf führenden Weg lag. Die Weide war den Siedlern von der Gemeinde Walle abgetreten worden. Die Moordorfer Einwohner hatten sich als Gegenleistung zur Unterhaltung eines Weges bereiterklärt und damit die Bewohner ihres Nachbardorfes Walle entlastet. Die Abtretung des Terrains war in der Art erfolgt, dass die Moordorfer nicht nur das Nutzungsrecht, sondern das volle Eigentum der Gemeindeweide erhalten hatten. Auf Grundlage eines Protokolls durfte jeder Einwohner von Moordorf so viel Vieh auf die Weide treiben, wie er gerade besaß. Verboten war jedoch der Auftrieb von Pferden.[1195]

[1192] StAA (wie Anm. 1189), Ablösungsvertrag zwischen der Domänenkammer und den Gebrüdern Lübben v. 3.4.1857.
[1193] Ebd., Ablösungsvertrag zwischen dem Finanzministerium, Abteilung für Domänen und Forsten, und Renke Janßen Coordes v. 10.1.1862.
[1194] StAA (wie Anm. 570), Bericht der von der Kgl. Staatsregierung berufenen Kommission zur Beratung der zur Hebung der Zustände in den Moorkolonien Ostfrieslands sowie zur besseren Nutzbarmachung der fiskalischen Moore zu treffenden Einrichtungen v. 12.4.1871; Hugenberg (wie Anm. 21), S. 220.
[1195] StAA (wie Anm. 1075), Protokoll des Amts Aurich v. 21.8.1844.

Im Jahre 1817 wurde diese Weide für das zahlreiche Vieh der Siedler zu klein, so dass sie eine Vergrößerung ihrer Weide forderten. Die begehrte zusätzliche Landfläche wurde jedoch von der Kommune Walle in Anspruch genommen.[1196]

Die Behörden sahen wohl ein, dass die Viehweide der Moordorfer zu dem Zeitpunkt nicht mehr ausreichte. Das Amt Aurich sprach sich gegen weitere Vererbpachtungen im Gebiet von Moordorf aus. Die Anzahl der Siedler war mehr als hinreichend, so dass sich die Weideprobleme immer mehr vergrößerten. Landvergaben an Kolonisten aus dem zur Viehweide gehörenden Terrain hatten die Probleme immer mehr verschlimmert. An der einen Seite der Kolonie befand sich das alte Dorf Walle, an der anderen Seite lagen die Dörfer Extum und Westerende. Eine weitere Grenze bestand in den Bauäckern von Victorbur. Die Siedlung war daher von drei Seiten von allen anderen Weidemöglichkeiten abgeschnitten. Lediglich an einer Seite lag etwas Leegmoor, dem aber gleich das Hochmoor folgte.[1197] Streitereien um Weidedistrikte hatten sich in der Vergangenheit vor allem mit den Viehhaltern aus Walle ergeben.[1198]

Es kam über die Konflikte der beiden Dörfer hinaus im Jahre 1820 zu einem Streitfall unter den Moordorfer Viehhaltern. Dem Siedler J. Meinen wurde vorgeworfen, die gemeinsame Weide mit fremdem Vieh zu beweiden, das Moorwege, Abwässerungsgräben und den Torf der Dorfbewohner zerstörte.[1199] Aus dem Konflikt entstand eine grundsätzliche Auseinandersetzung über die Frage, ob Schafe auf der gemeinsamen Viehweide zulässig sein sollten. Viehhalter sahen die Schafe, deren Anzahl zunächst mit mehr als 300 Stück angegeben wurde, als starke Nahrungskonkurrenten ihres Rindviehs an. Zudem beschädigten die Schafe im Sommer den Buchweizen der Moordorfer Kolonisten. Sie forderten ein Verbot der Beweidung der Dorfweide mit diesen Tieren.[1200] Eine von dem wenig später eingesetzten Polizeiaufseher Kuckuck angestellte Untersuchung[1201] ergab, dass in Moordorf tatsächlich 157 Schafe gehalten wurden. Daneben versorgten zwölf Kolonisten noch insgesamt 36 fremde Schafe, die auswärtigen Besitzern gehörten und die dafür an diese Kolonisten etwas Geld zahlten oder sie in Naturalien entlohnten. Ein Siedler dieser Gruppe versorgte allein elf der fremden Schafe; diese gehörten allesamt seinen nicht in Moordorf wohnenden Kindern. Das Ergebnis der Querelen geht aus den Quellen leider nicht hervor.

Allein von 1834 bis 1835 erhöhte sich der Rindviehbestand in Moordorf um etwa 25 Stück. Der Polizeiaufseher Henke bewertete die Steigerung als Zeichen der Verbesserung der wirtschaftlichen Situation der Kolonie. Der durch die zahlreichen Rinder anfallende Dünger zur Steigerung der Ackerqualität wurde besonders hervorgehoben.[1202]

Durch eine Resolution des Amts Aurich vom 23.6.1825 war der Kolonie erlaubt worden, auch das fiskalische Hochmoor ohne eine Beschränkung ihres Viehstandes

[1196] StAA (wie Anm. 1189), Amt Aurich an die Landdrostei v. 20.9.1817.
[1197] Ebd., Amt Aurich an die Landdrostei v. 2.7.1818.
[1198] Ebd., Domänendeputation an das Amt Aurich v. 30.7.1820.
[1199] Ebd., Bauermeister Gerd Neemann an das Amt Aurich v. 18.9.1820.
[1200] Ebd., Bauermeister Gerd Neemann an das Amt Aurich v. 6.5.1822.
[1201] Ebd., Verzeichnis der in Moordorf sich befindenden eigenen und fremden Schafe v. Polizeiaufseher Kuckuck.
[1202] Ebd., Polizeiaufseher Henke an das Amt Aurich v. 11.5.1834.

zu benutzen. 1833 klagten jedoch der Viehhirte der Kolonie und auch Moordorfer Einwohner, dass das Vieh nicht mit der nötigen Sicherheit vor Beschädigungen des Buchweizens auf das südlich von Moordorf liegende Hochmoor gehalten werden konnte. Polizeiaufseher Henke brachte in Erfahrung, dass das Amt Aurich in dem betreffenden Gebiet seit einigen Jahren keine Flächen mehr zum Buchweizenanbau ausgewiesen hatte. Bei einer Untersuchung vor Ort stellte er fest, dass nicht zugewiesene Flächen ohne Erlaubnis als Buchweizenland genutzt wurden.[1203] Das unterstreicht die große Bedeutung dieser Anbauart für die Moorbauern. Es drängt sich der Verdacht auf, als wäre sogar heimlich im unüberschaubaren Hochmoor Buchweizen angebaut worden. Die Siedler favorisierten diese landwirtschaftliche Erwerbsmöglichkeit. Der Buchweizenanbau trat, wie im obigen Fall angedeutet, in Konkurrenz zur Vieh- und Weidewirtschaft.

1844 war man seitens der beiden Moordorfer Keddschaften geneigt, die Gemeindeweide an die Oster- und Westerkeddschaft aufzuteilen. Nach Aussagen des Polizeiaufsehers Vogeler lag jedoch kein Gemeindebeschluss darüber vor. Er vertrat den Standpunkt, die Hälfte dieser Weide auf sechs Jahre zum Buchweizenanbau zu verpachten, um Geld zur Bestreitung der Gemeindelasten zu bekommen. Die Mehrheit der Kolonisten hatte diesen Vorschlag jedoch nicht gebilligt.[1204]

1847 schlug die Kirchengemeinde Victorbur vor, die Gemeindeweide von Moordorf stückweise an zahlungskräftige Pächter zum Buchweizenanbau zu vergeben, um daraus einen Fonds zu bilden, der für die Bedürftigen und die Kultivierung des Terrains verwandt werden konnte. Der Grund und Boden sollte der Kolonie als Eigentum verbleiben. Die Kirchengemeinde sprach sich gegen jede Form der Teilung der Weide aus, die die Ansiedlung weiterer Personen nach sich ziehen würde, ohne dass diese sich für die Kultivierung des Bodens engagierten.[1205] Die Pläne haben sich anscheinend zerschlagen. Die Quellen berichten allerdings von Auseinandersetzungen zwischen der Gemeinde Moordorf und einem Land-gebräucher, der 1855 wegen Nichtzahlung von Pachtgeldern für Teile dieser Moordorfer Weide angeklagt wurde.[1206] Fünf Jahre später kam es sogar zu einem Prozess wegen der Eigentumsfrage zwischen der Domänenabteilung des Finanz-ministeriums und der Gemeinde Moordorf.[1207] Der Kommune gelang es, diese Landfläche für sich zu erstreiten.[1208]

1866 fasste die Gemeinde einstimmig den Entschluss, die Erträge der Gemeindeweide, die nach Abzug der Lasten zur Unterhaltung des Schulgebäudes und der Lehrerwohnung übrigblieben, bis zu einem jährlichen Betrag von 50 Talern zur Deckung der Kosten zu verwenden, die der Schulgemeinde durch die Beschäftigung eines Schulgehilfen erwuchsen.[1209]

[1203] Ebd.
[1204] StAA (wie Anm. 1075), Protokoll des Amts Aurich v. 21.8.1844.
[1205] Ebd., Armenverwaltung der Gemeinde Victorbur an das Amt Aurich v. 8.1.1847.
[1206] Ebd., Berufungssache der Gemeinde Moordorf v. 2.5.1855.
[1207] Ebd., Großer Senat des Kgl. Obergerichts an das Amt Aurich v. 19.11.1860.
[1208] StAA (wie Anm. 1039), Amt Aurich an die Landdrostei v. 17.7.1866.
[1209] Ebd., Landdrostei an das Amt Aurich v. 28.7.1866. Siehe auch Kap. 4.3.6. Die Anstellung eines Schulgehilfen.

Bis zum Ende der hannoverschen Verwaltung in Ostfriesland ist es nicht zu einer Teilung der Moordorfer Gemeinde- und Viehweide gekommen. Generell wurden in Ostfriesland die General- und Spezialteilungen auch in hannoverscher Zeit nach den Bestimmungen des Allgemeinen Landrechts bzw. des Urbarmachungsedikts und später unter Einschluss des für die ganze Monarchie geltenden Gesetzes über das Verfahren in Teilungssachen vom 30. Juni 1842 durchgeführt. Die meisten eigentlichen General- und Spezialteilungen waren zu dem Zeitpunkt bereits nach den bestehenden Gesetzen zu Stande gekommen. Diese wurden in Ostfriesland relativ problemlos durchgeführt, weil man in der Provinz keine lehns- und gutsherrschaftlichen Verhältnisse etc. kannte.[1210]

4.6.6 Entwässerungen

Die völlig unzureichende Entwässerung der Moorländereien blieb für die Kolonisten auch während der hannoverschen Zeit ein zentrales Problem. Im Herbst 1822 meldete der Moordorfer Polizeiaufseher Kuckuck, dass viele der dortigen Siedler ihre Äcker nicht ausreichend bearbeiten könnten, wenn man nicht den *„Riß"* (Ritz; der Graben am heutigen Ritzweg), der als Entwässerungsgraben um ganz Moordorf herum verlief, zweckmäßig ausgrub. Dieser Graben sollte das Wasser, das bei starkem Regen von den staatlichen Hochmoorflächen floss, aufnehmen. Der Polizeiaufseher hatte den Graben mit einigen Sachverständigen vor Ort in Augenschein genommen. Man hatte festgestellt, dass es für die Kolonie ein großer Vorteil sei, wenn dieser Wasserweg als Hauptentwässerungsgraben des Dorfes dienen würde. Die meisten Moorbauern hatten bis dahin wegen der mangelnden Entwässerung kein Getreide säen können. Erst bei einer ausreichenden Tiefe des Grabens waren sie in der Lage, ihre Äcker zu bebauen.[1211]
Doch auch diese Vorschläge erzielten kein entsprechendes Ergebnis. Das Auricher Amt teilte Kuckuck lapidar mit, dass er als Polizeiaufseher darauf zu achten habe, dass die Einwohner des Dorfes ihre landanliegenden Gräben genügend instand halten würden.[1212]
1838 konstatierte die Landdrostei eine schlechte Beschaffenheit der Kolonate in der Mitte des Ortes. Sie beschäftigte sich zu der Zeit mit Überlegungen, ob durch eine verbesserte Entwässerung der Ertrag dieser Grundstücke erhöht werden könne.[1213]
Infolge einer längeren nassen Witterung war eine Untersuchung dazu vor Ort bis zum Herbst des Jahres nicht möglich.[1214] Als diese endlich im Sommer des folgenden Jahres durchgeführt worden war, wurden zunächst weitreichende Verbesserungspläne aufgestellt, von denen nach den Quellen auch die Kolonisten überzeugt gewesen sein sollen. Anscheinend sind aber lediglich die Siedler zu den nötigen Arbeiten aufgefordert worden, die diese, da sie täglich um die Existenz ihrer Familien kämpfen mussten, nicht ausführten.[1215] So ging es behördlicherseits bald in erster Linie um die Frage, ob den Kolonisten zur Ausführung von

---

[1210] Hugenberg (wie Anm. 21), S. 194 f.
[1211] StAA (wie Anm. 524), Polizeiaufseher Kuckuck an die Landdrostei v. 28.9.1822.
[1212] Ebd., Landdrostei an Polizeiaufseher Kuckuck v. 30.9.1822.
[1213] StAA Rep. 15, Nr. 8836, Landdrostei an das Amt Aurich v. 5.5.1838.
[1214] Ebd., Inspektor Mecke an die Landdrostei v. 12.11.1838.
[1215] Ebd., Amt Aurich an die Landdrostei v. 31.8.1839

Entwässerungsarbeiten eine Beihilfe aus öffentlichen Mitteln bewilligt werden könne.[1216] Die Erwägung dieser Frage zog sich hin und führte trotz aller Bemühungen und Nachfragen zu keinem Ergebnis.[1217]

Im Januar 1840 vertraten die Wasserbauexperten den Standpunkt, dass eine Verbesserung der an den äußersten Enden der Kolonate befindlichen Hauptab-wässerungsgräben und der Gräben zu beiden Seiten des Postweges zwar sehr nützlich sei, jedoch für die Verbesserung der in der Dorfmitte liegenden Grundstücke nicht ausreiche. Voraussetzung aller größeren Aufwendungen war nach Ansicht der Fachleute, dass die Siedler die kleinen Gräben zwischen ihren Parzellen instand hielten, um zum einen das von dem Hochmoor kommende und zum anderen das durch Regen auf die Kolonate selbst fallende Wasser in die Gräben am Postweg und durch diese in die Ehe bei Victorbur und in die Ehe bei Walle leiten zu können. Darüber hinaus musste zur Qualitätssteigerung der Kolonate in der Ortsmitte die Oberfläche dieser Ländereien durch Vermengung der moorigen Oberfläche mit Sand und Lehm erhöht werden. Für diese Tätigkeit hatte auf einer Fläche von einem Diemat ein Arbeiter fast 87 Arbeitstage zu verwenden, was insgesamt etwa 22 Reichstaler kostete. Da fast alle Kolonisten aus dem Dorfzentrum (25 Siedlerfamilien) als bedürftig und unfähig anzusehen waren, um diese langwierigen Arbeiten selbst auszuführen, und während der Tätigkeit keinen Unterhalt für ihre Familien haben würden, musste zumindest der größte Teil der Kosten durch öffentliche Gelder aufgebracht werden.[1218]

Aufgrund dieses Gutachtens zog sich die Landdrostei von den Plänen zurück. Die erforderlichen Geldmittel konnten nicht beschafft werden. Da zu der Zeit Überlegungen über die Richtung der zu erbauenden Chaussee durch Moordorf angestellt wurden, boten diese Gelegenheit, die Entwässerungspläne bis zur Beendigung des Straßenbaus erst einmal auszusetzen.[1219]

Nach Anlegung der Chaussee ging die Abwässerung von Moordorf nach wie vor teils in östlicher Richtung nach Walle und teils in westlicher Richtung nach Victorbur. Der Teilungspunkt war um 1842 ungefähr in Höhe des Schulgebäudes. Dem Verständnis der Amtsleute zufolge hatten die in östlicher Richtung liegenden Kolonate durch den Chausseebau eine gute Entwässerung bekommen. Es kam nach ihrer Ansicht darauf an, dass die Siedler den zwischen ihren Ländereien und dem Hochmoor befindlichen Graben ("*Ritze*") und die Gräben zwischen ihren nebeneinander liegenden Parzellen in dem für eine Entwässerung notwendigen Ausmaß herrichteten.[1220]

Man gab die Verantwortung wieder einmal an die Moordorfer ab. Als diese behaupteten, dass die längs des Weges und weiter nach Victorbur befindlichen Gräben nicht die erforderliche Breite hatten, stellte das Amt Aurich fest, dass trotz einer längeren Regenperiode das Wasser nicht über die Ufer getreten sei.[1221]

Die Verantwortung für die Realisierung einer ausreichenden Entwässerung wurde von allen Beteiligten hin und her geschoben. Man entwickelte keine Langzeit-perspektiven, die hohe Kosten nach sich gezogen hätten. Die Kolonisten lebten

---

[1216] Ebd., Landdrostei an das Amt Aurich v. 20.8.1839.
[1217] Ebd., Moordorfer Kolonisten an die Landdrostei v. 15.11.1839.
[1218] Ebd., Amt Aurich an die Landdrostei v. 10.1.1840.
[1219] Ebd., Landdrostei an das Amt Aurich v. 25.1.1840.
[1220] Ebd., Amt Aurich an die Landdrostei v. 20.10.1841.
[1221] Ebd.

aufgrund ihrer täglichen Bedürftigkeit im Heute; die Plagen des Alltags ließen Initiativen nach Verbesserungen ihrer Lebensverhältnisse durch weitreichende Entwässerungen und Steigerungen der Landqualität kaum entstehen. Daneben schreckte sie sicherlich die Frage nach Aufbringung der dazu notwendigen finanziellen Mittel ab.

Solidarität der Moordorfer Erbpächter in diesen Fragen war kaum vorhanden. Es konnte sogar zu langwierigen Auseinandersetzungen kommen, wenn Kolonisten sich durch die mangelnden Entwässerungsarbeiten von Landnachbarn benachteiligt sahen.[1222]

Um 1855 waren die Entwässerungsverhältnisse noch die, dass die Kolonate zu beiden Seiten der neuen Chaussee nach dieser hin entwässerten und dass das Wasser dann in die Gräben entlang der Chaussee von deren Wasserscheide in Höhe des früheren Wirtshauses Junkhoff in Richtung Walle bzw. Victorbur abfloss. Damit der Abgang des Wassers in den Straßengräben unbehindert blieb, waren von den beteiligten Anwohnern schon vor der Zeit der Chaussee alle Einfahrten und Seitenwege, die von der Straße und den anliegenden Gräben nach den Kolonaten und Mooren bestanden, mit Durchlässen versehen worden, wie es die Bestimmungen des ostfriesischen Wegereglements von 1754 forderten. Durch das Verrücken der Gräben durch den Straßenbau mussten die Übergänge und Durchlässe neu angelegt werden. Die Anlagen erfolgten auf Rechnung der Chausseeverwaltung, während deren Unterhaltung von den betreffenden Anliegern übernommen werden musste. Daraus entstanden neue Querelen, weil man sich in Moordorf nicht für alle neu entstandenen Anlagen als unterhaltspflichtig betrachtete.[1223]

1859 war die Entwässerung der Moordorfer Kolonate dadurch behindert, weil die Zuggräben in Victorbur das von Moordorf kommende Wasser aufgrund ihres schlechten Zustandes nicht aufnehmen konnten. Der Moordorfer Ortsvorsteher bat seinen Victorburer Kollegen um Abhilfe durch dessen Gemeindemitglieder. Der dortige Ortsvorsteher machte jedoch wenige Anstalten, in dieser Richtung initiativ zu werden.[1224] In diesem Fall schuf das Amt umgehend Abhilfe. Der Victorburer Gemeindevorsteher musste die Gräben innerhalb einer Frist von 16 Tagen instand setzen.[1225]

Für diese schnelle Hilfe war sicher auch ausschlaggebend, dass die Entscheidung keine Kosten nach sich zog, sondern lediglich einer Nachbargemeinde die Arbeit aufgebürdet wurde. Insgesamt änderte sich an der unzureichenden Entwässerung des gesamten Terrains nichts. Es blieb in Sachen Entwässerung bei Stückwerk.

Im Jahre 1865 gingen endlich Vorschläge vonseiten der Behörden aus, um die Entwässerungsprobleme konsequent und im großen Rahmen in Angriff zu nehmen. Das Amt Aurich bezog im Februar des Jahres ausführlich zum "*Problem Moordorf*" Stellung und schlug u. a. einen umfassenden Kanalbau vor, um die Kolonien

---

[1222] StAA Rep. 26 b, Nr. 1019, Protokoll des Amts Aurich über Vorladung von Wessel F. Baumann, Jan Melchers und Polizeiaufseher Vogeler aus Moordorf sowie den Armenvorstehern aus Victorbur und Theene v. 13.12.1850.

[1223] StAA Rep. 26 c, Nr. 182, Domänenverwaltung Timmel an die Landdrostei v. 5.2.1855.

[1224] StAA (wie Anm. 1222), Ortsvorsteher Weichers an das Amt Aurich v. 22.10.1859.

[1225] Ebd., Amt Aurich an den Gemeindevorsteher v. Victorbur v. 28.10.1859.

Moordorf, Neu-Ekels, Neu-Barstede, Herrenhütten und Teile von Westerende mit dem Treckfahrtskanal zwischen Emden und Aurich zu verbinden.[1226]

4.7 Wegeangelegenheiten

Bereits in der ersten preußischen Zeit in Ostfriesland hatte die Kriegs- und Domänenkammer über die Wegeverhältnisse in der Region geurteilt, *„daß keine Provinz in allen königlichen Landen* (damit) *so schlecht situieret sei wie Ostfriesland."* Man machte die Beschaffenheit des Landes und seine abgelegene Lage für die schlechten Wege verantwortlich. Auf einer Konferenz im Jahre 1753, die sich mit der Verbesserung der Wege befasste, hatte die Kammer davor gewarnt, die Ostfriesen bei zukünftigen Straßenbauten und Wegeverbesserungen finanziell zu stark zu belasten. Zurückliegende Ernteausfälle, Viehseuchen und Deichbauten nannte die Kammer damals als Gründe, warum den Ostfriesen die Aufbürdung neuer Lasten erspart bleiben sollte.[1227]

Bedeutende Handelswege hatten sich in Ostfriesland nicht entwickelt. Der Güteraustausch bewegte sich in bescheidenen Grenzen. Die Erzeugung konzentrierte sich hauptsächlich auf den Eigenverbrauch. Was aus Emden und Leer nach auswärts weitertransportiert werden musste, wurde auf dem Wasserweg befördert.

Auch bei der Übernahme Ostfrieslands durch Hannover waren die damaligen Wege unbefestigt und in den Herbst- und Wintermonaten vielfach unpassierbar. Die Bauern führten bei Abfuhr von Heu und Torf meist Reisigbündel mit sich, um tiefe Stellen durchqueren zu können. Die Unterhaltung der Gemeindewege war eine Sache der Einwohner der Kommune, die Leistungen erfolgten in *„Hand- und Spanndiensten."* Die zwischen den Ortschaften liegenden Wege waren in der Regel in Pfänder (Abschnitte) eingeteilt, die von mehreren Gemeinden zu unterhalten waren.[1228]

Jedem ostfriesischen Bauermeister oblag die Sorge und Aufsicht über die Wege seiner Dorfschaft. Die Heerwege, Dorfwege, Fußpfade, Stege und Brücken waren diesem Ortsvorsteher von den Ämtern unterstellt. Waren bestimmte Wege seiner Gemeinde in Pfänder eingeteilt, die von Eingesessenen anderer Kommunen unterhalten werden mussten, hatte der Bauermeister genau über die vorhandenen Register Buch zu führen und darauf zu achten, dass die darin aufgeführten Obliegenheiten erfüllt wurden. Dorfbewohner, die ihre Aufgabe nicht erfüllt hatten, musste der Bauermeister beim Amtsvogt melden. Den jeweiligen Umständen nach konnte er die mangelhaften Wegestellen für Geld auf Kosten der säumigen Gemeindemitglieder gleich instand setzen lassen.[1229]

[1226] StAA (wie Anm. 749), Amt Aurich an die Landdrostei v. 27.2.1865. 1873 begann man mit dem Bau des Abelitz-Moordorf-Kanals, der von der Abelitz in den Marienhafer Niederungen durch die Kolonie bis zum Meerhusen-Victorbur-Tannenhausener Moor verlief. Meyer (wie Anm. 39), S. 247. Der im letzten Viertel des 19. Jahrhunderts angelegte Ringkanal durchlief und entwässerte Süd-Victorbur, Neu-Ekels, Neu-Barstede, Herrenhütten und Gebiete von Westerende.

[1227] Heinrich Drees, Wegebau bereitete zu allen Zeiten Sorgen, in: Friesische Heimat, Beilage des Anzeigers für Harlingerland, 1953, Nr. 96.

[1228] Gerd Saathoff, Von alten Heer- und Postwegen, in: Unser Ostfriesland, Beilage der Ostfriesen-Zeitung, 1972, Nr. 15.

[1229] StAA (wie Anm. 603), § 13 der Instruktion der Bauermeister v. 26.1.1819.

Alle Fußpfade standen unter besonderer Aufsicht, besonders wenn sie als Kirchenwege dienten. Die Brücken und Stege mussten mit Geländern versehen sein; alle sonstigen Übertritte sollten für die Bevölkerung stets sicher benutzt werden können.

War die Bauernschaft verpflichtet, Wege außerhalb der eigenen Kommune zu unterhalten, war es Aufgabe des Ortsvorstehers, die erforderlichen Arbeitsgruppen zusammenzustellen. Alle Nachlässigkeiten der Dienstpflichtigen in Wegebausachen wurden mit hohen Strafen geahndet.[1230]

Die Allgemeine Chaussee-Ordnung vom 30. April 1824 brachte Neuregelungen im hannoverschen Straßenwesen. Das Wegegesetz teilte die Routen in drei Klassen; es gab die (Provinzial-) Chausseen, (Kreis-) Landstraßen und Gemeindewege. Als hannoversche Staatsstraßen dienten die Chausseen wie die Wasserstraßen ursprünglich dem Durchgangsverkehr. Mit Einführung der Eisenbahnen wurden sie zudem deren Zubringer.[1231]

4.7.1 Die Unterhaltung des Post- und Heerweges

Der Postweg zwischen Aurich und Norden befand sich 1837 auf einer über Moorboden führenden, mehr oder weniger durchgeschlagenen Strecke bei Moordorf in einem sehr schlechten Zustand, der um die Fahrbarkeit zu sichern, einer Ausbesserung bedurfte. Die Sanddecke war von unzureichender Stärke, so dass der Weg sich bei anhaltend nasser Witterung äußerst schwer und gefährlich zu passieren darbot.

Die zur Wiederinstandsetzung notwendigen Arbeiten hatten in diesem Fall die Wegepflichtigen vorzunehmen. Es waren anliegende Landbesitzer sowie Mitglieder aus den alten Kommunen, die bestimmte Abschnitte unterhalten mussten. Der Zustand der Wege und Brücken im Bezirk Aurich ließ zu der Zeit vieles zu wünschen übrig.[1232]

Im Juli 1838 kam es zu einer behördlichen Besichtigung der Wege, Brücken und Wasserzüge im Bereich der Amtsvogtei Victorbur. In Gegenwart von Sachverständigen und der betreffenden Bauermeister befand man den Weg von Aurich bis Walle in untadelhaftem Zustand. Bei Untersuchung des Weges von Walle über Moordorf bis Victorbur schätzten die Anwesenden auf einer Strecke durch Moordorf besonders die Pfänder der Dörfer Wallinghausen, Popens, Theene sowie einen Teil der Pfänder von Uthwerdum in der trockenen Jahreszeit für gut ein. Die Gruppe war sich aber darüber einig, dass gerade diese Strecke des Moordorfer Weges im Winter, wenn es nicht gefroren hatte, die schlechteste war. Es wurde vorgeschlagen, diesen Abschnitt in einer Breite von etwa 16 Fuß durch Ausgraben der Dargerde (obere, moorige Erdschicht) auf eineinhalb bis zwei Fuß zu vertiefen und diese Tiefe mit reinem Sand wieder auszufüllen. Der Sand war nach Meinung des Polizeiaufsehers Vogeler in Moordorf wahrscheinlich umsonst oder zumindest

[1230] Ebd., §§ 15-19 dieser Instruktion.

[1231] Bernhard Uphoff, Straßenbauten vor hundert Jahren, in: Heimatkunde und Heimatgeschichte, Beilage der Ostfriesischen Nachrichten, 1956, Nr. 8; Oberschelp (wie Anm. 607), S. 88.

[1232] StAA Rep. 15, Nr. 7314, Landdrostei an das Amt Aurich v. 16.3.1837. Über den Postweg auch Meyer (wie Anm. 40), S. 119 f.

billig zu bekommen. Er machte allerdings auf die allgemein entstehenden Kosten aufmerksam und schlug vor, die Landdrostei um einen Beitrag aus dem Landstraßenfonds zu bitten.[1233]

An dem betreffenden Straßenteil hatten die Gemeinden Wegepfänder von unterschiedlicher Länge. Allein Theene und Uthwerdum oblag die Unterhaltung von mehr als 117 Ruten der Strecke.

Zusammen war der Abschnitt über 150 Ruten lang. Die Sanddecke hatte dort nicht mehr als sieben bis 13 Zoll Stärke, deren unzulängliche Tragfähigkeit man sich bisher durch eingelegtes Buschwerk zu verbessern bemüht hatte.

Solche Wegeausbesserungen mit Buschwerk waren von geringer Dauer und besonders bei öffentlichen Straßen problematisch. Die Verstärkung der Sanddecke mittels Auffahren besonders guter, tragfähiger Erde gab eine weit nachhaltigere und sichere Verbesserung ab. Es wurde daher beschlossen, die schwache Sanddecke soweit zu verstärken, dass sie nirgends weniger als zwei Fuß, was nach den Fachleuten für die gegenwärtige Passage völlig ausreichte, stark war.

In Anbetracht der den Wegepfandpflichtigen zuzuteilenden umfangreichen Arbeiten hielten die Amtsleute es für angemessen, dieser Personengruppe eine Beihilfe zu gewähren. Diese war am zweckmäßigsten damit gegeben, wenn das Aufsetzen der Straßenkanten mit Soden auf Rechnung eines landdrosteilichen Fonds geschah.

Da die Profilierung des Weges und die Beaufsichtigung aller Bauarbeiten sowie insbesondere die Erhöhung des Weges mittels Sandanfuhr durch Fuhrwerke einige bare Kosten verursachten, schätzte man eine Beihilfe von 100 Reichstalern als angemessen ein. Die Ausbesserungen sollten noch im Laufe des Sommers 1839 nach beendeter Ernte ausgeführt werden.[1234]

Da der Heerweg über Moorboden führte und keine genügende Sanddecke hatte, plante man wenig später jedoch, zunächst das Moor abzugraben und anschließend wieder Sand aufzufahren.[1235]

Ende September 1839 hatte man das Profil des Wegeteils schon längst ausgesteckt, aber die ohnehin entfernt wohnenden Wegepflichtigen zur Ausführung der umfassenden Arbeiten noch nicht anhalten können, weil sich die Ernte durch die Fortdauer einer nassen Witterung sehr verzögert hatte. Wegen der vorgerückten Jahreszeit ließ sich auch nur eine Hälfte der Strecke in der geplanten Art erhöhen.[1236] Die Bauerrichter der Kommunen forderten ihre Gemeindemitglieder auf, die Arbeiten nach Anweisung des mit der Aufsicht beauftragten Polizeiaufsehers Vogeler binnen 14 Tagen auszuführen.[1237]

Ende Oktober 1839 beschwerten sich einige Besitzer von alten Warfen aus Theene bei der Landdrostei über eine Verzögerung der Ausbesserungsarbeiten. Sie machten das Amt Aurich dafür verantwortlich. Die Landdrostei beauftragte die Amtsleute, die Bittsteller aus Theene nur noch derart zu den Arbeiten und Kosten heranzuziehen, die sie ohne größere Belastungen zu leisten fähig waren. Der Rest ihres Anteils sollte auf Kosten eines Landstraßenfonds beschafft werden.[1238]

[1233] Ebd., Protokoll über die Besichtigung im Bezirk der Amtsvogtei Victorbur v. 19.7.1838.
[1234] Ebd., Wegebauinspektor Wittstein an die Landdrostei v. 31.7.1839.
[1235] Ebd., Amt Aurich an die Landdrostei v. 5.8.1839.
[1236] Ebd., Amt Aurich an die Landdrostei v. 6.10.1839.
[1237] Ebd., Amt Aurich an die betreffenden Bauermeister v. 6.10.1839.
[1238] Ebd., Landdrostei an das Amt Aurich v. 29.10.1839.

Das Amt wies die Vorwürfe zurück. Mit dem Wegebauinspektor Wittstein war die mündliche Verabredung getroffen worden, dass durch den Bauaufseher Lindemann das Profil des Weges ausgesteckt, das Anfahren und Aufsetzen der Soden besorgt und erst dann mit dem Anfahren des Sandes durch die Wegepflichtigen begonnen werden sollte.

Gleichzeitig brachten die Amtsleute zum Ausdruck, dass sie das Verfahren, die Beschwerdeführer aus Theene teilweise zu entlasten, für bedenklich hielten. Man müsse davon ausgehen, dass die Arbeiten, die einzelne Bedürftige oder schwache Mitglieder der Kommunen nicht leisten konnten, den übrigen Mitgliedern der Gemeinden gemeinschaftlich zur Last fallen würden. Wenn sie so, wie es von der Landdrostei vorgeschlagen worden war, verfuhren, würden sich zu allen Zeiten unter den Pfändern der Kommunen Theene, Uthwerdum und Victorbur immer einige Strecken finden, die wegen der Armut der Wegepflichtigen nicht ausgebessert werden konnten.[1239]

Die Landdrostei ermächtigte das Amt, nach seinem Ermessen zu verfahren. Sie war fälschlicherweise davon ausgegangen, dass die vier Besitzer der alten Theener Warfen völlig abgesonderte Einzelpfänder auf dem Moordorfer Weg besaßen.[1240]

Mit den Ausbesserungen war man später zufrieden. Da für die Ausbesserung bestimmter Pfänder nicht die Kommunen im Ganzen, sondern für Unterabteilungen einzelne Mitglieder zuständig sein sollten, war es notwendig gewesen, diejenigen Strecken, die unausgebessert geblieben waren, durch öffentliche Ausverdingung mit Sand anfüllen zu lassen. Deshalb war für alle Wegepflichtigen der Kommunen Theene und Uthwerdum eine Rechnung zu veranschlagen, die das Amt durch Pfändung beizutreiben beabsichtigte. Es bat die Landdrostei aber, den Wegepflichtigen einen Teil des rückständigen Betrages zu erlassen, der aus dem Landstraßenfonds entnommen werden sollte.[1241]

Die Landdrostei wollte beiden Kommunen jeweils die Hälfte der Kosten erlassen. Der Restbetrag der Ausverdingungskosten sollte per Pfändung eingezogen werden.[1242]

Mitglieder der Gemeinde Theene protestierten gegen dieses Verfahren, weil nur fünf Einwohner ihrer Pflicht, an den Ausbesserungsarbeiten teilzunehmen, nicht nachgekommen waren.

Diese Männer hatten angegeben, nicht mit Spannwerk versehen zu sein. Bis auf die fünf Theener hatten alle übrigen Pflichtigen, ob sie mit Spannwerk versehen waren oder nicht, die ihnen zum Unterhalt obliegenden Pfänder des Wegeteils instand gesetzt.[1243]

Die Aufhebung der Pfändung geschah nicht, und die gepfändeten Gelder der Kommunen Theene und Uthwerdum in Höhe von etwa 42 Reichstalern wurden im März 1840 an die Arbeiter für ihre geleisteten Dienste ausgezahlt.[1244]

Im Monat Dezember des Jahres 1839 waren die Fahrgleise der neuen Sandbahn bereits wieder dermaßen ausgefahren, dass die Amtsleute befürchteten, Fuhrwerke würden dort in dem moorigen Untergrund festfahren. Diesem Übel konnte nur durch

---

[1239] Ebd., Amt Aurich an die Landdrostei v. 2.11.1839.
[1240] Ebd., Landdrostei an das Amt Aurich v. 8.11.1839.
[1241] Ebd., Amt Aurich an die Landdrostei v. 20.12.1839.
[1242] Ebd., Landdrostei an das Amt Aurich v. 8.1.1840.
[1243] Ebd., Interessenten der Kommune Theene an die Landdrostei v. 19.2.1840.
[1244] Ebd., Amt Aurich an die Landdrostei v. 7.3.1840.

zeitweises Schlichten der Fahrgleise abgeholfen werden. Polizeiaufseher Vogeler aus Moordorf erhielt den Auftrag, die Arbeiten gegen Tagelohn verrichten zu lassen, sobald der Zeitpunkt dazu günstig erschien.[1245]

4.7.2 Der Chausseebau

Sogenannte Staatschausseen waren die ersten Steinstraßen in der Provinz Ostfriesland, die auf Kosten des Staates gebaut wurden. Als erste Chaussee entstand die Verbindung zwischen Leer und Aurich in den Jahren 1834 bis 1840, danach die Strecke Hesel bis Moorburg zwischen 1838 und 1842.[1246]

Zum Jahresanfang 1839 beschloss das Innenministerium die Aufnahme der Verbindung von Aurich nach Emden in den Staatsstraßenetat aufzunehmen. Man wollte möglichst bald mit dem Chausseebau beginnen.[1247] Die ostfriesischen Stände bewilligten aus eigenen Mitteln für das Jahr 50.000 Taler zur Verbesserung der Wege in der Provinz. Allein für den Ausbau der Strecke nach Aurich bot die Stadt Emden eine Beihilfe von 5.000 Talern an.[1248]

Die Strecke umfasste etwa 26 Kilometer. Der Bau zog sich über mehrere Jahre hin und dauerte bis zu seiner Vollendung bis 1845.[1249]

Die Chaussee verließ von Aurich kommend bei der Moordorfer Schule den alten Heer- und Postweg und führte dann schnurstracks bis Uthwerdum. Anfangs war geplant, sie ganz durch Moordorf bis zum Westende des Dorfes laufen zu lassen. Dabei handelt es sich um die Strecke, die heute als Neue Straße (Kreisstraße 118) bis Victorbur verläuft.

Es war bereits das Planum (die eingeebnete Untergrundfläche für die Pflasterung) fertig geworden, als die Fachleute sich für die frühere Abzweigung in Richtung Uthwerdum entschieden. Man füllte diesen Wegabschnitt lediglich wieder mit etwas Sand auf, der jedoch mit der Zeit wegwehte, so dass diese Strecke 1843 Stellen aufwies, wo die dünne Sanddecke von den Wagenrädern durchschnitten worden war und die Fuhrwerke leicht steckenblieben. Da nach den alten Pflichtigkeitsverhältnissen entlegene Dorfschaften (Victorbur, Uthwerdum und Theene) diesen Weg unterhalten mussten, sahen die Behörden eine rasche und gründliche Ausbesserung der mangelhaften Wegstellen als schwer realisierbar an. Darüber hinaus ging der Moordorfer Polizeiaufseher Vogeler davon aus, dass eine ausreichende Abhilfe nur dadurch gewährleistet werden konnte, wenn die ganze Wegstrecke mit ausreichend Sand aufgefahren wurde. Das Amt Aurich sprach sich dafür aus, die Finanzierung durch Gelder aus dem Landstraßenfonds zu beantragen. Als Begründung diente das Faktum, dass die unterhaltspflichtigen Gemeinden bei der Anlegung des ursprünglichen Planums der Chaussee bereits erhebliche Kosten

---

[1245] Ebd.

[1246] Karl-Heinz de Wall, Chausseebau in Ostfriesland, in: Friesische Heimat, Beilage des Anzeigers für Harlingerland, 1985, Nr. 11.

[1247] StAA Dep. 34 b, Stadt Aurich, Nr. 1739, Kgl. General-Wegebau-Kommission Hannover an den Magistrat zu Aurich v. 31.1.1839.

[1248] Ebd., Landdrostei an den Magistrat der Stadt Aurich v. 8.2.1839.

[1249] Vor 100 Jahren wurden Chausseen gebaut. Die ersten festen Straßen in Ostfriesland, in: Friesische Heimat, Beilage des Anzeigers für Harlingerland, 1978, Nr. 12.

gehabt hatten, weil eine bedeutende Erhöhung der Nordseite des Weges mit Sand nötig gewesen war.[1250]

Die Landdrostei lehnte den Antrag ohne jegliche Begründung ab und machte das Amt Aurich dafür verantwortlich, dass für eine Unterhaltung der Wegstrecke durch die alten Gemeinden gesorgt wurde.[1251]

Natürlich wehrten sich die benachbarten Kommunen gegen die neuerliche Unterhaltspflicht, die durch die Änderungen alter Baupläne nötig geworden war.[1252] Schließlich musste sich das Innenministerium mit der Angelegenheit auseinandersetzen. Da der Chausseeverwaltung nur hinsichtlich der tatsächlichen Chausseen Verpflichtungen oblagen und einzelne Strecken und Zwischenabschnitte, sobald sie offiziell nicht mehr als Chausseen galten, an die Unterhaltspflichtigen zurückfielen (§ 5 des Gesetzes über Aufhebung der Chausseedienste vom 19. November 1840), sprach das Innenministerium der Beschwerde der alten Gemeinden jeden Grund ab.[1253]

Der zum Chausseebau bis auf die Steinpflasterung fertige Weg blieb etwa zehn Jahre unverändert liegen, und von keiner Seite wurde irgendetwas zu seiner Ausbesserung getan. Die bis zur Chausseeanlage in Höhe der Moordorfer Schule an sich unterhaltspflichtigen Gemeinden kehrten sich nicht um die Mängel, und auch die Moordorfer Kolonisten nahmen die Schwierigkeiten ihrer Fuhrwerke auf dem Weg in Kauf.

1853 wurden die Diskussionen um die Wegeunterhaltpflicht wieder aufgenommen.[1254] Der Landdrostei schien es nicht mehr als recht, dass der Weg von den Moordorfern unterhalten wurde. Sie nahm aber von einer entsprechenden Entscheidung Abstand, bevor ein neues Gesetz über Gemeindewege und Landstraßen (vom 28. Juli 1851) in Kraft trat.

Nichtsdestotrotz sah sie den Weg bereits als Gemeindeweg an, der zukünftig in die Unterhaltspflicht der Kommune Moordorf fallen sollte. Man wollte den Moordorfern jedoch nicht schon vor Eintritt der Wirksamkeit der zukünftigen gesetzlichen Bestimmungen die Wegelast auferlegen.[1255]

Für die Entscheidung war sicherlich mit ausschlaggebend, dass man die Gemeinden Victorbur, Uthwerdum und Theene in Wegeunterhaltspflichten nicht als besonders überlastet einschätzte.[1256] Solche Beschlüsse trugen auf der anderen Seite natürlich dazu bei, die Unbeliebtheit der Moordorfer bei ihren Nachbargemeinden weiter zu verstärken. Bei den wegeunterhaltspflichtigen Gemeinden Victorbur, Theene und Uthwerdum handelte es sich darüber hinaus um Dörfer, die zur großen Kirchengemeinde Victorbur gehörten und allein durch die Armenlasten für die Moordorfer Kolonisten bereits erheblich in Anspruch genommen wurden.

Am Ende der hannoverschen Zeit in Ostfriesland bot sich die Chaussee von Aurich nach Georgsheil nach den subjektiven Einschätzungen eines Zeitgenossen als

---

[1250] StAA Rep. 15, Nr. 7323, Amt Aurich an die Landdrostei v. 27.10.1843.
[1251] Ebd., Landdrostei an das Amt Aurich v. 8.11.1843.
[1252] Ebd., Vorstellung der Gemeinden Victorbur, Uthwerdum und Theene v. 24.11.1843.
[1253] Ebd., Innenministerium an die Landdrostei v. 11.3.1844.
[1254] Ebd., Ortsvorsteher Weichers aus Moordorf an die Landdrostei v. 12.4.1853.
[1255] Ebd., Landdrostei an das Amt Aurich v. 28.5.1853.
[1256] Ebd., Innenministerium an die Landdrostei v. 11.3.1844.

breite, festgepflasterte Fahrstraße dar.[1257] Auf der linken Seite in Richtung Georgsheil befand sich ein Fußweg, auf der rechten Seite war ein lockerer Sandweg. Dieser ungepflasterte sogenannte Sommerweg diente in erster Linie zum Ausweichen von entgegenkommenden Gespannen.

Mehrmals täglich fuhr die gelbe, königliche Postkutsche, die sechs Sitzplätze hatte, bis Georgsheil. In Georgsheil traf sie sich mit den Kutschen aus Emden und Norden. Der Verkehr war für damalige Verhältnisse stark, denn es wurden nicht nur immer öfter Beiwagen gestellt; neben der Post gab es einen geregelten Omnibusverkehr von Aurich bis Georgsheil. Die Fahrt mit dem Omnibus war etwas billiger als mit der Post. Der Omnibus fuhr nicht schneller als die Kutsche.

Der Zeitgenosse schilderte die Durchfahrt durch die Kolonie Moordorf aus einer eher mitfühlenden Sicht.

"...es blieb den armen Moordorfer Kindern durchaus die Möglichkeit, lange, lange neben dem Wagen her zu traben und die Milde der Insassen mit dem unermüdlich wiederholten Rufe: "Unkel, een Pennick!" zu erweichen. Das waren traurige Eindrücke; ihnen entsprach der jämmerliche Anblick, den zu beiden Seiten des Weges die elenden Lehmhütten der "Schwarzweger" boten. Die noch gegen Ende der hannoverschen Zeit eingeführte allgemeine Schulpflicht, dann besonders die Wehrpflicht haben hier sicher vieles gebessert; die halb unterirdischen Hütten, die man damals vereinzelt noch sah, werden jedenfalls wohl ganz verschwunden sein. Als Gewerbe betrieben die Leute wesentlich das Besenbinden; sie holten sich dazu die niedrigen Sträucher der Calluna vulgaris aus den weiten Heidestrecken im Osten von Aurich; schwerbepackt durchzogen sie die Stadt und erbettelten sich dabei Geld, um Tee und Kandiszucker, leider aber auch reichlich Genever zu kaufen; der Heimzug auf der Emder Chaussee bot oft genug widerliche Bilder. Tief ans Herz aber griff es, wenn in der Winterzeit die armen Frauen meist barfuß mit ihren eigenen kläglichen Lumpen die Kinder an der Brust deckend, traurig um ein wenig Brot bettelten; da überwog denn doch das Mitleid die Besorgnis vor den berüchtigten Diebsneigungen des armseligen Volkes, und milde Hände gaben ihnen willig, was am nötigsten schien, um ihnen den weiten Weg auf der winterlich rauhen Chaussee zu erleichtern."[1258]

Auch dieser Autor unterlässt es nicht, auf die *„bekannten"* Eigenschaften der Moordorfer noch einmal hinzuweisen. Die Moordorfer sind in seiner Beschreibung die besenbindenden, alkoholtrinkenden Bettler und Lehmhüttenbewohner, die sich durch kriminelle Energien auszeichnen. Es ist davon auszugehen, dass es dem Autor keineswegs darum ging, die Koloniebewohner bewusst zu diffamieren. Beim Leser solcher Beschreibungen schliffen sich aber die bekannten Begriffe ins Bewusstsein immer mehr ein, ohne dass die Ursachen der sozialen Probleme und Fehlentwicklungen reflektiert wurden. Die Moordorfer blieben daher für die ostfriesische Öffentlichkeit *„een Volk för sück"*, wie eine Radiosendung über Moordorf im Jahre 1983 tituliert wurde.[1259]

[1257] Anton Funk, Auricher Verkehrswege vor sechzig Jahren, in: Heimatkunde und Heimatgeschichte, Beilage der Ostfriesischen Nachrichten v. 28.2.1926, S. 26-27 und im Folgenden ebd.

[1258] Ebd., S. 27.

[1259] Die Radiosendung von Andreas Wojak hatte den Titel "Moordörpers - een Volk för sück" (Radio Bremen/NDR 1983). Siehe Wojak (wie Anm. 2), S. 322.

5. Die Zeit nach 1866

5.1 Die Einrichtung, Befunde und Anträge der Moorkommission

Im Jahre 1869 veranlasste das Finanzministerium die Einberufung einer staatlichen Kommission zur Prüfung der sozialen und wirtschaftlichen Verhältnisse in den ostfriesischen Moorkolonien. Neben der Anfertigung eines ausführlichen Gutachtens sollte die Aufgabe dieses Gremiums darin bestehen, Möglichkeiten aufzuzeigen, wie die Zustände in den Moorgebieten entscheidend verbessert werden könnten.[1260] Finanzminister v. d. Heydt hielt es bereits zu diesem Zeitpunkt für erforderlich, dass zukünftig *„die vorhandenen Moorkolonien auf ein auskömmliches Maß an Land erweitert"* wurden und *„daß das Entstehen neuer Colonien nicht begünstigt"* werden durfte. Die vorteilhaftere Gestaltung der Verhältnisse ließ sich nach seiner Ansicht nur sicherstellen, wenn nach Vergrößerungen der Moorbauernstellen späteren Anträgen auf Landteilungen bzw. Zerstückelungen der Kolonate gesetzlich entgegengewirkt wurde.[1261]

Die wenig später von der Staatsregierung berufene Kommission (Ostfriesische Moorkommission) setzte sich aus 16 Kennern der ostfriesischen Verhältnisse zusammen.[1262]

In seinem Abschlussbericht schickte das Gremium voraus, dass die *„Lösung so tief liegender und allgemeiner Uebelstände, wie dieselben auf den Ostfriesischen Moordistrikten gegenwärtig lasten, nothwendig nicht auf dem beschränkten Gebiet der Domanialverwaltung allein gefunden werden kann."*[1263] Die Fachleute waren bei ihren Überlegungen davon ausgegangen, dass *„die Staatsregierung bei Einberufung einer so umfassend zusammengesetzten Kommission unmöglich den Wunsch hat hegen können, dieselbe werde bei ihrer Arbeit auf halbem Wege stehen bleiben und mit der vollen von ihr erkannten Wahrheit etwa dort zurückhalten, wo dieselbe anfängt unerfreulich zu werden."*[1264]

Die Kommission hatte sich daher zur unbedingten Offenheit der Staatsregierung gegenüber verpflichtet gefühlt, *„da alle ihre Mitglieder vom ersten Tage der Berathung an sich einstimmig in der Auffassung begegneten, daß die Verhältnisse*

[1260] StAA (wie Anm. 570), Oberpräsident der Provinz Hannover an den kommissarischen Landdrosten in Aurich v. 9.5.1869.
[1261] Ebd., Finanzminister v. d. Heydt an die Verwaltung der Domänen und Forsten in Hannover v. Mai 1869.
[1262] Ebd., Abschlussbericht der Moorkommission v. 12.4.1871. Es handelt sich um einen sehr umfangreichen Bericht bzw. um ein Konvolut von mehr als 120 Seiten. Bei den folgenden Quellenangaben werden aus dem Grund Seitenzahlen (archivalische Konkordanz) aus dem Abschlussbericht angegeben. Die Mitglieder der Kommission waren (S. 348/1): 1. Landdrost von Hagemeister, Vorsitzender; von der Ostfriesischen Landschaft gewählt: 2. Graf von Knyphausen, Lütetsburg; 3. Bürgervorsteher Hinrichs, Esens; 4. Gutsbesitzer D. A. Eggers, Etzel; von der Staatsregierung berufen: 5. Forstrat Mühring, Hannover; 6. Kreishauptmann Roth, Aurich; 7. Amtshauptmann Gerdes, Stickhausen; 8. Amtshauptmann Richard, Wittmund; 9. Regierungsrat Euxleben, Aurich; 10. Wasserbaudirektor Müller, Aurich; 11. Wasserbaudirektor Dinklage, Geestemünde; 12. Major a. D. Seweloh, Aurich; 13. Oberförster a. D. Lantzius-Beninga, Stiekelkamp; 14. Oberförster Gerdes, Sandhorst; 15. Bürgermeister Hantelmann, Emden; 16. Regierungsrat Roloff, Aurich.
[1263] Ebd., S. 348/2.
[1264] Ebd.

der Ostfriesischen Moorkolonien in ihrem gegenwärtigen Zustande unhaltbar sind, daß die Lage derselben – sei es durch Fehler in der Anlage, oder durch Irrthümer in der Verwaltung oder durch ungünstige in den Zeitverhältnissen liegende Einflüsse bereits eine so verzweifelte ist, daß Palliatrie und kleine Maßregeln überhaupt nicht mehr verfangen, daß vielmehr nur durch eine ernste, umgreifende, den ganzen Organismus umfassende Kur, wirkliche Hülfe erwartet werden könne."[1265]

In der Grundauffassung der Sachlage erzielten die Mitglieder der Moorkommission volle Übereinstimmung.[1266] In ihrem Abschlussbericht werden am Anfang allgemeine Angaben zur Geographie, Bodenbeschaffenheit und -fruchtbarkeit in der Region gemacht.[1267]

Nach den Feststellungen des Gremiums gab es zu der Zeit 83 Moorkolonien[1268] mit 4.065 Kolonaten und 21.777 Einwohnern, von denen 1.731 Menschen oder etwa 8 % aus öffentlichen Armenkassen unterhalten wurden. Die Fläche dieser Kolonien betrug 68.133 Morgen (ca. 3 Quadratmeilen; 1 Morgen = 0,25 Hektar; 1 Quadratmeile = ca. 5,506 Hektar), wovon ungefähr 2/3 kultiviert waren. Auf die Quadratmeile kam nach Einschätzung der Fachleute die „ungewöhnlich starke Bevölkerung von 7259 Seelen." Diese Moorbauern hatten in der Regel kein weiteres Gewerbe, keinen Tagelohnverdienst oder Nebenerwerb durch den Torfhandel. Die Menschen auf einer Quadratmeile mussten dennoch von etwa 22.000 Morgen Moorboden, der zum dritten Teil noch unkultiviert war, jährlich eine Summe von 17.310 Mark an öffentlichen Lasten aufbringen. Nach verschiedenen Gutachten von ökonomischen Sachverständigen der damaligen Zeit betrug der Reinertrag solcher Böden in nicht kultiviertem Zustand höchstens fünf und in kultiviertem Zustand durchschnittlich 20 Groschen pro Morgen. Dieser Fakt war für die Moorkommission Beweis genug, die „Unhaltbarkeit der gegenwärtigen Kolonien unwiderleglich darzuthun."[1269]

Eine Zusammenstellung der Schulden allein für die Kolonien des Amtes Aurich machte deutlich, dass vielfach eine Überschuldung bis auf den doppelten und dreifachen Wert zu verzeichnen war.[1270]

Wie „menschenmörderisch" sich diese Zustände auf die Bevölkerung auswirkten, versuchte das Gremium anhand von Mortalitätstabellen darzulegen. Danach ergab sich, dass in den ersten 14 Lebensjahren in den Moorkolonien 10 % mehr Menschen starben als im Landdrosteibezirk Aurich im Durchschnitt. 24 % mehr Kinder wurden totgeboren als in dem Verwaltungsgebiet, und 9 % der Menschen erreichten weniger das Alter von 60 Jahren als im ganzen Bezirk.[1271]

Die Moorkommission hielt die Not der ostfriesischen Kolonien nicht nur für lokale Erscheinungen, sondern für eine allgemeine Landeskalamität, die einen ganz beträchtlichen Teil der ostfriesischen Bevölkerung direkt berührte und auch die übrige Bevölkerung in Mitleidenschaft zog. Die Missstände verteilten sich ungleich

---

[1265] Ebd., S. 348/3.

[1266] Ebd., S. 350/3.

[1267] Ebd., S. 350/3-353/9.

[1268] In Veröffentlichungen über die Moorbesiedlung in Ostfriesland differieren die Angaben über die Anzahl der Moorkolonien. Der Grund ist meistens darin zu suchen, dass die Autoren nicht übereinstimmen, welche Siedlungen als geschlossene Kolonien anzusehen sind oder als Ansammlung von Kolonaten, die man alten Bauernschaften zurechnen muss.

[1269] StAA (wie Anm. 570), Abschlussbericht der Moorkommission v. 12.4.1871, S. 361.

[1270] Ebd., S. 365.

[1271] Ebd., S. 363.

auf die einzelnen Amtsbezirke. Während nach Feststellungen der Experten das Amt Emden gar nicht und die Ämter Leer, Norden und Weener nur sehr wenig davon betroffen waren, stieg die Moorbevölkerung in den Ämtern Aurich auf 33%, Esens auf 30%, Wittmund auf etwa 22% und Stickhausen auf 60% der Gesamtbevölkerung. Die Anhäufung der Moorbevölkerung in einzelnen Bezirken, etwa in den Ämtern Aurich und Stickhausen, schätzte die Kommission umso nachteiliger ein, weil hier das Gegengewicht einer wohlhabenden Marschbevölkerung vollständig fehlte.[1272]

Sie sah die zukünftige Hauptaufgabe des Staates nicht in einem finanzwirtschaftlichen Engagement oder aufgrund von Finanz- und Landeskulturinteressen in weiteren Nutzbarmachungen der vorhandenen Moore und Wildnisse. Es war am allerwenigsten auf eine weitere Ausdehnung der bisherigen Benutzungsarten durch Anlegung neuer Kolonate und Kolonien Bedacht zu nehmen. Vielmehr waren alle Kräfte auf das Hauptziel zu richten, eine Abhilfe der auf den Kolonien bestehenden Missstände einzuleiten und diese zu einer selbständigen, wirtschaftlichen Existenz zu verhelfen.

Die Experten empfahlen, Neuausweisungen nur auf diejenigen Fälle zu beschränken, wo sie sich im Interesse bestehender Kolonien als notwendig herausstellen würden.[1273]

Die Untersuchungen der Moorkommission führten letztendlich zu mehreren Beschlüssen und gipfelten in folgenden Zielen:

- Beseitigung der bisherigen Überbürdung der Kolonien durch öffentliche Lasten,
- Verminderung der Privatverschuldung durch bessere Kreditmöglichkeiten,
- Verbesserung der wirtschaftlichen Betriebsverhältnisse,
- Ausführung größerer Landesmeliorationsarbeiten,
- Hebung der sittlichen und intellektuellen Zustände,
- Beseitigung der für die Entwicklung der Kolonien nachteiligen Bestimmungen des Urbarmachungsediktes.

Ermäßigung der öffentlichen Lasten

Die Kommission stellte den Antrag, die öffentlichen Lasten (Grundsteuer, Kirchen-, Schul-, Armen- und Gemeindelasten sowie Domanialabgaben) auf ein Maß herabzusetzen, das der Leistungsfähigkeit der Stellen entsprach und die Kolonisten nicht dazu trieb, in der Privatverschuldung die Mittel zur Bezahlung ihrer öffentlichen Verpflichtungen zu suchen. Die Mitglieder des Gremiums waren einstimmig der Ansicht, dass der Grund und Boden der Kolonien aufgrund der Kolonatsgrößen, der mangelnden Entwässerung oder wegen seiner Beschaffenheit als *„Flugsand"* einen Reinertrag zur Zahlung fiskalischer Erbpachten nicht gewährleistete. Der Boden konnte weitgehend durchaus als Unland bezeichnet werden.

Über die Art und Weise sowie über die Höhe der Ermäßigung gingen die Ansichten der Fachleute auseinander. Die überwiegende Majorität entschied dann, beim

---

[1272] Ebd., S. 365/366.
[1273] Ebd., S. 367.

Finanzministerium die Abminderung sämtlicher Erbpachten in den Moorkolonien um 50% zu beantragen.[1274]

In vielen Moorkolonien waren die Schullasten für die Einwohner zu hoch. Vor allem konstatierte man dies für solche Orte, wo der Domänenfiskus es bei der ersten Gründung der Siedlungen an einer Schulausstattung und weiteren geldlichen Zuwendungen hatte fehlen lassen. Diese Überlastung trat früher weniger in Erscheinung, da es bis 1866 möglich war, den Schulen in den Kolonien insbesondere aus dem Fehnmeliorationsfonds sowie aus Mitteln des ehemaligen hannoverschen Kultusministeriums reichlichere Unterstützungen zuzuführen. Da die Mittel aus dem Meliorationsfonds nach 1866 gestrichen worden waren, um nur noch ihrer eigentlichen Bestimmung gemäß verwendet zu werden, erlaubte die Administration der für Schulzwecke bestimmten Staatsmittel in Berlin nur noch einen beschränkten Zufluss an Unterstützungsgeldern.

Die Kommission stellte einstimmig den Antrag, dass die von der Domänenverwaltung gegründeten Kolonien, wenn dies bisher nicht geschehen war, aus dem Fundus der Domänenverwaltung ein angemessenes Schulland als Schenkung erhielten. Wenn dies nach der Lage der Kolonie nicht möglich war, sollte eine entsprechende Gelddotation erfolgen. Mit der nötigen Ausstattung der Schulen hing nach Ansicht der Fachleute die Ausstattung der Armenverbände überall dort zusammen, wo in Folge übermäßiger Domanial- und Schullasten auch diese Bürden in eine unerschwingliche Höhe gestiegen waren. Eine Ermäßigung der Schullasten bedeutete daher zugleich eine direkte Unterstützung der örtlichen Armenkassen.[1275]

Minderung der Privatverschuldung durch Kreditmöglichkeiten

Für die Moorkommission war die *„Kreditfrage die Lebensfrage für die Kolonien."* Ohne ihre Lösung blieben alle übrigen Mittel zur sozialen und wirtschaftlichen Verbesserung der Kolonien erfolglos. Ostfriesland hatte nach Einschätzung des Gremiums weder eine nennenswerte Sparkasse noch ein bedeutendes Kreditinstitut. Es besaß ein kostspieliges und schwerfälliges Hypothekenrecht, an dem sich seit 1783 nichts geändert hatte. Während sonst in ganz Deutschland der Grundbesitz mit wenigen Ausnahmen von allen erblichen Beschränkungen des Eigentums längst befreit war und zur freien Disposition stand, hielt die Verwaltung in den ostfriesischen Kolonien immer noch ihre alten Grundlasten aufrecht. In der Beschränkung des Eigentums hatte man das Haupttheilmittel gegen größeren wirtschaftlichen Verfall gesehen. Für die Experten des Gremiums stand jedoch fest, dass in neuerer Zeit die Beschränkungen bei der Teilbarkeit des Grundbesitzes, bei der freien Disposition oder der Ablösbarkeit der Grundlasten keinen Schutz mehr zur Sicherung des Grundeigentums boten, sondern die natürlichen Kräfte zur Bekämpfung der Zustände in den Kolonien mit modernen wirtschaftlichen Methoden lahm legten. Anschluss zu finden an die wirtschaftlichen Grundlagen und Existenzbedingungen bedeutete für die Moorkommission die Realisierung von drei Erfordernissen: 1. Gründung von Kreditinstituten, 2. Besserung des Hypothekenrechts, 3. Beseitigung aller gesetzlichen und dauernden Beschränkungen des Eigentums.[1276]

[1274] Ebd., S. 370.
[1275] Ebd., S. 372 f.
[1276] Ebd., S. 379.

Der Ausschuss schlug vor, dass die Ostfriesische Landschaft eine entsprechende Kreditanstalt mit einer Spar- und Leihkasse unter der Maßgabe aufbauen sollte, dass die Gewährung der Kredite seitens der Bank an eine Mitwirkung der Vertreter einzelner obrigkeitlicher Verbände Ostfrieslands geknüpft wurde.

Hinsichtlich der Änderungen im Hypothekenrecht verzichtete die Kommission auf besondere Anträge, da die Einführung einer den damaligen Anforderungen des Kreditwesens und des Hypothekenhandels entsprechenden neuen Hypotheken-ordnung staatlicherseits bereits in Aussicht gestellt worden war.

In Bezug auf die Beschränkung des Eigentums hinsichtlich der Teilbarkeit und Veräußerungsfähigkeit der Kolonate hatte die staatliche Moorverwaltung in der jüngsten Vergangenheit die Meinung vertreten, dass die einzelnen Kolonate zur Existenz-sicherung einer Familie generell zu klein waren. Sie hatte daraus gefolgert, dass man weitere Teilungen durch Gesetz und Vertrag auf jede Weise unterbinden musste. Die Verwaltung hatte bisher jede Vergrößerung der Kolonate für überflüssig gehalten, wenn den Kolonisten die Freiheit der Veräußerung eingeräumt worden wäre.[1277]

Die Moorkommission zog dagegen ganz andere Schlüsse. Die unbedingte Freiheit des Verkehrs würde sich als sicherstes Mittel erweisen, den Grundbesitz in größeren Plätzen zu erhalten. Der Grund und Boden war die beliebteste Ware in Ostfriesland. Viele bäuerliche Landbesitzer nutzten die Gelegenheit, sich zu arrondieren und zu vergrößern.

Der Moorkolonist zeichnete sich nach den Erfahrungen der Ausschussmitglieder durch eine ähnliche Denkweise aus. In den Kolonien musste die Freiheit des Eigentums zwangsläufig dazu führen, dass der Moorbauer sein höchstes Ziel darauf richtete, sein Kolonat zu vergrößern oder vielleicht ein zweites Kolonat zu dem anderen zu erwerben. Man durfte davon ausgehen, dass die Neigung zur Vergrößerung des Grundbesitzes und zur Konsolidation auch bei Kolonisten größer war als die Tendenz zur Parzellierung.

Diese trat lediglich im äußersten Notfall in Erscheinung. Hinderte man jedoch einen Verkaufswilligen, so entzog man dem in Bedrängnis geratenen Kolonisten nicht nur ein letztes Mittel, sich zu helfen; man nahm auch gleichzeitig dem besser situierten Kolonisten die Möglichkeit, sich vorteilhaft und seinen Wünschen entsprechend zu vergrößern.[1278]

Die Kommission stellte daher den Antrag auf eine volle Befreiung der Kolonate von allen Eigentumsbeschränkungen, unbedingte Ablösbarkeit aller darauf ruhenden Lasten und unbegrenzte Teilbarkeit der Kolonate.[1279]

Verbesserung der wirtschaftlichen Betriebsverhältnisse

Der Ausschuss konstatierte, dass die Moorkolonien weniger auf landwirtschaftliche Betriebe als auf der sogenannten Moorwirtschaft basierten. Die landwirtschaftliche Nutzung der Stellen war meistens Nebensache und die Kultur der Ländereien durchgängig miserabel. Das Bestreben der Siedler war in der Vergangenheit nur auf die Ausbeutung der herrschaftlichen Hochmoore mittels Brandfruchtbau ausgerichtet

---

[1277] Ebd., S. 381 f.
[1278] Ebd., S. 387 f.
[1279] Ebd., S. 390 f.

gewesen. Die Klagen aus den Kolonien wurden immer lauter, als das Hochmoor ausgebrannt war und nur noch spärliche Buchweizenernten gewährte, der gute und in nächster Nähe der Kolonien vorhandene Torf abnahm und die Siedler ihren Bedarf in weiter Entfernung auf schlechten Moorwegen anfahren mussten. Die Domänenverwaltung war früher davon ausgegangen, dass mit Beschränkungen des übermäßigen Buchweizenanbaus, des freien Torfstichs und Weiderechts dem Missstand der unzureichenden Kultivierung der eigentlichen Erbpachtsländereien abgeholfen werden konnte. Sie hatte aber lediglich einer Bevölkerung von 40.000 Menschen eine bisherige Lebensader entzogen und nicht daran gedacht, der Bevölkerung anderweitig Ersatz zu bieten. Die Möglichkeiten zum Tagelohnverdienst waren in den meisten Moorgegenden nicht vorhanden, da dort größere Landwirtschaften fehlten. Die landesübliche Weidewirtschaft machte überhaupt die ausgedehntere Verwendung menschlicher Arbeitskräfte in der Landwirtschaft fast entbehrlich.[1280]

Die Fachleute sahen in der allmählichen Aufgabe der Moorbetriebe und in der schrittweisen Überführung der bisherigen Torf- und Moorkolonate in selbständige Landwirtschaften einen weiteren Ausweg aus der Krise der Kolonien. Sie schlugen der Staatsregierung folgende Mittel vor: 1. Vergrößerung der Kolonate auf den zur Begründung selbständiger Landwirtschaften erforderlichen Umfang ohne Erhöhung der Lasten, 2. Entwässerung und Trockenlegung des Areals sämtlicher Kolonien, weil sonst ein Ackerbau auf den Flächen überhaupt nicht möglich war, 3. Bis zur Durchführung dieser Maßnahmen eine möglichst liberale Überlassung der staatlichen Moore zur Brandkultur, zum Torfstechen und zur Viehweide in der althergebrachten Weise.[1281]

Die Moorkommission bezeichnete den Grund und Boden der Kolonien als sogenannten „Holzboden". Nur ein kleinerer Teil gut entwässerten Leegmoores konnte als natürlicher Ackerboden angesehen werden. Für Sachverständige bestanden keine Zweifel an der Tatsache, dass die bisherigen durchschnittlichen Größen der Kolonate nicht zur Sicherstellung der Ernährung einer Familie ausreichten. Das Gremium wies darauf hin, dass von dem als „Holzboden" bezeichneten Terrain mindestens 50 Morgen und von dem als Ackerland anzusehenden Leegmoor mindestens 30 Morgen zur Erhaltung einer Familie erforderlich waren. Die Kommission stellte den Antrag, die Kolonate durch Zulegung von Landflächen auf die zur Gründung selbständiger ländlicher Wirtschaften erforderliche Mindestgröße von 50 bzw. 30 Morgen zu bringen. Den Kolonisten sollten für die Vergrößerungsflächen minimale Erbpachten abverlangt werden.

Aufgrund der großen Unterschiede bei den Vertragsbestimmungen, nach denen die Kolonate in der Vergangenheit verliehen worden waren, empfahl die Kommission, einheitliche Vertragsverhältnisse für jedes Kolonat zu schaffen. Bei einzelnen Kolonaten bestanden aufgrund verschiedener gesetzlicher Grundlagen in zurückliegenden Zeitphasen drei bis vier Rechtsverhältnisse. Das Gremium hielt es für zweckmäßig, bei Landzulegungen zukünftig Verträge auf Grundlage des Gesetzes vom 23. Juli 1833 abzuschließen.[1282]

[1280] Ebd., S. 392 f.
[1281] Ebd., S. 394 f.
[1282] Ebd., S. 396 f. Siehe auch Kap. 4.7.

Die alleinige Vergrößerung der Bodenfläche genügte nicht, die Verhältnisse der ostfriesischen Kolonien zu verbessern. Überall in den Moorgegenden blieb die Entwässerungsfrage für die landwirtschaftliche Existenz der Siedler entscheidend. Die Moorkommission beschrieb die Zustände folgendermaßen:

„Der Fremde, welcher zum ersten Mal die ostfriesischen Kolonien besucht und die Felder, mit Ausnahme der Sommermonate, theils ganz unter Wasser stehend, theils bis an die Rücken der Ackerbeete im Wasser schwimmend findet, fragt unwillkürlich: Weshalb wird denn hier nicht für Abwässerung gesorgt? So kann ja Nichts werden?"[1283]

Die Schuld für die Zustände lag nach Ansicht des Ausschusses nicht bei den Kolonisten, sondern einzig auf Seiten der Moorverwaltung, die für die Entwässerung der Kolonien bisher bei weitem nicht ausreichend gesorgt hatte. Die besonderen Niveau- und Terrainverhältnisse Ostfrieslands brachten es mit sich, dass eine Entwässerung der Moore und Wildnisse nur im Großen erfolgen konnte und Anlagen nötig machte, die die Möglichkeiten der einzelnen Kolonien weit überforderten. Das Gremium machte deutlich, dass ohne eine umfassende Entwässerung die Remissionen, Niederschlagungen, Stundungen und Ausfälle trotz aller sonstiger Maßnahmen nicht aufhören würden. Dazu kam die Notwendigkeit der Anlegung von Wegen, *„weil einzelne Kolonien so verbindungslos mitten in das herrschaftliche Hochmoor hineingelegt sind, daß ohne Schaffung neuer Kommunikationswege durch die umschließenden herrschaftlichen Wildnisse ihre Existenz nicht sichergestellt werden kann und weil die Anlage von Entwässerungsgräben meistens mit der Anlage von Wegen in innigster Verbindung steht."*[1284]

Die Moorkommission betonte besonders, dass die Entwässerungsfrage der Kolonien mit den von dem Gremium befürworteten Kanalanlagen[1285] in keiner unmittelbaren Verbindung stehen würde. Letztere waren im volkswirtschaftlichen Sinne projektierte Schiffahrtskanäle, die zwar angrenzenden Grundstücken auch zur Entwässerung dienten, für die Abwässerung der bestehenden und auf 20 Quadratmeilen zerstreuten 83 Moorkolonien aber erst dann wirksam werden konnten, wenn sie mit den Kanalanlagen durch ein vollständiges Netz lokaler Wasserzüge verbunden waren.[1286]

Eine andere Härte gegenüber den Kolonisten sahen die Experten in den bestehenden Vertragsbestimmungen über die Ausweisung der zur Brandkultur zur Verfügung gestellten Moorflächen und in der Höhe der dafür geforderten Pacht. Sie meinten, dass die bisherige Pacht gegenüber dem Ertragswert der Moore zu hoch war. Die notwendige Ermäßigung der Pacht sollte mindestens bei 25 % liegen.[1287]

Darüber hinaus hegte man die Hoffnung, dass die Brandkultur mit Erfolg durch die Einführung der Kalidüngung ersetzt werden könnte. Dies würde für die finanzielle Nutzung der staatlichen Hochmoore von größter Bedeutung sein. Durch die kostengünstige Kalidüngung konnte der Mangel an Dünger in den Kolonien größtenteils beseitigt und der Raubbau an den Mooren beendet werden. Der

---

[1283] Ebd., S. 398.
[1284] Ebd., S. 400 f.
[1285] Siehe nachfolgende Ausführungen über Landesmeliorationen in diesem Kapitel.
[1286] StAA (wie Anm. 570), Abschlussbericht der Moorkommission v. 12.4.1871, S. 403 f.
[1287] Ebd., S. 408 f.

Domänenverwaltung bot sich die Möglichkeit, den Siedlern ganze Quadratmeilen zum Buchweizenanbau zu überlassen, ohne das dies für die Moore eine Wertminderung bedeutete. Die Kommission beantragte, dass dem landwirtschaftlichen Provinzialverein für Ostfriesland vom Landwirtschaftsministerium eine größere Geldsumme zur Verfügung gestellt werde, um für einige Jahre umfangreiche Versuche und Forschungen zur Kalidüngung durchführen zu können.

Es ging primär um die Frage, ob die Kalidüngung das Moorbrennen auf Dauer ersetzen konnte. Nur dann war eine Beseitigung der ruinösen Brandkultur zu erwarten.[1288]

Ausführung größerer Landesmeliorationen

Hinsichtlich der Notwendigkeit größerer Kanalanlagen in den Moorgebieten formulierte die Moorkommission ihre Sichtweise folgendermaßen:

„Denn überall im Moore, wo Fehnkanäle liegen, da findet man Wohlstand, blühende Felder, freundliche Landhäuser, neue Kirchen und Schulen, Schiffswerften, Holzhandel, Fabriken – kurz Fortschritt und Gedeihen auf allen Seiten! – Wo der Canal aber nicht hinreicht: Wildniß, Armuth, Stagnation und Verkommenheit jeder Art!"[1289]

Jeder Fuß, um den Ostfrieslands Fehnkanäle verlängert werden würden, brachte nach Einschätzung des Ausschusses auch seinen Moorsiedlungen den Vorteil der Fehnkanalisation, von denen die Kolonien bisher ausgeschlossen waren, näher.

Des Weiteren stellten Kanalanlagen die Versorgung mit Dünger sicher. Dies war überall dort möglich, wo der Dünger mit Hilfe kostengünstiger Wasserfracht aus der Marsch in größeren Mengen herangeschafft werden konnte. Durch Wasserfracht ließen sich auch Heu, Stroh, Schlick usw. aus der Marsch herbeischaffen.

Die Wasserstraßen ermöglichten einen lukrativen Torfhandel und beschleunigten damit die Abtorfung der Kolonate. Ein nicht minder großer Vorteil war der Umstand, dass sich durch die Kanalanlagen die Arbeitsmöglichkeiten für die Bevölkerung vergrößerten. Daran fehlte es nach den Erkenntnissen der Fachleute in den ostfriesischen Moorkolonien in großem Maße. Die Kommission schlug die Realisierung mehrerer Kanalprojekte in Ostfriesland vor. Die Anlage eines Ems-Jade-Kanals hielt sie für eine vorrangige Aufgabe. Dazu kamen Kanalverbindungen zwischen Berumerfehn und Esens sowie zwischen Nordgeorgsfehn und Spetzerfehn. Es wurde darüber hinaus die Realisierung einer großen Kanalanlage zur Entwässerung des gesamten Auricher Amts und des Moores auf der Grenze zwischen den Ämtern Aurich und Leer sowie des Gebietes bei Steenfelde und Flachsmeer für notwendig erachtet.[1290]

Verbesserung der sittlichen und intellektuellen Zustände

Die Kommission war der Ansicht, dass der Verfall der ostfriesischen Moorkolonien neben wirtschaftlichen Ursachen auch *„seine sittliche Seite und Quelle"* hatte. Um die Zustände zu verbessern, gab es demnach nur das Mittel, eine *„strenge Zucht und*

[1288] Ebd., S. 410 f.
[1289] Ebd., S. 424.
[1290] Ebd., S. 426 f.

Lehre in Schule und Kirche" durchzuführen. Daran fehlte es, und es gab Kolonien, die noch immer keine eigene Schule besaßen und deren Kinder in weit entfernten Gemeinden eingeschult werden mussten. Da die Passage über das Moor für viele Kinder besonders im Winter ganz unmöglich war, blieb ihr Schulbesuch in der Regel völlig unzureichend. Die Kommission beantragte, dass das Ministerium für geistliche Angelegenheiten die Errichtung neuer und die Erweiterung bestehender Schulen in den Kolonien aus den dort zur Verfügung stehenden Fonds ausgiebig förderte. Das Gremium konstatierte, dass der Umfang der Staatsbeihilfen für Schulzwecke in der zurückliegenden Zeit stark reduziert worden war und dadurch der sittlichen Verwahrlosung der Jugend in den Moorgegenden Vorschub geleistet hatte.[1291] Aus den sittlichen Zuständen der Kolonien erwuchsen nicht nur der Staatsverwaltung, sondern auch der inneren Mission Aufgaben und Pflichten. Nach Meinung der Fachleute boten sich in den Kolonien weite Betätigungsfelder, für die Not von Mitmenschen helfend und lindernd tätig zu sein. Insbesondere sollte die innere Mission dort dann initiativ werden, wenn die Staatsmittel nicht langten oder wenn die Fähigkeiten und Möglichkeiten staatlicher Organe unzureichend waren.[1292] Das Gremium wies darauf hin, dass sittliches Fehlverhalten oft auf das Nichtstun und die Arbeitslosigkeit der Kolonisten vor allem im Winter zurückzuführen war. Die Moorarbeiten ruhten dann und beschränkten sich auf das Füttern des wenigen Viehs. Die mangelnde Arbeit würde die Moorbewohner oft dazu verleiten, im Hausierhandel einen Nebenerwerb zu suchen. Das Vagabundieren ohne eine richtige Beschäftigung zog vielfach ein Fehlverhalten nach sich. Es wurde darauf hingewiesen, dass der Mißbrauch des Branntweins in den Kolonien weit verbreitet war. Nach Einschätzung der Experten kam es darauf an, durch Vermittlung freier Vereine in den Kolonien eine Hausindustrie hervorzurufen, die geeignet war, die Kolonisten gegen die Arbeits- und Beschäftigungslosigkeit zu schützen. Des Weiteren musste für die Hausarbeiten ein fester Markt und eine jederzeit sichere Absatzquelle geschaffen werden, um das Vagabundieren und Hausieren der Moorbewohner in ihren negativen Erscheinungsformen zu verhindern.[1293]

Beseitigung einiger Bestimmungen des Urbarmachungsedikts

Die Moorkommission kam aufgrund ihrer Beratungen zu dem Schluß, dass das Urbarmachungsedikt Bestimmungen enthielt, die eine positive Entwicklung des ostfriesischen Moorwesens behinderten. Diese bedurften einer Revision und Abänderung. Einige Mitglieder des Gremiums erachteten in Übereinstimmung mit früheren Anträgen der ostfriesischen Stände eine Aufhebung des ganzen Ediktes für nötig, andere meinten, dass das Edikt lediglich einige Bestimmungen enthielt,deren Beseitigung den Interessen der Kolonien förderlich sein würde. Die Kommission sah sich außerstande, alle rechtlichen Konsequenzen einer totalen Beseitigung des Ediktes oder einiger Bestimmungen zu überprüfen und einzuschätzen.[1294]Sie einigte sich aber einstimmig auf den Antrag, das Edikt im Wege der Gesetzgebung einer Revision unterziehen zu lassen. Besonders sollte Bedacht genommen werden auf

---

[1291] Ebd., S. 464 f.
[1292] Ebd., S. 465.
[1293] Ebd., S. 466 f.
[1294] Ebd., S. 468 f.

die Aufhebung der im § 3 angesprochenen Einschränkungen hinsichtlich der Besitzergreifung und der Eigentumsbeweise von Alteingesessenen (z. B. Viehtrieb auf den Heideflächen sowie Plaggenhauen als alte Gewohnheitsrechte, frühere Bestimmungen der Feldmarken und Dorfschaftsgrenzen). Des Weiteren waren die im § 15 enthaltenen Bestimmungen über die Zugehörigkeit der auf den staatlichen Mooren angesetzten Kolonate zu den Armenverbänden angrenzender Kirchengemeinden abzuändern. Die Bestimmungen des § 3 verliehen dem Fiskus *„ein ganz unerhörtes Vorrecht"* gegenüber Privatpersonen und alten Dorfschaften. Jahrhundertealte Berechtigungen waren mit dem § 3 außer Kraft gesetzt worden. Die Aufhebung der Bestimmungen war nach Ansicht der Experten unter allen Umständen dringend geboten.[1295] Der § 15 des Ediktes hatte dazu geführt, dass alte *Gemeinden „durch die ihnen aufgezwungenen Armenkolonien fast erdrückt"* worden waren. Zwar konstatierte die Kommission, dass die Verwaltungsbehörden sich in der jüngsten Vergangenheit bemüht hatten, bestimmte Härten des § 15 abzumildern, doch befanden sich die Gemeinden noch immer nicht in der Lage, neu angesiedelte Kolonisten mit Erfolg abzuweisen. Die Gefahr für die Kirchen- und Armenverbände bestand nach wie vor darin, dass sie bisher auf Grund des § 15 gezwungen waren, die vom Fiskus angesiedelten Kolonisten unentgeltlich, d. h. ohne jede Beteiligung der Domänenverwaltung zu unterstützen. Hier sollte nach Meinung des Ausschusses *„ein gesetzlicher Riegel vorgeschoben"* werden, der diese Verpflichtung der Armenverbände durch Aufhebung des § 15 für immer beseitigte.[1296]

Die staatlichen Maßnahmen, die den Befunden und Anträgen der Moorkommission folgten, liefen nur langsam an. Ihnen kam jedoch der damalige Fortschritt in Wissenschaft und Technik entgegen. Man unterstützte die Vergrößerung der Kolonistenstellen, baute Wege und Landstraßen aus. Die Erbpachtsverhältnisse wurden gelöst und der Grund und Boden in freies Eigentum umgewandelt. Man legte zahlreiche Kanäle an und schuf neben den Entwässerungsmöglichkeiten Transportwege für Torf und Dünger. Die Bauarbeiten an Straßen und Kanälen eröffneten Verdienstmöglichkeiten für die dortige Bevölkerung. Vor allem die Anlage des Ems-Jade-Kanals in den Jahren 1880-1887 hatte weitreichende Wirkungen in der Region. Die Lebensverhältnisse in den Moorkolonien begannen sich langsam zu verbessern. Die sozialen Verhältnisse lagen jedoch weit zurück, und notwendige Investitionen waren zu teuer, um den Übergang von Armut in Wohlstand zügig zu bewerkstelligen. Zu den staatlichen Entwicklungsmaßnahmen nach der Reichsgründung gehörte der Ausbau des Schul- und Kirchenwesens. All dies wirkte sich aber nur sehr zögernd und unzureichend auf die Lebens- und Denkgewohnheiten der Moorbewohner aus. Neben relativem Wohlstand traf man in den Moorkolonien auch bis weit in das 20. Jahrhundert hinein noch bittere Armut.[1297]

[1295] Ebd., S. 469 f.
[1296] Ebd., S. 471 f.
[1297] Schmidt (wie Anm. 379), S. 443 f.

232

5.2 Soziale und wirtschaftliche Verhältnisse in Moordorf

Bei den Beratungen der staatlichen Stellen über Verbesserungsmöglichkeiten der Verhältnisse in Moordorf wurde wenige Jahre nach der Reichsgründung intensiv darüber diskutiert, in welchen Formen man die Heimarbeit in der Kolonie und in anderen Moorgegenden anregen konnte, um das Hausieren und Umherstreifen der Moorbewohner einzuschränken. Es war insbesondere die Frage zu klären, ob es finanzielle Möglichkeiten gab, um den Menschen in den Moorsiedlungen Unterricht in verschiedenen *"Handfertigkeiten"* zu erteilen.[1298]

Dokumente und tabellarische Nachweise vermitteln ein Bild über die Zustände in der Kolonie Moordorf zu jener Zeit. Es liegen darüber hinaus Gutachten über die Führung und das Arbeitsverhalten der Einwohner der Kolonie vor.

Im Jahre 1880 waren in diesem Dorf 100 eigentliche Kolonisten angesiedelt. Es gab 22 Familienvorsteher, die auf staatlichem Leegmoor Häuser erbaut hatten und bislang *„Buchweizen-Brandgeld"* entrichteten. Darüber hinaus lebten dort drei Siedler, die eigene Häuser hatten, deren Grundbesitz allerdings noch immer Anlass zu Streitigkeiten gab. Es war nicht sicher, ob der Grundbesitz dem Staat gehörte oder einzelnen Bauern aus den benachbarten Geestdörfern. Diese erhoben noch immer Ansprüche auf die Moorflächen. Weiterhin hatten 24 Personen von staatlichen Erbpächtern ein Stück Land gepachtet und darauf Hütten errichtet. 23 Personen wohnten mit ihren Familien in Moordorf zur Miete. Neun Landwirte aus Nachbardörfern besaßen unter Moordorf liegende Leegmoore.[1299]

Die Landflächen der eigentlichen Kolonisten waren zwischen zwei und 25 Morgen groß. Ein Moorbauer stellte mit 54 Morgen Land eine besondere Ausnahme dar. In seinem Fall waren im Laufe der Zeit mehrere Kolonate und Kolonatsteile zusammengekauft worden. Die meisten Siedler hatten die Ländereien ihrer Moorbauernstellen zu großen Teilen kultiviert. Die folgende Tabelle verdeutlicht die Verteilung der Flächen:

Anzahl der Kolonisten:	Größe der Kolonate:
16	2 - 4 Morgen
32	4 - 8 Morgen
23	8 - 12 Morgen
12	12 - 16 Morgen
5	16 - 20 Morgen
4	20 - 25 Morgen
4	mehr als 25 Morgen

Vier Moordorfer Kolonisten waren bei anderen Landstellenbesitzern mit aufgeführt. Ihre Nutzflächen gehen aus den Angaben nicht hervor. Bei den oben aufgeführten Angaben blieb der Besitz einzelner Moorbauern an sogenanntem *„Leegmoor-Grund"* unberücksichtigt.

[1298] StAA Rep. 15, Nr. 10720, Kommission für Handfertigkeitsunterricht und Hausfleiß in Emden an die Landdrostei Aurich v. 5.8.1880.
[1299] StAA Dep. I, Seweloh, Nr. 355, Nachweisung betr. die Kolonie Moordorf, o. J. (1880). Im Folgenden ebd.

Bei der Viehhaltung dieser Moorsiedler wird deutlich, dass nur zwölf Dorfbewohner ein Arbeitspferd besaßen. Drei Landwirte hatten jeweils zwei Pferde. Ochsen als Vorspanntiere wurden von den eigentlichen Moorkolonisten in Moordorf nicht gehalten. Es sind bemerkenswerterweise auch keine Ziegen genannt. Diese Tiere galten im Volksmund immer als die typischen Nutztiere armer Moorsiedler, wurden in Moordorf aber zu dem Zeitpunkt nicht gehalten. Kühe stellten unzweifelhaft die wichtigsten Nutztiere in der Kolonie dar. 34 Siedler hielten zumindest eine Kuh, 18 Kolonisten besaßen sogar jeweils zwei Kühe, und sechs Moorbauern nannten drei Kühe ihr Eigen. Der größte Landstellenbesitzer hatte acht Kühe. 16 Siedler hielten ein Stück Jungvieh, fünf Landgebräucher besaßen zwei Stück Jungvieh, und ein Kolonist war Besitzer von drei Tieren. Der größte Bauer im Ort hielt sogar vier Jungtiere.

Bei der Schafhaltung zeigt sich, dass 43 Landwirte jeweils ein Tier besaßen. 15 Siedler hielten zwei Tiere, und zwei Kolonisten beweideten ihre Flächen mit drei Schafen. Ein Landgebräucher war Besitzer von vier Tieren.

Auch die Hypothekenschulden der Moordorfer Kolonisten im Jahre 1880 gehen aus den Dokumenten hervor. Nachfolgende Tabelle verdeutlicht die Zahlen:

Anzahl der Kolonisten:	Hypothekenschulden in Reichstalern:
13	unter 100
21	100 - 200
19	200 - 400
7	400 - 600
2	600 - 800
0	800 - 1000
1	1000 - 1200
1	1200 - 1400
1	2800

Bemerkenswert ist, dass in der Regel die größeren Landstellenbetreiber und Viehhalter auch die meisten Hypothekenschulden hatten. Mit 2800 Reichstalern war der Großbauer des Dorfes auch der größte Hypothekenschuldner. Die kleinen Landgebräucher trugen dagegen in den meisten Fällen eine verhältnismäßig geringe Schuldenlast.

In den vorliegenden Dokumenten wurde eine Beurteilung der wirtschaftlichen Verhältnisse der 100 eigentlichen Kolonisten von Moordorf in tabellarischer Form vorgenommen:

Bei 34 Siedlern wurde jeweils eine der folgenden Beurteilungen genannt: *„gute Existenz; ziemlich gute Existenz; hat Auskommen; gutes Auskommen; ziemliche Existenz"*.

Bei 50 Kolonisten fielen Kriterien wie: *„knappe Existenz; hat nichts übrig; kann leben; kränklich und hat seine Last; ebene Existenz; sehr knappe Existenz"*.

Zehn Moordorfer wurden als arm eingestuft; einige erhielten regelmäßig oder gelegentlich Armenunterstützung. Sechs Beurteilungen lassen sich keiner Hauptgruppe zuordnen.

Über diese wirtschaftliche Einschätzung hinaus wurden das Betragen und das Arbeitsverhalten der Moorbewohner besonders eingeschätzt.

41 Siedler galten jeweils als: *„ordentlich und rechtlich; rechtlich und entschieden christlich; treu und ehrlich; ehrlich und ordentlich; guter Christ".*[1300]

44 Moordorfer erhielten eine der folgenden Beurteilungen: *„fleißig und ordentlich; sehr fleißig und ordentlich; arbeitsam und ordentlich; tätig und ordentlich".*

Sechs von den 100 Siedlern fielen gelegentlich durch ein negatives Trinkverhalten auf, zeigten in früheren Jahren Alkoholprobleme oder waren noch akute Trinker. Sie wurden trotzdem bezüglich ihres Betragens und Fleißes nicht grundsätzlich als negativ beurteilt. Drei der Kolonisten waren früher bestraft, führten sich zu dem Zeitpunkt aber gut auf. Ihre damaligen Verfehlungen standen oft im Zusammenhang mit dem übermäßigen Trinken.

Für einzelne Moordorfer finden sich spezielle Beurteilungen. Sie lassen sich keiner Hauptgruppe von Kriterien zuordnen. Ein Familienvater wurde lediglich als *"Straßenbauer"* bezeichnet, ein anderer *"arbeitet ständig in Wilhelmshaven".* Ein dritter Dorfbewohner fiel durch seine *"Sparsamkeit"* auf, ein anderer Familienvorsteher hatte *"eine schrägliche Frau und schrägliche Kinder".*

Von den 22 königlichen Zeitpächtern, die bisher *„Buchweizen-Brandgeld"* bezahlten, hatte eine Person weniger als zwei Morgen Land. Es bewirtschafteten sieben Personen zwei bis vier Morgen Land, eine Familie mehr als vier bis sechs Morgen und sechs Landgebräucher mehr als sechs bis acht Morgen Moorland. Ein Stellenbetreiber hatte mehr als acht bis zehn Morgen in Bearbeitung, und eine Familie arbeitete auf mehr als zehn bis zwölf Morgen Land. Ein weiterer Zeitpächter hatte sogar 16 Morgen zu bearbeiten. Bei vier Personen konnten keine Angaben zur Größe ihres Landes nachgewiesen werden.

Die Zeitpächter hielten kaum Kühe. Insgesamt hatte diese Gruppe von Moordorfern fünf Kühe und fünf Stück Jungvieh. Für diese Leute war die Schafhaltung von großer Bedeutung. 23 Schafe hielten diese Familien insgesamt. Sechs Zeitpächter besaßen davon jeweils zwei Tiere, und ein Mann hielt drei Schafe. Die Zeitpächter betrieben wahrscheinlich zum großen Teil Buchweizenanbau und verdingten sich in der restlichen Zeit als Landarbeiter bei Geest- und Marschbauern.

Die wirtschaftliche Situation dieser Gruppe wurde allgemein als *„sämmtlich knappe Existenz"* bezeichnet. 15 dieser Personen wurden eingeschätzt als: *„fleißig und rechtlich; fleißig und ehrlich; ziemlich fleißig und ehrlich".* Einen Mann stufte man als *„ehrlich und rechtlich"* ein. Mit *„wenig Lust zum Arbeiten"* bzw. *„nicht fleißig"* wurden zwei Personen betitelt. Als arm und von der Armenunterstützung lebend bezeichnete man einen Zeitpächter. Daneben sollte sich dieser Mann auch noch als Bettler betätigen. Sechs Zeitpächter waren früher bestraft, und zwei dieser Personengruppe saßen zu dem Zeitpunkt noch in der Haft in Celle. Trotzdem hielt man vier dieser vorbestraften Männer für durchaus nicht arbeitsscheu, sondern für fleißig und in einem Fall für klug und gewandt. Bei einem anderen Mann dieser Gruppe wurde trotz seiner oftmaligen Bestrafung aber besonders darauf hingewiesen, dass er *„doch 100 % besser als sein miserables Weib"* war.

[1300] Ebd., Anhang zu der Nachweisung betr. die Kolonie Moordorf, o. J. (1880). Im Folgenden ebd.

Die drei Personen, denen ihr Grundbesitz noch immer streitig gemacht wurde, weil nicht klar war, ob das Land staatliches Land oder altes Bauernland war, lebten auf fast zwei, auf fast fünf und auf fast sechs Morgen Land. Zwei hielten jeweils zwei Schafe, und eine Person besaß ein Schaf. Sie galten als *„fleißig und ordentlich bzw. ehrlich"*. Einer der Männer war früher auch bestraft, machte um 1880 aber *„ehrliche Geschäfte auf Märkten"*.

Die Größen der Landflächen von den 24 Personen, die von staatlichen Erbpächtern Ländereien gepachtet hatten, gehen aus den vorliegenden Dokumenten nicht hervor. Es sind aber die jährlich zu zahlenden Mieten bzw. Pachtgelder von 22 Personen dieser Gruppe angegeben. Ein Pächter bezahlte einen Reichstaler, sechs Familien hatten drei bis weniger als fünf Reichstaler aufzubringen, acht Personen entrichteten fünf bis weniger als sieben Reichstaler an den Hauptpächter, und sechs Landgebräucher zahlten sieben bis weniger als zehn Reichstaler. Eine weitere Familie hatte zehn Reichstaler im Jahr aufzubringen. Diese Pächter hielten fast ausnahmslos Schafe auf ihrem Land. Acht dieser Moordorfer Familien besaßen jeweils ein Schaf, eine einzelne Witwe hielt zwei Schafe. Einer der Schafhalter hatte zudem noch ein Stück Jungvieh.

Auch die Existenz dieser Personengruppe wurde als *"sämmtlich knapp"* eingestuft. Bezüglich ihres Arbeitsverhaltens und Betragens fielen bei zehn Personen Beurteilungen wie: *„fleißig und redlich; fleißig; ziemlich fleißig und ehrlich"*. Sechs Personen wurden eingestuft als: *„recht kirchlich; ordentlich und ehrlich; manierlich und ehrlich; treu und ehrlich"*. Vier Leute erhielten das Urteil: *„nicht sehr fleißig; macht vom Arbeiten kein Gewerbe; hat mehr Lust zum Handeln als zum Arbeiten"*. Drei dieser Personen waren vorbestraft, hielten sich aber zu dem Zeitpunkt gut, und zwei dieser Leute wurden sogar als fleißig bezeichnet. Einer der Männer saß noch in der Stadt Celle in Haft. Eine Person, die als *„treu und ehrlich"* eingeschätzt wurde, war aber auch für seine negativen Trinkgewohnheiten bekannt. Ein Mann galt als Bettler.

23 Personen lebten zur Miete in Kammern und Räumen größerer Moordorfer Haushaltungen. Acht Personen bezahlten zwischen vier und acht Reichstaler jährlich an Miete, fünf Familien durften für mehr als acht bis zwölf Reichstaler die Räume nutzen, fünf Personen gaben dem Vermieter zwischen 16 und 20 Reichstaler. Drei Familien mussten sogar mehr als 30 Reichstaler an den Eigentümer ihrer Wohnungen entrichten.

Vier Leute dieser Mietergruppe hielten jeweils eine Kuh bzw. ein Stück Jungvieh. Zwölf Personen hielten Schafe, in der Regel ein Tier, aber auch zwei oder drei Tiere. Zwei Personen verpflegten für die Miete ihre Eltern, oder es wurde die Miete durch Arbeitsleistungen ausgeglichen. Zur wirtschaftlichen Situation dieser Leute wurden keine Angaben gemacht.

Elf Leute hielt man für: fleißig und ordentlich; fleißig und weiß Geld zu verdienen; treu und fleißig; sehr fleißig und ordentlich. Fünf Moordorfern stellte man das Zeugnis aus: ordentlicher Mensch; treu und ehrlich; treue und ehrliche Haut; ehrlich und redlich. Zwei alte Moordorferinnen wurden bezeichnet als: *„alte ehrwürdige Witwe; alt und ehrwürdig"*. Ein Mann dieser Mietergruppe war vorbestraft, hielt sich aber zu dem Zeitpunkt gut. Ein anderer saß noch in Celle in Haft. Beim Gendarm des Dorfes, der zu dieser Mietergruppe gehörte, verzichtete man auf Angaben zu seiner Person. Eine andere Person war dem Schreiber des Gutachtens unbekannt.

Es ist ziemlich sicher, dass die Angaben zu der wirtschaftlichen Situation und dem Arbeitsverhalten sowie zur Aufführung der Moordorfer Einwohner in erster Linie von dem damaligen Dorfschullehrer Toele gemacht worden sind. In einem Schreiben an die Behörden bat er um die notwendige vertrauensvolle Behandlung seiner Angaben.[1301] Er befürchtete Schwierigkeiten für seine Arbeit als Moordorfer Lehrer. Wahrscheinlich hat sich Toele auch durch den damaligen Gendarm Tjarks und den Ortsvorsteher über bestimmte Einwohner der Kolonie informieren lassen.

Aus den Angaben wird deutlich, dass der Lehrer um Fairness und Sachlichkeit in seinen Beurteilungen bemüht war. Die Kolonistencharakterisierungen sind jedoch in ihrer Knappheit nicht ohne Brisanz; die kurzen Statements zu den einzelnen Moordorfern sind subjektiv und nach den Maßstäben der damaligen Zeit formuliert. Auf Grundlage der Verhältnisse hat Toele sicher gewissenhaft seine Angaben über die Moordorfer formuliert. Geht man von den vielen Vorurteilen aus, die über die alten Moordorfer in der ostfriesischen Bevölkerung herrschten, belegen doch gerade diese Ein-schätzungen des Lehrers und seiner Informanten einmal mehr, dass auch in Moordorf, wie in anderen ostfriesischen Dörfern, überwiegend arbeitsame und rechtschaffene Leute lebten.

Nach Beurteilungen des damaligen Ministeriums für Landwirtschaft, Domänen und Forsten hielt man um 1880 Kolonate nur dann für lebensfähig, wenn diese ausreichende Landflächen zwischen 25 und 30 Morgen zur Verfügung hatten.[1302] Wie aus den aufgeführten Zahlen hervorgeht, traf das bei den 100 eigentlichen Kolonisten nur auf vier Bauernstellen zu. Dieser Sachverhalt ist ein sehr wichtiger Erklärungsansatz für die angespannte wirtschaftliche Situation vieler Moordorfer Siedler und spricht für sich.

[1301] Ebd., Lehrer Toele an Regierungsrat Buchholz in Aurich v. 4.5.1880.
[1302] Ebd., Regierungsrat Buchholz in Aurich an Lehrer Toele in Moordorf v. 18.3.1880.

6. Moordorfer und Kolonisten im Blickfeld der Moorkommission und der ostfriesischen Öffentlichkeit

Es ist nicht zu bestreiten, dass es sich bei den Mitgliedern der Moorkommission um Fachleute und Kenner der ostfriesischen Verhältnisse handelte. Sie führten ihre Beratungen zur Zeit der Reichsgründung mit großem Engagement durch und waren zweifelsohne um das Wohl der Siedler in den Moorgegenden besorgt. Das Denken dieser Herren und die Herangehensweise an die Probleme waren in wirtschaftlichen, sozialen und technischen Belangen durchaus modern. Es verwundert aber, aus welchem Blickwinkel sie die Menschen in den Moorkolonien betrachteten: *„Hunger und Laster, Elend und Sünde wohnen im Leben niemals weit von einander, eins ist der Vater des andern und beide arbeiten sich in die Hände. Wer möchte eine Bevölkerung verurtheilen, welche theilweise aus der verwahrlosesten Klasse der menschlichen Gesellschaft hervorgegangen und oft seit Generationen nur in Erdhütten groß geworden ist, wenn sie sich von den ihrer Situation eigentümlichen sittlichen Gebrechen nicht frei gehalten hat? Und doch sind es nur die leichteren, unschuldigeren, fast möchte man sagen liebeswürdigeren derselben, welche ihnen anhaften: Mangel an Ordnung und Sparsamkeit, Scheu vor ernster Arbeit und Haschen nach leichtem Verdienst, unmännliches Verzagen und kindischer Leichtsinn, das sind die echten Charakterzüge dieser Kinder des Moors, das treue Vermächtnis ihrer nomadisirenden Stammväter.“*[1303]

Das Menschenbild der Mitglieder der Moorkommission war wahrscheinlich noch geprägt von ständischem Denken. Ihre Distanz zu den Menschen im Moor wird deutlich. Man gewinnt den Eindruck, als hätten die Experten des Moorgremiums über hilfsbedürftige Exoten aus einem anderen Kontinent beraten. Die Moorbewohner wurden als Fremde hingestellt, eben als Nachfahren der *„braunen nomadisirenden Stammväter.“* Der

Textabschnitt aus dem Abschlußbericht der Kommission suggeriert, dass es sich bei den Kolonisten nicht um richtige Ostfriesen handelte. Die Kolonisten stellen Gegenpole zu den stolzen und freien Ostfriesen dar, die im Idealfall seit Menschengedenken auf alter Heimaterde sesshaft waren. Nach Schmidt waren diese Kolonisten eben *„nicht ausgesuchte, sondern in Not geborene und aufgewachsene Leute, ohne soziales Ansehen, vielfach ohne das Selbstgefühl, das sich in den moralischen Kategorien einer wirtschaftlich solider fundierten Gesellschaft bestätigt findet, Menschen auf der unteren Stufe einer noch weitgehend ständisch urteilenden Welt.“*[1304] Bewusst distanzierten sich die Mitglieder des Gremiums von diesen Menschen, die für sie fremd und ganz anders als die Ostfriesen waren.

„Da nach der bekannten volkswirtschaftlichen Theorie des vorigen Jahrhunderts das Glück der Staaten von der Größe seiner Bevölkerung abhing, so war man eifrigst bemüht, die Zahl der Kolonisten möglichst zu vermehren. Das führte dahin, dass man von der persönlichen Tüchtigkeit der Kolonisten absah und jeden nahm, der sich meldete. So sammelte sich in den Kolonien das Gesindel von ganz Ostfriesland an. Leute, welche vom Zuchthaus kamen und sich scheuten in ihr Heimatdorf

---

[1303] StAA (wie Anm. 570), Abschlußbericht der Moorkommission v. 12.4.1871, S. 464/465.
[1304] Schmidt (wie Anm. 379), S. 444.

zurückzukehren, Personen, welche außereheliche Verbindungen eingegangen waren und keine Trauerlaubniß erhalten konnten, Zigeuner, welche sich Jahr aus, Jahr ein umhertrieben, Vagabunden aller Art zogen sich nach den Kolonien, um dort fern von menschlicher Ordnung und Gesittung in wilder Ehe ein ungebundenes Dasein zu führen."[1305]

Andererseits finden sich Aussagen, die im Ansatz Verständnis und Mitleid andeuten:

„... was Wunder, wenn diese Bevölkerung ein nomadisirendes Leben führt und zu Auswegen greift, die ihrer geistigen Disposition ganz besonders zusagen. Dahin gehört vor allen Dingen der entsittlichende und verwahrlosende Hausierhandel. Es ist unglaublich, womit diese Bevölkerung alles hausiert und wie viele Personen sich handelnd umhertreiben. So ist beispielsweise der größte Theil der Kolonie Moordorf im Winter mit Besen, mit Strohmatten, mit Töpfen u. s. w. unterwegs. Leider bietet der Handel meistens nur den Vorwand zum Betteln und viele der hausirenden Personen stellen die Preise ihrer elenden Waaren absichtlich so hoch, dass sie dieselben nicht loswerden, blos um mit denselben sich länger bettelnd umhertreiben zu können. Daß dies Vagabundiren ohne rechte Beschäftigung eine Quelle zahlreicher Laster ist, liegt auf der Hand."[1306]

Das Dorf Moordorf war für die Mitglieder des Gremiums die Kolonie, bei der alle Maßnahmen zur Behebung der Missstände nicht fruchten würden. Die Menschen dieser Siedlung wurden als besonders defizitär hingestellt. Die Moordorfer nahmen in negativer Hinsicht einen absoluten Spitzenplatz ein.

„... das Uebel zu heben, bevor es in sein letztes, unheilbares Stadium tritt. Leider haben sich die Ostfriesischen Colonien diesem letztem Stadium mit raschen Schritten genähert und wenn vielleicht einzelne, wie Moordorf, bereits davon ergriffen sein sollten, so wird Verantwortung der königlichen Staatsregierung betreffs der übrigen umso größer."[1307]

Man stigmatisierte die Moordorfer als unrettbar, um die Argumente für die Notwendigkeit zur Hilfeleistung für die anderen Kolonien zu erhärten.

Es finden sich in den Befunden des Gremiums auch Aussagen über die Menschen in den Moorkolonien, die sich durch Widersprüchlichkeiten kennzeichneten.

„Und ist denn der ostfriesische Moorkolonist aus einem anderen Holze geschnitzt, ist er nicht ein Fleisch und Blut mit dem ostfriesischen Landbewohner? Hat er nicht ganz dieselben Passionen und Leidenschaften, und gilt es nicht in allen Kolonien als der höchste Ehrgeiz des Mannes sein Kolonat zu vergrößern und womöglich ein Kolonat zu dem andern zu erwerben..."[1308]

Aus dieser Aussage geht hervor, dass es sich bei Kolonisten scheinbar doch um Ostfriesen handelte. Sogar die Denkart der Menschen wurde als eine ostfriesische und ehrenhafte Sicht der Dinge hingestellt. Wenig später wurde über die Kolonisten geurteilt, als wenn man über Fremde und dekadente Nichtostfriesen beraten hatte.

„Jeder Bauernsohn, der sich noch etwas fühlte und noch nicht ganz mittellos war, scheute sich in ein Rechts- und Besitzverhältniß (ein Erbpachtsverhältnis; der Verf.) einzutreten, wo ihm für immer die freie Bewegung und Thätigkeit abgeschnitten war,

---

[1305] StAA (wie Anm. 570), Abschlußbericht der Moorkommission v. 12.4.1871, S. 356.
[1306] Ebd., S. 466.
[1307] Ebd., S. 475.
[1308] Ebd., S. 387.

welche die Bedingung jeder wirthschaftlichen Blüthe ist und für den ostfriesischen Stammes-Charakter vorzugsweise die unentbehrliche Lebensluft bildet. So kommt es, dass die Bevölkerung der Kolonate sich von Anfang an aus gebrochenen Existenzen ohne Lebenskraft und Existenzmittel rekrutierte, ja dass ganze Kolonien nur unter Vagabunden, Landstreichern etc. ihre Abnehmer fanden.[1309]

Es ist nicht mehr auszumachen, ob den Fachleuten wirklich nicht bekannt war, dass die Moorkolonisten ebenso *„gute Ostfriesen"* waren wie ihre Landsleute.

Insgesamt muss man der Moorkommission bescheinigen, dass sie die gesamte politische, wirtschaftliche und soziale Problematik durchweg richtig und vernünftig einschätzte. Warum ist aber die Tendenz bei der Moorkommission zu konstatieren, die Menschen in den Elendssiedlungen als so fremd, anders und defizitär hinzustellen? Einerseits war das Denken der Mitglieder der Moorkommission zweifelsohne noch von einer alten und ständischen Sichtweise gekennzeichnet. Andererseits scheint eine Erklärung darin zu liegen, dass es den vornehmen und um Ostfriesland sehr bemühten Experten schwer gefallen sein muss, die Missstände auf die historischen, politischen, rechtlichen, wirtschaftlichen und sozialen Ursachen zurückzuführen.

Gerade den Menschen, die ihre Region als blühende Landschaften sehen möchten, die sich durch *„Heimatliebe"* auszeichnen und eine Neigung haben, diese zu idealisieren, zu romantisieren und auch zu verbessern, wird es unangenehm sein, Armut und Missstände in *„ihrer"* Landschaft in all ihren Erscheinungsformen zunächst einmal nur zu akzeptieren. Schuldzuschreibungen beinhalten Zorn und Angst. Diese Gefühle sind leichter zu ertragen, wenn die Armut und die Missstände als die Not von Anderen, von Fremden definiert werden kann. Die Mitglieder der Kommission eröffneten sich mit dieser Sichtweise wahrscheinlich Möglichkeiten der Abgrenzung. In dem Umstand, dass das verzweifelte Bürgertum z. B. die Moordorfer zu *„Zigeunern"* erklärte, sieht Deeters schlicht einen Akt der Verleumdung.[1310]

Aber gibt es noch weitere Erklärungsansätze für die Ablehnung der Moorbewohner über den langen Zeitraum von den Ortsgründungen bis in die jüngste Vergangenheit, die vielleicht im Kontext der ostfriesischen Territorialgeschichte und der ostfriesischen Identität und Mentalität zu suchen sind?

6.1. Erklärungsansatz im Kontext der ostfriesischen Territorialgeschichte

In diesem Zusammenhang drängt sich der Begriff der *„Friesischen Freiheit"* auf, eine Freiheit, die sich dadurch auszeichnet, dass in ihren Anfängen bereits die Karolinger den Friesen eine direkte Herrschaft der jeweiligen Könige ohne die konkurrierende Macht eines Hochadels auferlegten.[1311] Damit sicherten sie sich im Gebiet der Nordseeküste einen breiten Verband von Untertanen als *„freie"* Personen, die keiner Adelsschicht verpflichtet waren, sondern nur den Sachwaltern der karolingischen

---

[1309] Ebd., S. 388.
[1310] Deeters (wie Anm. 565), S. 166.
[1311] Hajo van Lengen, Bauernfreiheit und Häuptlingsherrlichkeit im Mittelalter, in: Karl-Ernst Behre/Hajo van Lengen, Ostfriesland. Geschichte und Gestalt einer Kulturlandschaft, Aurich 1995, S. 114 f.

Könige, denen sie Heerfolge ausschließlich auf friesischem Boden, Dienste und Abgaben schuldeten. Gründe, den Friesen dieses besondere Vorrecht einzuräumen, lieferten den Karolingern die Überfälle der Normannen. Die Friesen bekamen die Aufgabe, gemeinsam die Abwehr der Angreifer an der Küste zu übernehmen.[1312]
Die Friesen waren also unmittelbar königsabhängige Leute und verstanden sich auch so. Ausdrücklich wurde ihnen zugesagt, dass sie ihren Besitz frei innehätten. Nur die vom König abhängige Freiheit des Besitzes machte sie frei.[1313]
Für unsere Betrachtungen in Bezug auf die Erbpächter der ostfriesischen Moore im 18. Jahrhundert und ihre Stigmatisierung bleibt festzuhalten, dass sich die friesische Freiheit ausdrücklich und vor allem auf das Verhältnis der Bewohner zu ihrem freien Besitz bzw. ihrem Grund und Boden bezog.
Unter den ersten Cirksena bildeten sich die Landstände, die sich im Gegensatz zu den Landständen des Reiches durch eine besondere Ordnung kennzeichneten.[1314]
Nach der Reformation wurden die Bürger, eigentlich im Reich Vertreter des dritten Standes, in Ostfriesland zum zweiten Stand. Sie waren die Bewohner der Städte Emden, Norden und Aurich. Die Städte wurden durch ihre Bürgermeister vertreten, die von den stimmberechtigten Stadtbewohnern gewählt worden waren.
Zum dritten Stand wurden die Hausleute, die landbesitzenden Bauern. Die Bauern sind das Besondere innerhalb der ostfriesischen Ständeordnung. Jede Gemeinde hatte das Recht, einen Vertreter auf die Landtage zu schicken, wobei das Recht zur Wahl ihrer Vertreter aber nur die Hofbesitzer („*Interessenten*") hatten.
Bemerkenswert für Ostfriesland ist die Tatsache, dass die etwa 35 Herrlichkeiten durch das Aussterben adliger Sippen in die Hände immer wenigerer Adelsfamilien kamen, wenn nicht gerade Auswärtige durch Heirat aufgenommen wurden. Das war jedoch nicht die Regel, weil die Ritterschaft sich als eine geschlossene Gruppe sah, die sich ungern für Auswärtige öffnete. So verkleinerte sich der Adel Ostfrieslands im Verlauf der Geschichte immer mehr. Das bringt zumindest zahlenmäßig die sich vergrößernde Dominanz des Bürger- und Bauernstandes bis in die jüngere Vergangenheit zum Ausdruck.
Hervorgegangen ist die besondere Gliederung der Stände in Ostfriesland unter Beteiligung der Bauern nicht zuletzt aus dem Deich- und Sielwesen des Landes, das seit jeher in genossenschaftlicher Tätigkeit verrichtet wurde. Aussagen in alten Quellen weisen darauf hin.[1315]
Bereits im 9. und 10. Jahrhundert hatte sich, wie oben dargestellt, bei den Friesen ein starker Bauernstand herausgebildet. Die Verteidigung des Heimatbereiches war überwiegend eine Sache der Bauern, was das Selbstbewusstsein dieser Menschen stärkte. Im Gegensatz zu den Entwicklungen im Karolingerreich und ihrer Nachfolger führte dies zu einer Ausweitung persönlicher bäuerlicher Freiheitsrechte. Die friesischen Bauern und Viehzüchter entwickelten so ein freieres, flexibles Verhältnis zu ihrem Besitz, trieben weit reichenden Handel und waren bestrebt, ihr Vermögen zu mehren. Dadurch wurde eine Feudalisierung oder ein Ausbau von Grundherrschaften abgewehrt und konnte nicht zur beherrschenden wirtschaftlichen und sozialen

---

[1312] Schmidt (wie Anm. 379), S. 14 f.
[1313] Ebd., S. 13.
[1314] Deeters, (wie Anm. 565), S. 140 f.
[1315] Ebd., S. 140.

Realität werden. Das Selbstgefühl der besitzenden, selbständig wirtschaftenden, behausten Bauern, später als Hausleute bezeichnet, war durch Freiheit gekennzeichnet.[1316] Diese Besitzer der von grundherrlichen Abhängigkeiten freien Hofstellen waren die Schicht der *„freien Friesen"*, die *„Eigenbeerbten"* oder *„Eigenerfden"*. Das Selbstverständnis von der Freiheit der Friesen, die sich eben nur durch die alleinige Abhängigkeit vom König kennzeichnete, stellte ihr soziales Selbstverständnis dar. Ihr Landrecht war Teil ihres Selbstgefühls und ihres Stolzes. Damit bestätigten sie ihre Ehre vor der Öffentlichkeit und vor sich selbst.[1317]

Dieses Grundverständnis blieb später in den Auseinandersetzungen der Stände mit der Landesherrschaft der Cirksena bis 1744 lebendig, es wurde bei entsprechenden Gelegenheiten vom Ritterstand, Bürgerstand und Bauernstand immer auch auf die *„friesische Freiheit"* verwiesen.[1318]

Objektiv gesehen hatte die landlose Unterschicht, das waren Landarbeiter, Knechte, Mägde, kleine Pächter und Kleinbauern aufgrund ihrer Besitzlosigkeit oder ihres ganz geringen Besitzes keine Teilhabe an der vielgerühmten *„Freiheit"*.

Die Preußen griffen nach der Übernahme Ostfrieslands als Provinz in die oben dargestellten Rechtsauffassungen der Ostfriesen und ihr damit zusammenhängendes Selbstverständnis ein. Mit dem Urbarmachungsedikt wurde das Aufstrecksrecht quasi außer Kraft gesetzt und damit den Bauern das Recht genommen, ihren Landbesitz durch Abtorfen der landanliegenden Moore zu erweitern.[1319] Man würde heute von dem Vorgang einer Verstaatlichung der wilden Moor- und Heideländereien sprechen. Die alten Landesrechte, die noch einmal 1611 im Osterhusischen Akkord bestätigt worden waren, galten nicht mehr. Auf dieses verstaatlichte Land bewarben sich Leute, die im Wesentlichen den unterbäuerlichen Schichten Ostfrieslands zuzurechnen sind. Diese rückten mit der Landannahme in aller Begrenztheit, da sie nur Erbpächter waren, zumindest aus der Sicht des Bauernstandes, in die landbesitzende oder vielmehr selbständig landbearbeitende Schicht auf. Sie emanzipierten sich, lösten die alte Tischgemeinschaft von Herrn und Knecht auf und bewarben sich um Grund und Boden, rechtlich abgesichert durch die preußische, ostfrieslandfremde Landesherrschaft.

Ihren Zorn und ihre Ablehnung richteten die Bauern jedoch weniger auf die preußischen Landesherrn, die die Veränderungen durch das Edikt von 1765 verursacht hatten, sondern auf die nach eigener Scholle strebenden ländlichen Unterschichten. An dieser Stelle taucht selbstverständlich die Frage auf, warum nicht die Wutgefühle und die Enttäuschung auf die landfremden Preußen projiziert wurden. Es spricht zunächst vieles dafür, dass die in manchen Bereichen kluge Politik der neuen Landesherren in ihrer ostfriesischen Provinz mit dafür verantwortlich ist. Der im Juni 1744 von Friedrich II. nach Ostfriesland gesandte Minister Cocceji beurteilte die Ostfriesen zwar als ein *„wildes Volk, wo der Bauernstand am mächtigsten ist"*[1320], und ärgerte sich über die Mitsprache der Bauernvertreter, die er für stur und widerborstig hielt, in der Ständeversammlung, aber er und die zahlreichen preußi-

---

[1316] Schmidt (wie Anm. 379), S. 17
[1317] Ebd., S. 22
[1318] Walter Deeters, Kleine Geschichte Ostfrieslands, Leer 1985, S. 18 f.
[1319] Vgl. Kap. 2.1.
[1320] Zitiert nach Schmidt (wie Anm. 379), S. 341.

schen Administratoren waren klug genug, die ostfriesischen Befindlichkeiten zu erkennen, zu kanalisieren und in eine für Preußen günstige Richtung zu lenken. Man kam den Provinzlern in vielem entgegen.[1321]

Die Vergabe der unkultivierten Moor- und Heideflächen an die mittellose Landbevölkerung Ostfrieslands bedeutete aber, dass alte Lebensformen und Rechtsverständnisse, die sich im Kontext der friesischen Freiheit über Jahrhunderte gebildet und aus Sicht der Altbauern bewährt hatten, durch die Politik der Preußen aufgelöst wurden. Die nach eigener Scholle strebenden Unterschichten zogen den Groll der bisher bevorrechtigten Bauern auf sich; sie zogen nicht mehr mit ihnen an einen Strang, nämlich an den der Hausmänner, sondern distanzierten sich immer mehr von ihnen, weil sie offen ganz eigene Interessen verfolgten. Die vormals von den Bauern abhängigen Menschen positionierten und etablierten sich außerhalb der *„friesischen Freiheit“*, wenn man die Prozesse nach dem Verständnis und aus der Sichtweise der Bauern und Bürger in den Städten Ostfrieslands analysiert. Es wird die Ambivalenz der Vorgänge deutlich. Betrachtet man die Entwicklungen aus der Sichtweise der Unterschichten, dann bedeutete die Moorkolonisation rechtlich und zumindest theoretisch eine Möglichkeit der Emanzipation, also der Teilhabe an einer *„friesischen Freiheit“*.

Die Annehmer der Moorflächen wurden den Altbauern fremd; man gehörte nicht mehr zusammen. Im Bewusstsein der Hausmänner wurden sie *„verstoßen“*, weil die Kränkung durch die Auflösung der Traditionen bzw. des alten Landrechts zu stark war.

Die Unterprivilegierten des Landstriches brachen eine alte Lebensordnung auf, nicht durch Revolution und eine gewaltsame Umkehrung der politischen Verhältnisse, wofür die Geschichte uns viele Beispiele liefert, sondern auf der Grundlage eines aus moderner Sicht eher banalen Urbarmachungsedikts. Die zukünftigen Moorkolonisten waren für die besser gestellten Ostfriesen nicht mehr Teil der alten Ständeherrlichkeit ihrer Region, die den Bauern und Städtern ein stabiles Selbstverständnis ermöglicht hatte.

Der Schritt zur Stigmatisierung der Kolonisten als *„Nichtostfriesen“* (*„Ausländer, Zigeuner, preußische Invaliden, Räuber etc.“*) war damit nicht mehr weit; er bot sich vielmehr an, um sich besser mit der neuen Situation, mit der langsamen Auflösung der Ständeordnung arrangieren zu können.

6.2 Erklärungsansatz im Kontext ostfriesischer Identität und Mentalität

Das Selbstverständnis, das sich im Laufe der Geschichte im Kontext der *„friesischen Freiheit“* vor allem im Bauernstand, aber auch bei den Bürgern in den Städten, die in Ostfriesland auch immer mit dem Land in Verbindung standen, herausbildete, war eine der Ursachen für die zahlreichen Konflikte zwischen Landesherrn und Ständen. Weil die hofbesitzenden Bauern Teilhabe an den Landständen hatten, blieben die besonderen Bauernrechte bis zum Ende der Cirksena-Ära in Gültigkeit.

[1321] Ebd., S. 333.

So entwickelte sich bei Bürgern und Bauern ein starkes Standesbewusstsein, ein ostfriesisches Selbstbewusstsein, das als regionale Identität bezeichnet werden kann und deren Anfänge sich bereits, wie oben dargestellt, um die Jahrtausendwende andeutete.

Regionale Identität kennzeichnet sich durch ein raumbezogenes Zusammengehörig-keitsgefühl der Bevölkerung in einem historisch gewachsenen Gebiet, das sich durch die territoriale Verdichtung kultureller, sprachlicher, landsmannschaftlicher und naturräumlicher Eigenarten auszeichnet.[1322]

Aufbau und Erhaltung von Identität werden durch das Selbstverständnis in einer Region und durch die dortige Situation bestimmt. Das Selbstverständnis wird in starkem Maße durch die Einstellung der Bevölkerung geprägt. Besonders das Gefühl der Zugehörigkeit zu einem Raum und ihren Menschen ist für das Vorhandensein von regionaler Identität bedeutsam.[1323]

Die Kriterien zur Konstituierung einer regionalen Identität trafen für Ostfriesland zweifelsohne über alle Maßen zu. Die landwirtschaftlich geprägte Grafschaft lebte in relativem Wohlstand, war während der Cirksena-Ära nicht zuletzt aufgrund der geografischen Gegebenheiten weitgehend abgeschlossen von Deutschland und beschäftigte sich mit sich selbst und den eigenen Problemen. Einflüsse und Anregungen von außen kamen wenig in die Region und es führten nur wenige Wege in das Territorium.[1324]

Auf der Folie dieses Eigenverständnisses bildete sich eine ostfriesische Mentalität, die sich durch eine gewisse Selbstgefälligkeit, Behäbigkeit und vor allem in der bäuerlichen Bevölkerung durch Sturheit und Eigensinn kennzeichnete. Allen Ständen war gemein, dass sie rigide auf die Wahrung ihrer Rechte achteten.

Als Preußen die Landesherrschaft übernahm, verloren die Stände ihre starke Stellung und ihren Schutz. Sie mussten sich auf neue, fremde Herren einstellen. Wie oben dargestellt, kam man den Ostfriesen in vielen Dingen entgegen, jedoch griff Friedrich II. bald in ostfriesische Gegebenheiten ein. Er führte u. a. die königliche Finanzaufsicht bei den Ständen ein, verbesserte die ständische Steuerwirtschaft. Durch die neue Prozessordnung des „Codex Fridericianus" räumte die preußische Administration mit verschleppten Prozessen auf; die bisherigen gerichtlichen Auseinandersetzungen zwischen Fürst und Ständen fanden ein Ende.[1325]

Die Ostfriesen erlebten sich nicht mehr als souverän, ihre regionale Identität mit dem besonderen Freiheitsanspruch war gefährdet. Vieles kam durch Preußen auf einen guten Weg; das ist wahrscheinlich den Ständen schnell klar geworden. Ihre Krise wird daran deutlich, dass sie in Untätigkeit dahindämmerten. Sie ließen die positiven Veränderungen über sich ergehen, waren gelähmt. Die Zeit ihrer Selbstzufriedenheit, -gerechtigkeit und -sicherheit, die sie bis 1744 so offen und selbstverständlich in ihren Auseinandersetzungen mit der Landesherrschaft ausleben konnten, war

---

[1322] Peter Gleber, Region und Identität - eine grundlegende Einführung, in: Georg Bossong (Hrsg.), Westeuropäische Regionen und ihre Identität. Beiträge aus interdisziplinärer Sicht, Mannheim 1994, S. 3.

[1323] Max Matter, Zur Frage der regionalen Identität von Zuwanderern aus kleinen Gemeinden, in: Konrad Köstlin/Hermann Bausinger (Hrsg.), Heimat und Identität: Probleme regionaler Kultur, Neumünster 1980, S. 72 f.

[1324] Deeters (wie Anm. 1318), S. 48.

[1325] Ebd., S. 64 f.

vorüber. Dies wirkte sich auf die regionale Identität der Ostfriesen als eine erste Kränkung von außen aus; Minderwertigkeitgefühle und Verunsicherungen des traditionellen Selbstgefühls stellten sich ein.

In der Zeit der Zwischenherrschaften von 1806 bis 1815 führte der ständige Wechsel der Herrschaften zu zahlreichen Änderungen, die auch Einflüsse auf das Selbstverständnis in den Ständen hatten. So kam es 1808 zum endgültigen Ende des ostfriesischen Rechts, als mit dem *„Code Napoleon"* französisches Recht eingeführt wurde. Die Einführung des Allgemeinen Preußischen Landrechts 1794 hatte die alten regionalen Rechte nicht angetastet. Mit dem französischen Recht wurden die Stände quasi aufgelöst; die ständische Landesverfassung galt nicht mehr.[1326]

Für die konservativ und traditionell denkenden großen Bevölkerungsteile der Provinz war es 1814 wie ein Schock, als man die Nachricht bekam, dass die Preußen Ostfriesland an das Königreich Hannover abtreten würden. Diese Tatsache tangierte das regionale Bewusstsein derart, dass noch heute im Geschichtsdenken der Ostfriesen Nachwirkungen spürbar sind. Die Ostfriesen verarbeiteten die Abtretung an Hannover nicht, und sie führte zu einer ungewöhnlichen Anhänglichkeit an Preußen und eher ungerechtfertigten Idealisierung der preußischen Zeit in Ostfriesland.

Für die staatlichen Stellen in Hannover war Ostfriesland eine Provinz, die *„so viel Eigentümliches in allen Rücksichten"* aufwies, dass eine Eingliederung in das Königreich von Anfang an mit großen Schwierigkeiten verbunden war.[1327]

In Hannover sah man die Einheimischen als einen *„Schlag von Menschen"* an, dem es Probleme bereitete, *„sich in die Anordnungen einer fremden Regierung zu fügen."*[1328]

Tatsächlich war die regionale Identität der Ostfriesen derart gefährdet, dass sich in weiten Kreisen nahezu Gefühle der Ohnmacht einstellten. Die Menschen, die ihre Freiheitstradition oft so übertrieben gepflegt und in der Realität manchmal ganz unbegründet idealisiert hatten, waren seit 1744 zum Spielball fremder Herrschaften geworden. Es ist davon auszugehen, dass den Ostfriesen erst unter hannoverscher Herrschaft ganz bewusst geworden ist, dass ihre alte Ständeherrlichkeit mit der identitätsstiftenden Freiheitstradition ein Ende gefunden hatte.

Die Hannoveraner gingen anfänglich behutsam mit den Ostfriesen um. Ihre Politik in den ersten Jahren war von einer werbenden Art. Zunächst waren sie darauf aus, den ostfriesischen Adel für sich zu gewinnen. Dabei beurteilte man allerdings die Bedeutung dieses Standes falsch. Den Hannoveranern war klar, dass die frühere Grafschaft im Königreich eine besondere Stellung hatte. Im Jahre 1818 wurden die Administratoren darauf aufmerksam gemacht, jederzeit zu berücksichtigen, dass die persönliche Freiheit in Ostfriesland immer gegolten habe und man den Einheimischen nie das Gefühl geben dürfe, Untertanen zu sein.[1329]

[1326] Ebd., S. 76.
[1327] Helene Borkenhagen, Ostfriesland unter hannoverscher Herrschaft 1815 bis 1866, Aurich 1922, S. 127 (Beilage II).
[1328] Ebd.
[1329] Deeters (wie Anm. 1318), S. 79.

Die Eingliederung der ostfriesischen Besonderheiten in die Strukturen des hannoverschen Königreiches traf im Laufe der Zeit das Selbstverständnis der Ostfriesen trotzdem hart, weil Traditionen und Landesgewohnheiten, die lange in der Region identitätserhaltend gewirkt hatten, aber auch ein engräumiges und selbstbezogenes Bewusstsein hervorgebracht hatten, in Frage gestellt wurden. Die Ostfriesen reagierten mit starker Verunsicherung und einer trotzigen Sturheit, so dass sie in Hannover oft als *„unverbesserliche Dickköpfe"* eingeschätzt wurden.[1330]

Die Einheimischen störten sich daran, dass die fremde staatliche Aufsicht sehr direkt und selbst in den entlegenen Dörfern spürbar wurde, etwa durch die Bauermeister, die der bisherigen weitgehend lokalen Selbstverwaltung ein Ende machten. Die staatliche Kontrolle traf das Selbstgefühl der Ostfriesen, weil ihnen der ungewohnte landfremde Einfluss missfiel. Die hannoverschen Beamten in den Ämtern und Amtsgerichten kamen in engen Kontakt mit den Menschen der Region und die dadurch verursachten Reibungen lösten vielfach Frustrationen bei den Einheimischen aus. Ihre regionale Identität wurde damit in Frage gestellt, führte zu einem problematischen Selbstempfinden und war oft schwer aufrechtzuerhalten. Die hannoverschen Beamten wurden als arrogant empfunden und ließen die Ostfriesen bei passenden Gelegenheiten spüren, dass sie sie als rückständig und provinziell ansahen. Dies rüttelte an der Mentalität der Menschen, verstärkte ihre Identitätsprobleme und wühlte ihr Selbstverständnis auf.

Den Hannoveranern war das auf dem Land gesprochene Plattdeutsch in der Regel fremd und es fiel ihnen schwer, sich an die Denk- und Lebensweise der Ostfriesen zu gewöhnen. Diese wiederum mussten zur Kenntnis nehmen, dass die meisten hannoverschen Administratoren möglichst bald Ostfriesland wieder verlassen wollten, denn sie waren bei ihrem Kommen nicht ohne Vorurteile. In ihren Kreisen bezeichnete man Ostfriesland als *„Hannoversch Sibirien"* oder als *„Strafkolonie".*[1331]

Sie empfanden eine Versetzung in die Region vielfach als Strafversetzung. Dahinter verbarg sich auch das Vorurteil, dass Ostfriesland eine karge Gegend mit einem ungebildeten Landvolk und einem feuchten und nasskalten Klima sei. Einzelne Verwaltungsdirektoren standen *„in schlechtem Verhältnisse mit dem spezifischen Ostfriesentum."*[1332]

Die Vorurteile waren aber nicht unbegründet, wenn man bedenkt, dass sich durch die Anlage der Provinz als Halbinsel ganz im Nordwesten des Reiches und die historische Entwicklung eine besondere Mentalität der Menschen herausgebildet und verfestigt hatte. Ein Schreiben des Landrosten Bacmeisters verdeutlicht die Erkenntnis der Hannoveraner, dass die uralte Lebensart mit Traditionen und Empfindungen in der Provinz nach wie vor eine starke Bedeutung hatte und durch die bisherige mangelnde Beeinflussung von außen konstant bei vielen Gelegenheiten zum Ausdruck kamen. In dem Bericht von 1858 heißt es:

„Deshalb ist auch der Gesichtskreis des Ostfriesen beschränkt, er führt alles auf sich und seine Provinz zurück. Sie ist ihm das Vollkommene, und der ist ihm der Liebste, der in dem Hergebrachten möglichst wenig entwickelt. Anderswo fühlt er sich nicht

---

[1330] Ebd., S. 78.
[1331] Karsten Richter, Ostfriesland war *„Hannoversch Sibirien"*, in: Heimatkunde und Heimatgeschichte, Beilage der Ostfriesischen Nachrichten, 2001, Nr. 10 u. 11.
[1332] Ebd.

heimisch,... was ihm von außen herkommt, ist ihm verdächtig. ... Dies wirkt sich in allen Beziehungen, selbst den sozialen, auf das Entschiedenste aus; die Ostfriesen bilden eine Familie, wer nicht dazu gehört, ist und bleibt ein Fremdling."[1333]
In der hannoverschen Zeit standen sich in Ostfriesland *„das Fremde und das Eigene"*[1334] als Pole gegenüber. Die Ostfriesen erlebten einen Grad von Fremdheit, der für sie aufgrund ihrer Geschichte ganz unbekannt war, der aber schon nach der Übernahme der Provinz durch Preußen eingesetzt hatte. Davor war die Entfaltung und Entwicklung ihrer ostfriesischen Identität durch einen besonders hohen Grad von Zugehörigkeit und Gebundenheit in der Region gekennzeichnet.
Theoretisch bedingen Eigenes und Fremdes einander und stehen in einem reziproken Verhältnis zueinander. Definitionen des individuellen Selbst bzw. einer Ich-Identität mit Wertungen und Ansprüchen sind immer auch Abgrenzungen gegen Fremdes und neigen dazu, das Eigene in das Zentrum der Welt zu rücken.[1335]
Diese Erkenntnis lässt sich durchaus auf die regionale Identität der Ostfriesen übertragen. Die Menschen hatten ihr Freiheitsverständnis und ihre Besonderheit durch die wenigen Einflüsse von außen stark empfunden und gelebt. Wie schon bei den antiken Griechen war ihnen alles fremd, wenn es nur außerhalb der eng begrenzten Gemeinschaft der Friesen stand. Fremd war ihnen jeder, der nicht der eigenen Region angehörte. In der nachhomerischen Gesellschaft wurde sogar jeder die eigenen Grenzen überschreitende Fremde als Feind eingestuft. Bei den Römern und Griechen war entscheidend, dass Fremde außerhalb der Rechtsordnung standen und das Bürgerrecht nicht hatten; in Ostfriesland waren dann Menschen fremd, wenn man sie als Personen einstufte, die das Selbstgefühl der Freiheit nicht zu kennen schienen.
Ihre vermeintliche Vortrefflichkeit in einer *„freien"* ostfriesischen Gesellschaft führte durch die geografische Abgeschiedenheit und Isolierung bis 1744 zu einem Überlegenheitsgefühl gegenüber Nichtostfriesen. Zum *„Grundmuster kollektiver Selbstfindung"* gehören aber Kulturkontakte, weil diese durch die Polarität von Eigenem und Fremden erst das Erkennen des Eigenen wirklich möglich machen.[1336]
Als die Hannoveraner in den Verwaltungen Ostfrieslands und eng an der Bevölkerung Einzug hielten, machten die Einheimischen die Erfahrung, dass die Fremden eine andere Elite bildeten, auf das traditionelle Freiheitsbewusstsein nach den milden Anfangsjahren wenig Rücksicht nahmen und am Eigenverständnis der Ostfriesen rüttelten. Was diese bisher als positiv wahrgenommen hatten, ihre Geschichte, ihre plattdeutsche Sprache und ihr freies Bauerntum wurde von den fremden Administratoren vielfach als rückständig angesehen. Das *„Eala frya fresena"* war den meisten Hannoveranern bald schlichtweg egal, man machte sich sogar lustig über die Lebensart der Einheimischen. Die Ostfriesen erlebten vehement das ganz neue Gefühl einer Minderwertigkeit. Der krasse Widerspruch zwischen ihrem uralten

---

[1333] Zitiert nach Schmidt (wie Anm. 379), S. 382. Dazu auch Karsten Richter, Die Ostfriesen bilden eine Familie, in: Heimatkunde und Heimatgeschichte, Beilage der Ostfriesischen Nachrichten, 2000, Nr. 10.
[1334] Dagmar Stutzinger, Das Fremde und das Eigene (in der Antike), in: Peter Dinzelbacher (Hrsg.), Europäische Mentalitätsgeschichte, Stuttgart 1993, S. 400 f.
[1335] Ebd.
[1336] Harry Kühnel, Das Fremde und das Eigene (im Mittelalter), in: Peter Dinzelbacher (wie Anm. 1334), S. 415 f.

Landesstolz und der nun erlebten Ablehnung rüttelte derart an der regionalen Identität der Ostfriesen, dass die Auswirkungen, die weiter unten noch dargestellt werden, bis in die Gegenwart reichen.

Die starke Kränkung des Selbstwertgefühls machte ihnen ihre Sonderstellung aufgrund ihrer Sprache, geografischen Abgeschiedenheit, Rückständigkeit in der Lebensweise, die vielfach und selbst für die Bürger der wenigen ostfriesischen Städte immer irgendwie ländlich und bäuerlich gekennzeichnet war, bewusst.

Als im Vormärz der ländliche Pauperismus für alle sicht- und spürbar wurde, wurde die kollektive Krise besonders bei den Bürgern in den Städten, die von den Bettlern heimgesucht wurden, und im Hausmannsstand stärker. Es waren schlichtweg Schamgefühle, die Minderwertigkeitsgefühle noch größer werden ließen. Dass besonders Moorkolonisten von der extremen Armut betroffen waren und vor allem die bei Aurich lebenden Moordorfer Siedler und deren reiche Nachkommenschaft die Stadt heimsuchten, verstärkte das Gefühl sich von diesen Menschen vehement abgrenzen zu müssen. Die Abgrenzung diente der Identitätserhaltung.

Die Peinlichkeit für die Ostfriesen wurde auf die Spitze getrieben, als betuchte und landfremde Persönlichkeiten das Eiland Norderney als Badeinsel wählten und dazu auch den Postweg durch Moordorf benutzten, um die Küste zu erreichen. Die sich am Postweg präsentierende ostfriesische Armut mit den Begleiterscheinungen von Bettelei und depressiver Untätigkeit wurde zum gesellschaftlichen Ereignis und trieb den Ostfriesen die Schamesröte ins Gesicht, denn hier wurden die Vorurteile der Hannoveraner gegenüber Ostfriesland bestätigt. Die Kolonie als *„Schandfleck"* der Provinz ließ die Ostfriesen befürchten, dass die dortigen Lebensverhältnisse als typisch für ganz Ostfriesland angesehen werden könnten. Wie in der Antike[1337] wurde der *„Fremde"*, der Moordorfer, für die Alteingesessenen zwar nicht zum *„Barbar"*, aber zum Glied einer anderen Rasse (*„Zigeuner"*) oder zu einem sozial niedrig stehenden Wesen (Invalide, Bettler). Dieses Stigmatisieren lässt sich auch als kollektives Bedürfnis der Ostfriesen deuten, sich selbst als *„normal"* und nicht minderwertig gegenüber der hannoverschen Herrschaft betrachten zu können. Zwangsläufig waren diese Prozesse mit Ab- und Ausgrenzungen verbunden.

Der in Ostfriesland nach 1815 sich entwickelnde Minderwertigkeitskomplex interpretierte die Moorsiedler und besonders die Moordorfer am Postweg bei Aurich unter dem Gesichtspunkt der Identitätserhaltung und setzte als wirksame Faktoren dafür Vorurteile, Diffamierungen und Legenden ein. Gleichzeitig konnten der konjunkturelle Niedergang und der ländliche Pauperismus damit erklärt werden, weil man sie zumindest teilweise den gierigen Siedlern in den Kolonien zur Last legte und das *„fremde Volk"* als ungehobelt, arbeitsscheu und lüstern (Alkoholismus, Prostitution) ansah. Das ist ein wirtschaftlicher Aspekt der Stigmatisierungen.

Der als *„fremd"* angesehene Bevölkerungsanteil in den Moorkolonien fungierte folglich als Blitzableiter und wurde verleugnet, weil sich die ostfriesischen Verhältnisse nach 1744 und insbesondere nach 1815 in einem dramatischen Umbruch befanden.

[1337] Stutzinger (wie Anm. 1334), S. 405 f.

Die vermeintlich Fremden scheinen somit als Vehikel für eigene Gefühle und Schwächen gedient zu haben.[1338] Sie halfen den Einheimischen dabei, sich nach wie vor als ostfriesische Gesellschaft abzuschotten bzw. abzugrenzen von den Veränderungen der Zeit. Die Stigmatisierungen wirkten daher stark identitätserhaltend.

Gleichzeitig ist eine innere Abgrenzung von der Not *„fremder"* Kolonisten besser möglich als von dem Elend der Mitglieder der *„eigenen"* Gesellschaft.

Ein persönliches Erlebnis aus dem Jahre 1972 mag diese Sichtweise verdeutlichen. Ein Lehrer aus Aurich, der sich als Heimat- und Brauchtumspfleger in der Region sehr hervorgetan und ausgezeichnet hatte, besprach im Unterricht einer 10. Klasse Fragen nach der Identität und dem Verständnis, dass Menschen sich im Laufe ihres Lebens von der eigenen Persönlichkeit bilden. In der Diskussion wurden historische Fragestellungen laut, und es fielen die Begriffe Heimat, *„Heimatliebe"* und Identität der Ostfriesen. Der Pädagoge machte im Verlauf des Gesprächs folgende interessante Aussage: *„In den ostfriesischen Moorgegenden lebten doch gar keine Ostfriesen; dort lebten ja nur Kolonisten."*

Das Resümee des Pädagogen steht in engem Zusammenhang mit der obigen Erörterung. Der Lehrer war Nachkomme einer alten Bauernfamilie. Obwohl er ein Kenner der ostfriesischen Historie war, grenzte er sich immer noch vehement von den Menschen im Moor ab, die für ihn schlichtweg keine Ostfriesen waren. Gerade den Menschen, die ihre Region als blühende Landschaften sehen möchten, die sich durch *„Heimatliebe"* auszeichnen und eine Neigung haben, diese Heimat zu idealisieren, zu romantisieren und auch zu verbessern, wird es unangenehm sein, Armut und Missstände in *„ihrer"* Landschaft in all ihren Erscheinungsformen zunächst einmal nur zu akzeptieren. Schuldzuschreibungen beinhalten Zorn und Angst. Diese Gefühle sind leichter zu ertragen, wenn man die Armut und die Not als das Elend von Anderen und Fremden definieren kann.

Bei dem Verfasser weckte der Satz damals nur Unverständnis und Erstaunen, denn die Tragweite der Aussage konnte nicht erfasst werden. Nichtsdestotrotz blieb die Stellungnahme des Lehrers unvergessen.

Auch die Tatsache, dass besonders die Siedlung Moordorf immer wieder als krasses Beispiel für die schlechten Kolonistenverhältnisse hervorgehoben wurde, steht damit in Zusammenhang. Die Tendenz, Not und Armut zu lokalisieren und den Blick aller auf diese eine Örtlichkeit zu lenken, entlastete vor allem Teile der begüterten Allgemeinheit. Lokale Missstände sind im Bewusstsein der Öffentlichkeit leichter zuzulassen und stellen dann eher Ausnahmen dar. Auch von vermeintlich lokalen Missständen ist die innere Abgrenzung besser möglich.

Wenn man sich nun der Frage zuwendet, warum die Stigmatisierungen bis in die Gegenwart hineinreichen, könnte man zu dem Schluss kommen, dass die regionale Identität der Ostfriesen mit den dahinter sich verbergenden Minderwertigkeitsgefühlen und dem kränkelnden Selbstbewusstsein sich seit der hannoverschen Zeit nie mehr ganz stabilisiert hat. Zunächst ist jedoch zu bedenken, dass die sozialen Verhältnisse in den Moorkolonien und insbesondere auch in Moordorf bis in die Mitte des letzten Jahrhunderts problematisch geblieben sind. Ursache war vor allem die hohe Arbeitslosigkeit mit ihren typischen sozialen Auswirkungen in der ländlichen

---

[1338] Vgl. Albrecht Classen, Das Fremde und das Eigene (in der Neuzeit), in: Peter Dinzelbacher (wie Anm. 1334), S. 445.

Region. Als dann das Volkswagenwerk in Emden vielen Menschen aus den Siedlungen eine feste und gut bezahlte Arbeit bot, änderten sich dort die Gegebenheiten bald grundlegend zum Positiven.

Aber auch Gesamtostfriesland blieb nach wie vor ein Sorgenkind, weil es im größeren Landeszusammenhang als *„Nebenraum"* und Entwicklungsgebiet galt, das in wirtschaftlicher, politischer und kultureller Bedeutung hinter den Regionen des südlichen Niedersachsens zurückstand.[1339] Ostfriesland war bis in die jüngste Vergangenheit hinein ein verkehrs-, industrie- und bildungsferner nordwestdeutscher Landesteil, so dass hier Minderwertigkeitsgefühle und Ängste, als arme Provinz und Reliktgebiet abqualifiziert zu werden, erhalten geblieben sind. Den Ostfriesen geht es bis heute um die Anerkennung der Gleichwertigkeit ihrer Region gegenüber vielleicht höherqualifizierten Zentralgebieten. Gerade über ihre Eigenarten und ihr Geschichtsverständnis von den *„freien"* Friesen versuchen sie oft ihre Gleichwertigkeit einzufordern. Dabei sind die historischen Gegebenheiten in den Moorsiedlungen natürlich störend; man leugnet diese zwar nicht, aber man relativiert sie nach wie vor dadurch, dass man aus den ostfriesischen Unterschichten in den Kolonien *„Nichtostfriesen"* macht.

Aus all dem könnte man schließen, dass die Ostfriesen einen hohen Anspruch haben, wenn es um ihr Eigenverständnis geht. Dahinter verbirgt sich ihre Angst, die Provinz könnte abqualifiziert werden. Sie möchten alte *„Qualitätsdistanzen"* aufheben[1340], sich das regionale Selbstgefühl erhalten und auch über regionale Eigenarten die Anerkennung der Gleichwertigkeit gegenüber anderen Regionen erreichen. Daher haben die Ostfriesen sich zwangsläufig den Blick und das Gespür für ihre historischen Besonderheiten bewahrt. Die Ostfriesische Landschaft, Nachfolgeinstitution der Landstände und heute zentraler Kulturverband für Ostfriesland, vergibt regelmäßig das Indigenat, eine Art Bürgerrecht für Nichtlandsässige. Das Indigenatsrecht führt man in Ostfriesland auf die karolingische Zeit zurück, weil es schon bei Ludwig dem Frommen erwähnt sein soll. Es ist eine sehr hohe Auszeichnung für Personen, die sich als Nichtostfriesen um Ostfriesland in herausragender Form verdient gemacht haben. In der Regel werden hohe Verwaltungsbeamte oder einflussreiche Kulturschaffende mit dieser Auszeichnung geehrt. Zweifelsohne ist es richtig, diese Personen in besonderer Weise auszuzeichnen, nur stellt sich die Frage, ob die Einheimischen mit der Vergabe dieses alten *„Staatsbürgerrechtes"* für Leistungsträger, die sich damit als *„richtige Ostfriesen"* fühlen dürfen, nicht auch aus ihrem Bedürfnis nach Bestätigung und ihren Identitätsnöten eine Tugend gemacht haben.

Zum Schluss soll der Blick noch einmal auf die Kolonie Moordorf gerichtet werden, womit sich der Kreis der Erörterungen schließt. Es soll die Frage diskutiert werden, ob es auf Grund der Stigmatisierungen zu der Entstehung einer eigenen Moordorfer Identität und Mentalität gekommen ist und ob es ähnliche Tendenzen auch in anderen Kolonistendörfern gegeben hat.

[1339] Siehe dazu Heinrich Schmidt, Regionalbewußtsein und Universität, in: Michael Daxner/Heinrich Schmidt, Regionalbewußtsein und Universität: Reden aus Anlaß der zweiten Amtszeit des Präsidenten Prof. Dr. Michael Daxner, Oldenburg 1992, S. 24 f.
[1340] Ebd., S. 26.

Generell waren die frühen Moorbewohner in Not geborene und aufgewachsene Personen, die wenig Selbstgefühl mitbrachten, weil sie kein soziales Ansehen genossen. Sie sahen sich selbst als Menschen auf der unteren Stufe der Gesellschaft, die sich bis heute bei passender Gelegenheit selbst als *„kleine Leute"* bezeichnen, um ihre mangelnden Einflussmöglichkeiten etwa auf politische Prozesse zum Ausdruck zu bringen.

Das innere Verhältnis der Siedler zu ihren Stellen ist trotz aller täglichen Plagen auf den Moorböden wahrscheinlich ausgesprochen stark gewesen. Auch das Verwachsen der Nachkommen dieser Kolonisten mit dem Land ist dem Verfasser aus vielen Gesprächen, an denen er vor allem als junger Heranwachsender teilgenommen hat, deutlich vor Augen geführt worden. Da wurde die Sorge der Alten um die Zukunft der Landstellen nach dem Ableben der Besitzer laut. Wurde das Erreichte und Erwirtschaftete nach dem Tode durch die Erben gut verwahrt? Vielfach kam der Wunsch der alten Menschen zum Ausdruck, dass die Nachkommen weiter auf den kleinen Flächen Landwirtschaft betreiben sollten. Die Befindlichkeit der Senioren wurde stark von entsprechenden Gedanken aufgewühlt. Es waren Gefühle, die auf den unbeteiligten Zuhörer unverständlich wirken mussten, ließ sich doch auf den Landflächen kaum so viel erwirtschaften, um eine junge Familie zeitgemäß zu unterhalten. Die Empfindungen der alten Moorbewohner unterschieden sich wahrscheinlich kaum von denen großer Marschbauern, die sich im Alter mit der Frage quälten, wie die Hofnachfolge nach ihrem Ableben geregelt werden sollte.

Da war selbst im Angesicht von schwerer Krankheit und Tod die Frage nach der Zukunft der Stellen. Der Verfasser konnte an Gesprächen teilnehmen, bei denen auf der einen Seite die Sorge um den Verwandten, Nachbarn oder Bekannten zum Ausdruck kam, wo aber andererseits die Frage nach der Landstelle, die objektiv keine Zukunft als Bauernstelle haben würde, ein nicht minderes Gewicht hatte. Es wurde vielfach die Furcht vor dem *„Verlaufen"* der kleinen Stellen durch die Nachkommen geäußert, die eventuell aufgrund eines aufwendigen Lebensstils leichtfertig die Ländereien verkaufen würden. Da war die Sorge vor dem Zwangsverkauf. Die düsteren Gedanken der Alten, die über das Zeitliche der Senioren weit hinausgingen, wurden deutlich.

Es tauchten Ängste auf, ob die Kinder anders leben könnten als die Eltern, die ihr Leben in der Selbstreflektion als *„recht"* gelebt betrachteten. Es stellt sich die Frage, ob sich diese Einstellung der zum Teil recht gottesfürchtigen Menschen aus ihrer inneren Nähe zu der Bibelaussage im Alten Testament: *„... verflucht sei der Acker um deinetwillen! Mit Mühsal sollst du dich nähren dein Leben lang. Dornen und Disteln soll er dir tragen, und du sollst das Kraut auf dem Felde essen. Im Schweiße deines Angesichts sollst du dein Brot essen, bis du wieder zu Erde werdest, davon du genommen bist"* (1. Mose 3, 17-19) ableiten lässt?

In dem Zusammenhang gewann der Verfasser als junger Heranwachsender oftmals den Eindruck, dass die Menschen, die es im sozialen Gefüge des Dorfes erreicht hatten, ihren Unterhalt mit weniger körperlicher Anstrengung zu verdienen (z. B. Kolonialwarenhändler, Bäcker u. a.) bei den landbearbeitenden Dorfgenossen eher weniger akzeptiert waren als die sich plagenden Kleinbauern. Die Händler und Kaufleute standen anscheinend in dem Ruf, *„sich nicht die Hände schmutzig machen zu wollen"* oder *„sich nicht quälen"* zu wollen. Vielleicht haben als Grund für diese

Geringschätzung bei einzelnen Personen auch tiefenpsychologische Ursachen eine Rolle gespielt, die hier nicht erörtert werden können.

Nichtsdestotrotz lassen Beobachtungen sowie Gespräche von und mit alten Bewohnern von Kolonien die obigen Mutmaßungen aufkommen. Wahrscheinlich ist die Lebenseinstellung der Menschen in den früheren Moorsiedlungen noch bis in die jüngste Vergangenheit erwachsen aus dem Leben und Wirken der Ahnen. Die Wurzeln der Mentalität sind in den Anfängen der Besiedlung zu suchen. Es sind Denkweisen, die von Generation zu Generation weitergegeben wurden.

Dies gilt insbesondere auch für die Menschen der Siedlung Moordorf. Aufbau und Erhaltung der Identität der Kolonisten in Moordorf war durch die Einstellung der alteingesessenen Bevölkerung im Brookmerland geprägt. Identität ist immer auch situationsbedingt und durch die Tatsache, dass die neuen Siedler durchweg abgelehnt wurden, gelang es den Kolonisten auch schlecht, ein Gefühl der Zugehörigkeit zu ihrer Umgebung und zu den Menschen in diesem Raum zu entwickeln.[1341] Die Moordorfer, wie viele Kolonisten überhaupt, machten die Erfahrung, dass sie nicht von Alteingesessenen integriert wurden. Dabei war eine Integration fast unmöglich, was weniger an der Ablehnung der Alteingesessenen lag, als daran, dass die Siedler gar keine Chance hatten, in den bestehenden Lebens- und Arbeitszusammenhang durch Tätigkeiten in der Landwirtschaft oder bei örtlichen Handwerkern und anderen Gewerbetreibenden zu gelangen. Die Arbeitsplätze in der Region waren nicht beliebig vermehrbar.[1342]

Die Moordorfer verkörperten einen für die Alteingesessenen völlig neuen Einwohner- typus, der zur eigentlichen ostfriesischen Lebensart und zum Regionalbewusstsein keine richtige Verbindung fand, weil die Kleinbauern, um überleben zu können, zumindest zeitweise betteln mussten und als umherziehende Hausierer selbst- gefertigte Waren zum Verkauf anboten.[1343]

Die Kolonisten machten die Erfahrung, dass sie nicht als Einzelne zu Außenseitern wurden, sondern wegen ihrer Anzahl als ganze Dörfer Ausgrenzungsmechanismen unterlagen. So existierten Kolonien, und es ist besonders Moordorf zu nennen, als Sielungen oft relativ isoliert von den umgebenden Kommunen. Es gab in ihnen eine Reihe von Einwohnern, die sich entsprechend ihrer Stigmatisierung als „berüchtigte" Dörfler etwa von Moordorf, Rechtsupweg oder Leezdorf hervortaten. Eine trotzige Dorfidentität, mit Eigensinn manchmal lauthals und bedrohlich vorgetragen, entwickelte sich so ganz zwangsläufig. Damit grenzten sich natürlich die Moordorfer von ihrer Umgebung selbst ab und isolierten sich oft zu ihrem Nachteil.

Es gab in dem Zusammenhang einzelne Personen, die, wie in einer sich selbst erfüllenden Prophezeiung, dem Ruf der „Moordorfer" gerecht werden wollten und den erduldeten Druck auf ihre Weise mit Gegendruck beantworteten. Sie bestimmten mit ihren nicht selten vom übermäßigen Alkoholkonsum beeinflussten Auffälligkeiten

---

[1341] Matter (wie Anm. 1323), S. 76.

[1342] Siehe dazu Karsten Reinecke, Vom Dorf zur Ortschaft – das Beispiel Barneberg, in: Carl-Hans Hauptmeyer, Annäherungen an das Dorf: Geschichte, Veränderung und Zukunft, Hannover 1983, S. 125 f. Reinecke zeigt die Entwicklung eines Dorfes auf und stellt dar, auf welchen jüngeren Veränderungen dort ein Identitätsverlust beruht.

[1343] Zu überregionalen Bauerngruppen, die auf einen außerlandwirtschaftlichen Zuerwerb angewiesen waren Carl-Hans Hauptmeyer, Das alte Dorf – Gemeinschaft und Zwang, in: Hauptmeyer (wie Anm. 1342), S. 154.

leider für die ostfriesische Öffentlichkeit das Bild der *„berüchtigten Swarteweger"* aus dem *„Land der fliegenden Messer"*. Es waren Vorgänge, die Deeters als eine *„Eiterbeule gegenseitiger Vorurteile"* bezeichnet, weil sie in der NS-Zeit dazu führten, dass bestimmte Einwohner von Moordorf als minderwertig angesehen und aufgrund der geltenden Gesetze sterilisiert wurden.[1344]

Die Stigmatisierungen der Siedler von Moordorf und anderen Kolonien sind Teil der ostfriesischen Regionalgeschichte. Die Geschichte ist ein zentraler Faktor für die Bewahrung regionaler Identität, weil sie Besonderheiten von Menschen und ihren Lebensräumen aufzeigt. Gehen die Erinnerungen an die Vergangenheit verloren, ist eine regionale Identität gefährdet.[1345] Dabei kann die Bewahrung einer positiven regionalen Identität oft auch eine konfliktreiche Auseinandersetzung mit fremden Gruppen oder Regionen bedeuten[1346], so dass nichts dagegen zu sagen ist, wenn eine angemessene Abgrenzung von relevanten geografischen Räumen und ihren Menschen erfolgt. Sie darf aber nicht zu einem psychologischen Mechanismus führen, bei dem bestimmte Menschen oder Bevölkerungsgruppen massiv stigmatisiert und abgelehnt werden.

[1344] Deeters (wie Anm. 1318), S. 81. Siehe auch Wojak (wie Anm. 2).
[1345] Ulrich Wagner, Zur Bedeutung regionaler Verankerung für die soziale Identität, in: Bossong (wie 1322), S. 103.
[1346] Michael Erbe, Die historische Dimension regionaler Identität, in: Bossong (wie Anm. 1322), S. 45.